일본의 고대국가

이시모다 쇼 지음 | 김현경 옮김

AK

일러두기

1. 이 책에 나오는 외국 지명과 외국인 인명은 국립국어원 외래어 표기법에 따랐다.
2. 이 책은 이와나미문고 靑436-2 『日本の古代國家』(岩波書店, 2017)를 번역한 책이다. 이와나미문고판은 저본(底本)으로 『이시모다 쇼 저작집(石母田正著作集)』 제3권(岩波書店, 1989)를 사용하였고, 모던 클래식판 이시모다 쇼, 『일본의 고대국가(日本の古代國家)』(岩波書店, 2001)를 참조하였다.
3. 〔 〕 안의 주기는 위의 저작집과 이 책의 문고판 원서에서 덧붙인 것이다.
4. 본문에서 역자의 주석은 '역주'로 표시하였다.

머리말

고대국가(古代國家)에 대한 역사적 고찰이 중세국가(中世國家)나 근대국가(近代國家)에 대한 것과 구별되는 특징 중 하나는 거기에 국가의 성립 문제가 포함되어 있다는 점이다. 성립 문제는 곧 국가의 일반적 성질과 기능 문제로 연결된다. 이 문제를 해명하는 일이 과거에는, 그에 대한 학문적 연구의 여지가 없을 정도로, 권력적인 강압 아래 놓여 있었음은 바로 그 때문이다. 이 책의 과제는 그러한 억압으로부터 일단은 해방된 전후(戰後, 1945년 일본의 패전 이후를 가리키는 시대 구분-역주) 고대사학계의 학문적 축적을 기초로 하여 일본의 고대국가가 성립하는 과정을 다루는 것이다. 그 점에서 이 책은 국가의 단서를 이루는 3세기 야마타이국(邪馬臺國)으로 시작하여 율령제(律令制) 국가의 성립에 이르는 국가 형성의 여러 단계를 역사적으로 더듬어 가는 식의 방법은 취하지 않았다. 국가의 성립에 관한 여러 문제가 전면적으로 제기되는 것은 고대국가가 완성되는 시기의 일이며, 7·8세기, 즉 스이코조(推古朝, 스이코 천황이 다스리던 시기 또는 그 정권. 이하 ○○조[朝]는 ○○ 천황의 재위기 및 정권의 의미를 지님-역주)부터 다이카 개신(大化改新)을 거쳐 율령제 국가의 성립에 이르는 시기야말로 국가의 성립을 총괄적으로 문제삼을 수 있는 기본적인 장이어야 한다. 거기에서는 야마타이국 이후의 모든 정치적 지배 형태들이 소멸한 것이 아니라, 반대로 국가 구조의 기본적 계기로 보존되고 지양되었으며, 그에 대한 분석만이 고대국가의 일반적 속성과 그 기능들과 특수성을 전면적으로 밝혀내고, 과거에 있었던 단서적인 국가형태의 성질과 역사적 지위를 결정하는 열쇠를 제공하는 것이다. 이러한 절차를 한 차례 거치지 않으면 일본의 '국가의 기원(起源)'에 대하여 논할 수 없다는 것이 이 책의 입장이다 (이 책을 토대로 하여 2·3세기 이후의 국가 성립사를 역사적으로 더듬어 가는 다음 작업은 당연히 이 책의 구성과는 반대로 제4장의 문제로부터 출발하게 될 것이다). 『위지(魏志)』 왜인전(倭人傳, 정사『삼국지』「위서」 오환선비동이전 중 왜인조를 가리킴-역주)의 단어 하나하나에 대한 매우 정교하고 치밀한 해석과 자유로운 구상력(構想力)의 결합이 만들어내는 야마타이국론의 매력을 알지만, 굳이 거기서부터 출발하지 않은 것은 위의 이유 때문이다.

국가에 대한 어떠한 철학적 규정이 아니라, 경험과학적·역사적 분석을 통해 국가의 속성과 여러 기능을 총괄하려고 하는 태도를 보인다는 점은 이 문제에 무개념, 무전제로 접근한다는 것이 아니다. 그러한 작업이 가능하다고 믿고 그것이 통용되는 것은 역사가들이 사는 좁은 세계의 특수성 때문이다. 그러나 국가에 관한 어떠한 이론이라도 역사적으로 존재한 개별 국가를 대상으로 하여 엄밀하게 검증되어야 하며, 그것을 감당하지 못하는 이론은 버려져야 한다. 이것이 학문의 약속일 것이다. 그때 우리가 갖고 있는 국가에 대한 여러 이론은 주로 고전고대(古典古代, 고대 그리스·로마시대-역주)부터 근대국가에 이르는 서유럽형 국가의 역사로부터 귀납(歸納)되고 추상(抽象)된 이론이다. 따라서 그것을 역사적 성질이 다른 동양적 사회에서 발생한 일본의 고대국가 성립사 속에서 검증하려고 할 때 검증은 더 이상 검증에 그칠 수 없고, 이론과 사실의 긴장관계 속에서 새롭게 무언가를 탄생시키는 작업이 되어야 한다. 이론과 개념의 '적용'이라는 안이한 길이 아니라 주어진 국가의 역사 자체로부터 우리의 고대국가론을 만들어 나갈 필요가 있다. 전후 고대사 연구자의 작업은 이러한 과제에 답하기 위해 축적되어 왔다고 보아도 된다.

이 책처럼 사멸한 과거의 국가에 대하여 고찰하는 경우에도, 우리는 현대 일본이 놓인 상황을 떠나서 그 작업을 수행할 수는 없다. 지난 수년 동안 '국가 이익'에 대한 종속, '국가 권위'에 대한 충성이 이야기되고, '국가 이상'을 실현하기 위해서는 '교육권'은 '국가'의 손에 쥐어져야 한다고 공공연하게 주장되었다(중앙교육심의회 중간답신). 국가를 초월적 권위로 보고 그에 대한 국민의 의존을 강화하려고 하는 것이다. 몇 년 전, 『기대되는 인간상(期待される人間像)』이라는 문서는 '애국심'을 '국가에 대한 충성'이라고 하였는데, 최근에 나온 『방위백서(防衛白書)』는 이를 '국가의 위급'에 달려가는 일이라고 '충성'의 내용을 명확히 하고 있다(『마이니치신문』). '국가'라는 상처 입은 '괴물'이 전후 25년을 지나 다시 일본인과 해외 여러 민족 앞을 막아서려 하고 있다. 전전(戰前) 시기에 그 권력은 역사학을 뭉개 버리고 말았다. 이러한 과거를 안이하게 잊는 일은 그런 행위를 승인하는 일로 연결되기 쉽다는 전환이 일어나고 있다고 보아도 된다. 하지만 이는 과거가 그 형태 그대로 '부활'한다고 보아서는 안 될 것이다. 기기(記紀, 일본 고대의 역사서인 『고사기』와 『일본서기』에서 한 글자씩을

딴 약칭-역주)가 전하는 일본 국가 성립의 역사가 역사적 사실인가 아닌가 하는 과학적 검토에서 시작된 비판적 정신을 계승하고 발전시킬 뿐만 아니라, 연구자 스스로 각자의 고대국가론을 단련시켜 내는 노력이 전후에 이르러 축적되어 온 것은 학문이 새로운 시대의 전환에 대응하여 그것을 견딜 만한 힘을 쌓기 위함이었다. 내 능력에 넘치는 곤란한 과제임은 처음부터 알고 있었지만, 이 책도 역시 한 사람의 연구자로서 같은 책무를 다할 생각으로 집필한 것이다.

작년 4월, '다케우치 리조(竹內理三) 박사 환력(還曆, 환갑-역주) 기념회'는 다케우치 박사의 환력을 축하하며 논문집 『율령국가와 귀족사회』,『장원제와 무가사회(武家社會)』를 간행하였다. 나는 당시 한 편의 논문도 기고할 수 없었으므로 늦게나마 이 책으로 기고를 갈음하여 박사의 학문적 업적을 기념하는 일에 동참하고자 한다.

1970년 11월

이시모다 쇼

목차

제 1 장

국가 성립사의
국제적 계기

제1절 교통 문제―전쟁과 내란의 주기

일본의 고대국가 성립과 구조의 역사적 특질 중 하나는 이를 국제관계와 분리해서 고찰할 수 없다는 점에 있다. 그 특질은 하나의 역사적 사실로 주어져 있다.[01] 아마도 이는 '국가'의 일반적인 본질과 깊은 연관이 있을 것이다. '국가'를 추상적 개념으로서 이론적으로 다루는 다른 과학들에서는 국제적 관계들을 역사적·외적 환경으로서 사상(捨象)할 수 있겠지만, 역사적으로 존재한 특수하고도 구체적인 국가를 문제로 삼는 역사학에서는 역시 주어진 사실의 분석을 통해서만 고대국가에 대한 어떤 이론을 배우려고 하는 입장인 만큼 고대국가와 국제적 계기의 관계는 사상할 수 없는 문제로 존재한다. 이는 국제관계를 중시한다거나 경시한다거나 하는 문제가 아니다. 대외관계라는 하나의 계기가 한 나라의 내정(內政)으로 전환되어 가고, 또 거꾸로 내정이 대외관계를 규정하는 기초가 된다는 상호관계와 불가분의 통일성을, 그것이 독자적인 형태를 띠며 나타나는 고대국가의 여러 단계와 관련지어서, 명확히 할 필요가 있다. 그러기 위해서는 '대외교섭사'나 '외교사'가 귀중한 학문적 공헌을 하면서도 내정과 외정을 단순히 분리해 왔기 때문에 발생해 온 전통적인 사고방식을 극복하는 일이 전제된다. 이러한 분리는 그 반대의 결과로 소박한 내정환원주의를 낳았다는 특징이 있다. 그것은 국제관계와 그에 대응하는 각 나라들의 외교정책이 독자적인 영역을 이루었던 사실을 놓치는 결과를 낳았다. 한두 가지 단순한 예를 들어 말하자면 다음과 같다.

592년, 소가씨(蘇我氏)가 스슌(崇峻) 천황(天皇)을 암살한 유명한 사건은 스이코조 정치의 전제가 되는 특징적인 사건으로 알려져 있다. 당시 소가노 우마코(蘇我馬子)는 앞서 신라 침공을 목적으로 쓰쿠시(筑紫)에 주둔하고 있던 대장군(大將軍) 기노 오마로(紀男麻呂) 휘하 군대에게 역마를 사용하게 하여 '내란 때문에 바깥일을 게을리하지 마라'고 지령을 내렸다고 한다(『일본서기』 스슌 천황). 이 지령은 천황 암살에 대비하여 미리 여러 씨족의 군대를 쓰쿠시로 밀어내서 회피한 우마코의 정략(政略)이라고 옛날부터 해석되었고, 근대 역사가들 사이에서도 그것을 답습하는 설이 있다. 이러한 해석에 따라 '2만여' 군대가 파견되었다는 사실은 6세기 이후 일본 지배층 내부의 대립, 나아가 황실 대(對) 소가씨라는 단순한 도식으로 환원되어, 그만큼 국제적인 관계들로부터 분리되어 정치는 소가씨의 음모에 따라 진행된 듯한 모양새로까지 변해간다. 그러나 그러한 우마코의 음모가 성공하기 위해서는 '내란'=내정과 '바깥일'=외교는 구별되어야 한다는 관념이 사전에 지배층 내부에 또는 쓰쿠시에 주둔한 장군들 사이에 공통된 관념으로 존재한다는 것을 전제로 한다. 위의 해석은 그러한 측면을 평가하지 않은 결과이다. 이러한 내정환원주의는 대외관계 또는 외교가 내정과는 구별된 별개의 성격을 지니고 독자적인 영역을 형성하였으며, 내정으로부터 상대적으로 독립한 계기임을 올바르게 평가하지 않는 잘못을 범함으로써, 그와 동시에 내정 자체를 왜소화하고 단순화한다는 이중으로 잘못된 사고방식을 이끌어 낸다. 두 요소는 서로를 보완한다. 내정과 바깥일=외교를 구별해야 한다는 인식은 6세기를 통틀어 조선(일본에서 한반도 지역 또는 그 지역의 국가, 민족을 조선이라 부름. 이 책에서는 '조선' 표현을 그대로 옮김-역주) 문제에 있어 패퇴하고 막다른 길에 놓인 결과로, 일본의 지배계급이 공통으로 지닌 관념이 되어 갔는데, 이러한 사실이야말로 스이코조의 외교와 이른바 '개혁'의 전제가 되었으며, 이러한 계급적 관점을 떠나서 스이코조의 외교를 태자(쇼토쿠 태자[聖德太子]-역주)와 소가씨 중 어느 쪽이 영도(領導)하였는가 하는 문제로 해소되는 것은 내정 자체에 대한 이해를 일면적으로 만드는 결과를 낳을 것이다. 스이코조의 외교문제는 지배층에게 있어 독자적인 공통 과제로서 존재하였기 때문에, 태자와 소가씨의 대립(만일 스이코조에 그런 것이 있었다고 한다면)으로 전환되어 갔으며 그 반대는 아니다. 조선 문제는 왕실과 소가씨뿐만 아니라 6세기 지배층 전체의 이해관계 혹은 그 국가 제도 자체가 그와 불가분하게 결합되어 있으며(제4장 제2절), 지배층의 의식 속에서 안과 밖은 조선해협(대한해협 서수로-역주)으로 단순히 가로막혀 있는 것이 아닌 데에 고대국가의 특징이 있다.

두 번째 예도 기본적으로는 같은 유형에 속한다. 나라 시대(奈良時代) 말기, 전제적 권력을 확립한 후지와라노 나카마로(藤原仲麻呂)의 신라 침공 계획은 그의 몰락과 함께 소멸한 것이 보여주듯이, 나카마로라는 인물과 떼려야 뗄 수 없는 관계에 있음은 분명하다. 그렇기 때문에 이 계획은 그의 전제지배를 확립하기 위한 단순한 수단이며, 이른바 '나카마로 정권'을 강화하기 위한 정략에 지나지 않는다고 이야기된다. 그러나 이 경우에도 왜 신라 침공 계획이 나라시대 말기의 지배층 내부에서 하나의 '수단' 또는 '정략'으로서의 역할을 다할 수 있었는가 하는 문제가 제기되지 않는다. 그 결과는 역사 속 개인 역할의 과대평가로 이어지며, 역사를 계급들의 총체적 운동이 아니라 개인의 의도나 정략을 통해 설명한다는 오류로 이어질 수밖에 없다. 어떤 전제자(專制者)라도(혹은 전제자이기 때문에) 주어진 역사적 조건들 위에 그 역사를 만드는 것이다. '수단'이 수단으로 기능하기 위한 조건들, 예를 들면 지배층 전체의 의식과 사상, 또 그것들을 규정하고 있는 6세기 이래의 역사적 전통과 율령제 국가 자체의 구조, 그리고 독립적 영역으로서 존재하는 국제관계의 현실 운동 등등을 분석하는 대신에, 문제를 특정 개인 또는 여러 세력 간의 투쟁으로 환원함에 따라 안이하게 해결되고 만다. 나카마로는 분명 덴표기(天平期, 쇼무 천황 재위기로 덴표 연호가 사용된 729~749년을 전후한 시기-역주)의 국제관계와 외교 문제를 그의 정략을 위해 이용하였다. 나카마로뿐만 아니라 그 아버지와 할아버지 대부터 후지와라씨(藤原氏)는 그러한 경향을 보인다. 그러나 이러한 후지와라씨 자체가 율령제 국가 내부에 포함된 국제적 관계들 속에서 태어난 새로운 타입의 관인귀족층(官人貴族層)임에 주목할 필요가 있다. 시대가 인간을 만드는 것이지 그 반대는 아니다.

이 장의 과제 중 하나는 국제관계를 국가 성립을 위한 독립된 계기 또는 요인으로 파악하는 데 있다. 이 점은 일본의(또는 동양의) 고대국가 성립사에서는 특별한 의미를 지닌다. 동양적 사회의 특수한 구조가 그 근본에 있기 때문이다. 그것은 국가의 단서 형태를 이루는 야마타이국 단계에서 이미 명확한 형태로 나타나고 있다.[02] 야마타이국의 여왕 히미코(卑彌呼)는 두 개의 얼굴을 지녔다. 하나의 얼굴은 국내를 향해 있었고, 그러한 측면에서 그녀는 '귀도(鬼道)를 섬기고 능히 무리를 미혹'하는 샤먼적 여왕으로서 존재한다. 또 하나의 얼굴은 '친위왜왕(親魏倭王)'으로서 외부를 향해 있는 얼굴이다. 후자는 첫째로 여왕의 통솔 아래 있는 28개국의 왕들에 대한 대외관계를 통해, 둘째로 그 나라들을 대표하여 중국에 대한 국제관계를 통해 규정되었다. 이는 주어진 조건으로서 이미 존재한 것으로, 그녀가 만들어 낸 것이 아니다. 그 국제관계의 특징은 중국 왕조가 위(魏)·오(吳)·촉(蜀) 삼국으로 분열되고, 위나라와 오나라가 대립항쟁 관계에 있던 점, 또 위나라에 대항하는 세력으로서 공손씨(公孫氏)·고구려(高句麗) 등이 북방에 존재하여, 그 세력들이 남방의 오나라와 연결되는 것에 대하여 위나라가 위협을 느끼고 있었다는 데 있다. 따라서 야마타이국과 오나라의 통교(通交) 또는 그 가능성은 위나라의 대외정책에 있어서 하나의 관심사였고, 보다 직접적으로는 고구려에 대한 대립관계가 위나라에게 있어 야마타이국이 가지는 상대적 지위를 높여주는 결과를 낳은 것이다.[03] 이는 위나라가 이례적으로 일본에 사신을 파견한 데 대한 여왕의 답례가 이루어지고 나서 몇 년 지나지 않아 위나라의 대규모 고구려 정벌이 실현된 데에도 반영되어 있다. 야마타이국이 처해 있던 국제관계의 요점은 이상과 같다. 그러나 히미코가 이러한 객관적 조건들에 대하여 주체적으로 대처한 것으로 보이는 점은 주목할 만하다. 야마타이국과 구나국(狗奴國)의 분쟁이 일어날 즈음에 여왕이 대방군(帶方郡)의 태수에게 보고하였고, 이에 호응하여 위나라 사절이 조서(詔書)를 가지고 왜국(倭國)으로 와서 격려하였던 사실은 그것을 명료하게 보여주고 있다. 그녀는 주어진 국제적 조건들을 내정을 위해 이용하고, 이로써 구나

국과의 분쟁이라는 국내의 모순을 해결하려 하였다. 여러 나라의 대립과 교착으로 구성되었던 국제관계 속에서 자신의 정치적 목적을 실현하기 위한 가능성을 발견하고, 그것을 내정으로 전환하여 현실화하는 정치 기술이 '외교'의 성질 중 하나라고 한다면, 여왕 히미코는 소박하나마 여기서 '외교'를 행하였던 것이다.

'외교'하는 여왕의 얼굴과는 반대로 다른 얼굴은 확연하게 미개적인 풍모를 지니는 것이 특징이다.『위지』왜인전은 여왕이 특별한 금기에 사로잡혀 있었음을 다음과 같이 서술하였다.

왕이 된 이래로 (왕을) 본 적이 있는 자가 적었고, 여자 종 천 명에게 자신을 모시게 하였다. 다만 남자 한 명이 있어 음식을 드리고 말을 전달하며 거처에 출입하였다.

이 구절을 이해하기 위해서는 중국에 관한 지식이 아니라 멜라네시아나 폴리네시아에 관한 지식이 더 도움이 될 정도이다. 여왕을 알현하는 자가 적은 것은 그녀가 금기에 의해 공동체의 구성원으로부터 격리되어 있기 때문이다. 이 금기에 대하여 특별히 '왕이 된 이래로'라고 단

서를 다는 데 주목해야 할 것이다. 각종 금기가 법을 대신하여 지배하의 공동체를 규제하는 일반적인 질서로 존재하였기 때문에, 공동체를 인격적으로 통합하고 대표하는 '왕'의 지위는 특별한 금기로 얽매일 필요가 있었고, 그 범위 안에서만 그녀는 '왕'일 수 있었다. 그 금기가 주거와 음식 등에 대하여 특별히 현저하다는 점도 일반적으로 보이는 특징과 공통된다. 여왕에게 음식을 드리는 '남자 한 명'에 대하여 여왕의 '말을 전달'하는 역할을 특기한 점도 주목된다. 왕=수장은 금기에 얽매여 직접 그 명령을 전달할 수 없기 때문에, 일정한 형태의 특별한 매개자를 필요로 하는 것은 많은 '미개사회'에서 보이며, 이는 6세기 이후의 이른바 '봉선(奉宣)'을 직장(職掌)으로 하는 관직의 원시 형태를 이룬다. 여왕=샤먼과 결부된 왕에게 독자적인 금기가 존재하는 것은 그녀가 공동체=구니(クニ)를 통합하고 대표하는 인격=수장이라 나타나는 결과인데, 왜인전에 따르면 국내 통치 면에서 거기에 한 가지 분화가 일어난 점이 주목된다. '나이가 이미 많았음에도 남편이 없고, 남동생이 있어 나라를 다스리는 것을 도왔다'고 하는 그녀의 '남동생'의 존재가 바로 그것이다. 그러나 지배의 이러한 이원적 구조(듀얼리즘) 자체는 왜국

특유의 것이 아니라, 예를 들면 폴리네시아의 통가섬 왕제(王制)에서도 형태는 다르지만 같은 분화가 보이는 것처럼, 공동체 수장제의 역사적 발전과 통치 기능의 원시적인 분화를 나타내는 한 형태에 지나지 않는다. 하지만 히미코가 국내적인 면에서는 '치국(治國)'을 남동생에게 맡기고 샤먼적 권위로서 소외되어 있으면서, 외교 영역에서는 여왕국을 대표하는 자로 나타나며 '외교'하는 개명적인 왕으로 등장하는 점에 문제가 있는 것이다. 이질적인 두 얼굴을 지탱하는 그녀의 신체 구조가 해명되어야 한다.

초기의 지배 형태는 대략 두 가지 유형으로 분류된다. 공동체의 '공동성'이 수장으로 '대표'되는 유형과, 구성원 상호의 관계로, 즉 일정한 형태의 '민회(民會)'로 '대표'되는 유형이다. 고전 고대적, 게르만적 유형은 후자에 속하며, 이른바 공동체의 '아시아적 형태'가 전자에 대응하는데, 거기서 왕=수장은 다소 데스포틱(despotic)한 성격을 갖는다.[04] 그 특징은 대외적인 측면에서 가장 명확히 드러나는데, 공동체의 구성원으로 이루어진 민회가 발달하여 내부적 사항을 파악하고 수장의 권력이 명목적인 지위로까지 저하된 경우조차도, 예를 들면 바깥에서 온 손님의 접대, 증답(贈答)의 형태로 이루어지는 외부와의 물자 교환, 다른 공동체와의 동맹관계 또는 전쟁 지휘의 권능 등은 수장의 특별한 기능으로 유지되는 것이다. [05] 왕=수장이 공동체를 형식적으로라도 '대표'하는 한, 이는 당연한 귀결이었다. 따라서 그 내부구조가 아무리 미개적이고 '주술로부터의 해방'이 아직 발달하지 않았어도 수장층은 대외적인 면에서는 개명적일 수 있고, 특히 고도로 발달한 나라와 대외관계를 맺기에 이르면 후자의 측면은 후진적인 내부구조와 대비되는 경우 불균등하게 발달하는 것이다. 히미코의 두 얼굴을 지탱하는 것은 아시아적 수장제라는 동일한 신체이다. 7세기 초가 되어 대외관계 또는 외교가 지배층에 중요한 과제가 되었던 스이코조에서 왕권이 전면에 등장하는 일은 위의 사항과 연관되어 있다고 생각한다. 스이코 여제(女帝)와 만기(萬機)를 총섭(總攝)하는 황태자(皇太子)라는 결합체는 여왕과 그 '남동생'이라는 조합이 발전한 형태인데, 양자의 계보적 관계보다도 중요한 것은 왕제=수장제가 대외관계에서 지니는 특별한 기능이다. 6세기 때 훗날의 '황태자'의 전신(前身)이 되는 것은 '오에(大兄)'인데, 백제에 대한 임나(任那) 4현(縣)의 할양이라는 유명한 사건에서 외교상 국사(國事)의 결정에 마가리노오에(勾大兄)가 참여한 사실은 앞서 서술한 특징과 관련하여 주목된다.[06] 따라서 아시아적 사회에서는 다른 민족과의 교통이 중요해지면 중요해질수록 그 기능을 독점하는 수장제=왕권은 '개명적'으로 변하고, 내부적 지위는 그에 따라 강화된다는 경향을 보이는 것이다.

야마타이국의 국가 기관 맹아 문제도 위의 사항과 떼려야 뗄 수 없다. 여기서는 '관명(官名)'을 나타내는 것으로 보이는 두 종류의 존재가 구별된다. 하나는 쓰시마(對馬)·이키(一支)·나(奴)·후미(不彌) 등의 구니에서 공통적으로 보이는 히나모리(ヒナモリ, 卑奴母離)와 구나국의 '관(官)'인 '구코치히코(狗古智卑狗)' 등의 계열에 속하는 것이고, 다른 하나는 이토국(伊都國)에 주재(駐在)하는 '일대솔(一大率)' 계열에 속하는 것이다. 전자가 여왕으로부터 파견된 자인지 또는 각 구니의 '관'인지와는 별개로, 그 성질이 대략 '관'과는 거리가 먼 존재인 점은 말할 것도 없다. 그에 반해 '일대솔'은 여왕국 이북의 여러 나라에 대한 검찰(檢察)과 왜국의 외교 사무를 관장하는 관이며, 여왕으로부터 특정한 임무를 받고 파견되어 이토국에 주재하는 관이다. 또 '국마다 시장(市)이 있어, 있고 없는 것을 교역

하며, 대왜(大倭)에게 그것을 감독하게 하였다'는 문장은 '대왜'가 난해하기 때문에 명료하지 않지만 '감독하게 하였다'고 한 이상 여왕이 파견하였거나 임명한 관인(官人)의 존재가 추정되며, 이것도 '일대솔' 계통에 속한다. 주의해야 할 점은 이 계열의 관이 모두 야마타이국과 그 통솔 아래 놓인 나라들 사이에서, 혹은 그 나라들을 포함한 왜국 전체와 중국 사이에서 성립되었다는 특징이다. 각각의 구니=공동체 내부에 먼저 '관'이 성립되는 것이 아니라, 그들 상호 간에 또는 외국과 접촉하는 장에 먼저 '관'이 성립되는 점은 앞서 언급한 수장제의 특징과 밀접하게 연관된 것이다.

앞선 문장에서 '국마다 시장이 있다'고 했을 때의 '시장'이 각 구니 내부의 분업과 교환의 발전이 낳은 '시장'이 아니라, 구니들 사이의 혹은 왜국과 조선·중국 사이의 교환의 장으로서 공적인 '시장'임은 여왕이 특히 그것을 제어하려고 한 사실에서도 분명하다. '상품교환은 여러 공동체가 끝나는 곳에서, 여러 공동체가 타자인 공동체들 또는 타자인 공동체들의 구성원과 접촉하는 지점에서 시작된다'는 일반적으로 확인되는 특징을 여기서 떠올릴 필요가 있다. [07] 야마타이국 또는 야요이식(彌生式) 시대에는 조선해협은 조선반도(한반도를 가리킴. 이 책에서는 원래 표기를 그대로 사용함-역주)·대륙으로부터 왜국을 격리하는 역할보다도 반대로 양자를 결합시키고 매개하는 통로를 이루었으며, 그곳에 점점이 흩어진 크고 작은 섬들은 고전 고대 성립기의 다도해(多島海)와 같은 역할을 수행하였다.[08] 이 시대의 풍부한 수입 부장품이 그것을 보여준다. 이어지는 고분시대에도 피장자(被葬者)인 수장의 부장품은 그 지배영역의 내부에서는 생산되지 않는 물자를 많이 포함하며, 그것들은 교환에 의해 다른 구니=공동체로부터 조달되었다고 볼 수밖에 없고, '여러 공동체가 끝나는' 곳, 그 '접촉 지점'에서 일단 교환이 시작된다는 원칙은 여기서도 특징적이다. 옛 오키나와(沖繩)의 '아지(按司)'=수장 지배와 철제품 수입·독점의 관계도 마찬가지이다.[09] 이러한 교환·유통의 발전 과정에서 결정적 역할을 하는 것은 여러 공동체를 대표하는 수장의 매개자로서의 기능이며, 고대사회의 기초 구조를 이루는 재지수장층(在地首長層)의 생산관계를 토대로 두지 않으면 상품교환을 포함한 이 단계의 모든 경제적, 정치적, 정신적 교통의 구조적 특질을 놓치게 될 것이다. 수장들=왕권들 사이의 '신물(信物)'과 노예='생구(生口)'를 포함한 공납품도 교통의 한 수단이며, 3세기의 '왜국' 대란이나 4·5세기에 안팎에서 일어난 전쟁도 왕권들 사이의 '정상적인 교통'[10]의 한 형태로서의 측면을 여전히 보존하고 있지만, 이 전쟁=교통의 귀결로 탄생한 여러 공동체 또는 수장들 사이의 체제는 야마타이국의 내부가 이미 왕·대인(大人)·하호(下戶)·노비라는 계급적·신분적 분화를 보여주는 단계에서는 어느 정도 지배와 예속의 관계로 편성될 수밖에 없었고, 앞서 언급된 야마타이국의 '일대솔' 계열에 속하는 '관'은 그곳을 장으로 하여 성립되어 간다.

국가 기구의 맹아가 나라들 사이 경계영역의 장에서 먼저 성립된다는 특징은 앞서 서술한 상품교환의 경우와 마찬가지로 '왕'을 수장으로 하는 여러 나라의 내부구조가 아시아적 수장제를 바탕으로 한 점이다. 바꾸어 말하면 그 내부에서는 '관' 또는 통치를 위한 기구적·제도적 존재가 발생하기란 극도로 곤란한 일이며, 야요이식 말기 북규슈(北九州) 수장층의 분묘와 4·5세기 고분의 부장품인 각종 보물이 드러내는 수장층의 사제(司祭)적 성격과 기능, 또 앞서 언급한 히미코의 금기에 얽매인 샤먼적 기능이 정치를 대위(代位)하였다는 특징에 따라 규정된 것이다. 덴무조(天武朝)에 비로소 분리되는 이른바 신국조(新國造)의 '신관(神官)'적 성격이 본래 옛 구니노미야쓰코(國造, 국조)층의 고유한 한 측면을 이루고 있었던 점도 떠올려야 한다(제4장 제1절). 이러한 총체적인 구조 연관을 보지 않고 국가의 개별적인 맹아의 존재를 표지(標識)로 하여 그로부터 거꾸로 고대사회의 단계를 측정하거나 국가의 성립을 논하는 일이 방법상 위험함은 말할 것도 없다. 일본 고대처럼 아시아적 수장제 또는 아시아적 공동체가 완강하게 재지(在地)를 지배한 나라에서는 국가의 기본적 속성을 이루는 기구, 조직, 기관 등등 제도의 성립은 필연적으로 늦어지는 것이며, 여러 나라 사이, 수장들 사이의 경계영역이 그 성립의 주요한 장이 될 수밖에 없는 것이다. 스이코조에서조차 그 경향은 나타난다. 이 시기의 국가 기구로서 가장 순수한 형태를 보여주는 것은 성격상 위의 '일대솔'의 계보를 잇는 '쓰쿠시노 다자이(筑紫大宰)'이며(제2장 제5절), 후자의 계열로 이어지는 개신(改新) 시기 동국(東國, 지금의 간토 지방. 제2장 제3절 참조-역주)의 '총령(總領)'이다.

'쓰쿠시노 다자이'는 (1) 상주(常駐)하는 관이고, (2) 독립된 관아를 가진 것으로 추정되며, (3) 특정 임무 권한을 부여받고 있었던 점에서, 개신 시기의 '총령'은 앞선

(1), (2)의 특징이 빠져 있기는 하지만 (3)이 공통되며, 그 밖에 가미(長官)·스케(次官)·사칸(主典)이라는 세 등급의 관인으로 분화되어, 가미에게는 9명, 스케에게는 7명, 사칸에게는 5명의 종자가 정해져 있는 점에 주목해야 한다(『일본서기』 고토쿠[孝德] 천황). 후자의 가미·스케·사칸이라는 용어가 『일본서기』 편찬자의 윤색이라고 해도, 윤색할 수 있을 만큼 정비된 관인 구성을 갖고 있었다고 보아야 할 것이므로, 개신 시기의 단계에서 그것은 가장 순수한 국가 기구의 형태를 보여주고 있었다. 스이코조의 '쓰쿠시노 다자이'가 덴무(天武)·지토(持統)조에 정비되어 영제(令制)의 '다자이후(大宰府)', 즉 대외교섭을 담당하고 9개 구니와 2개 섬을 통합하여 관할하는 정연(整然)한 '서해(西海)의 소조정(小朝廷)'으로서 일대 기구로 성장하는 원형임은 말할 것도 없다. 이에 반해 스이코조의 중앙 정부조직은 이와 같은 순수한 형태의 기구를 가질 수 없었던 것이 특징이다. 도모노미야쓰코(伴造, 왕권에 봉사·공납하는 집단을 이끄는 수장-역주)와 시나베(品部, 왕권에 봉사·공납하는 집단-역주)제와 '히토(人)'제(5세기 야마토 정권에서 왕권에 봉사하는 자를 '○○히토'라고 부른 일종의 관인제도-역주) 속에서 자연발생적이자 산재적으로 관사제(官司制)가 성장하지만, 그것은 나시로

(名代, 왕권에 대한 봉사의 의무가 있는 직속 집단-역주)가 '기사이베(私部)'로, 오이나노 우지(負名氏, '나오이노 우지'라고도 함. 왕 밑에서 특정 직능을 담당하고 세습하는 씨족-역주)가 '도노모리(殿部)'로 제도화되는 경우와 마찬가지로, 기구나 제도의 실체는 베민제(部民制, 왕권과 호족에 봉사·공납하는 백성을 직능 등에 따라 베[部]로 편성하는 체제-역주)적 구조로부터 분리할 수는 없었다. 왕권의 가산제적 조직 또는 '내정(內廷)'의 전통적 구조에 의해 제약되었기 때문이다. 이러한 중앙의 관사제 속에서는 가장 발달한 관사(官司)인 '외정(外廷)'으로서의 '오쿠라(大藏)'가, '야마토 조정'이 구니들로부터 공납물을 수납하는 관사로서, 다름 아닌 양자의 경계영역에 성립되었음에 주목해야 할 것이다. 이러한 특징도 지방의 수장제와 마찬가지로 중앙의 수장제=왕권의 내부구조가 기구화 또는 관료제화하기 곤란하였기 때문에 발생한 결과이다. 이는 아시아적 수장제 또는 공동체를 구조상의 특징으로 하는 일본의 경우, 오히려 자연스러운 결과로 보아야 할 것이다. 기본적 구조는 공통되지만 조선 삼국(고구려, 백제, 신라-역주), 예를 들면 스이코조 일본이 모델로 삼은 백제에서 국가 기구가 조기에 발달한 것은 삼국 사이의, 혹은 대(對)중국 전쟁과 대립으로 초래된 군사

적·정치적 긴장이라는 특수한 역사적 사정으로 설명되어야 한다.

국가의, 혹은 국가의 개별적 측면들의 성립 방법이 기본적으로는 아시아적 수장제=공동체의 존재에 의해 규정되었다는 위의 기본 관계는 왜국, 조선의 나라들, 중국을 포함한 국제적 관계들에서도 마찬가지이다. 분명 중국의 전국시대처럼 대등한 나라들 사이의 관계를 규제하는 법관습이나 의례가 성립하기도 하지만, 이러한 관계는 늘 상대적이며 경과적(經過的)인 것이다. 여러 나라의 내부구조가 지배와 예속을 기초로 하는 이상, 나라들 사이의 국제관계도 대등할 수 없고, 책봉관계(冊封關係), 군신관계(君臣關係), 조공관계(朝貢關係)가 오히려 국제관계를 규제하는 정상적인 원칙이 된다. 진(秦)·한(漢) 왕조의 내부관계가 책봉체제를 비롯한 종속의 여러 형식으로서 세계제국의 질서로 확대된다. 원래 고대문명의 발전 방법은 그 출발점부터 다극적(多極的)이자 다원적인 것을 특징으로 한다. 금속기(金屬器), 특히 철기의 사용과 노예제는 지리적 조건들과도 연관되어 생산력의 비약적 발전을 불러왔는데, 이는 고대문명의 발전 방법에서 지역적 불균등성이라는 형태로 나타난다. 중국의 황하 유역, 인도의 인더스강과 갠지스강 유역, 그리고 메소포타미아와 나일강 유역 등에서 성립한 고대문명이 세계적인 대표 사례인데, 일본 내부에서도 북규슈, 기내(畿內, 기나이) 및 그 지역들과 같은 규모의 거대고분을 축조한 기비(吉備) 지방 등은 후진지대와 비교가 되지 않을 만큼 탁월한 고대문명을 발달시켰고, 이러한 불균등한 발전 방법의 규제를 받아서 그 주변의 공동체=구니들은 일정한 형태로 지배·예속의 관계 속에서 편성되었다. 그런 점에서 생산력과 생산양식이 기본이 된다. 그러나 그것은 앞서 언급한 '교통' 형태가 지닌 특별한 의미를 부정하지는 않으며, 또한 부정되어서는 안 된다. 여기서 말하는 '교통'이란 경제적 측면에서는 상품교환이나 유통, 상업 및 생산기술의 교류이고, 정치적 영역에서는 전쟁과 외교를 포함한 대외적 관계들이며, 정신적 영역에서는 문자의 사용부터 법의 계수(繼受, 외국의 법률을 채용하여 조항들을 이어받는 일-역주)에 이르는 다양한 교류이다. 생산력과 생산양식을 기초로 하여 다극적이며 불균등한 형태로 앞서 언급한 고대문명이 일단 성립되면, 그다음에는 위에서 말한 교통 형태가 한편으로는 고대문명의 평준화를 초래함과 동시에, 다른 한편으로는 본래의 불균등성을 더욱 발전시키는 역할을 한다. 예를 들면 앞서 언급한 어떤 고대문명과도 격리된 남태평양 제도(諸島)의 민족들이 '미개사회' 또는 '자연민족'으로 남겨지는 것이 그러한 사례이다. 그러한 후진적인 사회구조는 그들의 뒤처진 생산방법에 바탕을 두었다. 그러나 후자는 역시 그들이 기성 고대문명으로부터 격리되어 있었다는 교통 형태를 통해 규제되었다. 그들이 그 내적·자율적 발전의 결과로서 아시아적 수장제를 토대로 한 왕·왕족(=대인)·서민(=하호)·노예(=노비)의 형태를 띠는 계급분화, 즉 야마타이국적 단계에까지 도달하지만, 그 이상으로 나아가기는 곤란했던 것이다. 동시에 이러한 '미개사회'의 세계에서도 교통 형태는 독자적인 의의를 지니고 있었다. 예를 들면 멜라네시아와 폴리네시아의 경계선 위에 있는 피지섬의 수장제가 폴리네시아의 발전된 기술, 수장의 지배체제를 계수함으로써, 혹은 후자에 의해 정복당함으로써 계급분화를 발전시킨 사실을 떠올려야 할 것이다. 교통 형태를 매개하지 않고는 서유럽인이 건너오기 이전의 '미개사회' 존재와 역사는 거시적으로도 미시적으로도 이해하기 어렵다고 한다면, 야마타이국 이전부터, 한대부터 중국 왕조에 조공하여 '금인(金印, 후한 광무제가 왜국왕에게 하사하였다고 문헌에 보이는 금 도장. 후쿠오카현 시카노시마에서 그것으로 추정되는 도장이 발견되었다-역주)'을 수여받은 북규슈 수장들의 교통 형태가 폴리네시아적 단계를 극복하는 점에서 얼마나 좋은 상태였는지를 이해할 수 있을 것이다. 후자와 히미코가 중국의 황제에게 가져간 공물도, 역시 앞서 언급한 일본 내부의 수장제에서 이루어진 교환도, 근본적으로는 각각의 지배영역에서 생산되는 잉여생산물에 의존한다는 사실은 그러한 교통의 독자적 의의를 부정하지는 않는다.

이 장에서 다루는 국제적 계기는 이와 같은 국제적 '교통' 형태의 일부, 즉 정치적 영역의 그것이며, 특히 일본의 고대국가 성립사에서 그것이 맡은 역할을 7·8세기 시점에서 고찰하려고 한 것이다. 여기서는 국제적 계기 문제가 3세기의 야마타이국 단계, 즉 일본 국가의 '기원'에서 이미 불가결한 계기로 존재하고 있던 점, 또한 그 계기의 존재 양상이 기본적으로는 수장제라는 일본 고대 사회의 기초 구조에 의해, 내부적 조건에 의해 규정되었음을 서술해 두는 것만으로 충분하다. 다만 한 마디 덧붙이자면 그러한 독자적 의의를 지니는 교통 형태가 수장제를 매개로 하는 점, 수장이 교통의 기능을 독점하는 데서 출발한다는 특징이 국내의 계급분화, 지배 형태, 국가 구조를 특징짓는 점이다. 이는 최대, 최고의 수장인 중앙의 오키미(大王, 천황)를 축으로 한 지배층이 중국 및 조선의 선진적인 통치 기술, 국가 기구, 법전 등등을 수입하고 계수함으로써, 국제적 교통으로부터 소외되고 공동체적 관계들에 얽매여 있던 인민(人民)에 대한 계급적 우위를 체제화하는 점으로 단적으로 나타나고 있다. 한 가지 예를 들자면 문자의 사용이다. 중국의 율령제 국가와 그 복잡한 관료 기구는 '문서주의'를 기본으로 하고, 역시 문자가 없으면 운용할 수 없으며, 고대국가의 여러 유형 중에서 문자의 사용과 통치 기술이 이만큼 불가분의 관계에 있는 국가의 틀은 유례가 없다. 일본의 지배층은 한자·한문이라는 외국의 문자와 문장을 습득해야만 이러한 국가 기구를 운용할 수 있었던 것이다. 그 결과 수장층에 의한 교통의 독점은 지배층에 의한 지적 노동의 독점을 강화하고 보강하게 되었다. 육체노동과 지적 노동의 분리가 최대이자 기본적인 사회적 분업이라고 한다면, 외국의 문자와 문장을 자기 것으로 만든 지배계급과 문자를 갖지 않은 인민의 분리는 그러한 분업을 결정적으로 만들며, 율령제 국가의 성립은 그 자체가 사회적 분업의 발전으로 귀결됨과 동시에 후자를 촉진하고 체제화한 것이다. 국가는 단순히 '강제력'(마르크스의『공산당 선언』에 나오는 Gewalt에 대한 번역어에 해당함. 한국어로는 '폭력'으로 곧잘 번역되나 여기서는 원문의 '强力'을 살려 번역함-역주) 으로 지배하는 것이 아니다. 날것의 '강제력 장치'는 전제국가의 경우에는 10년도 존속할 수 없을 것이다. 그것이 육체노동과 지적 노동의 사회적 분업 체제를 기초로 하여 후자가 지배계급에 의해 독점되는 사정에 따라, 율령제 국가는 수 세기에 걸쳐 일본 인민을 지배할 수 있었다. 교통 문제는 앞서 서술하였듯이 고대문명의 발전이 갖는 지역적 불균등성을 심화하는 동시에 그 계층적 불균등도 첨예하게 만들었다. 같은 금기의 질서로 얽매여 있던 샤먼적 여왕 히미코와 일반 하호 사이에는 그다지 큰 질적 차이는 없었지만, 한문으로 적힌 사서(史書)와 경전을 읽고 한문으로 조칙(詔勅)을 쓰며 한문 법전을 갖고 그 교양과 사고방식까지 중국적으로 된 나라시대 천황들과 일반 공민(公民) 사이에는 같은 섬나라에 살며 같은 일본어를 말한다는 것 이상의 공통성은 없어진 것이다. 그러나 '여러 공동체가 끝나는 곳에서', 수장을 매개로 하여 시작된 상품교환이 이윽고 공동체 내부의 교환과 분업이 발전하는 반작용을 일으키게 되는 것처럼, 지배계급에 의한 문자의 독점도 그것을 매개로 하여 인민이 문자를 갖게 됨으로써 내부의 계급투쟁이라는 반작용을 일으키게 된다. 처음에는 「오와리국 군사·백성 등 해문(尾張國郡司百姓等解文)」(해문[解文]은 하급자가 상급자에게 제출하는 문서로 해[解], 해장[解狀]이라고도 함-역주)처럼 지배층과 같은 한문체 문장으로 항의함으로써, 결국에는 한자로부터 발명된 가나(假名)로 중세 장민(庄民, 장원 안에 거주하는 주민-역주)이 지토(地頭, 장원을 현지에서 관리, 지배하고 연공을 거두는 직책을 맡은 자-역주)의 수탈을 규탄함으로써 말이다. 또한 그 자체가 5·6세기 국제관계와 교통의 소산이며, 각종 기술의 도입으로 왕권의 물적 기초를 확립하기 위해 공헌한 '귀화인'(歸化人, 오늘날 일본 학계에서는 귀화인 대신 도래인[渡來人]이라는 표현을 사용하며, 한국 학계에서는 도왜인[渡倭人]이라 부르기도 한다-역주)의 기술은 마침내 일본 인민의 기술로 획득되어 그 생산력과 민부(民富)를 높이는 힘으로 전환되었으며, 9세기 이후 수공업과 상업의 발전은 율령체제를 해체해 가는 동인(動因) 중 하나가 된다.

교통 형태의 일환으로서 정치적 측면에 속하는 외교와 국제관계를 7·8세기 국가 성립기에 한정하여 고찰할 경우, 그것이 3세기 또는 4·5세기와 다른 국제관계의 새로운 국면이며, 그것에 대응하는 나라들의 내정에도 한 가지 특징이 보이는 점에 주의할 필요가 있다. 바로 동아시아 속 전쟁과 내란의 새로운 주기이다. 이는 다음과 같이 요약할 수 있겠다. 이 주기의 시작은 6세기 말 또는 7세기 초, 즉 일본의 스이코조 시기에 해당하며, 그 종말은 당나라의 조선반도 직할기관인 안동도호부(安東都護府)가 반도에서 철수하였을 때, 즉 일본의 덴무조 초년에 해당하는 시기이다. 이 주기의 특징은 조선 문제가 국제관계를 규정하는 주된 영역으로 등장한다는 점이다. 첫째로, 고구려·신라·백제 삼국의 왕권 확립은 반도의 패권을 둘러싼 내전을 일으켰는데, 7세기 초는 그때까지 수십 년 동안 상대적으로 안정되며 균형을 유지하고 있던 삼국 간의 내전이 격화되었다는 점에서 조선사의 새로운 국면을 연 시기이며, 그 내전은 7세기 중엽에 고구려·백제가 멸망하고 신라가 반도를 통일함으로써 종결될 때까지 계속되었다. 둘째는 조선에서 일어난 그 내전이 격화되며 국가들이 흥하고 망한 역사는 수·당 두 왕조가 반도에 대하여 벌인 침략전쟁 또는 간섭전쟁과, 책봉체제를 기초로 하는 외교에 의해 특징지어지며, 그와 불가분의 관계를 맺고 전개되었다는 점이다. 589년(수 문제[文

帝] 개황[開皇] 9년, 스슌 천황 2년), 수나라가 진(陳)나라를 멸망시키고 중국을 통일한 일은 조선에게 있어 기원전 2세기 말에 한 무제가 낙랑군(樂浪郡)을 비롯한 4군을 설치한 이래로 가장 중대한 사건이었고, 삼국의 운명에 있어 결정적인 전환이 되었다. 598년(문제 개황 18년, 스이코 6년) 수륙 30만 군대에 의한 고구려 정토(征討) 전쟁, 특히 612년(양제[煬帝] 대업[大業] 8년, 스이코 20년) '2백만' 대군에 의한 양제의 고구려 정토는 조선에 새로운 전쟁의 시대가 시작되었음을 의미하였다. 이는 이어지는 당나라가 여러 차례 고구려와 벌인 전쟁, 조선에 대한 침략으로 백제·고구려가 멸망하게 되고, 양국의 영토에 당나라의 직할 통치가 이루어지게 되면서 비로소 종결되었으며, 6세기 말부터 7세기 70년대에 이르는 시기는 동아시아에서 하나의 특수한 시대를 이루었다. 양제의 고구려 정토 전쟁에 앞서 백제와 신라가 수나라와 손잡고 고구려에 대항한 것처럼, 삼국 간의 대립 항쟁은 수나라 또는 당나라의 대(對) 조선 전쟁 정책에 의해 격화되었고, 그와 불가분의 관계 속에서 진행되었으며, 최종적으로는 당나라가 신라와 손을 잡고 먼저 백제를 토멸(討滅)함으로로써 고구려를 고립시키고, 이어서 고구려를 멸망시킴에 따라 당나라와 신라의 전쟁을 불러일으켰고, 신라가 반도를 통일함에 따라 한의 4군이 해체된 이래로 삼국의 대립은 최종적으로 해결되기에 이른다. 6세기 이래로 무력간섭의 힘을 잃었던 왜국의 조선 문제에 대한 관여 방식은 수·당처럼 직접적인 방식은 아니었지만, 삼국에게 있어 왜국은 하나의 정치세력 또는 '대국(大國)'으로서 외교상 중요한 지위를 차지하고 있었다. 특히 왜국은 백제와의 특수한 관계를 통해 조선 문제와 떼려야 뗄 수 없는 관계 속에 놓여 있었으므로, 백제 멸망 때의 해외 출병이 보여주듯이 최종적으로 조선에서 일어난 전쟁에 개입하게 되었고, 반도의 전쟁은 조선 삼국, 중국, 왜국이라는 동아시아 모든 국가 간의 전쟁으로 발전하였다. 이것이 이 시대의 특징이다.

6세기 말 이후 새로운 전쟁의 시대는 동시에 여러 나라에서 일어난 내란·반란·정변 등의 시대라는 특징을 갖는다. 이 시대만큼 국제관계 또는 전쟁이 각 국가들의 내정에 대하여 강력하게 반작용한 시대는 별로 없을 것이다. 그 전형적인 사례는 수나라의 멸망이다. 앞서 언급한 612년 고구려 정토군의 대패에 이은 이듬해 양제의 친정(親征)은 반란과 농민전쟁을 불러일으켰고, 618년,

양제는 국내 대란 속에서 시살(弑殺)되어 수 왕조는 멸망하는데, 국제적 계기가 이만큼 순수하고도 극적인 형태로 내정으로 전환된 사례는 중국 왕조의 역사 속에서도 드문 예일 것이다. 조선 삼국의 왕권에게도 삼국 간 및 수·당·왜국에 대한 전쟁과 외교는 각각의 왕권 존립에 있어 결정적인 모멘트였고, 여기서 내정과 국가 제도는 그것과 불가분의 관계에 있었는데, 여기서 발생하는 국내 모순도 격렬한 반란과 정변·쿠데타로 나타나는 것이 이 시기의 특징이다. 630년대 신라에서 일어난 이찬(伊湌) 칠숙(柒宿), 아찬(阿湌) 석품(石品)의 모반(謀叛), 647년 같은 나라에서 일어난 비담(毗曇)·염종(廉宗)의 반란은 구체적인 내용이 명확하지는 않지만, 후자는 물론 전자도 백제의 침공에 따른 이 시기의 대외 위기와 연결되어 있었던 것으로 보이며, 642년 고구려에서 천개소문(泉蓋蘇文, 연개소문의 다른 이름 표기-역주)이 일으킨 대규모 정변과 같은 시기 백제에서 일어난 내용이 불분명한 쿠데타도 상황으로 미루어 보아 대외전쟁과 '군국(軍國)' 시대의 권력 집중 과정에서 일어난 사건으로 보인다. 일본의 경우에는 그러한 대응 관계는 중국과 조선 삼국만큼 직접적이지도 명확하지도 않지만, 이 시기는 스슌 천황의 암살로 시작되어 조메이(舒明)·고교쿠(皇極) 시기의 정치 정세 불안과 야마시로노오에(山背大兄)의 내전을 거쳐 다이카 개신의 정변, 나아가 고대 최대의 내란인 임신의 난(壬申の亂)을 경험하였다. 일본에서는 이러한 정변과 내란이 일본의 독자적인 내적 조건으로 인해 일어난 것이다. 그러나 중국이나 조선 삼국의 정변과 내란이 국제적 계기를 매개로 하지 않으면 이해되기 어렵듯이, 다이카 개신과 임신의 난도 동아시아의 전쟁과 내란의 주기라는 넓은 시야 속에서 파악해야 하지 않을까? 국가 성립의 문제는 권력의 문제이다. 이는 고대 왕권의 기초에 있는 생산관계의 집약이자 총괄임과 동시에 각각의 왕권 또는 지배계급이 놓인 대외적 관계들도 역시 권력 문제의 계기 중 하나로서, 특히 고대에는 불가결한 계기로서 파악할 필요가 있다. 나는 일본에서 율령제 국가가 성립되기 이전의 역사가 이 전쟁과 내란의 시기에 해당한다는 사실을 단순한 우연으로 간주하기는 어려운 것이다.

두 번째 주기는 730년대로, 대체로 덴표기에 해당한다. 이는 첫 번째 주기와 비교하면 매우 소규모이며 단기간이다. 이는 발해와 당나라의 전쟁, 그에 대한 신라의 참가를 계기로 하여 시작되었다. 중국에서는 안록산(安

祿山)의 난, 일본에서는 후지와라노 히로쓰구(藤原廣嗣)의 난, 나카마로의 난 등이 일어나는 시대이며, 나카마로에 의해 신라 침공이 계획된 시기이다. 나는 국제적 계기가 지금까지 생각되어 온 것보다도 크며, 덴표의 국내 정국에 대한 반작용이라고 생각한다. 제4절은 율령제 국가의 전성기인 덴표기의 정치에서 그러한 관계를 고찰한 것이다. 거기서는 율령제 국가의 완성이 일본 지배층의 대외 정책과 전쟁 계획의 토대가 되었던 점, 즉 내정의 연장선 위에 있는 외정(外政)의 성격을 더욱 명확하게 파악할 수 있을 것이다. 7세기와 달리 여기서는 전쟁조차 도다이지(東大寺) 건립과 마찬가지로 지배층에 의해 계산된 계획으로서 존재한 것이다(제3장 제4절).

제2절 권력 집중의 유형들―스이코조

스이코조는 동아시아 속 전쟁과 내란의 주기가 시작된 시대에 해당한다. 왜국이('일본'이라는 국호는 아직 없다) 이 시기에 지난 1세기에 걸쳐 중단하고 있었던 중국 왕조와의 외교 관계를 재개한 일은 대외관계의 역사에서 하나의 전환기를 이루는 사건이다. 이 문제를 내정의 측면으로만, 특히 왕권과 소가씨의 대립이라는 관점에서 이해하려고 하는 방법은 제1절에서 서술하였듯이 독립의 계기로서 국제관계가 지니는 의의를 놓치고, 6세기에 '바깥일'이 '내란'과 구별되는 독립된 영역이었다는 사실을 잊게 만들 것이다. 스이코조도 주어진 조건 중 하나로서 현실의 국제관계 위에서 그 외교를 전개한 것이며, 왜국이 놓인 객관적 조건이 일단 문제시되어야 한다. 그때 『일본서기』에 기사가 빠져 있는 600년(스이코 8년) 제1차 견수사(遣隋使, 일본이 수나라로 파견한 외교 사절-역주) 파견 시기가 우선 문제를 안고 있음은 말할 것도 없다. 그것이 남북 두 왕조를 통일하고 활발한 대외정책과 조선에 대한 침략정책을 수행한 수 제국의 성립과 연관되었을 것임은 일단 공통된 인식이라고 전제하여도 된다. 그러나 양자를 아무런 매개 없이 연관 짓는 것, 지난 1세기에 걸쳐 왜국의 유일한 외교 대상이었던 조선 문제를 매개로 하지 않고 곧장 중국대륙의 정세 변화에 대응하였다고 보는 것은 현실적인 관점이 아니다. 오히려 조선 문제야말로 견수사 파견의 현실적 동기였던 것으로 보인다. 첫째로 제1차 견수사가 같은 해, 그리고 2년 뒤의 대(對)신라 침공 계획과 병행하여 이루어진 점, 둘째로 그와 동시에 오토모노 무라지 구이(大伴連囓)를 고구려에, 사카모토 노 오미 아라테(坂本臣糠手)를 백제에 파견하여 신속한 임나 구원을 요청한 사실은(『일본서기』 스이코 천황 9년 3월조) 대신라 침공이 이미 불가능해졌고, 외교가 새로운 과제로 등장하게 되었음을 나타내는 것이다. 적어도 견수사가 조선 문제와 떼려야 뗄 수 없는 것임을 우선 전제로 해야 한다. 게다가 조선에서는 이를 전후하여 중대한 변화가 일어나고 있었다.

598년(수나라 개황 18년), 제1차 견수사가 파견되기 2년 전에 일어난 수 문제의 고구려 정토 전쟁은 조선 삼국이 서로 격렬한 전쟁 상태에 들어가는 계기가 되었던 점에서도 획기적이다. 그 출병에 즈음하여 백제왕이 수나라에 사신을 파견하여 그 군의 길잡이를 하겠다고 자청한 것은 이후 고구려가 백제를 침공하는 직접적인 원인이 되었다. 또한 602년 백제왕의 신라 아막산성(阿莫山城) 공격과 대규모 전투, 이듬해에 있었던 고구려군의 신라 북한산성(北漢山城) 침공은 반도에서 수십 년에 걸친 삼국 간의 상대적 안정기(백제 성명왕[聖明王] 시대를 예외로 함)(『일본서기』 등에는 성왕[聖王]이 성명왕으로 표기됨-역주)가 끝나고[01], 약 80년에 걸친 전쟁의 주기에 들어갔음을 의미하였다. 고구려, 백제의 신라 침공이 앞서 언급한 601년 3월 왜국에서 임나 구원을 요청한 일과 관계된 것으로 여겨지므로, 이것과 앞에 나온 고구려·백제 간의 전쟁을 함께 놓고 본다면 수나라와 왜국의 존재와 개입이 기존의 삼국 간의 균형을 깨뜨리는 계기가 되었음을 알 수 있다. 왜국은 빼도 박도 못하게 조선 문제 속에 편입되어 있으며, 거기서 발생하는 문제를 해결하려고 하면 타국(백제·고구려)의 힘에 의존하여 그것을 자국의 이익을 위해 이용하는 외교라는 수단이 강제력이라는 수단을 대신하여 결정적 의의까지 지니게 된 정세였다. 수나라와 국교(國交)를 여는 직접적인 동인이 된 것은 아마도 신라의 진평왕(眞平王)이 백제·고구려보다 약간 늦게 594년(문제 개황 14년, 스이코 2년)에 수나라로 사신을 파견하여 공물을 바치고 상개부(上開府) 낙랑군공(樂浪郡公) 신라왕에 봉해진 일일 것이다(『수서[隋書]』신라전). 이는 신라가 5년 전에 중국 통일을 완성한 강대한 수나라가 지닌 권위의 우산 아래 들어갔음을 보여준다. 중국 왕조와의 약 1세기에 걸친 국교 중단에 따른 국제 관계로부터의 고립과 지리적 조건 때문에, 왜국은 조선 삼국보다, 특히 적대국인 신라보다도 외교상 완전히 뒤처져 있었다. 그것을 회복하는 일이 견수사의 첫 번째 목적이며, 그 매개가 된 것은 아마도 백제였을 것이다. '대업 4년(608) 3월 임술, 백제·왜·적토(赤土)·가라사국(迦邏舍國)이 모두 사신을 보내 방물(方物)을 바쳤다'고 한 것은 608년(스이코 16년) 제2차 견수사가 백제 사절과 함께 조공한 일을 가리키는 듯한데(『수서』 양제기), 이 문제에 대한 백제의 매개적 역할을 시사하며, 또한 앞서 언급하였듯이 대(對)고구려 문제에서 백제가 재빨리 수나라의 권위에 의존하려고 하였던 사실도 떠올릴 수 있을 것이다. 견수사 파견은 임나 혹은 대신라 문제를 백제·고구려의 원조에 의존하려고 한 왜국의 외교와 같은 계열의 사항이며, 그것의 발전된 형태라 할 수 있다. 수나라의 주변 국가들이 책봉을 받거나 조공하는 체제가 확립되려고 하는 조건에 있어서 일정한 형태로 외교를 전개하려고 한다면, 수나라의 세계제국적 질서 속으로 들어가는 것이 전제될 수밖에 없다.

견수사 파견을 수나라와의 '대등'한 국교를 여는 것을 목적으로 하였다고 보는 설이 있었다. 지금도 존재하는지도 모른다. 이 설은 수·당시대를 통틀어 왜국 혹은 일본이 일관되게 중국 왕조에 대한 조공국이었다는 사실을 놓치고 있다. 중국 정사(正史)에서는 왜국에서 온 사절은 '내공(來貢)' 또는 '조공(朝貢)'으로 적히는 것이 일반적이다. 조공관계는 책봉관계보다는 더 완화된 형태이기는 하지만, 그것이 왕권 간의 지배·복종 관계의 일종이라는 데는 변함이 없다. 덴표기가 되어 당나라의 현종 황제가 쇼무(聖武) 천황에게 준 칙서의 '일본국왕 주명락미어덕(主明樂美御德, 스메라미코토)에게 칙(勅)한다'고 한 것은 '왜국왕'이 '일본국왕 천황(스메라미코토는 천황에 대한 존칭이다-역주)'이라고 공식으로 승인받은 점에서 변화가 확인되지만[02](『문원영화[文苑英華]』〔권471〕), 그 문장 속에서 쇼무 천황을 '경(卿)'이라고 부른 것은 아마도 이 칙의 형식이 '논사칙서(論事勅書)'였음을 나타내며(『대당육전[大唐六典]』 권9, 중서령조[中書

슈條]), 양자의 관계는 대등하지 않다. 당나라의 수도 장안에서 견당부사(遣唐副使) 오토모노 고마로(大伴古麻呂)가 신라 사신과 자리 순서를 두고 다투었다는 유명한 일화도 일본이 당나라에 조공하는 제번(諸蕃) 중 하나였음을 보여준다. 따라서 사절을 파견할 때 왜국왕은 그 국서(國書)를 당나라 황제에 대한 '표(表)'='상서(上書)', 즉 신분이 낮은 자가 임금에게 아뢰는 문서의 형식으로 받들어 올려야 했고, 실제로 648년(정관[貞觀] 22년, 다이카[大化] 4년)에 왜국왕은 신라 편에 부쳐서 '표'를 당나라 황제에게 보냈다(『구당서[舊唐書]』 왜국일본전). 송대(宋代)가 되자 1026년(천성[天聖] 4년, 만주[萬壽] 3년), 일본 다자이후의 사절이 방물을 바쳤을 때, 송나라 조정은 '본국의 표를 지참하지 않았다'는 이유로 '조를 내려 이를 물리쳤다'고 적혀 있듯이(『송사[宋史]』 일본전), 일본이 신라 사절에 대하여 국왕의 '표' 제출을 요구한 것과 같은 국제 관행이 일본과 중국 왕조 사이에 존재하였다고 보아야 한다. 따라서 『일본서기』에 앞서 언급한 다이카 4년(648) 당나라 황제에 대한 '표' 기사가 빠지고, 그보다 훨씬 실록적(實錄的)인 『속일본기(續日本紀)』가 신라왕과 발해왕이 천황에게 보낸 표문(表文)과 그에 대한 천황의 새서(璽書)를 수록하면서도 견당사 파견 기사에 천황의 '표'를 수록하지 않은 것은 애초에 이 시대의 견당사가 표를 지참하지 않았거나, 의도적으로 『속일본기』에서 생략하였거나 둘 중의 하나인데, 아마도 후자일 것이다. '표'로 맺어진 당나라 황제와 천황의 관계는 양자의 정치 관계를 규정한다. 나중에 서술하듯이(제3절) 654년(영휘[永徽] 5년, 하쿠치[白雉] 5년) 견당사에게 고종이 새서를 내려 신라를 원조하는 출병을 지시한 사실은 적어도 이 단계에서는 당나라 황제가 일본에 대하여 출병을 지시 또는 명령할 권리를 갖는다고 생각하고 있었음을 보여주는 것으로, 그 근거는 일본이 조공국이라는 사실 말고는 달리 없었을 터이다. 당나라와 일본의 관계도 그러했다고 한다면 스이코조의 왜국과 수나라의 관계도 그 이상일 수는 없고, 실제로 내조(來朝)한 수나라 사신 배세청(裴世淸)에게 왜국왕은 '나는 이인(夷人)'라 칭하며, '나는 바다 서쪽에 대수(大隋)라는 예의를 갖춘 나라가 있다고 들었다. 그래서 사신을 보내어 조공하게 하였다'고 명확히 조공관계를 규정하였다(『수서』 왜국전). 처음부터 '대등'한 국교는 있을 수 없었던 것이다.

또한 스이코조의 대(對)수 외교는 '자주외교'라는 견해가 있다. 그 의미는 분명하지 않지만, 외교는 왜 5왕(倭五

王, 5세기에 중국 남조 송나라에 사신을 보낸 왜의 다섯 왕들-역주)의 책봉관계 같은 신종(臣從)·복속의 관계를 맺을 때도 그것을 통해 자기 왕권의 국제적 지위를 확정하려고 하는 주체적인 대응이므로 당연히 '자주외교'이며, 따라서 스이코조의 사례를 특별히 '자주외교'라 할 이유는 보이지 않는다. 또 스이코조의 견수사를 '전통적 화이사상(華夷思想)에 대한 도전'이라 평가하는 견해도 있는 듯하다. 사실은 오히려 반대인 것 같다. 스이코조의 외교 방침이 국가 제도로 확립되는 율령제 국가는 일본에 조공하는 제번국(諸蕃國)에 군림하는 국가로서, 따라서 일본은 '중하(中夏)'이며 조공국은 만이(蠻夷)로 여기는 체제이다. 스이코조 외교의 목적은 '화이사상에 대한 도전'이 아니라 반대로 조선의 나라들을 제번으로 삼고 자신을 '중하'로 만들기 위한 외교일 수밖에 없었다고 보아야 한다. 『수서』 왜국전에 다음과 같은 기사가 있다.

신라·백제는 모두 왜를 대국(大國)이며 진기한 물품이 많다고 여겨 모두 공경하고 우러러보며, 늘 사신을 보내어 왕래한다.

여기서 말하는 '대국'이란 특정한 역사적 내용을 가리키는 말이었다. 수나라 황제가 왜국왕 앞으로 보낸 국서를 왜국 측에서 '대국의 서한'이라고 하며(『일본서기』스이코 천황 16년 6월조), 왜왕이 수나라 사신에게 '바라건대 대국이 새롭게 된 교화를 듣고자 한다'고 말하였을 때의 '대국'이다(『수서』왜국전). 수나라는 조공국인 왜국으로서는 '대국'인 것이다(영제에서 일본이 당나라를 특별히 '대당[大唐]'이라고 하는 것도 '대수'의 계승일 것이다). 따라서 위의 『수서』왜국전에서 신라·백제 양국이 왜국을 '대국'으로 간주하였다는 점은 양국이 왜국에 대하여 조공관계에 있다는 사실을 수 왕조가 공식으로 승인하였음을 나타내는 것이다. '공경하고 우러러본다'거나 '사신을 보내어 왕래한다'는 표현으로 그것을 다소 불명확하게 하고는 있지만, 이 시대에 '대국'이 지니는 의미로 보면 그렇게 해석해야 한다. 신라·백제에 대하여 왜국이 '대국'=피조공국으로서의 지위를 확립하고, 그 지위를 수 왕조에게 승인하게 한 것, 이것이 스이코조 대수 외교의 기본적 목적이었던 것으로 보인다. 제1차 견수사와 병행하여 이루어진 대신라 출병 계획도 동일한 목적을 지닌 것임은 말할 것도 없다. 군사행동은 다른 수단으로 하는 외교이며, 또한 그 반대이기도 하기 때문이다. 따라서 대수 외교는 고구려·백제·신라에 대한 이 시기 외교와 동일한 목적을 추구한 데 지나지 않는다. 일찍이 '왜 5왕'의 시대에 '사지절(使持節) 도독(都督) 왜·백제·신라·임나·진한(秦韓)·모한(慕韓) 육국제군사(六國諸軍事) 안동대장군(安東大將軍) 왜국왕(倭國王)'〔『송서(宋書)』 왜국전〕의 관직 수여를 중국 왕조에 요청한 왜왕 외교의 기본적 목적은 한 세기가 경과한 스이코조의 대수 외교 속에서도, 다른 안팎의 조건들과 다른 형태로, 즉 책봉관계가 아니라 단순한 조공관계라는 한 걸음 더 나아간 형태로 살아 있는 것이다. 그러나 백제·신라에 대한 '대국'으로서의 지위를 중국 왕조에게 승인받기 위해서는 두 가지 조건이 필요했다. 하나는 왜국 자체가 조공국으로서, '동이(東夷)'의 한 나라로서 중국의 세계제국적 질서 안에 편성되는 것이고, 또 하나는 조선 삼국이 이미 수나라와의 책봉체제 속에 편입되어 있으므로, 왜국은 사실상의 조공관계라는 것 이상의 체제를 조선의 나라들과의 사이에 설정하고 국제적으로 승인하게 한다는 것은 불가능하였다. 따라서 이는 수·당 세계제국의 바다 동쪽에 위치하는 동이의 왕이 지배하는 불안정한 '대국'에 지나지 않았다.

이러한 '동이의 대국'은 기본적으로는 법흥왕(法興王)·진흥왕(眞興王) 이래로 신라가 급속히 발전함에 따라 실체가 없는 관념적인 체제로 해체되고 있었고, 특히 수나라의 정복 전쟁과 삼국 간의 전쟁이 그 해체를 촉진하는 일은 필연적이었다. 따라서 대외관계는 하나의 계기로서 내정에 반작용할 수밖에 없다. 그에 대응하는 국가 제도상의 새로운 체제가 바로 황태자=쇼토쿠 태자에게 '만기(萬機)를 모두 위임'하는 '섭정(攝政)' 제도이다.[03] 이 국가 제도의 변화가 갖는 의의를 평가하기 위해서는 다음 두 가지 점이 중요하다. 첫째로 일본의 경우, 황태자의 '만기 총섭' 제도는 스이코조의 쇼토쿠 태자로부터 시작해서 고토쿠(孝德)—사이메이(齊明)조의 나카노오에(中大兄) 황자로 실질상 끝났으며(덴무 천황 10년 구사카베[草壁] 황자의 사례는 단순한 유제[遺制]에 불과하다), 이 사실은 그것이 7세기 전반기 시대의 특별한 성질과 불가분의 관계에 있음을 보여준다. 둘째로 이 특수한 시대의 성질을 일본의 국내적 조건에서만 찾는 방법은 조선 삼국과 일본을 포함한 이 시대의 전쟁과 내란의 주기가 갖는 특질, 그로부터 국내 체제상 요구되는 지배계급의 권력 집중이라는 네 나라(조선 삼국과 일본-역주)에 공통된 현상을 놓치는 결과를 낳는다. 국가 제도의 변화는 각 나라들의 역사적 사정 차이에 따라 다양한데, 그 다양성은 공통된 조건들의 존재를 애초에 전제로 해야 비로소 논할 수 있을 것이다. 사실 7세기 전반기, 즉 스이코조부터 다이카 개신까지의 시대로 한정해 보더라도 네 나라는 각각 공통된 국제적 조건들에 대응하는 권력 집중의 다른 유형을 나타내고 있으며, 스이코조부터 덴지조(天智朝)에 이르는 일본의 특징적인 국가 제도도 그 일부로 파악해야 한다.

첫 번째 유형은 백제 의자왕(義慈王)에게서 보이는 것으로, 국왕 자신에게 지배계급의 권력이 집중되는 유형이다. 641년(조메이 천황 13년)에 즉위한 이래로 나라가 멸망에 이를 때까지 의자왕은 전제적 군주로서 군정(軍政)의 대권(大權)을 장악하였는데, 같은 해의 쿠데타로 확립된 왕의 전제군주적 성격은 이 시기 백제에 권력이 집중되어야 할 필요성 때문에 생겨난 것이다. 의자왕의 권력을 뒷받침하고 있던 것은 백제의 관사제였다. 두 번째는 고구려 천개소문에게서 보이는 유형이다. 이 유형의 권력 집중은 격렬한 쿠데타 또는 정변을 동반하는 점에서 첫 번째 백제형과 성립 방식이 구별된다. 642년(고교쿠 천황 원년), 대신(大臣) 천개소문은 국왕을 죽이고 보장왕(寶藏

王)을 옹립하며, 여러 대신을 비롯한 100명 이상을 참살하고, 스스로 '막리지(莫離支)'가 되었다. 그 권력은 중국의 병부상서(兵部尙書)·중서령(中書令)을 겸한 광범위한 것인데, 그 특색은 군사적 독재에 있었다(『구당서』태종본기 하, 『구당서』고려전). 천개소문의 독재 형태 속 권력 집중이 침공해 온 당군(唐軍)에 대한 고구려의 놀랄 만한 저항의 버팀목이 되었고, 동시에 그의 죽음이 고구려 멸망의 계기 중 하나가 된 이유였다. 백제에 '내신좌평(內臣佐平)'이라는 관직이 있고, 고구려의 천개소문도 역시 '내신(內臣)'이었지만, 양자의 권력은 기본적으로 다른 것이다. 백제의 내신좌평은 '내관(內官)'의 직능 중 하나인 '선납(宣納)하는 일'을 관장하는 관직에 지나지 않는다(『구당서』백제전). 즉, 관사(官司)의 하나로서 의자왕의 전제적 권력을 지탱하는 것으로, 재신(宰臣)이 스스로 '국정을 제멋대로' 하는 고구려형과는 다른 성격을 지닌다.

세 번째 유형은 신라 왕족 김춘추(金春秋, 훗날의 태종 무열왕)에게서 보이는 유형이다. 이는 앞의 두 유형보다도 복잡한 형태를 띠고 있다. 그중 첫 번째 특징은 지배계급의 권력이 왕위에 오를 자격이 있는 왕족 한 사람(김춘추)에게 집중된다는 점으로, 백제형이나 고구려형과 구별된다. 두 번째로 신라에서는 처음으로 선덕왕(善德王)·진덕왕(眞德王)이라는 여제가 왕위에 올라 국권(國權)을 쥐지 않는 정치적 수장의 역할을 한다. 세 번째로 백제형과 달리 국가의 '대사(大事)'를 귀족 수장의 '평의(評議)'로 결정하는 기관인 '화백(和白)'이 관사제와 함께 중요한 역할을 한다(『수서』 신라전). 이 중 첫 번째와 두 번째 특징이 거의 동시대 일본의 여제 사이메이 천황과 황태자 나카노오에 황자와의 관계와 유사함은 분명하다. 게다가 신라의 경우, 김춘추의 권력에는 군사 지휘관으로서 김유신(金庾信)이 붙어 있었고, 그것이 나카노오에와 우치쓰오미(內臣) 가마타리(鎌足)의 결합과 닮았으므로, 양자의 인물론적 비교는 메이지시대 역사가들이 즐겨 행하였던 바이다. 신라의 경우, 이 시대 국권의 결정적 요소인 외교와 군사의 두 영역이 김춘추와 김유신에 의해 분장(分掌)되었고, 그 점에서 나카노오에·가마타리 체제와는 다른데, 둘 다 지배계급의 위기에 대처한 권력 집중의 한 형태를 보여줌은 말할 것도 없다. 신라에서는 그러한 유형이 선대인 선덕여왕의 즉위 때 이미 명료하게 나타나고 있었다. 632년에 여왕이 즉위한 사정은 선왕 진평왕(眞平王)에게 아들이 없었다는 사정으로 설명되지만, 이 시기에 백제로부터 받은 격렬한 침공, 즉위 전해에 이찬 칠숙, 아찬 석품이 반란을 일으킴에 따른 안팎의 위기와, 즉위 직후에 '종실(宗室)의 대신(大臣)'인 을제(乙祭)에게 '국정을 총지(總知)'하게 하고, 이어서 알천(閼川)을 대장군(大將軍)에 임명한 일은 여왕의 즉위가 위기 속 권력 집중과 연결되어 있으며, 그 체제가 훗날 등장하는 김춘추형의 선구가 되는 것은 분명하다(『삼국사기』 신라본기, 『구당서』 신라전). 진덕여왕 즉위의 경우에도 당연히 왕위에 오를 만한 김춘추가 있고, 또 647년(다이카 3년) 비담·염종의 내란이 일어나[04](『삼국사기』 신라본기), 안팎으로 모두 중대하게 위태로운 판국에 당면해 있었으므로, 그 내란을 진압함에 따라 탄생한 진덕여왕·김춘추·김유신이라는 체제는 을제·알천의 권력 집중 국가 제도를 모델로 하여 만들어진 것임은 의심할 여지가 없다. 이 경우에 고구려에서 태자를 세워 '군국의 일'을 맡기고(『삼국사기』 고구려본기, 유리왕[瑠璃王] 33년조), 백제에서 마찬가지로 태자에게 '내외 병사(兵事)의 일'을 맡겼다는 과거 조선의 관행이라는 존재가(『삼국사기』 백제본기, 온조왕[溫祚王] 28년조) 전통으로서 신라의 새로운 국가 제도 속에 살아 있었는지도 모른다.[05] 그러나 고구려·백제의 관행에서도 '군국'의 시기에 군사 지휘권을 장악한다는 형태로 권력의 집중이 문제가 되었다는 점에 주목해야 한다.

스이코조부터 덴지조에 이르는 일본의 국가 제도도 위의 세 유형과 함께 권력 집중의 한 형태로 파악해야 한다. 쇼토쿠 태자의 만기 총섭 제도는 앞서 서술한 것처럼 왕위 계승의 위기 속에서 외교와 군사가 지배계급에게 있어 중요한 계기로 등장하게 된 시기에 창설되었다는 점에서, 앞의 세 유형과 공통되는 특징을 갖고 있다. 이 시기에 태자가 추진한 이른바 개혁이 603년(스이코 11년)의 관위 12계(冠位十二階) 제정, 604년(스이코 12년)의 17조 헌법(十七條憲法) 제정, 620년(스이코 28년)의 『천황기(天皇記)』, 『국기(國記)』 등의 편찬 등, 모두 600년(스이코 8년) 제1차 견수사 파견 이후에 집중적으로 이루어졌음은 주목할 만한 점일 것이다. 『일본서기』의 편찬자에 따르면 우마야도(廏戸) 황자가 '황태자'가 된 것은 스이코 원년의 일이며, 그와 동시에 태자에 대한 만기 총섭의 대권이 부여된 것처럼 기재되어 있는데(『일본서기』 스이코 천황 원년 4월조), 후자에 대하여 나는 의문을 품는다. 스이코기의 특징 중 하나는 스이코 8년 대(對)신라 출병 기사까지는 중요한 기사가 거의 없다는 점이다. 태자의 만기 총섭이 원년부터라고 한다면 이는 문제일 것이다. 스이코 9년 2월에 태자가 '비로소' '궁실(宮室)'을 이카루가(斑鳩)에 일으켰다고 『일본서기』는 적고 있는데, 이때가 태자의 만기 총섭이 시작된 때가 아닐까? 그때까지 태자는 아버지 요메이(用明) 천황의 이케노베노 나미쓰키궁(池邊雙槻宮) 한 구석에 있는 '우에쓰도노(上殿)'에 살고 있었고(『일본서기』 요메이 천황 원년조, 『법왕제설[法王帝說]』), 말하자면 부모님 집에 얹혀사는 처지에 불과하다. 이카루가궁의 건설이 신유년에 이루어진 것도 갑자년의 헌법 제정과 함께 그것에 중요한 의의가 부여되고 있었음을 나타내는 것이리라. 이카루가궁의 건설이 태자의 만기 총섭이 시작되는 때라고 한다면 그것이 대신라 출병과 제1차 견수사 파견이 있은 다음 해라는 점이 중요하다. '만기'의 주요 내용이 특히 군사와 외교에 있다는 점을 시사하고 있기 때문이다.

『일본서기』는 스이코 8년의 대신라 출병이 승리하여 성과를 올린 것처럼 적고 있다. 하지만 시세조(是歲條, 월일을 명시하지 않고 '이 해에' 일어난 일을 적은 기사-역주) 기사가 신빙성이 없음은 신라왕이 '표(表)'를 바치는 일이 스이코 29년에 시작되었다고 했는데(『일본서기』), 이 기사에 표문이 제시된 점, 또 이듬해 고구려·백제에 임나 구원을 요

청하는 사절을 파견한 점을 통해서도 알 수 있으며, 사실
은 실패했을 것이다. 이듬해인 10년 2월, 11년 4월의 대
신라 출병 계획은 좌절되었지만, 이 경우 특징적인 점은
태자의 형제에 해당하는 구메(來目) 황자와 다기마(當摩)
황자를 각각 장군으로 삼은 것으로, 이처럼 전례가 없는
'황족 장군'의 임명은 앞서 추정한 스이코 9년 태자의 만
기 총섭권 장악과 연관시키지 않으면 설명하기 어려울
것이다. 황족 장군 임명은 태자 자신이 군사권을 통솔하
는 체제의 직접적 결과로서 이루어진 것이라 보아야 한
다. 그러나 이는 체제의 형식적인 면일 뿐이다. 출병 계
획조차 좌절되는 약체가 스이코조의 특징이므로, 태자의
군사 지휘권이 배경으로 물러나고, 그 대신에 외교가 주
요한 과제로 등장하는 것은 당연하다. 따라서 수나라와
조선 삼국에 대한 외교에서 태자가 주도권을 잡았다는
설은 충분히 있을 수 있는 일이라 생각한다. 하지만 이는
태자가 소가씨에 '대항'하여 외교를 추진했다는 종래에
반복되어 온 설을 지지하는 것이 아니다. 오히려 반대로
태자의 외교는 오오미(大臣) 소가노 우마코를 포함한 지
배계급을 대표하여 추진되었다고 보아야 할 것이다. 이
단계에서 태자와 우마코의 대립을 보여주는 자료는 하나

도 없음에도 불구하고, 양자의 대립, 태자의 독자성만을 강조하는 것은, 그 반대로 우마코의 주도권만을 강조하는 견해와 마찬가지로, 계급의 전체적 운동으로 역사를 보지 않고 개인들 또는 씨족들의 부분적 대립으로만 역사를 해석하는 결과를 낳는다.

지배계급의 결집 방식, 그 권력의 집중에는 대략적으로 두 가지 단계가 있다. 발달한 단계에서는, 덴표기에 전형적으로 보이는 것처럼, 지배계급은 개개의 인격 또는 씨족으로부터 상대적으로 독립한 '국가'라는 체계적인 기구를 매개로 하여 결집한다(제4절). 그 이전 단계에서는 지배계급 내부의, 혹은 대외적인 여러 모순을 해결하는 형태 중 하나인 권력 집중은 특정 인격(복수라도 괜찮음)을 매개로 하여 이루어진다. 제도가 그렇게 될 뿐만 아니라, 대표되는 지배계급 전체의 역량·자질 및 약점조차도 특정 인격에 집중적으로 표현될 수밖에 없다. 따라서 그 특정 인격은 어떤 때는 신적인 형태를 취하고, 어떤 때는 이른바 '카리스마적'인 성격을 갖추며, 어떤 때는 '영웅'이 된다. 신라의 '제세(濟世)의 영걸(英傑)'인 김춘추, 군사적 천재인 김유신(『삼국사기』 열전), 백제 멸망 시기의 반란군 지휘자 좌평(佐平) 복신(福信)은 전형적인 존재이며, 일본에서도『가전(家傳)』〔등씨가전(藤氏家傳)〕에 묘사된 가마타리의 이미지에 그러한 면이 보이며, 더 나아가『일본서기』에서 악명이 높은 독재자 소가노 이루카(蘇我入鹿)조차 그가 호랑이를 벗으로 삼고 그 술법을 배워 초목이 시든 산을 푸른 산으로 만드는 역량을 지니고 있었다는 전설이 만들어지므로(『부상략기[扶桑略記]』고교쿠 천황 4년조), 쇼토쿠 태자의 초인간적 전설이 예로부터 풍부하게 만들어진 것도 필연이었다. 스이코조의 국가 기구는 관사제의 싹이 약간 있기는 해도, 예를 들면 백제와 비교해서 한참 미성숙하였으므로, 그만큼 스이코조 지배계급의 역량은 태자 개인의 인격적 역량으로 귀결되는 경향이 있는 것이다.

스이코 천황-쇼토쿠 태자-소가노 우마코라는 권력 집중의 방식은 형태상으로는 앞서 언급한 신라형, 즉 선덕여왕-을제-알천 또는 진덕여왕-김춘추-김유신과 유사하다. 이때 태자가 '황태자'라는 점은 그다지 중요하지 않다. 영제적(令制的)인 의미의 '황태자'는 이 단계에서는 문제가 되지 않으므로, 왕위에 오를 수 있는 자격 또는 능력을 지닌 왕족 한 사람이 국정 또는 만기를 다스린다는 것이 이 유형의 특징이기 때문이다. 신라의 두 가지 사례에서 을제는 '종실의 대신'이라고 적혀 있으므로 왕족으로 보이며(『구당서』 신라전), 김춘추에 대하여『삼국사기』신라본기는 진지왕(眞智王)의 아들인 이찬 용춘(龍春)의 아들이라고 하며, 중국 사료는 모두 진덕여왕의 동생이라고 하는데(위와 같음), 어느 쪽이든 왕위 계승의 자격이 있는 왕족임은 분명하다. 이런 의미로 스이코조의 태자 만기 총섭 형태는 신라형과 유사하고, 오히려 그 선구적인 사례이며, 동시에 훗날의 사이메이(또는 고토쿠)―나카노오에―가마타리 체제로 이어지는 것이다. 그러나 이는 형태상의 비교에 지나지 않으며, 각 체제의 기능은 그 권력 형태에게 주어진 그 단계의 과제에 따라 달라지는 것이 당연하다. 전해오는 바에 따른 태자의 사업이 외교를 제외하면 주로 제도적·문화적 측면에 한정된 것은 우선 지배계급이 처한 위기의 심각성과 성질이 앞의 두 사례와 달랐기 때문이다. 신라의 경우는 고구려·백제와 삼국 상호 간에, 마지막에는 중국 왕조의 침략군과 생사를 건 전쟁을 벌여야 했던 데 반해, 스이코조의 경우 군사는 '대국'의 지위를 유지하기 위한 조선에 대한 간섭전쟁밖에 없고, 그조차도 실현 불가능한 수단이 되어 있었다. 따라서 만기를 총섭하는 태자의 권력은 신라형처럼 독립적이고 강력한 것으로 발전하지 않았고, 그러므로 오오미 우마코와의 모순도 심각해지지 않았던 것으로 보인다. 태자와 우마코의 관계에 관해서만 이야기하면 양자가 '함께 천하의 정치를 보좌하였다'고 적힌 것처럼(『법왕제설』), 사실상 이른바 공동 집정이었다고 보는 것이 타당하다. 하지만 이를 바탕으로 태자의 만기 총섭권이 지니는 독자적 기능과 그 역사적 의의를 평가하지 않게 되면 그것은 잘못일 것이다. 태자의 죽음을 계기로 하여 야마시로노오에왕(山背大兄王)의 내전을 거쳐 소가씨가 앞서 언급한 고구려형의 권력 집중을 지향해 나가는 전환을 이해할 수 없게 되기 때문이다. 신라형 권력 집중을 지탱하는 신라의 독자적인 기초는 앞서 서술한 '화백' 제도이며, 게다가 그것은 '네 곳의 신령한 땅(四靈地)'에서 개최되는 것으로 보아 강한 종교적 전통에 의해 권위가 부여되는 점이(『삼국유사[三國遺事]』 진덕왕조) 신라형이 갖는 모순을 완화하며, 천개소문의 독재가 강제력과 공포로 뒷받침되며 그만큼 고립되어 있었던 것 같은 연약함이나(『구당서』 고려전), 후반기 의자왕의 권력이 전제군주 특유의 퇴폐를 동반하는 식의 도의적 기초의 박약함을 피할 수 있었다(『삼국사기』 백제본기, 의자왕 16년 3월조). 삼국 중에서 신라가 우월하였던 이유 하나가 여기에 있다. 고구려·백제와 마찬가지로 스이코조의 지배층에게도 '화백' 제도 같은 토대가 결여되었고, 따라서 나중에 서술하듯이 오오미 소가씨와 중앙 권력을 구성하는 여러 씨족과의 모순도 그만큼 자유롭게 전개되어, 그 상황 속에서 안팎의 객관적 정세에 따라 권력 집중이 요청된다고 한다면, 태자 사망 후에 남겨진 길 중 하나는 고구려형 방향이었을 것이다. 스슌 천황의 암살에 따른 왕위 계승의 위기는 여제 스이코 추대와 태자의 만기 총섭에 의해 일시적으로 해결되기는 했어도, 특정 인격을 매개로 대표되는 지배 계급의 권력 집중의 약함은 그 인격의 죽음으로 곧바로 폭로될 수밖에 없다.

앞서 서술하였듯이 스이코조의 개혁은 이러한 단계의 위기가 갖는 성격의 제약을 받아, 외교를 제외하면 제도적·문화적인 것으로 한정되었다. 여기서는 그러한 개혁들을, 국제적 계기가 어떻게 내정으로 바뀌는가 하는 관점에서, 두어 가지 언급하는 데 그치고자 한다. 고찰의 전제는 이 모든 개혁이 제1차 견수사 파견에 이은(아마도 그들이 귀국한 뒤의) 시기에 이루어졌다는 앞서 언급한 주목할 만한 사실이다. 그 첫 번째는 603년(스이코 11년)

의 관위 12계 제정이다. 그 의의가 관위의 유일한 수여자로서 관위 질서를 초월하는 왕권의 권위를 확립하는 데 있었음은 말할 것도 없다. 씨성(氏姓, 우지와 가바네-역주)의 질서와 구별되며 율령제 국가의 위계(位階) 제도보다 먼저 등장한 관위 12계 제정의 필연성은 지배층 내부 구성의 변화, 예를 들면 스이코를 전후한 때의 '군경(群卿)'이나 '대부(大夫)'(둘 다 일본어 발음은 '마에쓰키미[まえつきみ]'-역주) 계층의 진출과 관사제의 발전에서 찾아야 한다. 이때 관위를 부여받은 자가 주로 기내와 그 주변 구니들에 한정되어 있었던 점은 한 가지 중요한 특징이다.[06] 이 시대의 기내·근국(近國) 지방에 있던 군경·대부층 씨족들의 내부 구조가 5세기와는 근본적으로 바뀐 점이 분석되지 않으면 스이코조 개혁의 진정한 토대가 명확해지지 않는다. 동시에 또 한편으로 관위제(冠位制)가, 특히 스이코조에서 등장하는 구체적인 문제가 되면, 국제적 계기를 빼놓고는 이해하기 어려운 측면이 보이는 것이다. 첫째로 관위는 오키미의 신분질서, 즉 '예(禮)' 질서의 일부임을 떠올릴 필요가 있다. 고대 국가들 사이의 관계를 규제하는 국제법적 질서는 '예'와 분리되어 있지 않았다. 예를 들면 나라시대 말기에 일본이 신라왕에게 요구한 국교상의

네 가지 원칙은 '전대(專對, 혼자서 응대함-역주)하는 사람, 충성과 신의의 예, 예전 그대로의 조(調), 명확한 말'이며, 이 네 가지를 구비하지 않으면 그것은 '예를 잃은' 것으로 간주되어(『속일본기』 덴표호지[天平寶字] 4년[760] 9월조), '예'를 잃는 것은 국교 단절과 전쟁의 이유마저 될 수 있다. 중국 왕조의 주변 제번 국가에 대한 정복 전쟁도 '신하된 자의 예(臣禮)'를 잃은 것이 형식적인 이유로 여겨졌다.[07] 중국 왕조의 영향 아래 있는 나라들의 대외적·대내적 관계들을 규제하는 '예' 질서는 동시에 중하와 제번을 구별하는 표지이기도 하였으므로, 왜국왕이 수나라 사신 배세청에게 '나는 오랑캐로, 바다 구석에 외따로 있어 예의를 듣지 못하였다'(『수서』 왜국전)고 한 말에는 중대한 의미가 있었던 것이다. 따라서 왜국이 그 국제적 지위, 즉 앞서 서술한 조선에 대한 '대국' 지위를 확립하는 문제와 국내에 '예'의 질서를 확립하는 문제는 떼려야 뗄 수 없는 관계에 있었고, 관위 12계도 그 중 하나이며 17조 헌법에서 '예'가 강조되고(제4조), 조례 개혁이 기획된 것도 그와 관련될 것이다. 또한 『일본서기』에 상세히 기술된 수나라 사신 배세청의 내조 당시 송영(送迎)의 의례도 그중 일부이다. 왜국왕의 이러한 노력은 성공을 거둔 것처럼 보이는데,『수서』 왜국전에 특히 '수나라 대에 이르러 그 왕이 비로소 관(冠)을 제정하였다'고 기록되어 관위 12계에 관한 기사가 보이는 데서도 알 수 있다.

둘째로 관위·위계 제도가 국가간의 교섭에서 갖는 이른바 예의 기술적 기능이다. 신라와 일본의 외교, 특히 사절 파견과 관련하여 자주 일어난 외교상의 분쟁은 사절 신분의 높고 낮음에 관한 것이었다. 이는 여러 왕권간의 국제관계가 군신이나 그 밖의 신분관계로 표현되는 질서 속에서는 사절 신분의 높고 낮음이 그대로 여러 왕권 또는 국가들 사이의 높고 낮음을 표현하는 것으로 여겨지기 때문이며, 앞서 서술한 네 가지 원칙 중 하나인 '전대하는 사람'도 그와 연관된다. 그러나 이 문제는 양국의 신분이 높고 낮은 체계가 서로 비교할 수 있는 것이 되어 있음을 전제로 한다. 그렇지만 일본의 전통적인 신분질서인 가바네 제도는 왕권에 대한 씨족들의 신분적 관계를 나타낼 뿐, 가바네 상호간의 높고 낮음은 그것을 통해서는 제도적으로 표현되지 않는 것이 특징이다. 백제 멸망 후에 다수의 백제 '귀화인'이 입국하였고, 그들에게 일본의 관위를 수여할 때 일본의 관위표와 백제의 그것을 대조하여 일제히 관위 수여를 행하였는데(『일본서기』

덴지 천황 4년 2월조), 이러한 일이 가능한 것은 양쪽에게 가바네와는 다른 체계적인 관위 제도가 있었기 때문이다. 관위 12계 제도를 만들게 된 계기 중의 하나로 조선 삼국과의 외교에서 위와 같은 문제를 해결할 의도가 있었던 것이 아닐까? 동시에 그것은 수나라에 대해서도 같은 이유에서 필요하다. 스이코조의 관위제는 중국의 관품(官品)과는 성질을 달리 하며, 조선 삼국의 관위제에 기원을 두고 있지만, 그 경우 가장 관념적·체계적이며 따라서 가장 국제성을 가질 수 있는 백제의 16등 관위제(官位制)와 특별히 친근성을 지닌다는 사실은 위의 관점에서 보면 주목할 만한 사실이다.[08] 일본이 조선 삼국과 사절을 교환할 때 '대국'으로서의 지위를 명료하게 하기 위해서는 관위 12계 제도 같은 개개인의 신분을 표시하는 체계적 제도를 기술적으로도 필요로 하였고, 그것이 외교 문제가 큰 의의를 갖게 된 스이코조에서 일단 확립된 것이라 여겨진다. 다이카의 관위제에 대해서도 종래의 대덕(大德) 위에 새 관위 6계를 더 추가한 것은 당나라와의 외교 관계를 전제로 한 것이 아닐까 하는 추측이 이루어지고 있는 점도 상기해야 할 것이다.[09] 또 관위·위계는 조선 사절이 내조할 때 녹(祿)과 함께 천황이 사절에게 수여하는 관행이 있는데, 이 또한 천황의 권위를 대외적으로 드러내는 관위·위계의 기능 중 하나이다.

'천황' 칭호가 통설에 따라 스이코조에 성립되었다고 본다면, 그것의 역사적 의의도 위의 문제와 밀접한 연관이 있다. 대외적으로도 대내적으로도 일본국을 대표하고 통치권을 총람(總攬)하는 주권자의 지위를 '천황'이라는 칭호로써 제도적으로 통일하고 확립한 것은 아마도 기요미하라령(淨御原令) 이후의 일로 보이므로[10], 스이코조 이래의 천황 칭호는 제도적으로는 아직 불안정했다고 보아야 한다. 그 성립기로서 스이코조를 문제로 삼을 경우, 종래의 '오키미(대왕)'에서 '천황'으로의 전환이 우선 어떠한 장(場)에서 이루어졌는지가 문제가 된다. 나는 그 장이 대외관계였을 것으로 생각한다. 대조선 관계에 대하여 말하자면 5세기의 왜왕이 '오키미(대왕)' 칭호를 쓴 것은 아마도 당시 주요한 대항세력인 고구려의 국왕이 '태왕(太王)'을 칭하고 있던 데 대응한 것인데(호태왕비명), 신라왕도 6세기 중엽 진흥왕 시대에는 '진흥태왕(眞興太王)' 또는 '신라대왕(新羅大王)'이라 칭하기에 이른 것은 왜왕에게 중대한 사안이었다(북한산 신라 진흥왕 순수비). 조공국이라 생각되었던 신라왕이 자기와 동격인 칭호를 갖게 되었기 때문이다. 왜국왕에게 있어 이처럼 불편한 상황은 양자의 교섭이 문서의 형식으로 표현될 때 명료해진다. 문서에서는 양자의 신분 관계가 칭호의 형태로 명기될 것이 요구되었기 때문이다. 예를 들면 다이카 개신 초기에 고구려와 백제의 사절에 준 조(詔)에 보이는 '아키쓰 미카미토 아메노시타 시로시메스 야마토가 스메라미코토(明神御宇日本天皇, 인간의 모습으로 나타난 신으로 하늘 아래를 다스리는 일본의 스메라미코토. 스메라미코토는 천황을 존경하여 부르는 말-역주)'라는 칭호는 요로령(養老令) 공식령(公式令)에 따라 『일본서기』 편찬자가 수정한 것으로 보아야 하며(『일본서기』 고토쿠 천황, 다이카 원년[645] 7월조), 다이호령(大寶令) 공식령에는 단순히 '아메노시타 시로시메스 야마토가 스메라미코토(御宇日本天皇)'라고 되어 있었을 것이다(『영집해[令集解]』 공식령 조서식조[詔書式條]에 인용된 고기[古記, 다이호령에 대한 주석-역주]). 편찬자에 의해 수정된 부분의 원래 표현이 무엇이었는지가 문제인데, 문서 형태로 외교가 이루어지는 단계에서는 이러한 형식상의 문제가 먼저 전면에 부각된다. 또 그것을 명확히 하고 싶기 때문에 '표(表)'라는 문서가 요구되는 것이다. 『일본서기』에서 스이코 29년(621)에 신라 사신의 상표(上表, 표를 올림-역주) 기사를 싣고, '무릇 신라가 표를 올리는 일은 대략 이때 시작된 듯하다'고 적고 있는데(이 부분은 원래 분주[分注]였을 것이다), 이처럼 문서 형태로 외교가 이루어지게 되면 그에 대응하여 왜국왕이 주는 조칙 등의 문서가 필요해지므로, 양자의 칭호가 동격이면 왜국왕에게 있어 외교 자체의 의미가 없어진다는 문제가 드러난다. 신라보다 일찍 문서 형식에 의한 국교가 이루어진 백제와의 경우에 대해서도 마찬가지이다. 『일본서기』 긴메이(欽明) 9년(548) 4월조의 분주에 '서번(西蕃)이 모두 일본의 천황을 칭하여 황공한 천황이라고 한다'는 기사도 위의 관점에서 검토되어야 할 것이다. 어쨌든 왜국왕에게 있어 대조선 문제 측면만 놓고 보더라도 종래의 '오키미'는 충분하지 못하게 된 사정이 있었던 것으로 추측된다.

왜국왕의 칭호가 문제가 되는 또 하나의 장은 수나라와의 국교이다. 백제·신라의 상표에 대해서는 꼭 언제나 문서 형식으로 대응할 필요는 없지만, 수나라와의 국교는 제번의 왕으로서 조공 관계에 있기는 하므로, 예전의 왜왕 무 상표문처럼 표를 들고 가는 일이 필요조건이 되어 갔기 때문이다. 앞서 서술하였듯이 수나라 황제에 대하여 '대국'의 지위를 승인하게 하고, 그것을 신라에 대한 외교상의 압력으로 삼는 것이 국교의 기본적 목적이라고 한다면, 칭호 문제도 그 중요한 일환이었음은 당연하다. 이는 3회에 걸친 견수사 파견의 와중에 점차 구체화되어 간 문제이다. 제1회에서는 '왜왕이 있는데, 성은 아매(阿每, 아메), 자(字)는 다리사비고(多利思比孤, 다리시히코)이며 아배계미(阿輩雞彌, 오키미)라 불린다'고 한 것으로 보아 왜왕은 이때는 아직 수나라에 대하여 5세기 이래의 '오키미(大王)'를 칭호로 삼고 있었을 터이다〔『수서』 왜국전〕. 문제는 왜왕이 자기를 '하늘(天)'과 연관시킨 특유의 방법에 있다. 수나라 황제가 '이는 크게 이치에 맞지 않다'고 한 지적은 '하늘'과 연관시킨 일에 대한 것이 아니라, 자기 '성'을 아메=하늘(아메는 일본어로 하늘-역주)이라 하거나 하늘을 '형'으로 여기고 해를 '동생'으로 여긴다는 식의 프리미티브한, 일본적인 방식에 대한 것으로 보인다. 중국에서는 한대 이래로 일종의 자연철학 또는 코스몰로지로서 '천(天)'의 관념이 완성되어 있었으므로, 그 '천'과 왕을 성이나 혈연으로 연결시키는 왜왕의 소박한 방식이 '이치에 맞지 않다'고 여겨지는 것은 당연하였다. 이때 수나라 황제가 '이에 가르쳐서 이를 고치게 하였다'고 한 것은 흥미로운 사실이며, 17조 헌법의 제3조에서 '하늘'과 왕권을 연관시키는 방법은 순수한 중국의 사상으로, 위의 일본적 방식이 흔적조차 보이지 않는 것은 그것이 중국에서 통용되지 않음을 수나라 황제가 알려준 결과일 것이다.

　제2회에서는 '해 뜨는 곳의 천자(天子)가 해 지는 곳의 천자에게 글을 보낸다. 잘 지내는가 운운' 하는 유명한 국서가 보내졌는데, 수나라 황제로 하여금 '오랑캐의 글이 무례한 바가 있으니, 다시는 보고하지 마라'고 말하게 한 글이다〔『수서』 왜국전〕. 양제를 화나게 한 것은 말할 것도 없이 왜왕이 '천자' 칭호를 사용했기 때문이며, 아마도 중국의 '천자' 칭호가 제번국이나 사이(四夷) 위에 군림하는 세계 제국의 군주만이 갖는 지위를 나타내는 것임을 알지 못한 데서 오는 실수였거나, 아니면 '대국'의 왕으로서의 패기에서 비롯된 실수일 것이다. 어느 쪽이든 간에 제1회의 소박함에 비하면 왜왕이 종래의 '오키미' 이외에 국제적으로 통용되는 새로운 칭호를 설정하려고 시도하였음을 알 수 있다. 같은 시대에 중국 북방의 웅번(雄蕃)인 돌궐(突厥)의 왕이 '하늘에서 태어난 대돌궐천하현성천자(大突厥天下賢聖天子)'〔『수서』 돌궐전〕라는 '천자' 칭호를 사용한 결과, 결국 '대수천자(大隋天子)'의 '종(奴)'이 된 데 반해, 왜왕의 국서 문제가 중대한 사안이 되지 않았던 것은 이 단계에서 왜국이 갖는 특수한 지위 때문이다.[11] 돌궐은 수에 대립하는 강대한 웅번이었던 데 반해, 양제는 이 시기에 해동(海東)의 여러 나라, 예를 들면 '유구(流求, 지금의 타이완)'도 초무(招撫, 불러서 어루만짐-역주)하려고 하였으며, 왜국에 대해서도 마찬가지였을 것으로 보이기 때문이다. 제3회는 배세청에 맡긴 '동쪽의 천황이 삼가 서쪽 황제에 아룁니다'라고 적힌 국서로, 이는 수나라 황제의 '황제가 왜황(倭皇, 왜왕)의 안부를 묻는다'는 국서에 대응한 것이다(『일본서기』 스이코 천황 16년 8월조). 이 기사의 신빙성에 관해서는 스이코 30년 명문이 있는 주구지(中宮寺) 천수국 수장(天壽國繡帳) 등에 '천황' 칭호가 사용된 사실이 있으므로, 그것을 의심할 이유는 없을 것 같다. '천황'은 고대 중국에서 '천제(天帝)'=북극성을 가리키며, 스이코 이전에 중국에서 군주 칭호로 사용된 적이 없다.[12] 그러나 문제의 핵심은 그 단어의 뜻에 있지 않다. 오히려 '천황'이라는 칭호가 한편으로는 조선의 왕들에 대한 '대왕' 칭호와 구별됨과 동시에 다른 한편으로는 중국 군주의 '천자'나 '황제' 등의 칭호와도 구별되는 제3의 새로운 칭호였다는 점에 중요한 의미가 있다고 여겨진다. 이는 수나라와의 국교가 이루어진 그동안의 진행 과정과 앞서 언급된 대조선 관계에서 요구된 조건을 충족시키기 때문이다. 바꾸어 말하자면 종래의 '오키미' 칭호는 왜국 내부의 칭호였던 데 반해, '천황' 칭호는 '대국' 또는 조공을 받는 나라의 왕으로서의 지위를 나타내는 칭호로 성립되었던 것이 아니겠는가? 여기서 5세기 '왜 5왕' 시대와의 차이점을 확인할 수 있다. 왜 5왕이 남조 송에 사신을 파견하여 조공한 형식은 중국 왕조의 관작(官爵)을 청원하고 이를 통해 자신의 국제적 지위를 확립하려고 꾀한 데 반해, 스이코조의 대수 외교에서는 관호를 청구하거나 책봉을 받아 그 번신(藩臣)이 되려고 한 흔적이 없고, 거기에는 중국 왕조의 세계제국적 질서 내부에 '대국'으로서의 자기 질서를 형성하려고 한 의도가 보이며, '천황' 칭호의 성립은 그 점을 상징하는 것이라 하겠다.

자잘한 문제는 많이 남아 있지만, 위와 같은 고찰은 스이코조에서 문제가 되는 왕권의 정당성 문제가 대내적인 면과 대외적인 면이라는 이중의 측면을 지니고 있었다는 점에 바탕을 둔다. 17조 헌법은 국내적인 면, 즉 군경·대부층 위에 서는 왕권의 정당성을 이념화하려고 한데 반해, 외교면에서는 그 왕권이 동시에 '대국'의 왕권, 조공을 받는 나라의 왕권임을 확립하려고 하였다. 이러한 두 측면은 영제 국가에서 통일된 것으로 확립되는데, 그때까지는 각각의 장에서 성립되어 간 것으로 보이며, 그 중 대조선 및 대수 외교의 장은 빼놓을 수 없는 의의를 지니고 있었다. 이는『천황기』,『국기』편찬에 대해서도 마찬가지이다. 백제·신라 양국에서는 스이코조 이전에 사서 편찬이 이루어진 듯하고, 신라는 진흥왕 6년에 '국사(國史)' 편집 기사가 보이며(『삼국사기』 신라본기),『백제본기(百濟本紀)』는 스이코 5년에 백제 왕자 아좌(阿佐)가 내조했을 때 가져온 것으로 추정된다.[13] 양국에 대하여 '대국' 지위를 주장하려고 하는 왜국이 스스로의 사서를 만들려고 노력하지 않았다면 오히려 부자연스러울 것이다.『천황기』의 내용은 아마도 훗날 기기의 기초가 되는 제기(帝紀)·구사(舊辭) 중 전자의 편찬물인데, 그것을 특별히『천황기』라고 한 데는 이유가 있어야 한다. 앞서 언급한 '천황' 칭호의 특수한 성격으로 보아, 나는 그것이 왜왕과 조선의 관계를 하나의 중요한 요소로 포함하는 것으로 추정한다. 예를 들면 기기 속 진구 황후(神功皇后)의 '신라 복속' 이야기의 원형은 이 시대에 정착된 것이 아닐까(이 이야기는 나라시대에 이르기까지 신라왕에게 조공을 강제하는 유일한 역사적 근거가 된 것이다)? 이러한 『천황기』가 앞서 언급한 신라의 '국사'에 대한 왜왕의 대응이었다고 생각한다. 동시에 『천황기』의 주요 내용을 이루는 제기의 편찬마저도 대외관계를 의식한 것이 아니겠는가? 시기적으로 후대의 일이지만 승려 조넨(奝然)이 송나라에 『왕연대기(王年代紀)』 1권을 지참한 것은 신대(神代) 이래 천황의 계보를 서술한 점이 일본 왕조의 정당성을 인식시키게 되기 때문이며, 태종도 그것을 통해 일본의 국왕이 '하나의 성(姓)으로 이어져 온' 사실을 알고 감탄한 것이다(『송사』 일본전). 천명과 그에 따른 역성혁명의 사상이 결여된 일본에서는 계보 편찬을 통해서만 증명되는 왕권의 세습제가 그 정당성의 유일한 근거로 여겨진 것인데, 조넨이 그것을 기록한 『왕연대기』를 미리 준비해 간 것은 일본 왕실의 계보에 관한 질문이 이루어지는 것이 예로부터의 관행이 되어 있었기 때문이다. 중국 황제의 질문에는 전통적인 틀이 있어, 하쿠치 5년에 다카무쿠노 구로마로(高向玄理) 등이 당나라로 건너갔을 때 '일본국의 지리와 건국 초기 신의 이름에 대해 자세히' 질문을 받아 그에 답해야 했던 것도 그러한 예 중 하나이다(『일본서기』 고토쿠 천황, 하쿠치 5년 2월조). 견당사는 호박(琥珀)과 마노(瑪瑙) 등의 공납품만으로는 충분하지 않았고, 건국 초기의 신들에 대한 지식도 준비해 가야 했던 사정은 아마 견수사의 경우에도 마찬가지였으며, 기기의 신대 역사가 작성되는 하나의 계기가 여기에 있었을 것이라고 나는 추측한다. 기기의 원형이 성립된 역사에서 스이코조가 갖는 의의는 국제적 계기 없이는 설명하기 어려울 것이다.

『국기』에 대해서는 풍토기(風土記, 지방의 역사와 문물을 기록한 책-역주)의 일종으로 보는 설과 『천황기』와 구별되는 의미로 '국가'의 역사를 적은 것으로 보는 설로 나뉘는데[14], 후자가 뜻하는 '국가'라는 것이 아직 성립되어 있었다고는 생각할 수 없으므로, 전자가 진실에 가깝다고 생각한다. 문제는 왜 스이코조 단계에 이러한 『국기』가 찬록(撰錄)되었는가에 있는데, 이 또한 수나라와의 국교와 관련이 있는 것이 아닐까? 일본의 사절이 중국을 방문한 경우, 공식적으로 질문받는 사항 중에 앞서 나온 '일본국의 지리' 또는 '풍속' 또는 '풍토'에 관한 것이 있으며(『수서』 왜국전, 『송사』 일본전), 『위지』 왜인전 이하 일본의 풍토에 관한 중국 정사의 기사는 그것을 기초로 하여 축적된 것이다. 중국 왕조에게 있어 그 지식은 정치적으로도 중요한 의미를 지녔기 때문이다. 조넨의 경우에는 아마도 민부식(民部式) 등의 문헌을 어느 정도 준비해 가서 일본의 지리를 종래보다 훨씬 상세하게 서술할 수 있게 되었는데, 『수서』 왜국전에도 기후나 풍토·풍속에 대한 간단한 기사가 보인다. 아마도 스이코조의 『국서』라는 것도 이러한 밖으로부터의 자극에 대응하는 왜국의 개괄적인 풍토·풍속을 찬록한 것이 아니겠는가? 따라서 후대의 한 구니(國) 별로 편찬한 '풍토기'와는 성질을 달리하는 것이었으리라. 『천황기』, 『국기』 이외의 기록은 찬록되지 않은 것으로 보이므로 여기서는 문제삼지 않겠다.

위와 같은 간단한 소묘를 통해서도 스이코조의 개혁이 이 단계의 국제적 관계들을 하나의 중요한 계기로 삼고 있는 점을 이해할 수 있을 것이다. 동양적 사회에서는 외부와의 교통, 외부로부터의 임팩트는 역사적으로 특별한 의미를 지녔다. 제1절에서 서술하였듯이 고대문명 발달의 불균등성은 이러한 교통 조건에 따라 더욱 확대된다. 이와 같은 교통이 갖는 특수한 역할은 동양적 사회 혹은 아시아적 공동체의 특수한 구조로 규정되었음은 말할 것도 없다. 거기서는 앞서 서술한 것처럼 지배의 제도화·기구화가 자연발생적으로 이루어지기란 곤란하고, 따라서 수장제를 매개로 하는 위로부터의 제도화·기구화가 불가피해지는데, 그때 외부와의 교통·교환을 장악하고 있는 것이 바로 수장층이라는 관계에 따라, 고대문명 발전의 지역적 불균등성은 한 나라 안에서는 외부의 이질적인 고도의 문명과 교통하는 수장층의 급속한 문명발전과 오래된 공동체의 제약을 받는 인민과의 불균등한 발전 방식으로 나타난다. 스이코조에서 왕권의 주변에 결집한 수장층은 일본 지배계급의 역사상 처음으로 자각적·계통적으로 외국의 문물·제도로 무장하기 시작하는데, 이는 주로 백제·신라 등 보다 발전한 문물·제도를 따라잡는 것을 근본으로 하고 있었다. 앞서 서술한 관위 12계 제도, 사서의 찬록은 물론 불교 통제 기관마저 신라는 일본보다 1세기나 일찍 제도화되어 있었고, 스이코조의 그것은 (아마도 그것와의 대항 관계에서) 북조의 제도를 받아들인 것으로 여겨진다.[15] 17조 헌법도 북주(北周)의 소작(蘇綽)이 지은 육조조서(六條詔書)를 모델로 한 것으로 여겨지는데[16], 이 경우에도 신라가 이미 법흥왕 시대에 '율령을 반포하여 보였'다고 전해지는 데 주의할 필요가 있다(『삼국사기』 신라본기, 법흥왕 7년 정월조). 그 연대는 이 '율령'이 법전적인 것인지 혹은 단행법의 집성인지는 문제가 있다고 해도, 17조 헌법의 제정은 그와 연관지어 이해할 필요가 있다. 고대의 문물·제도 수입을 포함한 여러 나라 간의 교통은 여러 나라 간의 대립·모순·전쟁을 매개로 하여 이루어지는 것이 특징이다. 여러 나라의 내부 체제가 계급 대립을 바탕으로 하는 한, 그 국제 관계가 '대등'하거나 평등할 수 없기 때문이다. 스이코조의 문화 면에서 결정적인 역할을 한 '귀화인'의 도래 자체가 왜국의 '대국'으로서의 지배관계(특히 백제에 대한)로 보증되었고, 인간의 교류 자체가 지배 복속 관계로 규제된 것이 특징이다. 이러한 여러 나라 간의 대립과 모순이 집중적으로 표현된 것이 7세기 초부터 약 80년에 걸친 전쟁과 내란의 주기이며, 그에 대응하는 태자의 만기 총섭이라는 형태로 나타난 지배층의 제1차 권력 집중은 스이코조의 개혁들을 담당하는 존재였다. 따라서 이 체제의 해체는 고교쿠기에 오오미 이루카(入鹿)가 주도한 제2차 권력집중이 되었고, 그것을 타도함에 따른 다이카 개신이라는 제3차 권력집중에 의해 스이코조에는 존재하지 않았던 새로운, 이질적인 '국가' 기구의 건설이 비로소 지배계급의 과제로 제기되었다. 하지만 그때에도 스이코조와 기본적으로는 같은 국제적 관계들이 개혁의 빼놓을 수 없는 계기로 존재하였던 것이다.

제3절 두 가지 방식―다이카 개신

다이카 개신에서 국제적 계기가 구체적으로 어떠한 역할을 하였는지는 신중하게 검토할 가치가 있는 문제이다. 그러나 외교 문제가 개신의 과제와 떼려야 뗄 수 없었음은 다음 사실이 단적으로 보여준다. 개신 정권 성립 직후인 645년(다이카 원년) 7월, 고구려·백제에 대한 중요한 조(詔)가 내려졌고, 같은 해 12월에는 대외관계를 빼놓고는 생각할 수 없는 나니와(難波)로의 천도가 이루어졌으며, 이듬해인 다이카 2년 9월에는 개신기의 가마타리에 버금가는 중요 인물인 국박사(國博士) 다카무쿠노 구로마로가 신라에 사절로 파견된 일 등이다(『일본서기』). 특히 개신 전해 말부터 개시된 당 태종(唐太宗)의 대규모 고구려 정벌이 일본에서 일어난 정변의 배경에 있다는 인식은 후대보다도 넓은 국제적 시야를 바탕으로 천하국가를 논하기를 좋아한 메이지시대 역사가들이 날카롭게 갖고 있었던 듯하다. 그러나 스이코조의 경우와 마찬가지로 당나라와 고구려의 전쟁을 매개 없이 일본의 국내 개혁과 연결 짓는 방법은 국제적 계기를 국내 문제로 전환하는 주체적 조건의 분석을 소홀히 하는 결과를 동반한다. 그 점은 제2장에서 다루고, 이 절에서는 위의 사항을 염두에 두고 다이카 개신의 국제적 계기에 대하여 요점만을 서술해 두고자 한다.

궁정에서 암살되어 거적에 싸인 구라쓰쿠리(鞍作, 소가노 이루카)의 시체가 실려 나가는 것을 지켜본 뒤 자기 집으로 돌아온 후루히토노오에(古人大兄) 황자는 '한인(韓人)이 구라쓰쿠리노 오미(鞍作臣)를 죽였다'는 수수께끼 같은 말을 남겼다〔『일본서기』 고교쿠 천황 4년 6월조〕. 이 말의 의미는『일본서기』가 편찬될 무렵에는 이미 분명하지 않았던 듯하며, 편찬자는 특별히 분주를 붙여 '한인의 정치(韓ノ政)로 인하여 주살됨을 말한다'고 해석하였다. 후대의『일본서기』 주석가(注釋家)들이 두서없이 수수께끼를 풀이한 것에 비교하자면 분주의 해석은 이 말을 정면으로 다룬 것이라 할 수 있겠다. 이루카의 주살, 즉 다이카의 정변이 '한인의 정치'와 연관된 것 같다는 편찬자의 해석이 후루히토노오에의 말에 대한 해석으로 올바른지 어떤지는 별도의 문제로 보더라도, 그 나름대로 검토할 만한 가치가 있을 것이다. 그것은 말할 것도 없이 다이카 전대의 대조선 관계에 대한 사실 분석으로부터 끌어내야 한다.

『일본서기』가 전하는 623년(스이코 31년)의 대조선 정책 기사는 대외 정책에 대한 지배층 내부의 의견 분열을 보여주는 고대의 유일한 사료로서 귀중하다(덴표기에도 정책의 분열이 있었던 듯하나 내용은 명확하지 않다). 게다가 그 내용은 드물게 구체적이다. 신라의 지배 아래 있어 실체가 없는 '임나'의 조(調), 그러나 왜국이 '대국'으로서 조선에 임하기 위해 중요한 상징으로 여겨지고 있던 임나의 조를 둘러싼 군경·대부들의 합의가 이 기사 전반부의 내용을 이루고 있다. 거기서의 의견 대립은 다음과 같이 요약할 수 있다. (1) 나카토미노 무라지 구니(中臣連國)가 대표한 의견은 신라에 대한 출병 또는 군사적 강압 정책이며, 그에 따라 임나를 백제에게 돌려주는 것이다. (2) 다나카노 오미(田中臣)가 대표한 의견은 신라와의 외교 교섭을 통한 사태의 해결이며, '번복이 잦은' 나라인 백제에 대한 불신이 특징이다. 합의 결과, (2)의 정책이 결정되었고, 기시노 이와카네(吉士磐金)를 신라에, 기시노 구라지(吉士倉下)를 임나에 각각 사절로 파견하여 교섭한 결과, 신라는 자국과 임나 양국의 두 가지 조를 바치는 것으로 타결되었다. 그렇지만 이 사절이 귀국하기 전에 국내에서 급변이 일어나 (1)의 정책을 주장한 대부 사카이베노 오미 오마로(境部臣雄摩侶)·나카토미노 무라지 구니를 대장군으로 하는 여러 씨족의 군대에 의한 신라 출병이 결정되어, 그 연안까지 도달하였기 때문에 신라·임나의 공조사(貢調使)는 일본에 오는 것을 중지하고 조물(調物)만을 바치게 되고 말았다. 위의 사건에서 주의할 점은 다음 세 가지일 것이다.

첫째로 대조선 정책과 행동에서 지배층이 통일되지 않고 대립하였음이 여기서 명확해졌고, 그 결과 군경·대부층의 합의 주재자이자 수석(首席)인 오오미 소가노 우마코는 동시에 그 결정을 깨고 신라 출병을 명한 본인이기도 하다. 오오미의 권위와 지도력은 그 정도로 강력하지는 않았음을 이를 통해 알 수 있다. 위 사건이 쇼토쿠 태자가 죽은 이듬해의 일이라는 점도 주의해야 할 것이다. 여제 그리고 태자에 의한 만기 총섭, 태자와 우마코의 공동 집정이라는 형태의 권력 집중을 통한 안정은 일시적·상대적인 것에 지나지 않았음을 이를 통해 알 수 있기 때문이다. 지배층 내부의 대립·모순이 외교와 왕위 계승 문제를 계기로 하여 가장 첨예하게 나타나는 것은 고대 일본만의 일이 아니다. 이 사건으로부터 6년 뒤에 일어난 스이코 천황의 죽음과 조메이 즉위 때의 분쟁은 지배층 내부의 대립이 전형적으로 나타난 점에서 앞서 본 대외정책의 불일치와 밀접하게 연관되어 있다고 보아야 한다. 그때 오오미 소가노 에미시(蘇我蝦夷)는 자기가 미는 다무라(田村) 황자(조메이 천황-역주)의 황위 계승 결정을 간단히 강행할 수는 없어 '군신이 따르지 않을 것을 걱정하고 두려워하'며 대부들의 의견 통일을 꾀해야 했다. 실제로 아베노 마로(阿倍麻呂)를 비롯한 5명의 대부는 다무라 황자 옹립에 찬성하였고, 고세노 오마로(許勢大麻呂)를 비롯한 3명은 야마시로노오에를 밀었으며, 에미시의 숙부로 보이는 사카이베노 마리세(境部摩理勢)는 이 사건에서 에미시에게 공격당해 살해되었다[01][『일본서기』 조메이 천황 즉위 전기]. 소가 일족의 내부마저 분열되었고, 오오미의 통솔력은 저하되었던 것이다. 앞서 서술한 대조선 정책의 분열도 그중 일부로 이해해야 한다.

둘째로 앞서 언급한 합의에서 발생한 정책 대립은 이때만 우연히 일어난 것이 아니라 전후한 시기에 각각 하나의 방식으로서 존재한 것이다. 예를 들면 (1)은 다이카 개신 후에 대신라 관계가 긴장되었을 때 히다리노 오오미(左大臣) 고세노 도쿠다코노 오미(巨勢德陀古臣)가 신라 정벌을 주장하며 '나니와즈(難波津)로부터 쓰쿠시 바다 안쪽에 이르기까지' 선사(船師, 배를 탄 병사-역주)를 결집하여 신라를 문책해야 한다고 상주(上奏)하였을 때도 드러난다(『일본서기』 고토쿠 천황, 하쿠치 2년 시세조). (2)도 그러한 점에서는 마찬가지였다. 그것이 대부의 합의에서 일단 정식으로 결정된 것은 그것이 이 시기까지 한 가지 방식 또는 관행으로 이미 존재하고 있었기 때문이다. 위의 합의 결정에 따라 기시노 이와카네가 신라와 교섭하여 타결한 결과는 신라가 자국의 조(調) 외에 임나의 조도 동시에 바치는 것, 그때 임나 독자로 조를 바치는 사절과 배도 준비하는 것으로, 이는 실체가 없는 임나를 독립된 '나라'로 간주하고 '천황의 부용(附庸, 큰 나라에 의지하는 작은 나라-역주)' 국으로 간주하기 위한 의제(擬制)이자 형식이었다. 이는 13년 전에 이미 일종의 의식으로서 태자에 의해 확립되어 있던 것이다(『일본서기』 스이코 천황 18년 10월조). 이는 스이코조 이후 신라와 일본의 역학 관계를 반영하는 일종의 타협이며, 신라의 임나에 대한 사실상의 지배를 승인하는 것을 전제로 양국의 관계를 유지하기 위한 하나의 방식으로서 존재하였다.

　셋째로 앞서 언급한 합의에서 대립하던 두 가지 의견

이 백제에 대한 다른 평가와 결부되어 있다는 점에 주의해야 할 것이다. (1)은 임나를 백제에 부여해야 한다는 점에서 친백제적이며, (2)는 백제에 도의적 비난을 가하고 종래의 방식을 유지함에 따라 신라와의 교섭을 유지하려고 하는 점에서 친신라적 혹은 반백제적이다. 이 사실은 (2)의 방식이 태자의 만기 총섭 시대에 확립된 점, 게다가 압도적인 백제 문화가 지배하던 이 시대에 예외적인 현상으로서 태자—하타노 미야쓰코 가와카쓰(秦造河勝)—고류지(廣隆寺) 건립이라는 신라 문화의 존재가 확인되는 점 등을 떠올린다면[02], 이를 가칭 태자 방식이라 해도 될 것이다. 이에 반해 소가씨의 백제 문화, 백제계 '귀화인'과의 밀접한 관계, 일관된 친백제적 경향으로 보아 (1)의 방식을 소가 방식이라고 해 두겠다. 이는 특정 개인 또는 씨족의 역할을 과대평가하는 것이 아니라, 지배층 내부에서 두 가지 경향을 대표하는 존재로 보는 것이다. 또한 두 가지 방식은 원리적으로 다른 것이 아니라 둘 다 신라·백제에 대한 왜국의 '대국' 또는 피조공국으로서의 지위를 유지하기 위한 두 가지 방식에 지나지 않으며, 따라서 특정 씨족과 벌족(閥族)의 고유한 정책으로 존재한 것은 아니다.

　이상의 세 가지 점을 전제로 하면 태자 방식이 단순히 신라와 결부되었을 뿐만 아니라 이를 매개로 하여 당나라 또는 이 시기 조선 삼국간의 정세와 연관되어 있었다고 보이는 점이 중요하다. 『일본서기』에는 위의 합의가 이루어진 해의 기사에, 새로이 귀조(歸朝)한 자인 구스시 에니치(藥師惠日), 즉 그 혈통과 경력 면에서 이 시대의 국제적인 교섭과 문화의 존재 양상을 가장 전형적으로 대표하는 국제인인 에니치 등이 올린 그 유명한 주문(奏聞, 주군에게 아뢰어 보고하는 행위-역주)이 인용되어 있다. '…… 또 저 대당국은 법식(法式)이 갖추어지고 정해진 귀한 나라입니다. 늘 통교해야 합니다.' 이는 에니치 등의 개인적인 의견으로 여겨지는데, 나는 이 헌책(獻策)의 배후에 당 고조(唐高祖)의 의지와 정책이 있었다고 추정한다. 체류 외국인을 자기 정책을 위해 이용하는 일은 중국 왕조의 전통적 외교 기술이었다. 이 헌책이 이루어진 시기는, 스이코 31년(623)조에 인용되어 있으므로, 에니치가 제1차 견당사로서 당나라에 들어간 조메이기를 포함한 시기로 보아야 할 것이다. 이 시기 당나라의 대조선 정책은 아마도 수나라에게 고구려 정벌 전쟁이 멸망의 한 원인이 되었던 경험을 바탕으로 하여, 주로 조선 삼국간의 전쟁과 대립을 제번 위에 군림하는 '천자'의 자격으로 조정하고 화해시키는 데 있었다. 626년(스이코 34년), 당 고조가 산기시랑(散騎侍郞) 주자사(朱子奢)를 보내 삼국간의 화해를 꾀한 것은 이 시기 고구려, 특히 백제의 신라 공격이 격렬하여 삼국 사이에 고립되어 수세에 몰린 신라를 구하기 위함이었다. 이 노력은 643년(고교쿠 2년), 즉 고구려 정벌 직전까지 이어진 당나라의 일관된 방침이었다(『구당서』고려전, 신라전). 신라와 결탁하여 그 관계를 강화하는 일은 당나라가 고구려를 배후에서 견제하기 위해 필요하고, 신라도 삼국간의 고립과 수세로부터 벗어나기 위해 당나라와의 동맹이 필요하다는 형세 속에서 수나라 시대에 이미 해동의 '대국'으로 인정받고 있던 왜국의 지위가 당나라와 신라에 의해 중요한 의의를 지니게 되었음은 자연스러운 일이다. 당나라와 통교해야 한다는 앞에서 언급한 에니치 등의 헌책은 아마도 동시에 당나라와 신라가 왜국에 대하여 요청한 것이기도 하므로, 그것은 하나의 중요한 의의를 지니며, 630년(조메이 2년)에 에니치가 이누카미노 미타스키(犬上三田耜)와 함께 견당사로 파견된 것은 그에 대한 왜국의 긍정적인 대응이었다. 이 제1차 견당사에 대하여 당나라가 곧장 고표인(高表仁)을 사절로 왜국에 파견하여 '이를 어루만지게 하였다'고 한 것도 그 목적은 위와 같은 사정으로부터 추측되는 바이며(『일본서기』,『구당서』 왜국일본전), 이 시기의 일―당 통교가 모두 신라를 통로로 하였던 것도 이와 연관되는 중요한 사실이다. 견수사 파견이 처음에 백제를 매개로 이루어진 것으로 보인다는 앞서 언급한 사례와 대비되어야 할 것이다. 따라서 친신라적인 태자 방식은 신라를 매개로 하여 당나라의 조선 정책과 연결되는 것이었다. 고구려 정벌을 앞두고 조선에 대한 당나라의 개입이 강해지는 형세 속에서 태자 방식을 발전시켜 당나라와 결합할지, 아니면 소가 방식을 고집할지는 내정 문제로서도 중요한 분기점이 되는 문제였다.

고교쿠기에 시작된 소가노 이루카의 전제적 체제는 이전 우마코·에미시 시대의 오오미 체제와는 성격을 달리하는 것이다. 이는 이 시대에 일어난 일본과 조선 삼국의 권력 집중을 위한 정변 중의 하나였다. 그것은 우선 신라에서 앞서 언급된 632년(조메이 4년) 정변(제2절), 선덕여왕의 옹립과 종실 대신 을제의 국정 장악으로 나타났지만, 소가씨 전제의 직접적인 계기가 된 것은 642년(고교쿠 원년), 백제와 고구려의 정변 소식이 양국에서 온 사절을 통해 전달된 일이었다. 이 보고 직후에 고구려·백제·신라·임나에 각각 사절이 파견된 것은 그 충격이 얼마나 컸는지를 말해준다(『일본서기』 고교쿠 천황). 이 시대 지배층에게 있어서는 예를 들면 자기 나라 동국에서 일어난 사건보다도 백제나 고구려 궁정의 사건 쪽이 훨씬 가깝게 느껴졌고 절실하였으며, 그 대응 방법도 더욱 민첩했던 것이 특징이었다. 여기서 말하는 고구려의 정변은 앞서 언급된 재신 천개소문의 군사적 전제 지배 성립이다. 『일본서기』가 기록하고 있는 소가씨의 전제가 이 고구려형 권력 집중을 직접적인 모델로 삼았는지 어떤지는 분명하지 않다. 하지만 우마코·에미시 시대에 보이는 앞서 서술한 것과 같은 군경·대부층의 불일치와 대립, 왕위 계승과 대외정책 등 중대한 문제와 관련하여 나타나게 되는 위기적인 혼란과 오오미 소가씨의 권위 저하를 고려한다면, 당나라가 조선반도에 개입하고 전쟁 위기가 증대된 정세에 대한 국내적 대응으로서 조선 삼국의 지배층이 각기 다른 형태로 권력 집중의 동향을 보여주었을 때, 소가씨가 그 전제적 지배를 확립함에 따라 이 정세에 대응한 것은 매우 자연스러웠다고 보아야 한다. 군경·대부층의 '합의체'가 이 시대에 존재했다 하더라도,

그것은 신라의 '화백' 제도 같은 전통적·종교적 권위에 기초를 두지 않았고, 또 그것은 개별 대부 또는 씨족의 특수한 이해관계를 초월하는 비인격적인 기관으로 제도화되어 있지는 않았으므로, 지배계급의 권력 집중은 특정 개인 또는 씨족에 의한 단일 지배, 어느 정도는 전제적인 지배로서 전개되어야 했다. '국가'라는 새로운 기구를 만들어내고, 거기에 군경·대부층을 편성함으로써 권력 기반을 확대하며, 또 씨족들의 모순을 조정한다는 길을 택할 것인가, 아니면 오오미 개인에 의한 노골적인 전제 지배의 길을 택할 것인가 하는 선택에서 소가씨에게 전자의 길은 그 성격상 막혀 있었던 것으로 보인다. 따라서 소가 본종(本宗)의 전제 지배라는 형태의 권력 집중은 동시에 군경·대부층으로부터 고립됨을 의미하였다. 천개소문의 권력 집중을 낳고 또 국가의 멸망 직전까지 유지시킨 힘은 당나라와의 전쟁이라는 위기의 연속이었지만, 이 조건은 소가씨에게는 완전히 없었다고 할 수는 없지만 희박하였다. 643년(고교쿠 2년), 이루카가 야마시로노오에왕을 이카루가에서 궁지에 몰아넣어 죽였을 때, 당시의 군경·대부층에게 그것은 왕을 죽이고 오오미 이하 백 명 이상을 참살한 고구려형 전제의 도래를 예고한 것으로 받아들여졌고, 암울한 고교쿠기 기사에 반영된 보편적 공포 상태를 불러온 것으로 보인다. 명목상의 왕인 보장왕과 실권자 천개소문은 명목적인 후루히토노오에 왕(古人大兄王)의 즉위 그리고 소가노 이루카의 존재와 대비를 이룬다. 이러한 전제에서 벗어나는 활로로서 다이카 개신의 권력핵이 되는 세력이 형성되어 간 것인데, 이 세력이 불러온 하나의 새로운 성격은 스이코조부터 소가씨 전제에 이르는 권력 집중이 지니지 않았던 새로운 타입의 국가 기구를 만들어 낸 데 있었다. '국가', 즉 지배층이 그 내부 모순에 의해 해체되지 않기 위해서 계급으로서 공동으로 갖는 이해관계를 관철하기 위해 필요한 기구로서의 국가가 이 단계에서 하나의 역사적 필요로 등장하게 되었다(제2장).

그러나 전제적 지배 자체는 그 몰락의 원인이 되지는 않는다. 그것이 정책의 파탄과 결합하였을 때 비로소 몰락은 필연이 된다. 소가씨의 대외정책, 앞서 언급된 소가 방식이 현실에서 어떠한 결과를 불러왔는가가 중요하다. 이 방식의 특징인 친백제적 경향, 구체적으로는 임나를 신라에게서 빼앗아 백제에게 돌려주는 방책은 고교쿠기 전후에는 실현된 것으로 보인다. 개신 직후에 백제왕 앞으로 보낸 조서에서 '중간에 임나국을 백제에 속하게 해 주었다'고 되어 있는 부분이 그것이다(『일본서기』고토쿠 천황, 다이카 원년 7월조). 그러나 얼핏 보기에 소가 방식의 성공인 것처럼 보이는 이 과정은 왜국의 힘 또는 원조에 의해 초래된 것이 아니라 백제의 의자왕이 즉위한 뒤에 특히 강화된 대신라 침공의 결과라는 점이 특징이다. 642년(고교쿠 원년), 백제가 신라의 성 40여 개를 공략하고 대야성(大耶城)도 함락시킨 일은 낙동강 중류 유역의 서쪽 기슭에 임박해 온 것, 임나 땅을 백제가 자력으로 회복한 것을 의미한다(『삼국사기』신라본기, 선덕왕 11년조). 이것이 위에 인용한 '중간에 임나국을 백제에 속하게 해 주었다'의 실체라고 한다면 그것은 소가 방식의 성공이 아니라 반대로 왜국에 대한 백제의 지위 강화, 양국간의 관계가 악화된 결과였음은 당연하다. 이 시기에 백제로부터 바쳐진 조에 부족한 점이 있어 이를 돌려보낸 사실이 있음은 그것을 나타내고 있다(『일본서기』고교쿠 천황 2년 7월, 고토쿠 천황, 다이카 원년 7월조). 앞서 언급한 642년(고교쿠 원년) 백제의 정변, 즉 왕자 교기(翹岐) 등 40여 명의 추방은 왜국에게 불리한 정변이었던 것 같으며, 본국에서 추방된 교기를 소가씨가 보호하여 백제의 '대사(大使)'로 대우하였던 것은 아마도 본국의 의자왕에 대한 대항의 성격이었을 것이다(『일본서기』고교쿠 천황). 고교쿠기에는 소가 방식은 가장 중요한 대백제 정책 자체에서 벌써 난관에 부딪혔다고 할 수밖에 없다. 이 방식의 특징인 신라에 대한 군사적 위압은 이제 더이상 문제조차 되지 않고 있었다.

백제·신라뿐만 아니라 당나라에 대해서도 소가씨의 정책은 마찬가지로 난관에 부딪혔다. 631년(조메이 3년) 앞서 서술된 당나라 사신 고표인의 내조는 우발적인 사건으로 인해 당나라와 왜국 사이의 불화를 불러온 듯하다. '표인은 먼 곳을 평안케 하는 재주가 없어 왕자와 예를 다투고 조정의 명을 말하지 않고 돌아갔다'고 한 것이 그것이다(『구당서』왜국일본전). 이때의 '왕자'를 야마시로노오에왕 혹은 후루히토노오에왕으로 보는 설도 있으나, 어쩌면 이루카가 아니겠는가? 당나라 사신이 국정을 장악하는 오오미 에미시의 아들을 '왕자'로 오인하는 일은 있을 수 있기 때문이다. 그렇다고 한다면 이 사건은 우발적 사건 이상의 의미를 갖게 된다. 이 사건 이후, 다이카 개신으로 당나라와의 통교 노력이 재개되기에 이르기까지, 견당사가 한 번도 파견되지 않은 것은 아마도 소가 방식에서는 이러한 시도 자체가 필요하지 않았기 때문일 것이다. 위에서 살펴본 소가씨 전제라는 형태로 이루어진 지배계급의 권력 집중이 당나라와 조선에 대한 외교 난항, 이반, 정체를 불러왔음은 분명하며, 적어도 당 제국의 출현과 조선 삼국간의 전쟁이라는 새로운 국면에 대하여 외교적 가능성을 열어주지는 않았다. 그것이 소가 방식 자체의 협소함, 폐쇄성에서 비롯되는 한, 그 방식을 타도하지 않고는 동아시아의 새로운 단계에 대응할 수 없음은 당시의 군경·대부층에게도 널리 인식되어 있었을 것이다. 당 태종이 직접 육군(六軍)을 통솔하여 고구려를 향해 낙양을 출발한 것은 645년(다이카 원년) 2월의 일이다(『구당서』 태종본기). 이 사건이 다이카 개신 정변의 전제(前提)로서 중요한 의의를 지닌다고 본다면, 이는 소가씨 전제(專制) 속의 앞서 이야기한 내적 모순을 기초로 하고 있었기 때문이리라. 수나라 이래 여러 차례 있었던 고구려 정벌은 늘 조선 삼국과 왜국에 반작용하였는데, 그 반작용의 형태와 특징을 결정짓는 것은 각 나라들의 내적 상황이다.

다이카 개신의 정책 중 하나는 새로운 국제 관계에 대응하기 위한 국내 체제 강화에 있었다. 고토쿠·사이메이 천황 아래서 황태자 나카노오에·가마타리라는 새로운 권력핵의 성립은 그 형태 면에서는 스이코조 방식의 부활이며 같은 시기의 신라형과 동일하지만, 그 특징은 이러한 형태로 집중된 권력을 다이카 전대 국가 제도의 기본적 질서인 왕민제(王民制)로부터 공민제(公民制)를 기초로 하는 새로운 형태의 국가 조직을 수립하기 위한 축으로 삼는 데 있었다(제2장 제2절). 따라서 그 시책의 중점은 명확히 국내 정치에 있다. 그러나 그것이 동시에 소가씨 전제 하의 대외관계에 있어서 앞서 서술한 불일치, 난항, 정체를 타개하는 임무를 동반한 점, 그때 소가 방식을 버리고 신라를 매개로 하여 당나라와 결탁하는 태자 방식을 발전시킨다는 과제를 동반한 점을 놓쳐서는 안 될 것이다. 앞서 언급한 다이카 원년 7월 백제왕 앞으로 보낸 조서는 아직은 소가 방식의 확인에 지나지 않으나, 이듬해인 다이카 2년 다카무쿠노 구로마로의 신라 파견과 그 결과로 내려진 '질(質)을 바치게 하고 마침내 임나의 조를 그만두었다'는 결정은(『일본서기』) 첫째로 스이코조 이래로 쟁점이었던 '임나의 조' 문제를 최종적으로 청산하고, 신라와의 새로운 관계를 수립하는 일이고, 둘째로 그것은 이 시점에서 임나를 영유하고 있던 백제의 권리를 부정하는 일이기도 하며, 소가 방식의 종말이기도 하였다. [03)]

분명 임나의 조를 그만두고 '질'로 바꾼 것은 '질'의 성질로 보아 신라와의 복속 관계를 강화하는 형식을 취하였다. 그러나 실질로 보면 이때 '질'로 일본에 온 신라의 상(相) 김춘추는 체재 기간이 1년에 못 미치고, 이듬해에는 당나라 조정에 나아가 알현하여 중요한 외교를 행한 것을 보면, 이 '질'은 오히려 복속의 상징이라기보다는 신라와 일본과 당나라를 연결하는 외교관이었던 듯하다. 648년(다이카 4년, 정관 22년)에 일본이 당나라 황제에게 '신라에 부쳐 표를 바침으로써 기거(起居)를 통하였다'는 기사의 의의는 이 점에서 중요하다(『구당서』 왜국일본전. 『일본서기』에는 이 기사가 빠져 있다). 당 태종에 대한 천황의 상표문 봉정은 631년 이래로 당나라와의 단절 상태를 타개하는 최초의 시도이자 타진이었지만, 그것을 매개한 것이 다름아닌 신라의 '질'이었을 김춘추였다는 점은 흥미롭다. 이는 조메이기의 제1차 견당사 파견이 새로운 정세 속에서 부활한 것이었다. 새로운 정세라는 것은 이 시기 신라의 상황, 당나라의 대조선 정책이 일본과 신라의 연합을 요구하고 있었다는 사정이다. 일본과 신라와 당나라를 연결하는 노선을 만든 것은 이 시기 신라와 일본의 지배층을 대표하는 뛰어난 외교관 두 사람인 김춘추와 다카무쿠노 구로마로이며, 후자는 앞서 나온 스이코조 에니치의 헌책을 실행한 사람으로 등장한다.

다카무쿠노 구로마로를 압사(押使)〔대사보다 위이며 신분이 높은 경우〕로 삼고 부사로 에니치를 포함한 654년(영휘 5년, 하쿠치 5년) 제3차 견당사가 그 사절의 구성으로 보아 정치적으로 중요함은 나중에 서술하겠다. 이 견당사에 대하여 고종이 이때 신라가 백제·고구려에게 침략당하고 있다는 이유로 '병사를 내어 신라를 돕게 하'는 새서를 내렸다는 『신당서(新唐書)』 일본전의 기사는 주목할 만하다. 그동안 이 기사가 주목받지 못한 것은 『일본서기』는 물론 『구당서』 왜국일본전에도 빠져 있었고, 『구당서』에 비해 새로운 맛이 없다고 여겨지는 『신당서』에 실렸기 때문이기도 할 것이다. 『선린국보기(善隣國寶記)』에 실린 당록(唐錄)에도 그와 관련된 기사가 보이며, 고종이 '왕국은 신라·고려·백제와 근접해 있다. 만약 위급한 일이 생기면 마땅히 사자를 파견하여 구원해야 한다'고 말했다는데, 여기서는 구원의 대상, 출병에 관한 일과 지시 형식이 명확하지 않다. 『신당서』의 간결하고 명료한 기사를 택해야 한다. 하지만 동맹국 백제·고구려와 적대하고 신라를 원조하기 위한 반도 출병을 일본 천황에게 지시한 예상 밖의 새서는 조선 삼국에 대한 고종의 새로운 정책의 연속이자 발전인 점을 고려하자면 조금도 당돌하지는 않다. 고종은 651년(영휘 2년), 김춘추의 아들인 신라 사신 김법민(金法敏)의 주서(奏書)를 근거로 하여 백제왕과 고구려왕에게 새서를 주고, 전자에게는 다음 두 항목의 실시를 명령하였다. 그 내용은 (1) 백제가 신라로부터 빼앗아 겸병한 신라의 여러 성을 본국에 반환할 것, (2) 신라가 백제로부터 얻은 포로는 본국에 돌려보낼 것이며, 만일 백제왕이 이 '진지(進止)'에 따르지 않으면 김법민의 요청대로 신라왕이 너와 '결전'을 벌이도록 맡기겠다는 가혹한 것이다(『구당서』 백제전). 이 새서의 내용은 다르게 전하기도 하는데, 그에 따르면 백제왕에게 신라·고구려와의 교전(交戰)을 금하고 '그러지 않으면 내가 장차 병사를 내어 너를 치겠다'고 하여 당나라 자신이 백제에 대하여 전쟁이라는 수단에 호소할 것임을 예고하였다고 되어 있다(『자치통감』 당기, 고종 상지상[高宗上之上], 영휘 2년 시세조). 백제와 동시에 고구려왕에게 주어진 새서에조차 황제의 명을 받들지 않으면 '거란 제번'으로 하여금 그 나라를 노략질하게 할 것이라고 적혀 있었다는 기록이 보이므로(『구당서』 백제전), 이처럼 다르게 전해지는 내용도 쉽게 버릴 수는 없다. 이 새서가 백제에게 중대한 충격이었음은 이듬해인 652년에 지난 6년 동안 중단되어 있었던 당나라에 대한 조공을 재개하고(『자치통감』당기, 고종 상지상, 영휘 3년 정월조,『삼국사기』백제본기), 또 그 이듬해인 653년의 『삼국사기』기사에 '왕이 왜국과 통호하였다'고 특필된 점으로도 추측할 수 있을 것이다(『삼국사기』백제본기). 새서는 제번 왕에 대하여 황제의 명령을 내리는 문서이므로, 백제·고구려 두 왕에게 내려진 새서들은 더 이상 삼국간의 화해와 조정이 아니라 전쟁에 의한 위협을 동반하는 강제이자 명령이었다. 이는 훗날 이루어지는 백제·고구려 정벌의 복선이기도 하다. 또 새서의 형태로 이루어진 일본에 대한 신라 원조를 위한 출병 지시도 일본 천황이 백제왕·고구려왕과 같은 반열의 제번 왕이라고 고종이 생각했음을 보여주며, 그것이 의미하는 바는 백제의 희생을 바탕으로 한 신라 구원이며 신라에 대한 임나 반환이다. 친백제적인 소가 방식은, 개신 정부의 정책이 신라를 매개로 하는 당나라와의 결합, 조공국으로서 당나라에게 신종하는 것을 목적으로 하는 이상, 여기서 최종적으로 포기할 수밖에 없게 된 것이다.

그러나 천황에 대한 고종의 새서에는 아마도 무력에

의한 위협은 빠져 있었을 것이며, 출병 지시에 일본이 따르려고 한 흔적은 없다. 하지만 거기에는 개신 정부가 선택한 태자 방식이 필연적으로 들어가야 했던 국제적 관계들의 표현이 있으며, 일본이 처한 이러한 객관적인 지위는 쉽게 움직일 수 없는 성질을 가졌다. 말할 것도 없이 그에 대한 반동은 당연히 존재했을 것이다. 신라의 김춘추가 요청하여 자국의 장복(章服)을 중국의 제도로 바꾸고(『신당서』신라전), 651년(하쿠치 2년), 신라 사신이 당나라 복식을 입고 쓰쿠시에 출현하였을 때, 일본이 그것을 이유 삼아 사절을 돌려보내고 히다리노 오오미 고세노 도쿠타코노 오미가 신라를 정벌하자고 아뢰었다는 사실은 소가 방식이 반동으로 늘 국내에서 대두할 수 있음을 보여주었기 때문이다(『일본서기』). 그러나 이는 일본이 이미 당나라로부터 고립되어 존재할 수 없는 이상 중대한 결단이 없이는 국가의 공식 정책이 되기란 어려웠다.

이상의 내용이 당나라의 반도 정책 전환, 즉 백제를 멸망시키고 고구려를 고립시킨 다음에 후자를 토벌하는 작전으로 전환한 일이 일어나기까지 일본의 국제적 관계의 특징이다. 제1차 견당사가 파견된 당나라 초기와 비교해서 당나라의 태도는 훨씬 위압적이었고, 국제적 관계들이 그만큼 긴박해졌음은 분명하며, 다이카 개신의 국내 정치가 그 아래서, 혹은 그것을 계기로서 포함하여 진행되었다는 사실을 사상한다면, 그것은 국가 권력의 성립이라는 살아 있는 역사를 제도나 법령의 계보 속에서 해소시키는 결과를 낳을 것이다. 전쟁과 내란의 주기는 거기에 휘말리는 모든 국가의 지배계급 내부에서 권력 배분의 변동을 불러일으키고, 권력 집중의 새로운 형식을 모색하게 하며, 그러한 수단 중의 하나인 국가 기구를 창출시킨다. 그 과정은 지배계급 내부에서 다이카 개신도 그중 하나인 정변, 쿠데타, 모반, 내란 등을 동반할 뿐만 아니라, 인민의 희생과 수탈의 강화가 불가피해진다. 그러한 다양한 형태로 국제적 계기는 내정으로 전환되어 가는데, 앞서 서술한 고종이 백제·고구려 및 일본에 보낸 새서, 즉 명확히 백제를 포함한 조선에 대한 전쟁이 경고되는 시기부터 660년(사이메이 6년) 백제 정벌 전쟁이 시작되기까지 국내에서 일어난 사건들에 대하여 간단히 언급해 두고자 한다. 국제적 관계와 떼어놓고 이 시기 내정을 설명하려는 기존의 사고방식에 납득이 가지 않는 점이 많기 때문이다.

우선 첫째로 653년(하쿠치 4년) 나니와에서 야마토(大和)

로의 환도(還都)이다(『일본서기』). 이 갑작스럽고 이상한 전환에 대해서는 천황과 황태자 사이의 갈등, 천황의 비극, 야마토에 대한 망향의 마음 등 많은 이야기가 나왔다. 개신 직후의 나니와 천도에서 대외관계의 긴장을 정당하게 읽어낸 역사가는 이 환도에서 이 시기 대외 관심이 희박해졌다는 현상을 발견하려고 한다.[04] 과연 그럴까? 나는 반대로 이 환도는 조선의 새로운 긴장 상태에 대한 대응이라고 본다. 이 문제는 654년(영휘 5년, 하쿠치 5년) 앞서 나온 이례적인 제3차 견당사 파견과 연관되어 있다. 이 견당사는 전해(하쿠치 4년) 5월의 제2차 견당사, 즉 대규모이긴 하지만 주로 학문승(學問僧)·학생으로 구성되었고, 따라서 특별한 정치적 사명을 지니지 않는 견당사와는 성격을 달리한다. 압사가 다카무쿠노 구로마로인 점, 다이카 2년의 견신라사와 마찬가지로 외교상 중요한 문제를 안고 있던 점, 게다가 앞선 파견으로부터 1년도 지나지 않은 시점에 파견된 점은 이전에도 이후에도 유례가 없는 이례적 상황이다. 앞서 서술된 당 고종이 백제·고구려에게 보낸 새서는 하쿠치 2년에 해당하므로, 반도의 긴박한 정세는 하쿠치 4년 6월에 내조한 백제·신라의 공조사 등을 통해서도 일본 조정에 보고되었음에 틀림없다

『일본서기』). 다카무쿠노 구로마로 등의 이례적인 제3차 견당사는 아마도 그에 대처하려는 것으로, 사실 당나라 수도에서 그들은 앞서 등장한 대신라 원조 출병을 지시하는 고종의 새서를 받았다. 나니와에서 야마토로의 환도가 몇월인지는 분명하지 않지만, 새로운 정세와 관련하여 백제왕이 '왜국과 통호하였다'고 특필된 해, 즉 653년에 이루어진 점에 주목해야 할 것이다. 수도, 즉 천황의 소재지이자 정치와 행정의 중심인 수도를 나니와에서 야마토로 옮긴 이유는 행정 중심을 해안에서 내륙으로 이동시킨다는 이 시대의 전략적인 관점과 무관하지 않을 것이다. 하카타(博多)의 나노쓰(那津)와 다자이후의 관계, 사이메이조의 지쿠젠(筑前) 이와세 행궁(磐瀬行宮)과 아사쿠라궁(朝倉宮) 사이의 관계에서 그것이 나타나고 있다(『일본서기』 사이메이 천황 7년조). 나니와에서 야마토로의 환도도 그러한 사례 중 하나인데, 이 환도에는 조선 삼국의 수도 사례가 참고된 것으로 추정된다. 고구려의 평양, 신라의 경주는 해안에서 한참 떨어진 내륙에 위치하고 강을 통해 바다로 연결된다는 특징을 지니며, 특히 백제의 수도가 되었던 웅진(熊津)·사비(泗沘)가 금강(백강)을 통해 바다와 연결되는 내륙에 위치한 점이 전략적으로 중요한 의미를 지녔음은 나중에 당·신라와의 전쟁에서 실증된 바이다(『삼국사기』). 667년(덴지 6년)에 오미(近江) 오쓰궁(大津宮)으로 천도한 것도 기본적으로는 이러한 관점에 입각한 것으로, 요도가와강(淀川)을 통해 세토내해(瀬戸內海)와 연결되는 내륙 지역인 오미국 오쓰(大津)를 고른 것은 이 무렵 쓰시마의 가나타성(金田城, 가네다성이라고도 함-역주), 쓰쿠시의 오노(大野)·기이(椽) 두 성, 사누키(讚岐)의 야마다성(山田城), 야마토의 다카야스성(高安城) 축성에 드러나는 전략 배치와의 관련으로 보아야 하며(『일본서기』 덴지 천황 6·7년조), 특히 이 무렵의 시기는 백제로부터 온 '귀화인' 중 병학(兵學) 전문가가 다수 포함되어 있었던 점이 주목된다(『일본서기』 덴지 천황 10년 정월 시월[是月]조). 나니와에서 야마토로의 환도도 이러한 계열에 속하는 것으로 생각해야 하며, 제3차 견당사 파견과 연결되는 대응의 한 형태이다. 나중에 서술하듯이 야마토국 자체를 군사적으로 방위하는 수단이 취해진 점과 연결되는 조치일 것이다.

다음으로 655년(사이메이 원년)의 여제 사이메이 천황 즉위와 황태자 나카노오오에 황자의 집정이다. '황조모존(皇祖母尊)'의 중조(重祚, 한 번 물러난 군주가 다시 즉위하는 일-역주)는 전례가 없는 특이한 형식인데, 권력 집중의 한 유형이라고 본다면 앞의 절에서 서술하였듯이 스이코조의 전통을 따르는 것으로, 특히 646년(다이카 2년)에는 신라의 진덕여왕—김춘추라는 선례도 있는 점에 주의해야 한다. 게다가 이 중조는 전문가들의 견해에 따르면 '다이카 개신'이 끝났다고 여겨지는 하쿠치 연간의 일임을 고려하면 내정만으로는 설명할 수 없음은 분명하며, 앞서 언급한 야마토 환도, 제3차 견당사와 연관시켜 그 의의를 이해할 수 있다. '다이카 개신'은 끝났을지 모르지만, 개신의 계기 중 하나인 국제관계 자체는 새로운 긴박함을 보였으며, 따라서 그에 대한 내정의 대응도 필연적이었다.

셋째로 사이메이조 초년의 내정상 중요한 문제로서 천황의 '흥사(興事)', 즉 대규모 토목공사가 있다. 이는 전제군주 사이메이가 편 자의적 정치의 전형으로 여겨졌는데, 야마토의 다무노미네(田身嶺, 나라현 도노미네[多武峰]) 공사가 '정상에 담을 둘러 쳤다'고 되어 있듯이 군사적 시설임은 분명하며(『일본서기』 사이메이 천황 2년 시세조), 덴지조의 야마토국 다카야스성, 즉 나라현과 오사카부의 경계에 있던 산성형 성새(城塞)의 선구적 존재이다(『일본서기』 덴지 천황 6년 11월 시월조). '돌로 언덕을 만들어도 만들자마자 저절로 무너질 것이다'라고 당시 사람들에게 비난받은 사이메이 2년에 벌어진 일련의 토목공사가 갖는 의의를 이해하기 위해서는 그 전해 8월에 앞서 등장한 제3차 견당사 가와베노 오미 마로(河邊臣麻呂) 등이(다카무쿠노 구로마로는 당나라에서 객사) 당나라로부터 돌아왔다는 사실을 상기할 필요가 있다(『일본서기』). 그는 신라 원조를 위한 출병을 지시한 고종의 새서를 가지고 왔음이 틀림없고, 이러한 전례가 없는 중대한 문제에 대하여 그들이 일본을 대표하여 어떠한 회답을 할 수 있을 리가 없으므로, 당연히 그것은 전해 8월 이후에 조정에서 평의의 대상이 되었다고 보아야 한다. 사이메이 원년에 있었던 이러한 군사 시설 공사는 그에 대한 대응 중 하나일 것이다. 조선 출병의 의지는 없어도, 당나라가 '대국' 일본에게 불가결한 동맹국 백제를 공격할지도 모른다는 위험, 조선에서 일어나는 전쟁에 휘말릴 가능성을 고종의 새서는 보여주었기 때문이다. 야마토국에 축성을 한다는 대응책은 너무나도 과민하며 기이하다고 보는 생각은 덴지조의 다카야스성 축성도 이해할 수 없게 될 뿐만 아니라 후대 역사가들의 평가를 고대 정치로 가져오는 결과를 낳을 것이다. 나카노오에·가마타리 등에게 있어서 문제는 예견하기 어려운 장래에 달려 있었고, 그 불가측성은 자기 권력의 범위 바깥에 있는 국제적 관계들로 규제되고 있다는 사정으로 인해 배가되었으며, 또 거기에는 당나라의 조선 정책을 결정하는 데 있어 고종 개인의 의지가 중요한 역할을 한다는 전제국가 특유의 우연적 요소가 더해졌다. 이 시점 이후 역사의 현실 진행을 고려하여 행해지는 후대 역사가의 판단이 고대 정치에 내재하기 곤란한 것은 위와 같은 사정을 배려하지 않기 때문일 것이다. 현실 정치는 나카노오에와 가마타리 등으로 대표되는 이 시대 지배층의 인식, 평가, 관념 등을 통해서만 이루어지며, 그 후의 역사 경과를 알고, 사료를 객관적으로 관찰할 수 있는 후대 역사가에 의한 사태 평가와는 저절로 달라지는 것은 자연스러운 일이겠다. 일련의 토목 공사는 당시 사람들에게 '미친 수로'라고 비난받았다. 이 '미친'이라는 말에 이 시기 지배층의 혼란스러운 일면이 단적으로 표현되어 있다. 어쨌든 야마토 환도로부터 이 때까지의 국내 주요 사건에는 일관된 점이 있다고 보아야 한다.

그러나 국제적 '계기'가 수행하는 역할은 여기까지다. 그것이 어떠한 형태로 내정에 반작용하는지를 결정하는 것은 국내의 계급=정치 관계이지 국제적 계기 자체가 아니다. 사이메이조의 토목공사는 전제적인 방식으로 강행되었다. 이를 결정한 것은 개신 정부의 전제적 성격이며, 그때 천황·황태자 등의 자의와 성격이 일정한 역할을 하는 것도 이러한 국가형태의 특징이다. 특히 그것이 인민에게 어떠한 형태의 수탈 강화로 나타나는지는 이 단계의 잉여노동 수취 형태, 생산관계에 따라 규정된다. 658년(사이메이 4년) 아리마(有馬) 황자의 변에서 유수관(留守官) 소가노 오미 아카에(蘇我臣赤兄)가 거병의 조건으로 내건 유명한 말, '천황이 다스리는 정사에는 세 가지 실책이 있다. 크게 창고를 세워 백성의 재물을 모은 일이 첫째다. 길게 수로를 파서 공량(公粮)을 소비한 일이 둘째다. 배에 돌을 실어서 쌓아올려 언덕으로 만든 것이 셋째다'에 보이는 말은 이 시대 잉여노동의 수취 형태, 특히 요역 노동의 양태를 명료하게 말해주고 있다(『일본서기』). 그 분석을 바탕으로 하지 않으면 국제적 관계들에 대한 이 시대 특유의 대응 방식도, 그와 관련된 반란의 형태도 명확해지지 않는다. 국제적 계기가 독립된 계기로서 명확해지면 명확해질수록 국내 조건들의 분석이 갖는 규정적 의의가 분명해진다는 상호관계는 여기서도 나타난다.

660년(사이메이 6년) 9월, 백제 사절을 통해 당 고종이 신라와 연합하여 백제에 대한 공격을 7월에 개시하였다는 보고가 전해진 이후(『일본서기』)부터 덴지조에 이르는 시기는 일본을 포함한 국제관계의 중대한 전환이며, 이 시기에는 특히 국제적 계기를 분석해 낼 필요가 없을 정도로 국내 정치와의 관련성이 명료하다. 따라서 여기서는 두어 가지 점에 대하여 보충적으로 언급해 두기만 하겠다.

첫째는 당나라와의 관계이다. 당나라가 고구려를 직접 공격하는 기존의 작전에서 내부적으로 취약한 백제를 먼저 토멸하고 이어서 고립된 고구려를 공격한다는 우회작전으로 전환한 것은 언제인가 하는 문제가 있다. 이전의 651년 새서가 그 가능성을 보여줄 뿐 구체적인 작전으로 현실화되어 있지 않았던 것은 조선 삼국간의 전쟁이 벌어진 이후의 경과를 보면 명확하다. 따라서 그 이듬해에 일본의 유학생들을 신라 배에 태워 당나라로 보내려 했는데 신라가 사절한 사실을 가지고 당·신라의 백제 정벌 계략이 누설될 것을 우려했다고 보는 설은 맞지 않는다.[05] 백제 정벌 작전이 결정된 시기는 개전 1, 2년 전으로 여겨지기 때문이다. 개전 소식이 백제로부터 전달되기까지 일본은 (아마도 백제도) 그에 관한 정보를 갖고 있지 않았던 듯하다. 따라서 이는 일본에게는 기습적인 전쟁이었다. 그러나 이는 당시의 교통 형태와 국가의 전제적 성격으로 보아 오히려 통상적인 형태였다고 보아도 된다. 이키노 무라지 하카토코 서(伊吉連博德書)에 따르면 659년(사이메이 5년)에 당나라로 건너간 제4차 견당사에 대하여 고종은 '우리나라는 내년에 반드시 해동 정벌을 할 것이다. 너희들 왜의 사신은 동쪽으로 돌아가지 마라'고 선고하였는데, 이로써 이듬해 조선에서 벌어질 작전을 예고함과 동시에 일본의 견당사를 감금하여 정보가 새는 것을 방지한 것이다(『일본서기』 사이메이 천황 5년 7월 조). 백제를 공격하면 고구려의 경우와 달리 일본은 반드시 구원하러 갈 것임을 상정하는 것은 자연스럽다. 선전과 강화, 작전의 결정과 전환이 군주 대권의 일부를 이루는 전제국가의 성격상, 이러한 경계심도 갖추고 있는 상황에서는 이 전쟁이 백제와 일본에게 있어 기습적이었던 것은 당연하며, 따라서 당나라의 완전한 준비 체제에 대하여 양국의 군사적 대응이 현저히 뒤쳐진 것은 어쩔 수 없었다.

둘째로, 일본과 고구려·백제 사이의 관계이다. 고구려와 일본의 관계는 조공관계가 아니라 대등한 연합 또는 동맹관계에 가깝고, 고구려와 수나라 또는 당나라와의 긴장도에 따라 양자 관계의 친밀함에 변동이 있었음은 스이코조 이래의 경과로부터 추측할 수 있다. 고구려가 당나라와 마지막 전쟁을 벌일 때 일본에 구원을 요청하였는지 여부는 불분명하지만(덴지기 원년 3월조의 '고려'가 '백제'의 잘못이라고 본다면[06]), 개신 직후 고구려왕 앞으로 보낸 천황의 조(詔)에서 두 왕조가 장래에 오래도록 왕래할 것을 서약한 일을 상기한다면, 최후의 위기를 맞아 일본의 원조를 요청해도 이상하지 않을 친밀한 관계였음은 확실하다. 그런데『신당서』일본전에는 '함형(咸亨) 원년, 사신을 파견해 고려를 평정한 일을 축하하였다'는 기사가 있다(『구당서』왜국일본전에는 이 기사가 보이지 않는다). 이는 전해인 669년(덴지 8년) 제6차 견당사 가와치노 아타이 구지라(河內直鯨) 등이 입당하였을 때의 기사이다(『일본서기』). 설령 고구려로부터 구원 요청이 있었다고 해도 일본이 그에 응할 수 없는 사정에 놓였음은 역학 관계로 보아 당연할 것이다. 그러나 일부러 국가의 공적 사절을 파견하여 동맹국 고구려의 멸망을 축하한 사실 속에는 당나라 황제에 대한 아첨과 추종, 자신의 다이카 시기 조에 대한 도의적 배반이라고 볼 수밖에 없다. 이러한 사실 속에는 백촌강(白村江) 전투에서 패배한 일본이 당나라와의 친선 관계를 회복하기 위해서는 이러한 예속적 형식을 취하는 것 외에는 방법이 없었던 일본의 객관적 지위가 드러나 있는 점이 오히려 중요하다. 그로부터 4년 전인 665년(덴지 4년) 모리노 기미 오이와(守君大石) 등의 제5차 견당사 파견도 이듬해 태산(泰山)에서 이루어진 고종의 봉선(封禪) 의식과 관계가 있다. 당시 백제에 있던 당나라 장수 유인궤(劉仁軌)가 신라·백제·탐라(耽羅)·왜인 등의 사신을 거느리고 이 의식에 참가하였을 때의 '왜인' 〔『책부원귀[冊府元龜]』 권981〕이 백촌강 전투의 포로였을 것임은 시간적 관계로 보아 추정 가능하다고 해도[07], 이는 제5차 견당사의 목적이 봉선 의식에 참가하는 데 있었다고 보는 추정을 부정하지는 않는다. [08] 고종의 봉선 의식은 백촌강의 승리 다음 해에 천하에 예고된 사실이 보여주듯이 그의 조선 침략 성공을 국내와 해외 제번 왕에게 드러내 보이기 위한 의식이며, 일본의 천황 또한 패배한 제번 왕 중의 한 사람으로서 당나라 사신 유덕고(劉德高)의 초청을 거부할 수 없었을 것이다. 여기서도 또 당나라에 대한 일본의 지위가 드러난다.

셋째로 일본의 백제 구원의 성격에 대한 점이다. 일본의 백제 구원 출병은 동맹국인 백제를 당나라로부터 '독립'시키기 위한 것이 아니다. 의자왕이 포로가 된 후 좌평 복신 등이 당시 '질'로서 일본에 있던 백제의 왕자 풍장(豊璋, 부여풍-역주)을 '국왕'으로 맞이할 것을 요청한 데 반해,『일본서기』에 인용된 어떤 본(本)은 '천황이 풍장을 세워 왕으로 삼았다고 한다'고 하여 천황이 풍장을 백제 왕의 지위에 오르게 했다고 적었다(『일본서기』 사이메이 천황 6년 10월조). 이는 대장군 아즈미노 히라부(阿曇比邏夫)가 풍장 등을 백제로 인도하였을 때의 소위 즉위식에 대하여 '선칙(宣勅)하여 풍장 등에게 그 자리를 잇게 하였다. 또 금책(金策)을 복신에게 주어 …… 작록(爵祿)을 하사하였다'고 하는 기사에 대응된다(『일본서기』 덴지 천황 원년 5월조). 풍장은 천황의 칙에 따라 왕위에 올랐고, 좌평 복신은 일본의 위계를 받게 되었다. 일본이 백제 구원을 통해 종래의 조공·피조공 관계 이상의 지위, 즉 당나라를 대신하는 지위를 백제에 설정하려고 하는 의도를 여기서도 엿볼 수 있다. 이를 앞서 언급한 당나라에 대한 종속의 정신과 함께 놓고 생각한다면 스이코조 이래의 '대국' 의식에 바탕을 둔 일본 지배층의 정책에서 두 가지 측면을 발견할 수 있을 것이다.

넷째로 전쟁과 내란의 주기는 그에 휘말린 나라들에서

특징적이고 다양한 인간 유형을 낳았다. 하지만 일본은 '뛰어난 용맹으로 사업을 일으켜 이미 망한 나라를 일으켰다'고 백제 사람들에게 칭송받은 좌평 복신과 같은 인간 유형을 탄생시킬 수 없었다(『일본서기』 사이메이 천황 6년 9월조). 복신과 같은 인격은 침입해온 당군이 백제인을 '노소를 불문하고 모두 죽이'는 무참한 상황 속에서만 태어날 수 있었고(『구당서』 백제전), 그에 저항하여 울타리를 세우면 '열흘 만에 귀부(歸附)하는 자가 3만여 명'이라 할 정도의 인민 투쟁을 기초로 해서만 형성되었기 때문이다(『구당서』 권109, 흑치상지[黑齒常之]전). 또한 고구려의 을지문덕(乙支文德) 같은 반쯤 전설적이지만 현대에 이르기까지 조선민족의 정신 속에 살아 있는 인격도 일본에서는 태어날 수 없었다. [09] 이는 수나라의 방대한 침략군에 대한 고구려인의 굴하지 않는 투쟁 속에서만 영웅화되고 전형화될 수 있는 인간 유형이기 때문이다(『삼국사기』 열전 4). 또 그 지위와 역할이 유사해서 자주 대비되어 온 신라의 김춘추와 일본의 나카노오에 황자 같은 경우도, 고구려에 사신으로 가서 붙잡히고, 일본에 '질'로서 내조하며, 나아가 당나라에 사신으로 간다는 인종(忍從)의 외교 활동을 통해서만 나라를 일으키고 왕위에 오를 수 있었던 김춘추가 나카노오에와는 유형이 다른 인격으로서 조선 지배계급의 정신 속에 살아 있었음은 당연한 결과일 것이다. 조선 삼국과 '대국' 일본의 서로 다른 국제적 역할, 그에 따라 규정되는 국가의 성격이 그로부터 탄생되는 인간 유형도 제약하기 때문이다.

이러한 문제들은 한 가지 기본적 문제로 귀결된다. 당 고종에만 국한해도 네 차례에 걸친 대규모 조선 출병, 백제·고구려의 멸망, 점령군에 의한 직접 통치 등을 동반한 이 전쟁의 성격을 어떻게 규정할 것인가 하는 문제이다. 고대 로마제국의 대외전쟁과 이민족 지배와의 공통점과 차이점을 명확히 하는 일이다. 그것을 통해 고구려와 백제가 당나라와 싸우고, 일본도 거기에 개입한 전쟁의 성격도 분명해질 것이다. 고대의 '제국주의' 문제가 바로 남겨진 과제이다.

제4절 두 번째 주기 ― 덴표기

동아시아의 전쟁과 내란의 다음 주기는 7세기 전반과 비교하면 훨씬 소규모이며 단기적이다. 조선의 정세가 신라의 통일로 안정된 것이 새로운 중요 요인으로 작용하였기 때문이다. 이 시기는 발해와 당나라의 전쟁, 그리고 당나라에서 일어난 안록산의 내란을 계기로 하여 당·발해·신라·일본이 휘말린 국제관계의 새로운 단계이다. 이는 내정에 대하여 잠재적 요인으로 작용하는 경우가 많았으므로, 독립된 계기로서의 국제적 계기는 과소평가되거나 학예나 법, 문물의 교류·계수라는 영역으로 밀려나 버리기 일쑤였다. 다이호 율령의 제정으로 시작되는 율령제 국가 기구의 확립, 그 기초에 있는 계급들의 운동, 지배층 내부의 갈등 등에 주된 초점이 맞춰져, 국제적 계기가 명료한 형태를 띠고 나타난 경우조차 그것과 내정의 연관성이 통일적으로 파악되지 않고 단순히 우연적 요소로 간주되고 마는 경향이 있다. 따라서 국제적 계기는 외적 요소일뿐만 아니라 율령제 국가 자체의 구조 내부에 있는 하나의 계기로서도 존재하였다는 사실을 놓치는 것은 어쩔 수 없는 일이다. 이 절의 과제는 국제적 계기를 논하는 것이 왜 고대 '국가'론의 일부가 될 수밖에 없는지를 고찰하는 것인데, 그러기 위해서는 문제를 두 번째 주기에 해당하는 덴표기의 정치사 내부로부터 끌어내야 한다.

제1절에서 후지와라노 나카마로가 기획하고 그가 몰락함에 따라 유산되었던 신라 정벌 계획이 전제적 지배를 확립하거나 유지하는 수단이라고 생각하기 위해서는 그 전제로서 왜 그것이 유효한 수단일 수 있는가 하는 문제가 제기되어야 함을 서술하였다. 나카마로의 계획은 비현실적인 발상, 한때의 임기응변이나 모략이 아니라, 실현될 수 있는 진지한 정책으로서 준비된 것이며, 또한 그것은 국가의 공적 계획으로서 관료제 기구를 동원하여 실현 직전까지 진행된 것이다. 이는 율령제 국가에서 계획적 전쟁 준비가 어떻게 이루어지는가를 보여주는 유일한 사례이다. 이 경우에는 문제가 대외 전쟁이므로 국제적 관계가 계획과 불가분한 계기로서 존재함은 당연하며, 그 바탕이 신라와의 외교상 대립·긴장에 있었음은 말할 것도 없다. 그러나 이러한 대립과 긴장은 덴표기에

들어 단속적으로 이어지고 있었으며, 가장 가까운 사례로는 753년(덴표쇼호[天平勝寶] 5년)에 오노노 다모리(小野田守)가 신라에 사신으로 가서 '무례'한 대우를 받은 사건이 있지만, 이 사건은 759년(덴표호지 3년)에 계획이 결정되는 계기가 될 만큼 특별한 중요성이 있는 것은 아니다. 오히려 그 전해 말에 견발해대사(遣渤海大使) 오노노 다모리가 귀조함에 따라 당나라 안록산의 난 보고가 전해진 것이 이 전쟁 계획을 국가 계획으로 발전시키는 직접적인 계기가 된 것으로 보아야 한다.[01] 이는 대신라 전쟁의 특수한 성격, 즉 이 침공 작전이 성공하기 위해서는 당나라가 신라를 지원하지 않는다는 것이 절대적인 조건이라는 성질에 기인한다. 덴표기에 들어 신라와의 긴장과 정벌론은 몇 차례나 있었지만, 바로 그 때문에 그것은 국가의 공적 계획이 되지 않았다. 사이메이·덴지조의 '백제 전쟁' 패배라는 경험을 통해서도 이는 일본 지배층의 공통된 인식이었음이 틀림없다. 안사(安史)의 내란은 그 규모와 심각성 면에서 당 왕조가 몰락할 가능성마저 내포하고 있었으므로, 신라를 구원할 여유가 당나라에게 있을리 없다고 판단한 것은 당연하며, 당초에는 '광호교견(狂胡狡堅)'한 안록산이 일본에도 침공할지 모른다는 공포를 느꼈지만, 냉정해짐에 따라 이 내란으로 계획을 위한 국제적 조건이 갖추어졌다고 판단하였음이 틀림없다.

안록산·사사명(史思明)의 내란은 그 자체가 아무리 중대하더라도 일본 지배층에게 그것은 바다 건너편에서 때마침 찾아온 우연한 계기에 지나지 않는다. 이를 전시체제의 확립이라는 국내 정치의 필연 속에 포함시킬 수 있으려면 그만큼의 조건들이 필요했다. 첫째는 지배층 내부의 명령권, 특히 최고군사지휘권의 확립이다. 757년(덴표호지 원년), 자격은 대신에 준하며 '안팎의 모든 병사(兵事)'를 관장하는 자미내상(紫微內相) 관직이 신설되고 나카마로가 여기에 보임(補任)된 일은 첫 번째 조건이 충족되었음을 보여주고 있다. 이 최고군사지휘권은 율령제 국가에서는 천황의 대권 사항에 속하며, 그중 일부가 분여(分與)되는 경우에도 황친에 한정되어 있었으므로(제3장 제3절), '안팎의 모든 병사'를 관장하는 권한을 나카마로가 획득한 일은 국가 제도상 중대한 변동으로 보아야 한다. 두 번째 조건은 지배계급인 관인층 내부의 의지와 행동의 통일을 확보하기 위한 정치적 반대파 탄압이다. 같은 해 7월에 일어난 다치바나노 나라마로(橘奈良麻呂)의 변은 그 규모와 매서움으로 주목받았으며, 강력한 수단으로 자기 의지를 강제하고 실현하기 위해 나카마로가 일으킨 사건이었다.

세 번째 조건은 준비해야 할 전쟁의 특수한 성격에서 기인하는 더욱 기본적인 것이다. 설령 당나라의 지원이 없다고 전제한다 해도, 신라는 반도를 통일한 강력한 국가였고, 작전은 험난한 조선해협을 건너야 한다. 병력, 장비, 수송 수단, 군대의 질 등이 일정 수준에 도달해 있는 것이 조건인데, 그것들은 모두 정치 또는 행정에 의해서만 확보될 수 있는 것이었다. 759년(덴표호지 3년) 6월, 신라 정벌을 위해 '행군식(行軍式)'을 다자이후에 만들게 하고, 같은 해 8월에 3품(三品) 후나친왕(船親王)을 가시이묘(香椎廟)로 보내 '신라를 쳐야 한다는 장계'를 아뢰게 함으로써 국가의 공적 계획으로 시작된 이 전쟁 준비의 과정에서, 결정적인 포인트는 전쟁을 위한 인적·물적 수단들을 어떻게 확보하는가 하는 문제였다. 같은 해 9월, 배 500척을 호쿠리쿠(北陸)·산인(山陰)·산요(山陽)·난카이(南海) 4개 도의 구니들에게 각각 할당시켜 3년 이내에 건조하게 하는 명령을 내렸고, 2년 뒤인 761년(덴표호지 5년)에 절도사(節度使)로 하여금 그 진행 상황을 '검정(檢定)'하게 한 것은 이 작전 계획이 3년 뒤에 실현될 것을 미리 계산하고 있었음을 보여준다. 이 2년 사이에 계획이 변경된 듯하며 후자의 '검정' 내용은 2년 전의 명령과 약간 차이가 있지만, 배, 병사, 자제(子弟), 수수(水手) 등 각 요소에 대해서는 계획이 구체화되어 갔음을 보여준다. 여기서 주의할 점 한 가지는 도카이(東海)·난카이·사이카이(西海) 3개 도(道) 34개 구니에 할당한 병사 수의 결정은 구니들의 상비군인 군단(軍團) 제도 및 그 기초가 되는 공민의 적장(籍帳)에 의한 개별적 파악 없이는 불가능했을 것이라는 점이다. 분명 이 시대에는 군단 제도는 무너지기 시작하였고, 덴표 연간 히로쓰구의 난으로 군단이 얼마나 전력이 되지 못했는지가 실증되었으며[02], 따라서 이 계획에서도 군사(郡司)의 자제를 징용하는 일이 문제가 되지만, 작전이 요구하는 병력수, 이 경우에는 약 4만 명의 병사를 34개 국아(國衙)에 구체적인 숫자로 할당하기 위해서는 군단의 수와 공민의 적장을 기초로 해야 하며, 그 점에서 인적 수단의 조달 계획은 국아 기구에 의한 공민 파악에 의존하였다. 다음으로 병사와 같은 수준으로 중요한 배의 건조가 기본적으로는 국아 재정에 의존하였음은 말할 것도 없다. 덴표 4년(732) 절도사의 군사 행정이 얼마나 재지 국아의 기능에 의존하고 있었는지는 이즈모

국(出雲國) 계회장(計會帳, 공문서의 수령 여부를 확인하기 위해 수령 일자와 사자 성명을 기록한 장부-역주)을 읽어 보면 명료해지는 데(『나라유문[寧樂遺文] 상[上]』), 물적 수단의 조달이 이러한 더 대규모인 계획에서는 그 의존도가 훨씬 컸다고 보아야 한다. 부동창(不動倉)의 존재로 상징되는 전조(田租)의 방대한 축적량은 덴표기 국아 재정의 충실함을 보여주는 것인데[03], 나카마로의 전쟁 준비 3개년 계획이 수립되는 자신감과 근거는 여기에 있었던 것이 아닐까? 일찍이 사이메이조에 백제 구원을 위한 조선 출병을 결정하고 천황이 서둘러 나니와로 행차하여 스루가국(駿河國)에 칙(勅)하여 배 만들기를 명한 단계와는 완전히 다른 단계가 여기서 보이며, 그 차이는 중앙과 지방을 관통하는 국가기구와 그 재정의 확립으로 초래된 것이다. 국가 기구의 확립은 대외전쟁을 돌발적인 사건에서 모든 관료 기구를 통해 계산되고 준비되는 계통적인 행동으로 바꿀 수 있게 하였다. 이는 일찍이 수나라나 당나라의 황제들이 조선에 대한 전쟁에서 취한 방식이었다. 국가라는 장치가 지배계급에 가져다주는 의의와 기능 중의 하나가 여기서도 나타나고 있다.

　이상의 내용이 견발해사(遣渤海使)가 가져온 당나라의

내란 소식을 대신라 침공 작전의 계기로 전환시키는 것을 가능하게 한 국내적 조건들이었다고 생각한다. 따라서 전쟁 계획의 종말도 그것에 따라 규정된다. 762년(덴표호지 6년) 11월, 참의(參議) 후지와라노 고세마로(藤原巨勢麻呂)를 가시이묘에 파견하여 정벌군 조련을 위해 폐물을 바친 기사를 마지막으로, 이 계획은『속일본기』에서 모습을 감추는데, 같은 해 6월에 다카노(高野) 천황〔고켄(孝謙) 천황〕과 준닌(淳仁) 천황의 대립이 공공연해지고 전자가 '국가의 대사, 상벌 두 가지'를 후자로부터 거두어들인 사실은 계획 좌절의 단서가 된 것이 아니겠는가? '국가의 대사'의 중핵은 최고군사지휘권의 행사이며, 나카마로의 그것이 동요한다는 것은 전쟁 계획의 조건 중 적어도 한 가지가 사라짐을 의미하기 때문이다.

마지막으로 남는 문제는 국가의 공적인 계획으로 3년 간에 걸쳐 추진된 전쟁 준비가 어떻게 지배층의 공통된 정책이 될 수 있었는가 하는 문제이다. 그것을 나카마로 개인의 전제적 권력으로 돌리는 것은 개인의 역할에 대한 과대평가이며, 전제자는 흔히 지배층의 공통된 이해관계나 관념을 토대로 함으로써 비로소 전제자일 수 있음을 잊기 쉬운 법이다. 또 그것을 지배층 내부의 특정

세력, 예를 들면 신라에 대한 보복심을 품는 백제나 고구려 왕족계 '귀화인'이 이 시기에 대두하는 것과 결부시키는 생각도[04] 옳지 않다. 분명 구다라노 고니키시 난텐(百濟王南典), 고마노 아손 후쿠신(高麗朝臣福信)이 덴표기에 승진한 일, 특히 구다라노 고니키시 교후쿠(百濟王敬福)가 검습 사이카이도 병사(檢習西海道兵使)에 임명되고 이 정벌 계획 중에 난카이도(南海道) 절도사에 임명된 일은 주목할 만하나, 이는 덴표쇼호 연간에 시작된 '귀화인'에 대한 무제한 씨성(氏姓) 하사와 더불어[05] 나카마로 정권의 의식적인 기반 확대를 보여주는 것이기는 해도, 이들 '귀화인' 씨족들의 역할이 국가 정책을 좌우할 수 있을 정도의 세력이었다고는 생각할 수 없다. 나카마로의 대신라 전쟁 계획이 '정책'으로서의 정당성을 지닐 수 있었던 이유, 바꾸어 말하면 그 계획이 그의 전제적 지배를 확립하는 수단일 수 있었던 근거는 덴표기 전체 지배계급의 대외정책 분석에 달려 있다.

732년(덴표 4년) 도카이·도산(東山)·산인·사이카이 각 도의 절도사 보임이 이 시기 대신라 외교의 긴장에 대한 일종의 군사적 대응이었음은 이미 증명되었다.[06] 문제는 그 전해에 해당하는 덴표(天平) 3년(731) 11월 기내 대총관(大惣管)·부총관(副惣管)직과 제도(諸道, 여러 도-역주) 진무사(鎭撫使)를 설치 보임한 일의 성격과 목적에 있다. 이는 규모와 권한 면에서 이듬해 제도 절도사보다도 훨씬 중요한 관직이었다. 총관직의 특징은 (1) 겸장(傔仗, 변경에 부임하는 관리에게 붙인 호위 무관-역주) 혹은 기병 30필을 지급받은 무관인 점, (2) 판사(判史) 2명·주사(主事) 4명, '병술(兵術)·문필'을 이해하는 관인이 부속되는 하나의 기관인 점, (3) 그 권한은 '무리를 지어 모으는' 자 혹은 '당시 정치의 시비를 논하고, 인물의 선악을 따지는' 자를 수색하여 체포할 수 있는 점, '도적질하고 요사스러운 말을 하며 자신이 위부(衛府)가 아니면서 병기를 소지하는 부류'를 단죄할 수 있는 점, 결장(決杖, 장을 치는 형을 집행함-역주) 100대 이하의 범죄인에 대해서는 주문 이전에 형을 집행할 수 있는 점, 나아가 관할 아래 국사(國司), 군사(郡司) 등의 행정을 감찰하는 일 등이며, 사법·행정에 걸친 광범위한 권한을 국가로부터 위임받았음을 알 수 있다. 특히 중요한 것은 총관직이 경(京)과 기내 구니들에 대한 병마(兵馬) 동원권을 부여받은 점인데, 이 권한만큼은 제도 진무사에게는 주어지지 않았다. 이상의 내용은 기내 총관직과 제도 진무사가 사법·행정상 광범위한 권한을 포함하는 군사 체제였음을 보여준다.

이러한 총관·진무사 체제가 율령제 국가의 수탈 강화, 헤이조경(平城京) 전도(奠都, 도읍을 정함-역주) 이후 특히 현저해지는 공민층의 동요와 불안, 직접적으로는 전해 9월의 조(詔)에 서술되어 있는 정세에 대응하는 체제였음은 이 조문과 위에 언급된 총관직의 권한 내용을 대비해 보면 명백하다. 문제는 이러한 국내적 정황만으로 임시 관직이라고는 해도 이러한 국가 제도상의 중요한 변화를 설명할 만한 충분한 이유가 될 수 있는지일 것이다. 첫째로 주의해야 할 점은 이때의 진무사가 산요·산인·난카이 3개 도에 설치되어 있다는 점이다. 그 목적이 총관직을 포함하여 기내와 서국(西國)의 군사 체제를 공고히 하는 데 있음은 분명하다. 이때 가장 중요한 지위를 차지할 사이카이도(西海道) 진무사가 빠져 있는 것은 이로부터 2개월 전인 덴표 3년 9월에 대납언(大納言) 후지와라노 무치마로(藤原武智麻呂)가 다자이노소치(大宰帥, 다자이후의 장관-역주)를 겸임함에 따라 그 기능이 보완되었기 때문이다. 이 새로운 군사 체제가 대외관계의 긴장을 하나의 계기로 포함하고 있었으리라고 쉽게 짐작해 볼 수 있을 것이다. 『신초격칙부초(新抄格勅符抄)』의 다이도(大同) 원년(806) 첩(牒)에 따르면, 앞서 나온 총관·진무사직 설치와 거의 같은 때인 덴표 3년 12월 10일 부(符)로써 에치젠(越前)의 게히신(氣比神)이 종3위(從三位)에 서위되고 신봉(神封) 200호(戶)를 받았는데[07], 이 사실은, 이 신이 진구 황후와 오진(應神) 천황의 신라 정벌 전설과 불가분함을 상기한다면, 대신라 관계를 계기로 하는 총관·진무사직 설치와 관련된 일련의 조치 중 하나라고 보아야 한다. 746년(덴표 18년), 다시 진무사가 도카이·도산·호쿠리쿠·산인·산요·사이카이·난카이 등의 여러 도에 설치되었는데, 이 또한 대신라 관계를 계기로 하였음은 양국 간의 외교 관계 추이를 통해서도 알 수 있다. 덴표기 일본·신라 관계의 특징은 신라가 일본에 대하여 대등한 외교 관계를 설정하며 조공국으로서의 지위를 폐기할 것을 요구하였고, 일본이 이를 거부함에 따라 첨예화한 점에 있다. 이는 덴표쇼호 4년 신라 사신에 대한 조가 비난하고 있듯이 선왕 승경(承慶, 효성왕[孝成王])과 상대등(上大等) 사공(思恭)의 대일 정책에 따른 것이지만, 경덕왕(景德王)―상대등 정종(貞宗)의 대가 되어도 그 정책에 변화가 없었음은 743년(덴표 15년) 신라가 종래의 '조(調)'를 '토모(土毛)'로 바꾼 일, 즉 명목적으로도 조공 관계를 폐기하는 태도를 보인 점으로도 알 수 있다.

일본은 그 사자를 쫓아 돌려보냈는데, 이 사건 이후 752년(덴표쇼호 4년)에 신라 왕자 김태렴(金泰廉)이 사절로 내조할 때까지 9년 동안 양국의 국교는 단절 상태에 놓였다. 앞서 언급한 제2차 제도 진무사 보임이 이 단교 기간에 해당하는 점에서 보면, 특히 덴표 18년에 보임된 직접적인 계기는 불명확하다고 해도(나는 『속일본기』 같은 해 시세조의 발해인과 철리인[鐵利人] 천백여 명의 내조라는 이례적인 사건이 이와 관련이 있다고 생각하고 있다), 국제관계의 긴장과 관련이 있음은 틀림없을 것이다.

대외관계를 전제로 하여 덴표 3년에 기내 총관직, 제도 진무사직이 설치된 직접적인 계기로는 나중에 서술할 발해와의 관계, 그리고 신라와의 관계 두 가지가 존재하는데, 후자에 대해서는 덴표 3년에 해당하는 성덕왕(聖德王) 30년 4월조에 보이는 다음 기사가 문제가 된다(『삼국사기』 신라본기). ‘일본국의 병선(兵船) 300척이 바다를 건너 우리 동쪽 변경을 습격하였다. 왕이 장수에게 명하여 출병하여 크게 깨뜨렸다.’ 이 기사가 말해주는 사실을 일본 덴표호지 연간 무렵의 사실로 보고, 『삼국사기』의 편찬자가 연월을 잘못 잡은 것으로 보는 설[08]은 아무런 근거 없이 이 시기의 『삼국사기』 기사를 부정하는 것으로, 문헌

비판의 방법으로서도 받아들일 수 없는 바이다.[09] 이 사건이 있은 이듬해 12월, 대일 강경 정책을 취했던 상대등 사공 등이 '장군'에 임명된 일은 전해의 사건에 대한 신라의 군사적 대응으로밖에는 이해할 수 없기 때문이다(위와 같음). 위의 기사는 아마도 다소 과장이 들어간 점, '일본국의 병선'이라는 것이 서국의 호족들 짓인지 혹은 다자 이후 것인지 여러 형태가 상정되지만, 그것을 생각해 낼 단서는 없는 듯하다. 덴지·덴무조 무렵에 재위한 신라 문무왕(文武王)의 이른바 '대왕암(大王岩)' 전설은 '왜병(倭兵)'을 격퇴한 신라왕의 공적을 찬양한 후대의 산물인데(『삼국유사』, 『동국여지승람[東國輿地勝覽]』), 공적인 출병 이외에도 '왜병'의 침입은 덴표기에도 있었다고 보아도 될 것이다. 그러나 이러한 일본·신라 병선의 충돌 사건이 국내에 중요한 반작용을 일으킨 이유 중 하나는 이 시기 발해와의 관계이다.

730년(덴표 2년) 8월, 견발해사 히케타노 아손 무시마로(引田朝臣蟲麻呂)가 귀국한 일은 중요한 의미를 갖고 있었다. 그는 728년(진키[神龜] 5년) 6월에 발해 사절을 호송하며 바다를 건넜는데, 이때의 발해국 사절 고제덕(高齊德) 일행은 전해 9월에 처음 일본에 내조하였다. 그가 가져

온 발해국왕의 국서에는 다음과 같은 중요한 문장이 포함되어 있었다. '어진 사람을 가까이함은 돕기를 약속하니, 바라건대 선례에 맞추고자 합니다'라는 구절이 바로 그것이다〔『속일본기』 진키 5년 정월조〕. 이는 발해가 일본에 대하여 '일종의 원조' 또는 '무력 제휴'를 요청한 것으로 해석함이 정당하다.[10] 753년(덴표쇼호 5년) 발해국 사신에게 주어진 천황의 새서는 '고려의 옛 기록'이라는 것을 들어 일찍이 고려국(고구려국)왕이 일본에 대하여 '어떤 때는 원병을 요청하고, 어떤 때는 천조를 축하하며'라고 서술하였으므로, 사실 여부와는 별개로 일본 측에서는 과거에(아마도 고구려 멸망 때) 무력에 의한 원조를 요청받은 사실이 있었다고 생각하고 있었다〔『속일본기』 덴표쇼호 5년 6월조〕. 고구려의 후예라 자칭하는 발해국왕의 이와 같은 '돕기를 약속하니'라는 말을 무력에 의한 원조 도는 제휴 요청으로 읽어내는 것은 오히려 당연한 일이었다고 보아야 한다. 이때 천황이 발해국사에게 준 새서가 위의 문장에 대하여 한 마디도 언급하지 않은 것은 사안이 너무나 중대했기 때문이며, 이 사절이 귀국할 때 앞서 언급된 히케타노 무시마로를 특별히 견발해사로 삼아 호송하게 한 것은 발해국의 정세를 직접 관찰하게 하기 위함인 것으로 보인다.

　히케타노 무시마로는 앞서 서술하였듯이 덴표 2년 8월에 귀국하였는데, 그가 전해온 보고, 즉 원조 요청의 배후에 있는 발해국과 당나라, 신라의 대립과 전쟁 위기의 대략적인 내용은 다음과 같은 것이었다고 여겨진다. 발해국왕 무예(武藝)가 당나라 산동성(山東省) 등주(登州)를 공격하여 자사(刺史)를 죽이고 양국이 전쟁 상태에 들어가, 신라가 당나라의 요청에 따라 발해국 남쪽 경계를 공격할 것을 계획하기에 이른 것이 733년(덴표 5년)의 일인데(『삼국사기』 신라본기) 당나라와 발해국의 전쟁 위기는 726년(개원 14년, 진키 3년)에는 이미 명확해져 있었다. 당나라와의 전쟁에 반대하여 당나라로 도망친 무예의 동생 문예(門藝)를 비호하는 현종(玄宗)과, 문예를 죽일 것을 요구하는 무예의 사이는 이미 전쟁에 한 걸음 앞으로 다가와 있었다(『구당서』 발해말갈전). 견발해사 히케타노 무시마로가 발해국으로 건너가 관찰하고 일본에 전해온 보고 내용은 발해국과 당나라, 신라와의 그러한 전쟁 전야의 정세였을 터이다. 발해국왕으로서는 적어도 신라의 배후를 견제할 수 있는 무력을 지닌 '대국' 일본과 결탁하여 그 원조를 요청하는 일을 당나라와의 전쟁에 대비하는 조건 중의 하나로 생각하는 것은 당연하며, 이것이 일찍이 일본의 동맹국이었던 고구려의 계승자라는 명목으로 첫 번째 사절을 727년(진키 4년)에 일본에 보낸 이유였다. 일본으로서는 발해국과 관계를 맺는다는 것은 그것을 매개로 해서 당나라와의 교통이 열림을 의미하며, 그만큼 일본에게 있어 신라의 상대적 지위가 저하하는 점, 동시에 신라를 고립시키고 배후로부터 견제할 가능성이 커짐을 의미하였다. 신라의 반도 통일로부터 약 반세기가 지나, 전쟁과 내란의 두 번째 주기가 시작될 가능성, 동아시아 국제관계에 중요한 전환이 찾아올 가능성을 히케타노 무시마로의 귀국은 일본에 알려준 것으로 보인다. 이는 신라를 공격할 기회가 찾아온 것이라고 관인층 일부에게 받아들여지는 것이 당연한 일이다. 앞서 서술한 일본의 '병선'과 신라군의 충돌이 일어난 것은 그 이듬해인 덴표 3년 4월의 일인데, 이 사건이 국내에 불러온 반작용의 크기는 바로 발해국을 매개로 하는 그러한 새로운 국제관계 위에서 이해되었기 때문이다.

그 반작용은 이 사건으로부터 4개월 뒤인 덴표 3년 8월에 일단 발생하였다. 참의가 이때 처음으로 정관(正官)이 된 일이 바로 그것이다.[11] 식부경(式部卿) 후지와라노 우마카이(藤原宇合), 민부경(民部卿) 다지히노 아가타모리(多治比縣守), 병부경(兵部卿) 후지와라노 마로(藤原麻呂), 대장경(大藏卿) 스즈카왕(鈴鹿王), 좌대변(左大辨) 오토모노 미치타리(大伴道足) 등 6명이 참의에 보임되었다. 게다가 특이한 점은 보임의 방식이다. 1품(一品) 도네리친왕(舍人親王)이 관청들의 주전(主典, 일본어 발음은 사칸. 사등관 중 네 번째 관직-역주) 이상의 관인을 내리(內裏)로 불러들여 다음과 같은 천황의 칙을 공표하였다. '집사(執事)인 마에쓰키미(卿)들이 어떤 이는 훙서(薨逝)하고 어떤 이는 늙고 병들어 사무를 처리하지 못한다. 마땅히 각자 맡은 직무를 해낼 만한 자를 천거해야 한다.' 주전 이상의 관인 396명은 천거할 사람의 이름을 주문하고, 그에 따라 보임된 참의가 앞서 언급한 6명이다. 천도 등의 위기 상황에서 널리 관인층의 의견을 수렴하는 것이 드문 일은 아니지만, 구체적인 인사에 대해서 관인 전체의 천거에 따른다는 방식은 이전에도 이후에도 유례가 없는 이례적인 일일 것이다.

덴표 3년 9월에는 대납언 후지와라노 무치마로가 다자이노소치를 겸임하였다. 무치마로는 나가야왕(長屋王) 사후 태정관(太政官)의 수석 지위에 있었다. 이 조치는 앞서 언급된 덴표 18년의 제도 진무사 보임과 동시에 이루어진 태정관 수석 좌대신(左大臣) 다치바나노 모로에(橘諸兄)에 대한 다자이노소치 겸임 발령의 선례가 되는 것이며, 두 사례 모두 결정적이라고 판단된 대외 위기에 대응하기 위해 다자이노소치에 임명한 것이며 그 외에 다른 이유를 찾을 수 없다. 약 2개월 뒤인 덴표 3년 11월에 기내 총관과 제도 진무사 보임이 이루어졌는데, 이것이 대외적 계기를 빼놓고는 생각할 수 없는 이유는 앞서 서술한 바와 같다. 기내 대총관에 도네리친왕과 어깨를 나란히 하는 황친의 중진인 니타베친왕(新田部親王)을 보임한 것은 이 관직의 중요성보다는 병마 동원권, 즉 천황대권의 일부를 대행하는 권한은 황친에게 주어져야 한다고 여겨졌기 때문일 것이다. 기내 부총관은 후지와라노 우마카이, 산요도(山陽道) 진무사는 다지히노 아가타모리, 산인도(山陰道) 진무사는 후지와라노 마로, 난카이도 진무사는 오토모노 미치타리이다. 이 네 명이 모두 3개월 전에 참의 정관에 보임된 사람들인 점은 주목할 만하며, 국가의 최고기관인 태정관의 구성 멤버, 이른바 의정관이 제도 진무사에 보임되는 것은 덴표 18년 진무사 보임에서도 공통되는 점이다. 태정관 조직과 부총관·제도 진무사라는 성질이 다른 두 계열의 관직을 겸임이라는 형태로 인적으로 결합하는 이러한 권력 집중 방식은 스이코조 이래 특정 인격으로 대표되는 권력 집중과는 이질적인 유형이며, 기구를 통해 지배층의 공동 이해관계를 지켜내고, 정책과 행동의 통일성을 유지하려는 새로운 방식임은 말할 것도 없다.

앞서 서술한 과정 중에서 주목할 만한 점은 이른바 후지와라 4경(四卿)의 진출이다. 후히토(不比等)의 맏아들 무치마로는 태정관 수석 지위에 있으면서 다자이노소치를 겸임하게 되었고, 둘째 아들 후사사키(房前)는 일찍부터 참의였으며, 셋째 아들 우마카이는 이 기회에 참의에 보임되었고 기내 부총관을 겸임하였으며, 넷째 아들 마로는 마찬가지로 참의 지위를 얻었고 산인도 진무사를 겸임하게 되었다. 음모설을 좋아하는 역사가는 이 결과를 역시 후지와라씨의 음모라고 말할 것이다. 분명 나가야 왕의 변, 고묘 입후(光明入后, 후지와라노 후히토의 딸이자 쇼무 천황의 부인인 고묘시[光明子]가 729년 황후에 책립된 일-역주)의 경과는 그러한 음모설에 근거를 제공하며, 앞서 서술한 관리들의 추천에 따른 참의 보임도 이러한 형식을 빌린 후지와라씨의 음모였는지도 모른다. 그러나 음모설은 통상적으로 거기에 어느 정도 근거가 있기 때문에, 또 그것을 통해 역사의 진행이 설명된다고 착각하기 때문에 더욱 위험한 것이다. 이 사례에 대하여 말하자면 4경의 죽음에 이어지는 다치바나노 모로에 정권하에서 이루어진 앞서 언급된 덴표 18년 제도 진무사 보임은 후지와라씨와 관계 없이도 유사한 조건이 갖추어지면 지배층이 동일한 대응을 보이는 것을 증명하고 있으며, 이 경우에는 나카마로가 오미노카미(近江守)를 겸임한 결과로서 도산도(東山道) 진무사에 마침내 등장하게 된 것에 지나지 않는다. 앞서 서술한 참의 보임 방식에 대해서 말하자면 나는 음모설보다는 도네리친왕이 전한 칙이 진상에 가깝다고 생각한다.

그러나 후지와라씨가 대외관계, 특히 대신라 문제에 적극적이었고, 따라서 발해와 신라를 포함한 국제관계 변동의 새로운 가능성에 대하여 주도적인 대응을 나타내고, 그때 신흥 씨족으로서 제도화와 관직화를 매개로 하는 지위 확립에 후지와라씨 특유의 능력을 발휘한 것으로 보이는 점은 잘못된 판단은 아닐 것이다. 총관직이라는 새로운 관직은 당나라 제도의 그것을 모델로 한 것이겠지만, 신라에서도 문무왕 시대에 '군주(軍主)'를 '총관(摠管)'으로 바꾼 것을 이 경우에는 상기해 둘 필요가 있을 것이다(『삼국사기』 직관지 하). 기내 총관직은 헤이시(平氏) 정권이 최후의 위기를 맞아 모델로서 채용한 것이다.[12] 대내적·대외적 위기를 맞이한 지배계급의 강권적인 대응을 순수하게 전형적으로 제도화한 기구이며, 또한 율령제적 관직 체계로부터 자유로운, 이른바 영외관(令外官)이었던 점이 시대와 위기의 성질 차이를 뛰어넘어 소생할 수 있었던 이유일 것이다.

740년(덴표 12년) 후지와라노 히로쓰구의 난은 사이카이 땅에서 일어났다고 해도 임신의 난 이래로 처음 발생한 내란이었다.[13] 모로에 정권, 특히 그 정치적 측근인 겐보(玄昉)와 〔기비노〕 마키비(吉備眞備)에 대한 반감, 후지와라씨 일족으로 모로에 정권에 복종하였던 도요나리(豊成)·나카마로 등에 대한 분노가 히로쓰구의 반란 동기로 여겨지고 있다. 과연 그것뿐이었을까? 반란 전에 제출된 히로쓰구의 상표문은 『속일본기』에 '시정(時政)의 득실을 가리키고 천지의 재이(災異)를 말하며' 겐보·마키비를 배제할 것을 내용으로 삼았다고 적혀 있을 뿐 상세한 점은 알려지지 않았다. 그러나 일찍부터 위서(僞書)로 유명한 「마쓰라묘궁 선조 차제와 본연기(松浦廟宮先祖次第幷本緣起)」는 재검토해야 할 내용을 포함하고 있다. 이 책의 전반부와 후반부가 위작임은 확실하지만, 중간에 채용할 만한 부분이 있는 점도 일찍부터 지적되었고, 세부적인 검토를 통해 그것이 사용할 만한 사료를 포함하고 있음이 드러난다.[14] 그러한 두어 가지 사료에 대해서는 내용 검토 때 언급하기로 하고, 이 장의 과제와 관련된 제4조 부분을 추려내자면 다음과 같다.

우리 성조(聖朝)의 나라는 일본에서 광택(光宅, 천하를 밝게 다스림-역주)하고 장안(長安)과 마주하여 밝음을 견주며, 만방을 포괄하고 당나라 왕과 맞서 위세를 다툽니다. 단, 당나라 왕은 늘 말하였습니다. "하늘에 두 개의 해는 없고 땅에 두 명의 주인은 없다. 대당이 없으면 일본이 있고, 일본이 없으면 대당이 있으니, 어찌 동제(東帝)·서제(西帝)라는 것이 있겠는가?" 마침내 간사한 마음을 품어 우리 상국(上國)을 엿본 세월이 이미 오랩니다. 보잘것없는 신라는 범과 늑대뿐이며, 마음에 회계(會稽)의 치욕을 품고 구천(勾踐)의 원한을 쌓아 군망(群望)에 기도하여 재앙을 국가에 불러온 지도 또한 오래되었습니다. …… 요즘 현명한 신하는 이미 세상을 떠났고, 좋은 장수는 대부분 사망하였으며, 백성이 영락하였고 이사(里社)가 황폐해졌음은 사방 이웃에 자세히 들리고 온 천하가 다 알고 있습니다. …… 어찌 무기를 거두고 방비를 포기하며 장사(將士)를 해체하여, 서언(徐偃, 중국 고대 전승에 등장하는 서언왕-역주)의 어짊과 의로움을 닦고, 도초(蹈楚)의 속임수를 따를 수 있겠습니까? 병법에 이르기를, '천하가 평안하다고 해도 싸움을 잊으면 반드시 위태롭다. 적이 오지 않는 것에 의존하지 마라. 우리가 대비하여 기다림에 의지하는 것이다'라고 하였습니다. 그럴 때 병사를 풀고 목장의 말을 내어 팔며 사전(射田, 활솜씨가 뛰어난 무관에게 지급하는 토지-역주)을 억지하니, 이와 같은 일들은 옳지 않아 보입니다. 이것이 신(臣)이 생각하는 네 번째 어리석음입니다.

문장 말미에 보이는 '병사를 풀고'가 덴표 10년 5월에 도카이·도산·산인·사이카이의 여러 도에 있는 구니들에서 건아(健兒, 일반 병사 중 강건하고 무예에 뛰어난 사람을 가려 뽑은 병종-역주)를 폐지한 일과 이듬해 11년 5월에 삼관(三關, 고대 기내를 방어하기 위한 스즈카, 후와, 아라치의 세 관문-역주)·무쓰(陸奧)·데와(出羽)·에치고(越後)·나가토(長門)·다자이(大宰) 관내 이외의 구니들에 있는 군단 병사를 폐지한 일을 가리킨다는 점은 이미 지적되었고[15], 다음에 이어지는 '목장의 말을 내어 팔며'는 절도사 임명에 동반하여 덴표 4년 8월에 내려진 '병기, 우마는 모두 다른 곳에 매각할 수 없다'는 칙이 덴표 6년 4월 절도사 해임과 함께 해제된 채로 남아 있던 사실을 가리킴은 거의 틀림없을 것이다. 이것이 간단하게 위서로 처리하여 버리기 어려운 이유 중 하나이다. 히로쓰구가 '시정의 득실'에 대하여 지적한 점은 모로에 정권의 특징 중 하나인 군비에 대한 소극적·후퇴적 정책에 잘 들어맞는 것이다.[16] 흥미로운 것은 히로쓰구의 그러한 비난이 당나라와 신라에 대한 비난이나 경계와 연결되는 점, 군비는 '적이 오지 않는 것에 의존하지 마라. 우리가 대비하여 기다림에 의지하는 것이다'라는 관점에서 필요하다고 여겨진 점이다. 분명 모로에 정권의 대신라 정책은 소극적인 데 특징이 있으며, 좌대신 모로에가 벼슬에서 물러난 해인 756년(덴표쇼호 8년) 6월에 바로 이토성(怡土城)을 다자이노다이니(大宰大貳) 기비노 마키비에게 명하여 축조하게 한 사실은 그것을 단적으로 표현해 준다. 이상으로 살펴본 바는 히로쓰구의 난에는 대외관계와 군비 문제에 대한 모로에 정권과의 정책 차이가 하나의 계기로 포함되어 있었음을 시사하는 것으로, 그의 입장은 그의 아버지 우마카이를 포함한 후지와라 4경 시대, 즉 총관·진무사·절도사 등의 관직을 신설하고 국제관계의 새로운 국면에 적극적으로 대응하려 했던 시대로 복귀하기를 요구하는 점에 있었다고 볼 수 있다. 위의 문장 중에서 '현명한 신하는 이미 세상을 떠났고, 좋은 장수는 대부분 사망하였으며' 운운하는 부분은 바로 그런 점을 말하는 것으로 보인다. 후지와라 4경이 죽기 직전인 737년(덴표 9년) 2월, 견신라사에 대하여 신라가 통상적인 예법을 따르지 않고 사신이 전해온 명을 받지 않은 사건과 관련해, 관인 45명을 내리로 불러 의견을 개진하게 한 바, 사신을 신라에 보내 그 이유를 물어야 한다고 주장하는 자와 병사를 보내 정벌해야 한다고 주장하는 자로 나뉘었다고 한다. 후자의 의견을 개진한 관인 중 한 명은 히로쓰구가 아니었을까? 이듬해인 덴표 10년, 그는 식부경 겸 야마토노카미(大和守)에서 다자이노쇼니(大宰少貳)로 좌천되었는데,『속일본기』는 그 이유로 그가 친족을 비방한 것을 들고 있다. 과연 그 이유뿐이었을까? 나는 히로쓰구의 난의 배후에 국제적 계기가 존재했음을 상정하고 싶다.

히로쓰구가 이상한 인물이 아니고, 그 정책이 지배 관

인층의 유력한 일부를 대표하며 후지와라씨의 정통으로 이어질 뿐만 아니라, 신라에 대한 관념이 국가의 공적 이데올로기를 대표하였음은 757년(덴표호지 원년)의 수재·진사 채용시험 문제에 나타나 있다(『경국집[經國集]』 권20). '요즘 보잘것없는 신라가 점차 번국으로서의 예법을 따르지 않고, 선조의 맹세를 소홀히 하며 뒤를 이은 군주의 혼미한 지시에 따른다. 누선(樓船)을 많이 내어 멀리 위세와 무력을 드높이며, 달아나는 고래를 제학(鯷壑, 동쪽 나라를 가리키는 별칭-역주)에서 베고 큰 돼지를 계림(鷄林)에서 살육하려고 생각하였다.' 국가시험의 문제는 늘 지배층의 공인된 이데올로기에 대한 표준적·평균적 표현이다. 앞서 서술한 히로쓰구의 견해는 이와 그다지 다르지 않다. 시험 문제는 멸시와 야만을, 상주문은 보복에 대한 공포를 전면에 드러내고 있는데, 이는 고대 귀족의 '대국' 의식이 갖는 두 가지 측면에 지나지 않는다. 이 대책 시험은 나카마로의 신라 침공 계획이 국가의 정식 정책이 되기 2년 전의 일이었다. 그의 계획이 전제적 지배의 확립 또는 유지를 위한 일종의 수단이었다 해도, 수단이 수단일 수 있었던 근거는 지배계급의 관념 자체 속에 있었음이 이로써 명백하다. 시험 문제는 이어서 '단, 좋은 장수는 계책으로 적을 치고, 신병(神兵)은 싸우지 않으면서 이 길에 이르고자 한다. 어떻게 하면 얻을 수 있는가'라고 서술하며 무력에 의한 침공을 주저하고 있다. 지배층의 이러한 평균적인 사고를 타파하려고 한 데에 전제자 나카마로 개인의 역할이 있었을 것이다.

덴표 3년의 내정 변동을 불러일으키는 하나의 계기가 된 앞서 등장한 견발해사 히케타노 무시마로는 귀조하였을 때 발해국왕의 신물(信物)을 천황에게 가져왔는데, 이는 곧바로 산릉(山陵) 여섯 군데에 헌상되었고, 그와 함께 고(故) 태정대신(太政大臣) 후지와라노 후히토(藤原不比等)의 묘에 제사를 지냈다고 한다. 후히토의 묘가 여기서 등장하는 데는 한 가지 의미가 있었다. 720년(요로 4년), 후히토는 와타리노시마(渡島) 쓰가루(津輕)의 쓰노쓰카사(津司) 종7위상(從七位上) 모로노 기미 구라오(諸君鞍男) 등 6명을 '말갈국(靺鞨國)'으로 보내, 그 '풍속(風俗)'을 살피게 한 적이 있기 때문이다. 여기서 말하는 '말갈국'이 건국 후 20여 년이 지난 발해국을 가리키는 것은 틀림없다 해도, 이 사자가 8년 뒤에 내조한 발해국사와 어떤 관계가 있었는지는 불분명하다. 후히토의 의도도 명확하지 않지만, 그가 발해국 건국에 따라 일어난 새로운 국제정세에 대한 정보를 얻으려고 한 것만큼은 분명할 것이다. 율령에 바탕을 둔 국내 체제의 정비가 그의 평생을 관통한 과제였다고 해도 그것을 국제적 연관으로부터 분리하여 파악하지 않는 후히토의 한 측면을 살펴보아야 한다. 그는 709년(와도[和銅] 2년) 5월, 신라국 사신을 특별히 태정관 변관청(辨官廳)에서 접견하였고, 신라는 예로부터 입조(入朝)하였지만 사신이 '집정 대신'과 담화하는 일은 이번이 처음일 것이라고 하였다. 조선에 대해서도 후히토가 특별히 관심을 두고 있었음을 알 수 있다. 이러한 해외에 대한 강한 관심은 후히토 개인의 것이 아니며, 그는 이 시대 율령제 관인층의 의식을 체현한 것에 지나지 않는다. 후히토가 참가 혹은 주재한 다이호령·요로령이 성문화한 국가의 기본 구조는 그에 대응하는 것이었다.

천황을 통치권의 총람자로 하는 율령제 국가는 단순히 일본 국내의 공민을 지배하는 국가에 그치지 않고, 제번과 이적(夷狄) 위에 서는 국가로 영(令)에 규정되었다.[17] '번국(蕃國)'은 영 제정 시기에는 사실상 신라 한 나라였고 나중에 발해국이 추가되는데, 이러한 '번국'의 사신, 즉 '번사(蕃使)'에 대하여 천황이 대사(大事)를 공표할 때의 문서는 '아라미카미토 아메노시타 시라스 히노모토노 스베라가 오미코토(明神御宇日本天皇詔旨, 인간으로 나타난 신으로 하늘 아래를 다스리는 일본 천황의 말씀-역주)'의 형식을 취하는 것이 법으로 규정되었고(공식령), 천황이 '화이에게 칭하는' 칭호로서 '황제' 명칭이 규정되었다(의제령[儀制令]). 일본은 '화하(華夏)', 즉 '중국'으로 '이인잡류(夷人雜類)'가 거주하는 토지로부터 구별되며(부역령[賦役令]), 전자인 '화내(化內)' 사람들에 대하여 후자는 '화외(化外)의 사람'으로 구별된다(호령[戶令]). 천황의 '교화'가 미치고 있는가, 또는 '왕민(王民)'인가 아닌가가 구별의 기준이 되고, 따라서 외국으로부터 이주한 자는 '귀화인'이 된다. 아무래도 일본이 현실에서 조공하고 있는 당나라만큼은 '번국'에 포함시킬 수는 없었으므로, 법의 조문에서 필요한 경우에는 '외번(外蕃)'과 구별하여 '당국(唐國)'이라 적고(부역령), 신라와 구별하여 '인국(隣國, 이웃 나라-역주)'으로 간주하였다(『영집해』공식령). 관사도 이에 대응하였는데, 예를 들면 치부성(治部省) 관할인 현번료(玄蕃寮)는 '번객(蕃客)의 하직 인사, 대접하는 잔치, 마중과 배웅 및 재경(在京) 이적'에 관한 일을 관장하며, 대장성(大藏省, 오쿠라쇼)에는 제번의 공헌물(貢獻物)을 보관하는 관사가 설치되어 있었다(직원령[職員令]). '번국' 사절의 영접 방식은 나라시대 말까지는 관습법으로 확립된 듯하며 '번례(蕃例)'라는 말이 보이고(『속일본기』 호키[寶龜] 9년 10월조), 당나라 사신이 일본에 왔을 때는 그 것을 적용할 수는 없었던 것으로 보이며, '나아가고 물러 가는 예, 행렬의 순서'에 대하여 상세한 '별식(別式)'을 만 들어 어긋남이 없게 하였다(『속일본기』 호키 10년 4월조).

위의 사항들은 '대국'의 지위를 법적으로 확립하고 제 도화한 것으로, 스이코조, 다이카 개신 이래 지배계급과 국가의 역사가 지닌 한 측면을 총괄한 것이며, 그 과정에 서 국제적 관계들이 국가 구조 속 하나의 계기로서 보존 되고 성문화된 것이다. 여기서 일본의 고대국가가 지닌 구조적 특질 중 하나가 확인된다. 동시에 그것은 율령제 국가와 거기에 조직된 관인귀족층의 향후 대외 활동을 구속하고 규제하는 원리가 되어 여러 민족·외국과 일본 의 관계를 올바르게 보는 눈을 흐리게 하며, 한편으로는 아첨과 추종, 또 한편으로는 거만함과 야만을 고대 귀족 층의 정신에 각인하였다. 일본과의 조공 관계를 명목적 으로도 폐기하려고 하는 신라와 그것을 '번국'으로서 강 제하려고 시도한 일본 지배층의 대립은 원리적인 대립이 다. 역사적으로는 오랜 시간이 필요하였고, 외교상으로 는 우여곡절을 겪었지만, 대등과 종속이 양립할 수 없는 두 가지 원리인 이상, 다이호령·요로령의 원리에 충실하기 위해서는 최종적으로 강력한 수단에 호소할 수밖에 없었을 것이다. 신라 침공 작전을 계획하고 그와 함께 자멸한 후지와라노 나카마로는 선조 이래로 이어진 정책의 충실한 계승자이자 율령제 국가의 정통 적자이며, 그 원리에 목숨을 바쳤다고 해도 무방하다. 율령이 법문화한 '대국'은 얼마 안 가 신라가 이탈함에 따라 해체된다. 신라는 장기간에 걸친 외교적 과제를 해결한 것이다. 발해국은 조공 관계를 이어갔지만, 이는 더 이상 중대한 문제가 아니게 되었다.

제 2 장

다이카 개신의
역사적 의의

제1절 개신의 과제―사료 비판 문제

　일본의 고대국가는 기요미하라령 또는 다이호 율령 제정으로 성립된 율령제 국가라는 형태로 7세기 말 또는 8세기 초에 완성되었다. 그러나 그보다 앞서 반세기에 걸친 전사(前史) 시대가 있었다. 이 전사는 또 몇 가지 단계들로 구별되는데, 그 기점이 되는 것이 다이카 개신이다. 이는 다이카 전대, 예를 들면 스이코조의 국가 제도와는 성질을 달리하는 새로운 유형의 국가가 성립하기 위한 출발점이자 전환기가 되었던 시기이다. 문제는 어떠한 의미에서, 또 어떠한 형태로 전환기였는가 하는 점일 것이다. 그 문제가 풀리지 않으면 국가 성립사 속 개신의 역사적 지위가 명확해지지 않으며, 또한 '국가'가 어떠한 역사적 상황에서 앞서 서술한 국제적 모순들을 하나의 계기로 하는 어떠한 특수적 관계 속에서 성립되는가가 명확해지지 않는다.

　다이카 개신은 연구의 역사가 오래되었다. 그 가운데 개신의 주요한 과제는 사지·사민(私地·私民)의 폐지·수공(收公, 국가 또는 권력자가 개인 소유의 토지 등을 몰수함-역주)으로 여겨지거나 혹은 당나라의 국가 제도를 모델로 하는 중앙집권적 국가의 수립으로 여겨지고, 혹은 천황 절대성의 확립으로 여겨지며, 혹은 율령제의 기점으로 여겨졌다. 그밖에도 다양한 의미가 다이카 개신에 부여되어 왔다. 그것들은 모두 근거 없이 주장되어 온 것은 아니다. 단, 문제는 어떠한 주장도 한 가지 사료, 즉『일본서기』고토쿠기에 바탕을 두고 있다는 점에 있다. 이 기사 이외에 개신에 대하여 근거로 삼을 만한 사료는 거의 존재하지 않는다고 보아도 되기 때문이다. 그렇지만 이러한 고토쿠기는 당연히 나라시대 초기에 지어 바쳐진 역사서이자 편찬물이다. 우리는 원사료에 근거하여 개신을 논하는 것이 아니라, 일정한 의도와 이념에 따라 편찬되고 정리된 제2차적 사료에 근거하여 논의할 수밖에 없는 상황에 처음부터 놓여 있는 것이다. 따라서 고토쿠기를 편찬한 나라시대 관인귀족층의 사상과 의도로부터 해방되어, 현실에서 진행되었던 것으로 추정되는 개신의 사실 그 자체에 다가서기란 생각 외로 곤란한 일이다. 왜냐하면 편찬자들이 전혀 근거 없이 고토쿠기를 술작(述作)하여 허구의 역사를 만들어 냈다면 문제는 간단하지만, 사실 그들은 원사료를 갖고 그것을 기초로 하여 술작하였기 때문이다. 따라서 여기서는 보석과 기와를 가려내는 식의 단순한 작업이 아니라, '사료 비판'이라 불리는 신중한 학문적 절차가 필요하지 않을 수 없다. 게다가 '사료 비판'이라는 것을 통해 명확히 증명할 수 있는 경우는 오히려 드물고, 대부분은 불분명한 안개 속에 남겨진 것이 일반적이다. 다이카 개신론도 이러한 고대사의 숙명을 회피할 수 없을 뿐만 아니라, 오히려 그 전형적인 사례이다. 개신에 대한 어떤 주장의 정당성도 그것이 개신 사료의 신빙성에 대하여 어떠한 입장을 취하는가 하는 문제와 불가분의 관계에 있다. 이 점은 '사료 비판'을 하지 않으면 다이카 개신을 논의할 수 없다는 것을 의미하지 않는다. 개신을 정면에서 논의하기 위해서는 그 결론의 옳고 그름은 놔두더라도 사료에 대한 자기 입장을 미리 명확히 해 두는 일이 최소한 필요하다는 것이다. 그러지 않으면 논의는 자의적으로 되며, 자기 결론과 주장이 잘못되었을 경우에도 잘못된 점의 의미조차도 나중에 남지 않게 되기 때문이다. 사료 비판은 단순한 기술적 문제가 아니다. 그것은 개신의 총체적 인식과 떼려야 뗄 수 없으며, 상호 제약적인 관계에 있다. 개신에서 이 문제가 중요한 의미를 갖는 것은 개신의 대강을 제시한 것으로 여겨지는 다이카 2년(646) 정월 갑자의 조(詔), 이른바 '개신조(改新詔)'라 불리는 것 자체가 이미 문제를 안고 있기 때문이다. 여기서 이 조에 대한 사료 비판적 연구의 오랜 역사를 서술하거나[01], 그에 대한 사견을 덧붙이는 일은 하지 않겠지만, 앞서 서술한 이유로 이 책이 취하는 입장만큼은 미리 밝혀 둘 필요가 있다고 생각한다.

이른바 '개신조'는 4개 조로 구성되어 있다〔전문을 이 책 654쪽 이하에 부록으로 실음〕. 제1조는 개신의 근본 과제인 사지·사민의 수공 또는 공지·공민제(公地·公民制)에 대하여, 제2조는 경사(京師)·기내 및 군사(郡司) 등등에 대하여, 제3조는 호적·계장(戶籍·計帳)·반전수수법(班田收授法)에 대하여, 제4조는 조(調)·관마(官馬)·사정(仕丁)·우네메(采女, 궁중에서 천황과 황후를 곁에서 모시며 일상 잡무에 종사하는 여성-역주) 등에 대하여 각각 규정하고 있다. 여기서 문제가 되는 것은 가장 중요한 제1조이다. 그것은 다음 세 부분으로 구성되어 있다.

(ㄱ) 옛날에 천황들이 세우신 고시로(子代)의 백성(民), 곳곳의 미야케(屯倉)와 따로 오미(臣)·무라지(連)·도모노미

야쓰코·구니노미야쓰코(國造)·무라노오비토(村首)가 소유한 가키(部曲)의 백성, 곳곳의 다도코로(田莊)를 폐지하라.

(ㄴ) 따라서 식봉(食封)을 대부 이상에게 각각 차등 있게 줄 것이다. 그 아래로는 베와 비단을 관인·백성에게 차등 있게 줄 것이다.

(ㄷ) 또 말하였다. '대부는 백성을 다스리는 사람이다. 잘 다스리면 곧 백성이 의지한다. 그러므로 그 녹을 무겁게 하는 것은 백성을 위해서 하는 것이다.'

위의 제1조에 대한 사료로서의 신빙성 문제, 바꿔 말하면 그것을 원조(原詔), 원사료를 기초로 한 것으로 간주할 것인지, 아니면 편찬자의 술작으로 간주할 것인지가 근본적인 문제이다. 어느 쪽도 확실한 전거에 따라 증명할 수는 없으므로, 사료 비판의 문제로서 어느 쪽의 견해 또는 입장을 취할 것인가 하는 문제이다. 즉, 원조의 존재를 전제로 하여 출발할 것인지 아니면 원조가 없거나 편찬자가 술작했을 가능성을 전제로 하여 출발할 것인지 둘 중 하나이며, 이는 개신을 논하는 모든 이가 미리 명확히 해야 하는 성질의 사안이다. 이는 개신의 기본을 결정한 조문이기 때문이다. 두 가지 경우의 정당성은 개신 전체에 대한 인식과의 관련 속에서 최종적으로 결정되어야 할 성질을 지닌다. 이 책의 입장은 제1조를 원조에 근거한 사료로 보는 견해가 적어도 자명한 것은 아니고 증명도 되어 있지 않으며, 따라서 그 신빙성을 의심할 만한 가능성을 지닌 사료로 간주하는 입장이다. 바꿔 말하면 다이카 개신의 다른 사료에 대하여 제1조를 전제 또는 매개로 하여 고찰해야 하는 것이 아니라, 거꾸로 제1조야말로 개신의 제1차 사료에 따라 비판적으로 검토되어야 하는 성질을 지닌 사료로 보는 입장이다. 여기서 제1차 사료라고 하는 것은 기본적으로는 원사료에 입각하였지만 편찬자에 의해 윤색 또는 수정되었다는 의미이며, 이는 원사료와도 구별되고, 또한 편찬자가 술작한 제2차 사료와도 구별된다. 제1조와 관련된 것에 한정하여 말하면, 나는 다음 사료를 제1차 사료로 간주하고 있다. (a) 다이카 원년 8월 경자의 조, (b) 다이카 2년 3월 갑자, 신사의 조, (c) 다이카 2년 3월 갑신의 조, 특히 네 번째 단, (d) 다이카 2년 8월 계유의 조, 특히 네 번째 단, (e) 다이카 2년 3월 임오의 황태자주(皇太子奏) 등이 그것이다 〔(a)~(e) 사료는 이 책 658쪽 이하에 수록〕.

이 책에서는 따라서 개신조의 제1조는 괄호로 묶어 놓고 잠시 개신론에서 소외시켜 두고자 한다. 이렇게 취급하는 이유의 요점만이라도 설명해 두는 것이 제1조에 관해서는 특히 필요하다. 왜냐하면 이 개신조에 대한 사료 비판적 검토를 처음으로 학문적으로 행한 쓰다 소키치(津田左右吉) 씨를 포함하여, 그러한 입장을 계승하고 발전시켜 온 학자들 대부분이 제2조 이하에 대해서는 엄격하고 가차 없는 태도를 견지하면서, 제1조의 (ㄱ), (ㄴ)에 대해서는 이를 원조에 따른 제1차 사료로 간주하여 개신론의 출발점 또는 원리를 거기서 찾아왔기 때문이다. '개신조' 자체를 부정 또는 의심하는 입장을 취하는 학자도 가장 중요한 제1조에 대한 사료 비판적 검토는 아직 행하지 않고 있다. 제1조에 나오는 고시로의 백성과 가키베(部曲), 미야케와 다도코로의 폐지·수공이 개신의 근본적인 과제이자 정책이라는 전제에 입각하여 다른 역사적 사실 또는 사료를 해석하는 전통이 현재에도 관철되고 있기 때문이다. 제2조와 제3조의 범조(凡條)〔부문[副文]〕의 상당 부분이 편찬자에 의한 영 조문의 전재 또는 윤색인 것은 확정적이다(남겨진 문제는 그것이 기요미하라령인가 다이호령인가 하는 논의이며, 오미령[近江令]은 문제가 되지 않을 것이다). 그러나 나는 개신조 전체를 제2차 사료로 보는 견해를 취하지는 않는다. 영제와는 이질적인 규정과 앞서 언급한 제1차 사료에 의해 증명되는 규정, 예를 들면 제2조의 기내제(畿內制), 제4조의 전조(田調)·호조(戶調)·조부물(調副物, 조노 소와쓰모노. 조에 딸린 부차적 과세물-역주) 및 관마·병기·사정·우네메 등의 규정은 제1차 사료로서의 가능성을 지닌 것으로 다룬다(그것들이 다이카 2년 정월 갑자의 이른바 '개신조'로 규정되는지 아닌지는 다른 문제로 하고).

제1조가 원조에 바탕을 둔다고 하는 생각이 자명하지도 않고 증명도 되지 않았으며, 따라서 그것이 제2차 사료일 가능성이 있음을 끊임없이 염두에 두어야 하는 이유는 그것이 전체적으로 앞서 언급한 문제가 있는 '개신조'의 일부라는 형식적 이유 외에, 제1조 자체가 이미 편찬자의 술작 부분을 포함하고 있다는 사실이다. 제1조의 세 부분 중 (ㄷ)은 『한서(漢書)』 혜제기(惠帝紀) 원년 5월조의 윤색이므로, 쓰다 씨 이래로 이 부분이 『일본서기』 편찬자의 술작이며, 따라서 원조에는 빠져 있었다고 간주되어 온 것은 당연한 일이다. 편찬자가 이런 술작을 한 의도가 관인의 녹(祿)이 갖는 의의와 중요성을 설명하기

위함임은 (ㄴ)과의 관계에서 주의할 만한 점이다. (ㄴ)은 원조에 바탕을 둔 것으로 여겨지며, 따라서 식봉제(食封制)가 개신에 의해 성립되었다고 보는 유일한 근거로 여겨지는 사료이지만, 거기에 뭔가 근거가 있어서 주장되어 온 것은 아니다. 따라서 앞서 서술한 개신조 전체의 성질로 보아, 특히 편찬자의 술작임이 명백한 (ㄷ)과 내용상 불가분의 관계에 있다는 점으로 보아, 일단 의심을 갖는 것은 당연하며, 나는 편찬자가 (ㄷ)과 함께 식봉제·녹제(祿制)의 기원과 의의를 설명하기 위해 술작한 것이 아닌지 의심하며, 특히 '식봉을 대부 이상에게 각각 차등 있게 줄 것이다'라는 문장은 예를 들면 소금(小錦) 이상인 대부에 대한 식봉 지급을 처음으로 제도화한 덴무 5년(676) 8월의 '친왕 이하, 소금 이상인 대부에게 (중략) 식봉을 각각 차등 있게 주었다'는 기사와의 친근성을 지적하고 싶다(『일본서기』). 덴무조 이후의 식봉제에 대한 지식 없이는 (ㄴ)이 작성될 수 없지 않을까? 개신조의 상당 부분이 영 조문의 전재 또는 윤색으로 만들어졌는데 이러한 편찬자 술작의 일관된 의도는 영제 국가 제도들의 기원을 다이카 개신에 가탁하는 데 있으며, 그러기 위해 약 반세기에 걸친 영제 성립의 전사를 개신조 속에 압축시키는 데 있었다. 그 의도는 식봉제의 기원을 설명한 제1조의 (ㄴ), (ㄷ)에서도 확인된다. 제1조 전체가 개신의 기본 방침을 드러내고, 제2조 이하가 그것을 실현하는 시책들을 보여준다는 견해, 즉 제1조가 개신조의 개요적인 부분을 이룬다는 견해도 현존하는 조를 충실하게 읽어 보면 의심스럽다. (ㄴ)의 '따라서'라는 말이 나타내듯이 (ㄱ)은 (ㄴ)의 식봉 기사를 끌어내기 위한 전문(前文)으로, 따라서 녹제에 관한 (ㄷ)의 서술로 전체를 마무리하고 있는 것이고, 제1조는 제2조 이하와 나란히 독립된 항목으로 술작된 것이며, 식봉의 기원을 설명하는 데 그 중점이 있다고 생각하는 것은 오히려 자연스러운 해석일 것이다. 사료 비판에서 제일 먼저 준비해야 할 일은 제1조를 전체적으로 읽는 것이다. 오히려 문제는 식봉제·녹제에 관한 사항이 왜 개신조의 첫머리에 나올 정도로 중요시되었는가 하는 데 있을 것이다. 이는 나중에 서술하듯이 이 문제야말로 영제 국가의 근본이며, 관인귀족층의 일관된 이해관계의 대상에만 그치지는 않았다. 다이호령이 기요미하라령을 수정하여 위봉(位封)을 3위 이상으로 한정하였는데, 게이운(慶雲) 3년(706)에 다시 수정하여 4위 이상으로 바꾸는 등 『일본서기』 편찬 과정에서 식봉 문제가 특별한 중요성을 지니고 있었던 특수한 사정도 고려해야 할 조건일 것이다.

이상이 (ㄴ)에 대한 내 의견인데, 결론의 옳고 그름은 별개로 하고 적어도 (ㄴ)을 근거로 해서 개신에서의 식봉제 성립을 설명하는 것은 위험하며, 특별한 근거가 제시되지 않는 한 이 책에서는 그러한 위험은 무릅쓰지 않겠다.

그러나 (ㄴ)의 문제는 당연히 (ㄱ)과 관련되어 있다. (ㄱ)을 원조에 따른 제1차 사료로 간주하는 전통적 견해는 확실한 논거가 없는 하나의 추정에 지나지 않는다. 논거로 들 수 있는 것은 다음 사항들일 것이다. 첫째로 (ㄱ)의 문체가 원조의 문체로 추정되는 선명체(宣命體, 한자로 일본어를 표기하는 형식의 일종. 체언, 용언 등은 큰 글씨로 쓰고 조사나 어미는 작게 만요가나로 씀-역주)의 흔적을 남기고 있다고 여겨지는 점이다. 하지만 편찬자가 원조 또는 제1차 사료로 갖고 있던 앞서 언급한 황태자주(e), 시나베 폐지의 조(d) 등에 보이는 고체(古體)를 보존하고 있는 조의 문체와 비교하면, (ㄱ)은 원조의 존재를 주장할 수 있을 정도의 문체가 아니다. 단, 문체 문제는 주관의 문제이므로 여기서는 중요하지 않다. 둘째가 중요한 점인데, (ㄱ)의 내용이 다른 제1차 사료를 통해 확인되는가, 또는 제1차 사료가 (ㄱ) 없이는 해석될 수 없는 내용을 포함하고 있는가 아닌가 하는 문제이다. 그때 (a)를 비롯하여 주로 동국의 국사 앞으로 내려진 조와 (e)의 황태자주와의 관련성이 문제가 되는데, 전자는 나중에 언급할 것이므로 여기서는 유명하고도 중요한 황태자주에 대해서만 논하기로 하겠다.

황태자주 기사는 두 부분으로 구성된다. 하나는 천황의 자문으로, '여러 오미·무라지와 도모노미야쓰코·구니노미야쓰코가 소유하는, 옛 천황 때에 설치된 고시로노 이리베(子代入部), 황자 등이 사적으로 소유하는 미나노 이리베(御名入部), 황조대형(皇祖大兄)의 미나노 이리베(히코히토노오에[彦人大兄]를 말한다)와 그 미야케는 여전히 옛날처럼 둘 것인가' 하는 부분이다. 다른 하나는 그에 대하여 황태자가 아뢰는 말이며, 이는 다음 두 부분으로 구성되어 있다.

(1) 하늘에 두 개의 해는 없습니다. 나라에 두 명의 왕은 없습니다. 그러므로 천하를 겸병하고 만민을 부릴 수 있는 것은 오직 천황뿐입니다.

(2) 특별히 이리베(入部, 나시로·고시로 등에 들어가는 베-역주)
와 봉해진 백성(民)을 사정으로 뽑아 충당하는 일은 예
전 처분에 따르겠습니다. 그 밖에는 사적으로 부릴 우려
가 있습니다. 따라서 이리베 524구(口), 미야케 181개소
를 바치겠습니다.

이 황태자주는 개신조에 나오는 (ㄱ) 베민(部民)과 미야
케·다도코로를 폐지·수공하는 조의 일환으로 보이며,
이를 통해 후자의 신빙성이 지지되어 온 사료일 뿐만 아
니라, 내용 자체도 개신의 한 측면을 보여주는 중요한 사
료이다. 난해하고 다양하게 해석되는 천황의 자문 사항
에 대한 해석은 여기서는 문제삼지 않겠다. 한 가지만 주
의하자면, 그것을 개신조 제1조와 대조했을 때 후자에
보이는 '가키의 백성, 곳곳의 다도코로'가 전자에 보이지
않는다는 것이다. 이러한 희한한 사실은 제1조가 원조
에 있었다는 설로는 해석이 되지 않으므로 일부러 그러
한 문구를 보충하여 전자를 해석하려 하는 부자연스러운
설이 나오게 된다. 나에게는 문구가 빠져 있는 것 자체에
의미가 있으며 자연스러운 일이다(제3절).
그러나 중요한 것은 황태자주 쪽이며, 특히 (2) 부분이

다. 그 부분에서 황태자는 '이리베'와 '봉해진 백성'을 '사정'으로 뽑아 충당하자고 말하였을 뿐, 특별한 확대해석을 하지 않았다는 한 그 이상이나 그 이외의 사항은 하나도 말하지 않았다는 점에 주의해야 한다. '이리베'와 '봉해진 백성'의 구체적 내용에 대해서는 다양한 견해가 있지만 여기서는 문제가 되지 않는다. 중요한 것은 '사정'인데, 이는 다이카 전대부터 일본에 독자적인 요역제의 일종으로서 존재한 것으로[02], 개신기에 법제화된 유일한 신역(身役)이다. 이는 제1차 사료 (d)에도 보이므로 개신조 제4조의 사정 규정, 즉 50호(戶)마다 2명(사정·가시와데[廝丁])을 징발하는 규정도 기본적으로는 신빙성이 있는 것으로 간주해야 한다. 황태자가 이러한 사정 충원에 대하여 '예전 처분에 따르겠다'고 서술한 부분의 '예전 처분'은 앞서 언급된 (ㄱ), 즉 베민·미야케 수공령(收公令)을 가리키는 것으로 설명되며, 그것이 후자의 신빙성을 보여주는 근거로 여겨지나, 이 사료의 해석은 올바르지 않을 것이다. 여기서 말하는 '예전 처분'이란 개신조 제4조의 50호=2명의 사정 징발 규정을 가리킨다고 해석해야 하며, 자기가 소유한 '이리베'와 '봉해진 백성'으로부터 50호=2명의 비율로 사정을 차출하자고 말한 것이다. 따라서 그 뒤에 이어지는 '따라서 이리베 524구, 미야케 181개소를 바치겠습니다'도 사정을 이야기하는 것이라고 해석하지 않으면 '따라서'의 의미를 이해할 수 없을 것이다. 사정이 '이리베'라고 되어 있는 것은 다이카 전대에 미야케 등으로부터 징발되어 천황·왕족 등에게 부림을 받던 정이 원칙적으로 나시로노 이리베, 고시로노 이리베 등의 베민이라는 범주로 파악되고 있었기 때문이라고 보아야 한다.[03] 또 헌상한 '이리베 524구'는 황태자 소유인 '이리베'와 '봉해진 백성'치고는 너무 적은 수이며, 또한 '구'로 표현되고 있는 점은 그것이 사정의 수를 나타내는 것으로 보아야 한다. 따라서 '524구'는 약 13,100호의 '이리베' 또는 '봉해진 백성'으로부터 헌상되어야 하는 사정의 수이다(50호에서 2사정 비율로). 이 호수는 황태자가 사유하는 이리베와 봉해진 백성의 수로 부자연스럽지 않다는 설도 가능하고, 또한 부자연스럽게 많다는 설도 가능한데, 후자 쪽 생각을 취하는 사람은 그 다음에 나오는 미야케 181개소와 함께 황태자가 뭔가를 '대표'하고 있다고 보고[04], 개인 소유가 아니라고 보면 된다는 것이다. 여기서 그 문제는 어느 쪽이든 상관없다.

'이리베 524구'를 사정의 수로 해석하는 데 있어서 유일한 난점은 개신조에서 '이리베'는 모두 수공되었을 터라는 점뿐이다. [05] 그러나 나는 황태자주를 제1차 사료로 보는 한, 의심스러운 것은 개신조 쪽이라고 생각한다. 그러면 제1조가 원조에 있었다는 설에 입각하면 합리적으로 해석할 수 있는가 하면 그것도 사실은 곤란하므로, 결국은 '524'라는 숫자에 오류가 있거나 '구'가 잘못되었거나 둘 중의 하나가 될 수밖에 없다. 사료 비판의 원칙 중 하나는 오자 또는 필사 오류로 보는 설은 최후의 수단이라는 점일 것이다. 하지만 여기서는 앞서 언급된 천황의 자문 사항을 제1조로 보완하여 해석하는 것도 그렇고, 위의 오자설도 그렇고, 제1조가 원조에 있었다는 설을 취하기 위해 얼마나 무리가 가고 부자연스러운 해석이 덧붙여져 왔는지를 말해 두면 된다. 그래서 사료로서 희생되는 것은 언제나 제1조 이외의 사료들이었다. 제1조에 왜 그처럼 특별한 권위를 부여해야 하는 것일까? 기와를 소중히 여긴 나머지 보석에 흠집을 내고 있는 것은 아닌가? 다음으로 '미야케 181개소'와 위의 '이리베 524구'의 관계 문제인데, 이는 두 가지 해석이 가능할 것이다. 첫째는 양자를 별개의 것으로 생각하는 방법인데, 그때 전자는 공적인 구사(驅使)에 맡기는 '사정'을 징발할 미야케의 수를 든 것으로 보아야 할 것이다. 둘째는 양자를 별개로 든 것이 이 시대에는 이리베 또는 나시로·고시로와 대토지 소유인 미야케를 별개의 계통으로 생각하는 관습이 있었기 때문[06]이며(실제로는 동일해도), 사정 524구를 징발할 13,100호가 동시에 미야케 181개소로 표현되었다고 해석하는 것이다. 어느 해석도 가능할 것이다. '그 밖에는 사적으로 부릴 우려가 있습니다'의 의미는 명확하지는 않지만, 앞으로 사정을 국가(國家)의 백성(民)으로 삼고 종래처럼 사적으로 구사하지 않는다는 의미이거나, 아니면 자기 베민·미야케로부터는 사정 이외의 요역은 앞으로 징발하지 않도록 한다는 의미이거나 둘 중 하나인데, 아마도 전자일 것이다. 앞서 언급한 개신조 제4조의 사정 항목에 사정을 '여러 관청에 충당하라'고 규정된 것이 그와 대응되기 때문이다. (1)의 '하늘에 두 개의 해는 없습니다. …… 만민을 부릴 수 있는 것은 오직 천황뿐입니다'라는 유명한 문장도 이러한 사정을 부리는 새로운 방법과 관련지었을 때, 즉 (2)의 전문으로 이해했을 때 비로소 구체적이며 다이카 개신다운 의미를 갖게 되며, 이러한 사료를 읽을 때는 뒤에서부터 앞으로 읽는 것이 올바르다. 양자의 연관을 끊어내거나

(1)을 통해 (2)를 확대해석하거나 하는 것이 아니라, (2)가 (1)의 의미를 한정하는 것으로 이해해야 한다(이는 정치나 법 사료로서 그런 것이지 '사상사'는 다를지도 모르겠지만). (1)의 이념 자체는 개신이 아니라도 존재하기 때문이다. 동시에 천황이 물은 내용도 황태자 답변의 내용을 통해 이해해야 한다.

사정이 왜 황태자주에서 크게 다루어질 만큼 중요한 문제였는가에 대해서는 개신 정부의 힘 문제와 연관되어 있다. 이는 사정이 개신에서 규정된 유일한 요역이기 때문이다. 개신 전후의 구니노미야쓰코층 또는 재지수장층은 그 지배 영역 내부의 인민에 대하여 군역(軍役)을 포함한 광범위한 요역 노동 부과권을 갖고 있었다. 개신 정부는 수장층의 이러한 잉여노동 수취 체제를 공적인 것으로 재편하려고 하였지만(제4장 제1절), 그에 대한 법적 규제 또는 제도화는 기요미하라령으로 시작되었다. 이는 개신 정부가 수장층의 재판권에 손을 댈 수 없었던 것과 같은 사정에 기인한다. 개신 전 중앙의 베민이나 미야케 소유자가 그로부터 사정을 징발하여 그들을 사적으로 부릴 수 있었던 것은 이러한 수장층 지배에 의존하였기 때문이었다. 사정 구사의 주체를 앞서 나온 황태자주에 보이듯이 베민·미야케 소유자에서 국가로 바꾸는 일과 재지수장이 동원할 사정 수의 기준(50호=2명)을 정하는 일, 이 두 가지가 요역 노동 분야에서 개신이 할 수 있었던 법적 규제의 전부이다. 이는 개신 정부가 객관적으로 처한 힘의 한계를 보여주는 것이다. 동시에 징발한 사정의 식량으로 사정을 낸 공동체에게 용포(庸布)·용미(庸米)를 부담시킨 것은(개신조 제4조) 당시 베민의 한 형태를 제도화한 것에 지나지 않고[07], 국가의 수중에 사정의 식량으로 델 만한 독자적인 잉여생산물 축적이 없었던 것에 대응되는 제도이다. 이러한 힘의 한계를 전제로 하면, 국가가 법적으로 지배할 수 있는 유일한 요역 노동인 사정 문제는 개신 정부에게 중요하고 현실적인 문제였음이 이해되며, 황태자주도 그러한 관점에서 해석할 필요가 있겠다.

　나는 황태자주를 위와 같이 이해하기 때문에, 첫째로 그것은 개신조 제1조 (ㄱ)의 사지·사민 수공령과 관련짓지 않아도, 또한 그것을 전제로 하지 않아도, 내용적으로 독립된 사료로 취급할 수 있으며, 또 그렇게 해야 한다고 생각한다. 따라서 전자가 후자의 실현 과정에서 일어난 문제라고 보고, 그것을 통해 후자의 사료로서의 신빙성을 설명하는 견해에는 따를 수 없다. 둘째로 제1차 사료인 황태자주로 제2차 사료일 가능성이 있는 개신조 제1조를 비판적으로 검토한다는 이 책의 입장으로서는 다음 사항이 더 중요하다. 즉, 황태자주의 사정 기사는 전통적으로 보유되어 온 베민이나 미야케 등의 폐지·수공을 의미하지 않을 뿐만 아니라, 오히려 그 보유가 존속된다는 것을 전제로 하고 있다고 보아야 한다는 점이다. 베민·미야케의 소유는 사정 징발 이외에도 대도(貸稻)=출거(出擧)를 포함하는 다양한 수취 내용을 담고 있었기 때문이다. 이를 굳이 개신조와 관련시켜서 확대해석을 하지 않는 한, 나는 그 문장에서 베민·미야케를 폐기하려고 하는 황태자의 의지를 읽어낼 수 없다. 따라서 나로서는 개신 후의 사료들에 황태자·황후 등 왕족의 베민제적 소유나 미야케의 존재를 보여주는 증거가 있어도 그것은 조금도 이상하게 보이지 않고, 오히려 자연스러운 일이라는 생각까지 드는 것이다. 예를 들면 미야케 조직과 연결되는 '둔전사(屯田司) 도네리(舍人) 하지노 무라지 우마테(土師連馬手)'가 개신 후에도 존재하고(『일본서기』 덴무 천황 원년 6월조), 또 개신 전의 나시로·고시로, 그것이 제도화된 형태의 베민인 미부베(壬生部)가 개신 후에도 오아마

(大海人) 황자(덴무 천황-역주)에게 하나의 군사적 기초가 된 유노무라(湯沐邑)로서 존속하였고,『엔기식(延喜式)』의 동궁탕목(東宮湯沐) 2,000호에 그 유제가 보이는 점[08], 또 황비(皇妃)의 나시로·고시로, 그것이 제도화된 형태인 기사이베(私部)도 녹령(祿令)의 중궁탕목(中宮湯沐) 2,000호로 정착되어 덴표기가 되어도 중궁직(中宮職)의 '주도(主稻)' 또는 '착도사(捉稻使)'가 여러 구니에 파견되어 출거와 수납 실무를 집행한 점[09], 다도코로에 대해서는 지토조(持統朝)에도 아스카(飛鳥) 황녀(皇女)의 다도코로가 보이는 점(『일본서기』지토 천황 6년 8월조), 다이호령의 시행과 관련하여 '다쓰카이(田領)'가 폐지된 점(『속일본기』다이호 원년 4월조)은 그 이전에 여러 구니의 미야케를 관장하는 '다쓰카이'라는 존재가 공적인 제도로서 승인되고 있었음을 보여준다. 물론 왕족들의 베민제나 미야케·다도코로 소유가 덴무 11년(682) 3월의 식봉 수공령을 전환기로 해서 제도화되는 영제적 식봉제의 성립에 영향을 받아 그 성격과 구조를 변화시킨 점을 상정해야 하겠지만, 동시에 영제 아래서도 그것들이 일반 식봉과 구별된 특수한 소유로 인식되고 있는 사실(녹령 식봉조에 인용된 고기)은 그것들이 다이카 전대로 거슬러 올라가는 황태자 또는 황비의 특별한

식봉이었기 때문이다. 개신조 제1조를 괄호로 묶는 이 책의 입장에서 보면 그것은 당연한 사실이며, 베민 또는 '봉해진 백성'의 존속을 전제로 하고 있는 황태자주는 내용적으로 그에 대응되는 것으로 보인다.

그러나 다이카 개신의 최우선적 과제는 사지·사민의 폐지·수공, 즉 소유 형태의 근본적 개변(改變)이 아니었다고 추정하기 위해서는, 그와 관련된 다른 제1차 사료 (a)~(d)를 검토할 필요가 있다. 이는 주로 동국의 국사에게 내려진 조를 중심으로 하는 사료이다.[10] 첫째로 문제가 되는 것은 (b)의 '관사가 보유한 곳곳의 둔전(屯田)과 기비노시마(吉備嶋) 황조모(皇祖母)가 소유한 곳곳의 대도를 폐지해야 한다. 그 둔전을 군신과 도모노미야쓰코 등에게 나누어 하사하겠다'는 기록이다. 이 조가 동국에 대한 것인가 아니면 그 밖의 여러 구니를 포함하는가 하는 문제, 또 다이카 전대에 여러 관사에 부속되는 전지(田地)로서 '관사의 둔전'이라는 것이 존재하는지 여부에 대한 논의는 여기서는 불문에 부쳐도 된다. 중요한 것은 여기서 문제가 되는 것이 '관사의 둔전'이라는 특정된 전지에 한정된다는 점, 바꾸어 말하면 여기서는 둔전 또는 미야케 전반의 폐지·수공에 대해서는 아무것도 서술되어 있지 않다는 점이다. 이는 '대도'의 폐지가 기비노시마 황조모가 소유한 것에 한정되고 있는 점과 대응된다. 따라서 이 문장에 관한 한, 고교쿠 2년(643)에 죽은 기비노시마 황조모, 즉 고교쿠 천황의 어머니가 소유한 것 이외의 대도 전반은 문제가 되지 않음을 보여준다. 이 시기 전후의 미야케에서는 대도라는 출거제, 즉 여러 구니의 재지에 벼를 집적하여 보유하고 그것을 본도(本稻)로 삼는 출거를 통해 증식해 가는 제도가 잉여생산물 수취의 중요한 한 형태를 이루고 있었으므로, 대도 전반이 폐지되지 않는다는 것은 미야케 수취 전반이 폐지되지 않는다는 것과 같은 뜻이다. 개신조에 따라 미야케 전반의 폐지·수공이 규정되어 있었다면, 대략 이러한 특정 대도의 폐지는 무의미할 것이다. 위의 사료에서 문제가 되는 것은 특정 둔전과 대도의 개별적 폐지이며, 그 이상은 아무것도 이야기되고 있지 않다. 미야케와 관련된 (a) 기사도 마찬가지이다. 즉, 구니노미야쓰코·도모노미야쓰코·고리노이나기(縣稻置)가 아닌 재지수장이 조상 때부터 '이 미야케(官家)를 맡고 이 고리(郡縣)를 다스렸다'고 거짓으로 신고하는 사례에 대처하여 실상을 상세히 조사, 보고할 것을 동국 국사들에게 명한 기사이다. 여기서 문제가 되는 것은 정당하지 않은 수장이 정당하지 않은 방법으로 미야케(官家=屯倉)를 지배(管領)하는 것을 바로잡는 일이고, 그 이상은 아무것도 이야기되고 있지 않으며, 따라서 미야케 전반의 폐지·수공과는 반대로 그것의 유지와 존속이 전제로 되어 있고, 이 점에서 앞서 언급된 대도의 개별적 폐지와 수미일관한 원칙에 입각하고 있다. 이상의 제1차 사료는 모두 개신조 제1조의 존재를 전제로 하지 않아도 독립적으로 해석될 수 있으며, 따라서 이 사료들을 가지고 후자에 대한 신빙성의 근거로 삼기는 어려울 뿐만 아니라, 오히려 이를 의심하게 할 근거가 될 수도 있다.

나는 개신 토지정책의 과제는 미야케·다도코로의 폐지·수공이 아니라 '논밭을 조사'하는 일, 즉 교전(校田)에 있었다고 생각한다(a). 이 교전의 구체적 내용은 전혀 알 수 없지만, 그것의 획기적인 특징은 민유지뿐만 아니라 공동체의 소유지, 사사(寺社, 절과 신사-역주)의 소유지부터 미야케·다도코로에 이르기까지, 즉 소유 주체와 관계 없이 일률적으로 행해진 점에 있다. 사원의 승니(僧尼)·노비와 함께 사원이 소유한 논밭의 실질을 조사한것으로 보이며(다이카 원년 8월 계묘의 조), '적(籍)에서 빠진 절에도 논과 산을 주어라'라고 되어 있는 것도(b) 덴무 4년(675) 2월 조의 폐지 기사와 대응된다. 사전(寺田)은 공권력에 대하여 가장 독립적인 소유를 이루고 있었으므로, 그에 대한 교전의 실시는 미야케·다도코로의 교전도 당연히 전제로 하며, 앞서 서술한 미야케 지배 또는 계승을 바로잡는 정책도 교전의 실시와 연결되어 있을 것이다. 이처럼 소유 주체와 관계 없이 일률적으로 이루어지는 교전을 만약 일반적 교전이라고 부른다면, 그것은 다이카 전대의 미야케 등에서 행해진 것으로 추정되는 개별적 교전과는 원리적으로 구별되어야 한다. 미야케에서 교전이 이루어졌고 조리제적(條里制的) 토지 구획이 그것에 기원을 두었다는 점은 선진적인 미야케에서 당연히 추정되지만 [11](제4장 제1절), 일반적으로 설명되는 것처럼 다이카 전대의 이러한 선구적 형태가 '일반화'되어 다이카의 교전이 되지는 않는다. 미야케 등의 개별적 교전은 아무리 집적되고 확대되어도 그 자체가 일반적 교전이 될 수는 없다는 성질을 갖는다. 나중에 서술하듯이 전자는 인민의 족제적(族制的)·신분제적 파악과 결부되어 있고, 후자는 인민의 족제(族制)나 신분과 관계없는 지역적·포괄적 파악, 즉 공민제의 원리와 떼려야 뗄 수 없는 관계에 있기 때문이다. 따라서 단순히 제도적 계보의 측면에만 주목하여 양자 사이의 원리적 단절 또는 전환을 보지 않고, 후자를 전자의 제도적 '확대'로 보는 견해는 취하지 않는다.

개신의 일반적 교전을 개신조 제3조 주문(主文)에서 규정하는 '반전수수의 법'과 하쿠치 3년(652) 정월조의 '정월부터 이달에 이르기까지 반전이 끝났다'는 기사와 연관 지어서, 그 목적을 개신의 반전수수법 실시를 위한 것으로 보는 견해는 이 기사들을 무비판적으로 채용하였다는 점에서 따르기 어렵다. 여기서 말하는 반전제(班田制)는 영제의 반전제에서 보이는 것 같은 논밭을 받을 자격과 받는 액수 및 죽은 뒤의 구분전(口分田) 수공 등에 대하여 법적으로 규정된 제도를 가리키는 것으로, 이러한 의미의 반전제는 개신 시기에 대규모로 실시될 것을 상정하지 않았을 뿐 아니라, 앞서 나온 하쿠치 3년 기사는 영제의 육년일반제(六年一班制, 6년에 한 번 반전하는 제도-역주) 지식을 전제로 하여 『일본서기』 편찬자의 술작으로 보는 견해에 따라야 하고, 개신조 제3조의 주문은 그것에 뒤이은 범조의 성격으로 보아 마찬가지로 편찬자의 술작으로 보아야 하며[12], 적어도 그 기사들에 따라 개신의 일반적 교전을 해석하는 것은 위험할 것이다. 제1차 사료를 통해서만 개신의 과제를 고찰하는 이 책의 입장에서는 오히려 (d)의 '작년에 조집(朝集)에게 전달한 조치는 예전 처분대로 하겠다. 거두어 헤아린 논을 균등하게 백성에게 주어라. 차등이 생기는 일이 없게 하라. 무릇 논을 지급할 때는 백성의 집이 논 가까이에 접해 있다면 반드시 가까운 곳을 우선하라'는 조가 중요하다. 그 중 '무릇'으로 시작되는 부분은 유사한 규정이 요로령 전령(田令)의 종편근조(從便近條)에 보이므로, 영의 조문에 따른 술작일 가능성도 있지만, 이 책에서는 술작설은 취하지 않겠다(제4장 제1절). 요로령·다이호령, 당나라 영의 조문과 같은 문장이 아니라는 점에 주의해야 한다.[13] 문제는 '거두어 헤아린 논'을 가지고 백성에게 '균등하게 지급'한다는 문장이다. 만약 전자를 미야케·다도코로 전반에 대한 수공 또는 그와 관련된 의미로 해석한다면, 개신조 제1조는 제1차 사료를 통해 뒷받침된 것이 된다. 그러나 이는 유일한 해석의 가능성이 아니다. '거두어 헤아린 논'은 위의 인용문에 보이듯이 '작년, 조집(사)에게 전달한 조치'와 '예전의 처분'과 관련하여 언급된 점에 주의해야 한다. 그렇지만 그에 해당하는 (a)와 (b)에는 일반적 교전에 대해서는 서술되어 있기는 해도, 미야케·다도코로의 폐지·수공에 대해서는 아무것도 서술되어 있지 않은 점은 앞서 서술한 대로이다. 따라서 백성에게 '균등하게 지급' 해야 할 '거두어 헤아린 논'은 교전의 결과로서 발생한 것으로 보아야 한다.

문제는 이 '교전'에 있다. 교전은 단순히 미야케·다도코로·사사전(社寺田)과 일반 민호(民戶)나 공동체가 예로부터 소유하던 땅을 그대로 확인하는 일이 아니다. 봉건 시대의 검지(檢地)가 그렇듯이, 교전은 늘 절취지(切取地) 또는 교출전(校出田)을 동반하는 것이다. 특히 개신의 경우에는 앞서 서술한 것처럼 '구니노미야쓰코·도모노미야쓰코·고리노이나기' 등의 정당한 지위를 갖지 않은 재지수장층이 그 소령(所領)을 조상 시절 이래로 보유하고 지배하는 미야케·고리라고 거짓으로 칭한 점, 그 '실상'을 상세히 보고할 것을 지시한 사실을 떠올릴 필요가 있다(a). 다이카 원년 9월의 조가 말해 주듯이(이 조는 윤색된 흔적이 많아, 제1차 사료로 보지 않는다), 6세기 후반은 '자기 백성'을 부려 산과 바다, 임야, 연못과 논의 일부를 취하고 사유 재산으로 삼는 재지수장층이 광범위하게 대두한 것을 특징으로 하므로, 그들이 그 소령의 정당성을 주장하기 위해서 미야케 등등을 사칭한 것은 충분히 있을 수 있는 일이다. 개신의 '교전'은 이러한 성질을 지닌 정당성 없는 각종 토지 보유를 정리하는 일을 하나의 과제로 삼은 것으로 보아야 하므로, 그로부터 절취지가 할취(割取)되는 것은 당연한 일이고, 이것이 '거두어 헤아린 논'의 의미일 것이며, '예전의 처분'과의 관련성도 거기서 찾아야 한다. 이는 미야케·다도코로 전반의 수공과는 내용적으로도 문맥상으로도 관계가 없는 것이다. 앞서 언급된 적에서 빠진 사원에 대한 산림·전지의 시입(施入)이나 (c)의 '이치노쓰카사(市司, 시장을 관장하는 벼슬-역주), 요로(要路)에 있는 나루터의 뱃사공'에 대한 전지의 지급 등은 이러한 교전의 결과 발생하는 절취지를 통해 가능하게 되었고, 후자가 또한 백성에게 '균등하게 지급'해야 할 전지로도 간주되었다. 따라서 이는 설령 실현된 경우에도 제도로서의 반전수수법과는 관계가 없고, 지토기에 보이는 '부전(賦田)'과 마찬가지로(원년 4월조) 일회적인 분여 또는 반급(班給)으로 보아야 한다. 수공 규정이 없는 반급은 반전수수제(班田收授制)와는 관계가 없기 때문이다. 이는 수공 규정이 없는 앞서 언급된 '관사의 둔전'을 군신·도모노미야쓰코 등에게 '나누어 하사'하는 일이 영제의 위전(位田)·직전(職田)과 관계가 없는 것과 마찬가지

이다. 수공 규정이 있는 반전수수제와 위전·직전은 기요
미하라령 단계에서 비로소 가능해졌으며, 다이카 개신의
일반적 교전은 원리적으로는 그와 연결된다고는 해도,
그 내용은 명료하게 구별될 수 있다. 이상의 내용은, 이
문제에 관한 제1차 사료는 개신조 제1조의 사지·사민 수
공을 전제로 하지 않아도 그것만으로도 독립적이며 일관
되게 해석할 수 있다는 점, 또 그렇게 해야 한다는 점을
보여주고 있다고 생각한다.

개신의 일반적 교전의 목적이 미야케·다도코로의 폐
지·수공 및 반전수수제와 관계가 없다고 한다면, 다음으
로 문제가 되는 것은 다이카 세제(税制)와의 관계이다. '국
가'의 기본적 속성 중 하나는 세제 성립에 있다.[14] 관행에
바탕을 두는 개별적이며 통일되지 않은 잉여노동 수취의
형태들을 공권력 유지를 위한 통일적인 세제로 전환하
는 일이 국가 성립의 중요한 한 측면이라고 한다면, 개신
은 이 점에서 획기적인 한 걸음을 내디딘 전환기이며, 앞
서 서술한 사정제(仕丁制)도 그중 하나이다. 그러나 개신
조 제3조의 전조에 관한 규정은 다이호령 조문의 전재를
통한 편찬자의 술작에 해당하는 것이므로, 여기서는 문
제삼지 않겠다. 하지만 이는 다이카 개신 이후로 기요미

하라령에 이르는 시기에 전조가 존재하지 않았다고 보는 것이 아니다. 이 문제는 나중에 다시 언급하겠다(제4장 제1절). 여기서 문제가 되는 것은 제4조의 전조·호조와 조부물인데[15], 앞의 두 가지와 관련해서는 (d) 다이카 2년 8월의 조에 전조나 호조와 성격을 달리하는 '남신의 조(男身之調)'가 규정되었는데, 제1차 사료를 기초로 하는 이 책의 관점에서 보자면 이 사실은 무시할 수 없으며, 개신기의 조(調) 제도는 인신 부과로 통일되는 기요미하라령의 시행에 이르기까지 현저하게 불안정하며 동요하는 것이었다고 보아야 한다. 왜 그러했는지는 이 단계의 세제 전반이 존재하는 양상과 관계되는 것으로 보인다.

전조는 고운 비단(絹)과 거친 비단(絁) 등의 일정량을 특정 면적의 전지에, 예를 들면 전 1정(町)에 부과하는 것이므로(정단보제[町段步制]가 개신기에 존재했는지는 일단 논외로 하고), 1정 이하의 영세한 전지가 산재하는 민호 경지(耕地)의 착포 형태(錯圃形態, 농민 개인의 경작지가 영세한 규모로 각지에 분산되어 다른 사람의 경작지와 섞여 존재하는 상태-역주)를 전제로 할 때, 이는 세제로서 성립하기가 기술적으로 곤란하다고 보아야 한다.[16] 그러나 전조 제도를 구니노미야쓰코 등의 재지수장층이 국가에 매년 납입해야 할 조의 총액을 결정하는 단순한 지수 또는 기준에 지나지 않는다고 본다면 그러한 기술적 곤란함은 해소되고, 그에 필요한 조건은 각 수장의 영역 안에서 조의 부과 대상이 될 만한 전지의 총면적이 미리 사정되어 있다는 점뿐이다. 나는 앞서 서술한 개신의 일반적 교전이 갖는 의의 중 하나는 여기에 있었다고 생각한다. 앞서 서술하였듯이 개신 전후를 통해 요역 부과권이 재지수장층에게 있고, 국가가 개입하여 규제할 수 있었던 것은 사정 등 일부에 지나지 않는다고 한다면, 다른 잉여생산물의 수취에 대해서도 마찬가지였다고 보아야 한다. 개신 정부의 새로운 세제가 할 수 있는 일은 각 수장층의 손으로 수취되어 집적되는 잉여생산물의 분배를 담당하고, 그로부터 국가의 몫으로 가져오는 기준을 단순한 지수로 결정하는 것 이상은 없었다고 보아야 할 것이다. 바꾸어 말하자면 이러한 세제를 통해 '국가 대 인민'의 관계가 곧바로 전면에 드러나는 것이 아니라, 국가와 수장층 간의 분배 관계가 규제될 뿐이며, 수장이 국가에 납입하는 조세는 전조·호조·인신조(人身調)의 구별과 관련이 없고, 모두 인민의 인신으로 전환됨은 말할 것도 없다. 이 원칙은 전조만이 아니라 다른 세목(稅目)의 수취에 대해서도 기본적으로 관철되어야 할 원칙이며, 이는 율령제 국가의 수취 형태와 권력구조의 기본 성격과 관계되는 것이다. 따라서 다이카의 새로운 세제를 매개로 하는 일반적 교전과 부과는 재지수장층과 인민 사이에 존재하는 종래의 잉여노동 수취 관계, 즉 생산관계를 근본적으로 바꾸는 성질의 것은 아니며, 또 그 부과가 기존의 미야케·다도코로 등에 가해진 경우에도 그 자체는 미야케·다도코로의 존속과 모순되는 것은 아님에 주의할 필요가 있다. 이는 헤이안시대 말부터 가마쿠라시대 국아에 의한 '일국 평균의 과역(一國平均之課役, 한 구니 안에서 장원과 공령에 일률적으로 매겨지는 과역-역주)' 부과가 장원영주와 장민(庄民)의 생산관계, 장원(庄園) 체제의 존재와 제도적으로 양립할 수 있는 것과 같은 원칙이다.

개신의 두 번째 과제는 일반적 교전과 떼려야 뗄 수 없는 관계에 있는 편호(編戶)이다. 개신조 제1조의 '고시로의 백성'과 '가키' 폐지에 대해서는 전자를 나시로·고시로의 베민을 가리킨 표현으로 해석하면, 그것은 현실에서는 미야케와 불가분의 실체를 이루고 있으므로 여기서 다시 설명할 필요는 없다. 문제는 베민 중에서 가장 사유성과 예속성이 진한 '가키'이다. 주의해야 할 점은 이 가키베의 폐지와 관련된 기사가 '다도코로' 관련 기사와 더불어, 개신조 앞뒤에 나오는 제1차 사료 중에서 하나도 보이지 않는다는 사실이다. 다이카 원년 9월 갑신의 조에 있는 '자기 백성'을 가키베로 가정하여도(여기에는 약간 문제가 있지만), 거기에서는 그것을 자의적으로 구사하는 일, 예를 들면 궁전·원릉(園陵)의 축조 등에 부리는 실상이 비난받기는 해도, 그것에 대한 폐지·수공에 대해서는 전혀 시사되지 않는다. 이 책의 입장에서 보면 그것은 매우 자연스러운 결과이지만, 개신조 제1조가 원조에 근거를 둔다고 보는 설로서는 설명을 필요로 하는 점일 것이다. 다이카 개신의 과제는 사민의 수공이 아니라 가키베 등의 사민을 포함해 모든 민호가 조사·등록의 대상이 되었다는 점이다. 다이카 원년 9월 갑신의 조 본문에 '사자를 여러 구니에 보내 백성의 원래 수를 기록한다'고 되어 있는 것이 비교적 정확히 그 내용을 표현한 것으로 보인다. 그러나 중요한 것은 '백성의 원래 수' 내용이며, (a)의 다음 문장이 그에 관한 사료가 된다. '무릇 국가가 소유한 공민이나 크고 작은 호족이 거느린 사람들을 그대들에게 맡기니 모두 호적을 만들고 또 논밭을 조사하라, 동산과 연못에서 나는 수륙의 이익은 백성과 함께하라.' 이는 잡령(雜令) 국내조(國內條)에 따른 윤색이 보여주듯이 원조 그대로가 아니며, '호적'도 영제의 그것과는 다른 것임은 말할 것도 없다. 하지만 전반부는 원조의 취지를 전하고 있는 것으로 보이므로, '국가가 소유한 공민이나 크고 작은 호족이 거느린 사람들'이 무엇을 의미하는지가 문제이다. 자세한 논의는 제쳐 두고 후자를 가키베 등을 포함하는 모든 사민을 의미하는 것으로 본다면, 이 조는 국사·구니노미야쓰코 등에게 그들이 관할·지배하는 영역 내부의 모든 '백성의 원래 수'를 등록할 것, 바꾸어 말하면 베민제적인 통속(統屬) 관계에 있는지와는 관계 없이, 영역 안에 거주하는 한 모든 민호를 조사·등록할 것을 명령하였다고 이해해야 한다. 이는 앞서 서술한 일반적 교전의 실시와 떼려야 뗄 수 없는 관계에 있다. 여기서도 가키베 등의 사민 수공이 아니라 그 존속이 전제되었음은 말할 것도 없다. 이러한 민호의 조사·등록이 국가 성립에 있어 지니는 원리적 문제는 나중에 서술하므로, 여기서는 덴지조 이후 또는 영제 제도와의 차이에 대하여 두어 가지 추정을 해 두고자 한다.

첫째로 그것은 영역 안의 민호 총수를 조사·등록하는 일이었다. 앞서 언급된 '호조' 부과가 이루어졌다고 한다면, 그러한 일은 각 구니노미야쓰코들에 대한 부과 수량을 결정하기 위한 최소한의 전제가 된다. 둘째로 그것은 영제의 적장과 달리 호구의 성별, 연령별 등의 조사·등록은 이루어지지 않은 것으로 추정된다((a)의 분주에 보이는 '호구의 나이' 운운하는 부분은 『후한서[後漢書]』에 입각한 편찬자의 술작). 즉, 그것은 호구의 전체적 조사가 아니었다. 셋째로 민호의 호구 중 남정(男丁)의 숫자만 조사·등록되어 집계되었을 가능성이 있다. 앞서 언급된 '남신의 조'가 실시되었다고 가정했을 경우, 또 사정의 차점(差點)〔징발〕 및 재지수장층에 대한 부역(夫役)과 군역을 유지하기 위해서도 필요하기 때문이다. 다시 말해 시라이노 미야케(白猪屯倉)의 다베(田部) '정적(丁籍)'에 해당하는 것이다(『일본서기』 긴메이 천황 30년 정월조). 그러나 부과대장인 '정적'이 항구적 의의를 지니기 위해서는 호구 중 모든 남자의 연령이 등록되어 있어야 한다. 다이카 전대의 미야케에서 개별적으로 제도화되었던 '정적'이 개신기에 전국적으로 시행되었다고 보기에는 문제가 있으므로, 노비를 포함하는 호구 총수의 조사·등록에 그쳤다고 추정해 두고 싶다. 넷째로 구니노미야쓰코 등 조세 수납(輸納) 담당자의 지배 영역 안에 거주하는 민호의 총수가 조사·등록·집계되었다고 해도, 영제에서 말하는 의미의 '편호'는 아직 이루어지지 않은 것으로 추정된다. 영제적 '편호'는 (ㄱ) 연령·성별에 따른 모든 호구의 조적(造籍, 호적 제작-역주)과 떼려야 뗄 수 없고, (ㄴ) 민호를 '50호로 편제된 백성' 또는 '조용(調庸)의 백성'으로 보는 것과 같은 뜻이며, (ㄷ) 일정 기준 호수에 따른 행정단위로서의 촌락 편성, 즉 이(里) 제도의 존재와 떼려야 뗄 수 없는 것이라고 나는 생각하므로, 그와 같은 '편호'는 덴지조 이전에는 확인되기 어렵기 때문이다. 이 제도의 성립 과정에 대해서는 여러 가지 설이 있지만[17], 확실히 이 제도가 성립되었다고 추정할 수 있는 것은 이마다 편성된 것으로 보이는 경오년적(庚午年籍, 덴지 천황 재위기인 670년에 만들어진 일본 최초의 전국 호적-역주) 이후이며, 이 경우에는 위의 (ㄱ), (ㄴ), (ㄷ) 세 요소를 아우르고 있는 점에서 최초의 '편호'였던 것으로 본다. 그 기준 호수는 후지와라궁(藤原宮) 터에서 출토된 목간을 통해 기요미하라령에서의 이가 50호로 구성되어 있었던 것으로 추정하여 아마도 50호가 1리인 제도였던 것으로 보인다. 개신조 제4조의 사정에 관한 규정에서 옛 30호 단위에서 50호 단위로의 개정이 기록되어 있는데, 이를 원조에 따른 것으로 가정하여도 그것은 각 구니노미야쓰코들이 담당하는 사정 차점의 기준 변경에 지나지 않으며, 이 제도와는 관계가 없다고 간주하고 싶다. 따라서 개신부터 덴지조에 이르는 시기에는 다이카 전대 이래의 이른바 자연 촌락이 고리(評, 郡) 또는 국조령(國造領) 내부의 유일한 촌락 질서였던 것이 된다. (c)와 개신조 제1조에 보이는 '무라노오비토(村首)'는 이러한 '자연 촌락'의 수장으로 보아야 할 것이다. 개신 이후의 개간에 따른 조리식(條里式) 촌락의 성립 문제에 대해서는 나중에 서술하기로 하겠다(제4장 제1절).

개신조 제1조의 신빙성에 의문을 품고 그것을 잠시 괄호로 묶어 그로부터 다이카 개신의 과제를 설명하지 않는 이유의 요점은 위와 같다. 제1조를 들여다보고 다른 제1차 사료에 입각하는 한, 개신의 과제는 사지·사민, 즉 나시로·고시로·가키베 및 미야케·다도코로 등의 폐지·수공에 있었던 것이 아니라, 그러한 사지도 포함한 일반적 교전과 모든 사민을 포함하는 민호 전체에 대한 일률적인 조사·등록에 있었고, 그것들은 통일적인 세제 문제와 연관되어 있었다. 이는 나중에 서술하듯이 국가의 성립사에서 개신이 획기적인 전환이었다는 점을 보여준다. 또한 덴지조에 가키베(民部)·야카베(家部)가 여러 씨족(우지노카미[氏上])에게 부여된 것도 개신의 그러한 정책 실시를 전제로 해야 비로소 이해할 수 있다(제3장 제1절). 또, 개신조 제1조에 대한 상황론적 비판은 의도적으로 사상하였는데 그에 대하여 언급해 두자면, 개신 정도의 소규모 정변으로 태어난 약체인 중앙권력이 지배층의 경제적 토대를 이루는 사지·사민제를 폐기하고 식봉제로 전환한다는 과제를 설정하는 것은, 설령 그것이 단순히 이념이나 방침에 지나지 않는 경우에도 상당히 가능성이 적은 일임을 염두에 두어야 한다. 앞 장(제1장-역주)에서 서술한 국제적 위기를 배경으로 하여 지배층 내부의 권력 집중과 결집이 모든 시책보다 우선되는 근본적 과제가 된 시기에, 재지수장층이 소유하는 다도코로·가키베까지 포함하는 수공령을 공포(公布)한다는 것이야말로 설명을 요하는 문제이며, 이에 대한 종래의 설명이 설득력 있다고 볼 수 없음은 분명할 것이다.

앞서 서술하였듯이 개신조 제1조의 중심 내용은 식봉제 문제인데, 지배계급의 경제적 토대를 바꾸는 일과 관련된 식봉제의 성립이 얼마나 곤란하며 격렬한 과정이었는지는 덴무조의 정치가 실증하는 바이다. 그것은 우선 덴무 4년(674) 2월에 덴지조에서 하사된 가키베의 폐지,

개신 후에 친왕·제왕(諸王) 이하의 신하들과 절들에 부여된 산과 못, 섬과 포구, 임야, 방죽과 연못을 전국적으로 폐지하는 조를 통해 개시되었고, 서국에 내려져 있던 '봉호(封戶)의 세(稅)'를 동국으로 이전한다는 덴무 5년 4월의 조도 그 의도는 명확하지 않지만 종래의 베민제적 식봉에 의존하는 전통적 소유의 변경을 의도하였을 것이다. 게다가 30년 이상이 경과한 사봉(寺封)에 대한 덴무 9년 4월 폐지령을 거쳐, '친왕부터 신하들에 이르기까지 지급한 식봉을 모두 중지하고 다시 공(公)으로 되돌리라'는 덴무 11년 3월 수공령을 통해, 식봉제의 초기 형태 부정, 기요미하라령의 관인 급여 체제의 일환인 영제적 식봉제의 전제 조건이 처음으로 확립되었다(이상, 『일본서기』 덴무 천황). 이는 이 시대에 비로소 현실적 과제가 되었던 관료제 국가를 위한 물적 기초를 준비하는 일이 객관적으로 필요해졌기 때문이며, 다른 한편으로는 임신의 난이라는 내란으로 권력을 탈취한 덴무조의 강력하고 전제적인 왕권의 성립이라는 주체적 조건이 존재하고 나서야 비로소 친왕 이하 여러 신하의 옛 소유 형태를 강력하게 재편성하는 조치가 가능해진 것이다. 식봉제가 객관적으로 요청될 정도로 관료제도 성립하지 않았고, 지배층의 경제적 토대를 바꾼다는 곤란한 과제를 감당할 만큼의 권력도 지니지 않은 개신 정부가 개신조 제1조를 공표하였다고 보는 것은 그러할 공산이 매우 작다고 보아야 할 것이다. 영의 조문을 전재하면서까지 개신조의 범조를 술작한 『일본서기』 편찬자에게는 영제 국가의 기원을 다이카 개신으로 설정하려 하는 의도가 명백하지만, 이와 같은 의도가 개신조 제1조의 배후에 있고, 그때 편찬자가 염두에 둔 것은 덴무 4년부터 11년에 이르는 앞서 서술한 식봉제 전환의 역사가 아니었을까? 그러나 설령 제1조가 편찬자에 의해 술작된 것이라 하더라도 그것은 가공 또는 허구의 술작이 아니었다. 이러한 술작을 가능하게 하는 단서가 그들이 갖고 있던 원사료 속에서, 예를 들면 황태자주나 동국 국사에 내리는 조 속에서, 앞서 언급한 것 같은 형태로 존재하였기 때문이며, 그에 대한 편찬자들의 해석이 제1조였는지도 모른다.

이상의 추정은, 말할 필요도 없는 것이지만, 개신조 제1조가 원조에 따른 것이라는 견해가 성립할 가능성을 부정할 수는 없다. 영 조문을 전재한 경우와 같은 단순하고 명확한 사료 비판이 가능한 것은 오히려 드문 사례이며, 통상적인 경우에는 사료 비판에는 일정한 한계가 있음을 염두에 둘 필요가 있다. 부정설 쪽이 긍정설보다도 사료에 대하여 더 비판적이라고 단정할 수는 없다. 또한 어느 쪽의 사료 비판이 옳은지는 기술적 문제로서가 아니라, 다이카 개신의 총체적 파악과의 관계 속에서 앞으로 결정되어 가야 할 성질의 것이다. 필요한 것은 어느 쪽 입장을 취하든 간에 자기 입장을 미리 명확히 해두는 일과 그 입장을 일관되게 또한 정합적으로 개신의 해석 전체 속에서 관철하는 일이다. 개신조 제1조의 문제는 개신의 근본적 과제가 무엇이었는가에 관련되는 것이기 때문이다.

제2절 인민의 지역적 편성－왕민제에서 공민제로

'국가를 특징짓는 것은 첫째로 영역에 의한 인민의 구분이다. …… 시민에게는 씨족이나 부족과 관계 없이 거주하는 장소에서 그들의 공적 권리, 의무를 수행시켰다. 이러한 소속 장소에 따른 인민의 조직은 모든 국가에 공통된다.'[01] 인민을 그 거주지로 파악하고 그들을 지역성의 원리에 따라 편성하며 그에 따라 통치권력을 영역에 따라 중층적으로 구축하는 일은 고전 고대의 국가에서 생활하는 인간에게는 자명하고 당연한 일로 보이지만, 실은 그 자체가 역사의 소산이었다. 그것은 일본 고대국가의 역사를 통해서도 증명되며, 또 이러한 측면을 명확히 하는 것이 국가 성립사의 기본적인 과제 중 하나이다. 완성된 국가, 예를 들면 율령제 국가에서는 국가의 그러한 속성은 명확하고도 전형적인 형태로 존재한다. 호적·계장에 의한 인민 파악이 그것으로, 그에 대응되는 행정 권력의 구조는 이(里)(향[鄕])에서 군(郡), 나아가 구니로 이어지는 영역적 구분을 기초로 하여 중층적으로 구축된 것이 특징이다. 이 특징은 율령제 국가가 '영역'을 하나의 요소로 하는 국가로 완성된 형태를 나타내는 것이다. 이 원리가 확립되지 않은 정치권력, 국가 성립의 전사(前史) 속 각종 권력은 막연한 지배 영역을 갖고는 있으나, 이는 즉자적인 형태이며 인민 파악의 방법, 권력 구축의 방법으로서 제도적으로 확립되지 않은 단계이다. 영제에서 보이는 인민 파악의 형식을 가령 지역적 편호(정확히는 지역성의 원리를 바탕으로 한 편호)라고 해 둔다면, 중요한 것은 이 형식이 편호의 유일한 역사적 형태가 아니라는 점이다. 그것과 형태상 대립되는 신분적·족제적 편호가 존재하고, 둘 사이에는 편호라는 공통된 측면은 있어도 원리적으로는 상반된 인민 파악의 두 가지 형태였다.

이 원리 차이를 설명하는 예로서 비교적 단순한 사료를 지닌 영제의 경우를 들면, 잡호적(雜戸籍)과 공민적(公民籍)의 관계가 위의 두 가지 원리에 대응된다. 잡호(雜戸)는 말할 것도 없이 다이카 전대의 이른바 직업적 베민의 유제이며, 수공업, 특히 군사와 관계된 수공업자가 영제의 관사들에 예속되는 하나의 천민적·카스트적 신분으로 편성되었고, 그 기에 또는 직업의 세습을 공권력에 의해 강제당하고 있던 특수한 신분 집단인데, 영제에서는 이 잡호에 대해서는 신호(神戶, 간베. 신사에 소속되어 조용조와 잡역을 바치는 민호-역주)·능호(陵戶) 등과 함께 공민의 적장과는 별개로 잡호적이 작성되었다. 이 잡호적의 작성 절차가 명확하지 않은데 잡호를 포함한 일반 공민적을 먼저 작성하고 거기서 잡호만을 골라내어 잡호적을 작성하였다고 보는 설과, 원래 공민적과는 별개로 작성되었다고 보는 설 두 가지가 있다.[02] 하지만 여기서는 그 논의를 하는 것이 아니라, 두 호적의 성질 차이와 상호관계를 생각하는 예시로서 언급할 뿐이다. 잡호적이 공민적과는 별개로 작성되었다고 해도 잡호·능호는 공민과 마찬가지로 국군(國郡)에 부관(付貫)된 점, 따라서 그것을 작성하는 것은 관할 영역 안의 모든 민호를 지배하는 국사의 권한이었고, 잡호적이 소멸한 헤이안기에 이르러 가지베(鍛冶戶, 가지[鍛冶]는 대장장이, 대장일-역주)·우마카이베(飼戶, 한자 표기는 원문 그대로 옮김-역주) 등의 계장이 국사에 의해 조사·작성되어 중앙으로 보내진 사실도 이와 연관되어 있다(호령,『엔기식』). 사실상은 사정(飼丁)의 경우 본사(本司)인 좌우마료(左右馬寮)에서 파견된 사정 검괄사(檢括使)가 조적을 담당한다 하더라도 부관되어 있는 국아의 민호 전반에 대한 조적 행정의 일부로서 기능을 수행할 뿐, 국아의 영역적 지배가 우선 전제로서 존재하는 것으로, 본사—검괄사—잡호라는 계열이 지역적 권력인 국아로부터 독립하여 별개로 존재하는 것이 아니다. 이를 전제로 하여 공민적과 잡호적을 비교할 경우, 전자가 영역 안의 민호를 그 거주지에서 지역적으로 편성하는 데 반해, 후자는 영역 안에 흩어져 분포하는 잡호라는 신분에 속한 민호만을 골라내어 호적을 작성하는 것이며(미노국[美濃國] 호적의 '鍛'이 그에 해당하는지 여부는 별개로 하고), 그 편성의 원리는 신분적이며 잡호 신분이 세습이라는 점에서 말하자면 족제적이다. 따라서 여러 국아로부터 보내진 한 통씩의 잡호적을 집성하여 만들어진 본사의 잡호적도 당연히 여러 구니에 걸쳐 흩어져 분포하는 잡호의 집성에 지나지 않으며, 지역적 편성과는 아무런 관계가 없는 것이다. 이것이 인민을 편성하는 두 가지 형태의 원리적인 차이인데, 이때 지연적 편성의 원리에 따른 공민적이 신분적·족제적 원리에 바탕을 둔 잡호적을 그 안에 포섭할 수는 있지만, 그 반대는 불가능하다는 관계가 있다. 사실 문제는 일단 제쳐 두고, 공민적 속에 잡호도 기재하고 그로부터 잡호만을 골라내어 잡호적을 작성하는 일은 가능하지만, 거꾸로 잡호·능호를 비롯한 다양한 신분별 호적을 아무리 모아도 그것은 신분집단이라는 제약이 있는 이상, 공민적처럼 포괄적인 파악에까지 도달하기란 불가능하거나 곤란하다. 이 차이는 인민을 거주지나 생활과 노동의 장소 자체로 파악하는 것이 모든 민호를 파악하기 위해 생각해낼 수 있는 유일한 포괄적 편성 방식이며, 그 외의 형식은 어느 정도 제약되어 있다는 데서 비롯된다.

이러한 영제의 두 가지 형태에서, 영제의 잡호는 다이카 전대 베민의 단순한 유제로 존재하는 데 지나지 않고, 헤이안시대에 이르기 전에는 잡호적 자체가 소멸하므로 그 역사적 의의는 중요하지 않지만, 다이카 전대에는 오히려 이러한 원리에 의한 인민 편성이 기본적인 형태를 이루고 있었다. 그것은 편호의 기원과 초기 형태로 여겨지는 다이카 전대의 사례들로부터 추측할 수 있다. 그 두 가지 전형적인 사례가 알려져 있다. (ㄱ) 기비의 시라이노 미야케에 부속된 다베의 '정적' 또는 '명적(名籍)'을 작성한 사례이다(『일본서기』 긴메이 천황 30년 정월조, 비다쓰[敏達] 천황 3년 10월조). 이 사례에서는 명백하게 '다베'라는 특수한 신분집단에 대해서만 작성된 '명적' 또는 '정적'이었고,

잡호적과 마찬가지로 신분적·족제적 편호이며, 미야케 또는 그 주변의 일반 민호에 대한 편호와는 관계가 없고, 그로부터 골라내어진 정적이 아니다. (ㄴ)은 6세기 무렵에 가와치국(河內國) 다카야스(高安)·아스카베(安宿) 두 군에 집중적으로 정주하게 된 '귀화인' 집단을 '호'로 편성한 사례이다. [03] 이는 하타히토(秦人, 진시황의 후예라고 전해지는 도래인 집단. 실제로는 한반도 출신으로 추정됨-역주)·아야히토(漢人, 후한 영제의 후손이 대방군을 거쳐 건너왔다는 도래인 집단-역주) 등의 '귀화인'을 국군에 안치하여 '호적에 편관(編貫)'하였다는 전승에 대응된다(『일본서기』 긴메이 천황 원년 8월조). 이는 다베 같은 베민, 즉 특수한 신분 집단과는 다른 사례이기는 하지만, 이 또한 특정한 '귀화인'이라는 제약을 전제로 했을 때 비로소 의미가 있는 편호이며, 편성 원리 자체는 (ㄱ)과 동일하다. 이러한 유형의 편호는 동일 지역에 동일 신분 집단이 정주한 경우에는 결과적으로는 지역적 편호와 동일한 편호가 되며, 넓은 지역을 차지하고 있었던 것으로 보이는 시라이노 미야케와 (ㄴ)의 경우도 그랬을지도 모른다. 그러나 앞서 언급한 '귀화인' 편호 기사 중에 '하타히토의 호수는 총 7,053호'라고 적힌 하타히토의 총 호수는 여러 구니에 분산되어 있던 것으로, 이는 앞서 서술한 본사에 집성된 잡호적과 마찬가지로 지역성과는 관계가 없다. 거주지의 원리와는 다른 개별 '귀화인'의 신분적·족제적 편호의 성격이 거기에는 명확히 드러나 있다. 아마도 (ㄱ)·(ㄴ) 두 형태 모두 다이카 전대에 어느 정도 시행되었다고 추정해도 되겠지만, 그것들은 어느 유형이든 간에 신분적·족제적 편호라는 점에 주의해야 한다. 두 형태 중 어느 쪽이 본래적인지는 명확하지 않지만, 나는 (ㄴ)이 본래적이라고 생각하고 있다. 그것은 (ㄱ)의 정적 기사에 시라이노 미야케의 정적을 검열하고 적을 정한 결과 '마침내 다베(田戶)를 이루었다'고 하였을 때의 다베(田部)→편호→다(田)'베(戶)'의 '베' 용법이 (ㄴ)의 아스카베(飛鳥戶)·가스가베(春日戶)에 보이는 '베'의 용법을 염두에 두지 않으면 이해하기 어려운 점이 있고, 또 '베'를 단위로 하는 집단의 편성 방식은 아마도 조선의 방식을 배운 것으로 보인다는 점을 고려하면, (ㄴ) 방식에 따른 편호가 먼저 6세기에 '귀화인' 집단에 대하여 확립되었고, 그것이 다른 형태의 베민 집단에 적용되었다고 보아야 할 것이다.

종래에 개신 후의 제1차 편호(가령 경오년적과 경인년적[庚寅年籍]에 의한 편호를 각각 제2차, 제3차로 구별하자면)를 문제로 삼을 경우, 이는 다이카 전대의 미야케 등에서 부분적으로 성립된 편호의 '확대' 또는 '전국화'로 이해되는데, 그것은 단순히 제도적 계보 관계에 따라 양자를 이어줄 뿐이고, 양자 사이에 존재하는 편성 원리의 차이를 무시하는 것이 되며, 다이카 개신과 그 이전의 시대가 다른 통치 양식 또는 인민 편성 원리에 입각한다는 점, 양자 사이에는 명확한 단절이 존재한다는 사실을 놓치고 마는 결과를 낳는다. 인민의 지역적 편성을 확립한 경오년적의 단서는 족제와 신분 혹은 지배·통속 관계와 상관 없이 영역 안의 모든 민호를 그 거주지에서 파악한 다이카 개신의 새 제도에 있으며, 그것은 위의 (ㄱ)·(ㄴ)에 보이는 식의 신분적·족제적 편호가 아무리 널리 행해지게 된다 해도 전자로 전환되는 일은 없고, 또 자연발생적으로 이러한 원리의 전환이 일어나지도 않으며, 따라서 후자의 확대 또는 전국화를 통해 영제적 편호가 형성되는 일은 없다. 이는 어느 시기에 편성 원리의 전환이 이루어진 것이고, 일본의 경우는 그 전환이 조선·중국 모델을 매개로 하지 않고서는 이루어질 수 없었다고 생각하는데(나중에 서술함), 그 시기는 다이카 개신이었다고 생각하는 것이다. 인민의 지역적 편성이 국가에 없어서는 안 되는 기본적 속성 중 하나라고 한다면, 다이카 개신이 국가 성립사에서 갖는 획기적 의미 중 하나는 여기에 있었다고 보아야 한다. 이러한 인민의 새로운 편성 원리를 바탕으로 이(里)·군·구니라는 지역적으로 구축된 국가라는 권력구조가 대응하는 것이며, 그것과 대비시키자면 스이코조의 지배권력은 엄밀하게는 국가라고 보기는 어렵다는 결론에 이른다. 이는 물론 양자의 단절면을 전면에 내세운 데 지나지 않고, 현실 역사의 진행에서는 양자를 매개하는 체제가 다이카 전대에 준비되어 있었음은 나중에 서술하는 바와 같지만(제4장 제2절), 그것은 어디까지나 조건에 지나지 않는다. 이 점을 명확히 하기 위해서는 앞서 서술한 (ㄱ)·(ㄴ)형 편호의 바탕에 있는 6세기 인민 편성의 원리와 그 특징을 확인해 두어야 한다.

6세기부터 7세기 중엽까지의 단계—일반적으로 다이카 전대라고도 불리며, 혹은 그것을 전형화한 의미로서 스이코조로 대표되는—의 지배체제를 뒷받침하는 하나의 질서는 '왕민'제라고 보아도 된다. [04] 또 하나의 질서는 구니노미야쓰코 또는 재지 수장층의 내부 질서인데, 여기서는 생략해 두기로 한다. 율령시대에도 '공민'과 구별된 '왕민' 개념이 보이지만, 이 경우에는 유가적인 개념으로 변화하고 있으므로 오히려 군경·대부, 오미·무라지, 도모노미야쓰코, 여러 우지(氏)의 사람에 대하여『일본서기』의 한 본에 '여러 나(名)의 왕민'이라 되어 있는 용례가 왕민 본래의 의미를 나타내고 있다(『일본서기』고토쿠 천황, 다이카 2년 8월조). 여기서 말하는 '여러 나'의 '나(名)'는 고대 용어로 말하자면 가바네나(姓名)를 가리키며, 우지와 가바네가 통합된 의미의 '나'이다. '여러 관(官)에서 봉사하는 가라히토도모(韓人部) 한 사람 두 사람에게 짊어지고 봉사할 가바네나를 하사하였다'(『속일본기』진키 원년 2월조)고 할 때 가라히토도모가 '가바네나'(성명)이다. 그것을 하사하는 권능을 지닌 것은 천황이며, 가바네나를 '짊어짐'으로써 왕권에 대한 어떠한 형태의 봉사 또는 종속 관계에 들어가는 것이며, '왕민'으로서 왕권의 질서 속에 조직됨을 의미한다. 바꾸어 말하자면 가바네나는 '왕민'임을 나타내는 신분 표지였다. 왕민제의 기원은 5세기로 거슬러 올라가도, 그것이 '천하의 여러 우지, 여러 나의 사람들의 우지, 가바네'(『고사기』인교[允恭] 천황)로서, 즉 하나의 정치 체제로서 확립된 것은 6세기 이후의 일로 보아야 한다. 야마토의 왕권을 중심으로 결집되어 있던 기내·근국의 오미·무라지·도모노미야쓰코층 또는 스이코조의 군경·대부층은 하나의 '통일체'[05]를 형성하고 있었다. 이 통일체는 제도적으로는 내정과 외정, 그들을 구성하는 여러 관사의 총체로서 하나의 '정부'로 존재하는데(그것은 아직 '국가'로서는 미숙하였다), 이 통일체의 내부 질서 또는 편성 원리가 된 것이 왕민제이다. 이 통일체는 그 내부에 존재하는 분업의 발전과 계급 분화를 통해 발전하였고, 거기에 종속하는 존재로서 도모노미야 쓰코와 백팔십부(百八十部, 모모아마리야소토모노오. 백팔십은 많은 숫자를 상징함-역주)를 내부에 편성하게 된다. 그 속에 공통되는 특징은 '오이나노 우지'에 전형적으로 보이는 것처럼 가바네나를 지니는 것이며, 가바네는 물론 '우지'도 공통의 조상으로부터 분화된 동족 집단이라는 사회 조직 자체가 아니라[06], '우지'의 '나(이름)를 짊어짐'으로써, 즉 왕권에 의한 사여 또는 공인을 받음으로써 '왕민'으로 조직되는 것이다. 따라서 왕민제는 조직된, 정치적인, 혹은 제2차적인 집단이며, 야마토 왕권=국가 권력의 확대 및 계급 분화는 이 왕민제 질서를 매개로 하여 이루어진다. 왕민제는 동시에 통일체가 그 권력을 확대하기 위한 조직 원리였다. 왕권 아래 결집한 중앙의 수장층에 이어, 지방 여러 구니의 자율적이고 독립적인 수장층이 구니노미야쓰코·도모노미야쓰코 등등으로 조직되고, 그들을 매개로 하여 그 지배 영역 안의 소공동체 또는 그 공동체를 구성하는 호(戶)가 '베(部)' 등등으로 왕민제 안에 편성된다. '베'나 '히토(人)' 등의 예속적 신분조차도 가바네나를 갖는 점에서는 왕민제의 일부이다. 예를 들면 오이나노 우지 중 하나인 구루마모치노 기미(車持君)는 전통적으로 왕실에 봉사하는 기내의 소수장(小首長)인데, 이 우지가 쓰쿠시국(筑紫國)에서 구루마모치베(車持部)라는 베민을 보유하는 경우(『일본서기』리추[履中] 천황 5년 10월조), 그것은 그의 '사민(私民)'이라기보다는, 그것이 '천하의 백성'이라고 불린 것처럼, 가바네나를 갖는 '왕민'인 것이다.

종래에는 법제사의 영향 아래 일반적으로 '유성계급(有姓階級)'과 '백정계급(白丁階級)'을 대립시켰지만, '백정(白丁)'은 관위(官位)가 없는 신분으로, 유위자집단(有位者集團)과 대립하는 신분이며, 씨성 질서와는 제도적으로도 역사적으로도 차원을 달리하는 것이다. 이는 가바네나를 갖는 이가 유세자(有勢者, 세력 있는 자-역주)라고 보는 편견과 결부되어 있고, 앞서 언급된 '가라히토도모'도 가바네나로 간주된 점의 특수한 의미를 놓치게 되는 것이다. 따라서 왕민과 대립하는 존재는 첫째로 가바네나의 사어 대상에서 제외된 노비적 신분이고, 둘째는 왕권에 조직되어 있지 않은 주변의 '이적'이며, 셋째로는 지방 수장층의 지배 아래 있으면서 가바네나를 갖지 않는 다수의 이른바 '무성(無姓)인 자'이다. 왕민은 이들의 외부에 존재하는 비왕민층과 대립하는, 통일체에 의해 정치적으로 형성된 제2차적 집단=의제적 '공동체'를 구성한다. 이는 율령제 국가의 '유위자'집단에 대응되는 것이다. 왕민제에서는 '최고의 통일체'인 왕권이 가바네나의 유일한 사여자로서 형식상 왕민을 대표하고 그 질서의 형성 주체로서 기능한다. 계급 분화와 사회적 분업의 진전, 그에 따른 사적 소유의 발전도 이 왕민제를 토대로 하여, 그것을 매개로 하여 이루어진다. 예를 들면 유명한 인베씨(忌部氏)는 제사를 관장하는 도모노미야쓰코의 우지로 일찍부터 분화하였고, 기이(紀伊), 사누키, 아와(阿波)의 인베(忌部)를 베민으로 지배·복속하였으며, 왕권 또는 통일체에 대하여 유(木綿, 목면 전래 이전에 닥나무 껍질을 원료로 만든 베를 유[ゆう]라 부르며 木綿이라 표기함-역주)·삼베·목재 등의 공납, 궁전이나 신사 건물 등을 조영(造營)하는 노역에 종사하고 있었는데(『고어습유[古語拾遺]』), 이때 도모노미야쓰코인 인베노 무라지(忌部連) 등과 그 휘하에 있는 베민은 계급적으로 분화되어 있으므로, 후자는 일반적으로 전자가 소유하는 '사민'으로 여겨지지만 이는 정확하지 않다. 인베노 무라지씨는 도모노미야쓰코로서 통일체 내부의 왕민으로서의 특정한 지위를 차지하는 한에서만 지방의 인베를 베민으로 지배하였으며, 그런 의미에서는 그 '사민'이 아니다. 구루마모치노 기미가 죄로 인해 그 베민인 구루마모치베를 수공당한 것도 베가 '사민'이기 이전에 왕민이었기 때문이다. 즉, 오토모(大伴)·모노노베(物部)·인베를 포함한 반조(도모노미야쓰코)제의 발전은 통일체 내부에서 분업이 발전한 결과, 다수의 도모노미야쓰코와 '백팔십부'라 불릴 정도인 '반부(伴部)'를 분화시켜, 각각의 도모노미야쓰코는 위의 인베씨·구루마모치씨와 유사한 베민을 지방에서 보유하게 되지만, 그에 따른 분업과 사유제의 전개가 왕민제를 토대로 하여 그로 인해 제약되고 있었다. 천황의 나시로·고시로도 예외는 아니었다. 천황·황자·황비 등의 이름 혹은 천황이 거주하는 궁의 호칭이 붙음에 따라 성립된 나시로·고시로의 베민도 가바네나로 규정된 왕민과 동일하며, 따라서 이 베민들이 왕족을 구성하는 각각의 가(家)에 '사민'으로 전해져 내려오는 경우에도, 그것은 사유 재산 또는 가산제적 '사민'으로서 존재하는 것이 아니라, 통일체에 소속된 왕민의 분할 보유로서 존재하는 것이다. 이 원칙은 오미·무라지, 도모노미야쓰코와 동일하였다. 바로 그렇기 때문에 다이카 개신의 여러 조(詔)에서 드러나듯이, 다이카 전대에 왕민의 '사민'화가 진행되고 통일체를 해체시키며 혼란시키는 현상이 일어났을 때, 그것이 중요한 정치 문제로 제기된 것이다. 왕민이 아니라 단순한 '사민'이라면 그것이 공적·정치적 문제가 될 수 있었을지 의심스럽다.

왕민제가 갖는 특징의 요점이 위와 같은 것이라고 한다면(국조제에 대해서는 제4장 제2절), 왕권으로 대표되는 중앙 통일체의 국가 제도는 그것이 왕권 내부의 가산제적 조직(내정)이든 또는 그 외부의 통일체 전체와 관계되는 조직(외정)이든 간에, 가바네나를 짊어짐으로써 왕권에 봉사하는 각각의 '우지'의 집합체로서 나타나게 되며, 따라서 각각의 우지가 그들을 지탱하는 도모 또는 베를 지방 여러 구니에서 보유한다고 하면, 그것은 통일체 내부의 왕민제적 질서에 제약받아 '우지'마다 이른바 '종적' 체제로 존재할 수밖에 없다. 앞서 언급된 시라이노 미야케의 다베나 가와치국의 '귀화인' 편호에 보이는 신분적·족제적 편호는 이러한 왕민제의 일부로서, 그 발전된 편성의 형태로서 존재하였다. 왕민제 자체가 바로 신분적·족제적 질서였기 때문이다. 앞서 서술하였듯이 공민제적 편호는 왕민제와는 원리적으로 다른 것이다. '종적 관계'와는 반대로 인민을 거주지에서 지역적·포괄적으로 파악하고 편호하며, 그에 대응하여 권력을 지역적으로 중층적으로 구축하는 영역국가로 가는 길이므로, 이는 왕민제적 원리, 예를 들면 도모노미야쓰코·도모·베의 원리로부터 자연발생적으로 생겨나는 것이 아니다. 다이카 개신에서 이루어진 전자에서 후자로의 전환은 왕민제 자체의 내부 모순에 따른 해체와 정체라는 계기 없이는 일어날 수 없다.

다이카 개신이 당면한 과제 중 하나는 위와 같은 점에 있었다. 거기에는 두 가지 문제가 있었다. 첫째는 가바네나로 규정되는 왕민 질서가 발전하고 복잡화함에 따라, 특히 씨성 제도에 의한 분화가 심화된 기내·근국에서 질서로서의 의미를 잃고 혼란해지게 된 점이다. 앞서 인용된 (d) 조(詔)의 '그런데 군주(王)의 이름들을 비롯하여 오미·무라지, 도모노미야쓰코·구니노미야쓰코는 그 시나(品)들의 도모노오오(部)를 나누어(여기서의 品部는 이른바 시나베·잡호의 '시나베'가 아니다), 그 이름들로 구별하

였다. 또 그 백성과 시나들의 도모노오를 뒤섞어서 구니
(國)·고리(縣)에 살게 하였다. 마침내 아버지와 아들이 성
을 바꾸고 형과 동생의 바탕이 달라지며 부부가 서로 이
름을 달리하게 하였다'는 유명한 문장은 과장이 들어있
다고 해도 왕민제의 기능 상실과 혼란을 명시하고 있다.
둘째는 왕민제 내부에서의 사유제의 발전이다. 다른 조
(다이카 원년 9월 갑신)의 '……오미·무라지들, 도모노미야쓰
코·구니노미야쓰코는 각각 자기 백성을 두고 마음대로
구사하였다. ……조부(調賦, 미쓰기)를 바칠 때 그 오미·무
라지, 도모노미야쓰코들은 우선 스스로 거두어들인 다음
에 나누어 바친다'는 문장 중에서 앞 문장의 '자기 백성'
은 오토모베(大伴部)·소가베(蘇我部) 등의 베민 부류로 가
정하고, 뒤 문장 부분도 왕 또는 통일체에 대하여 왕민이
부담하는 조부(공납과 부역)를 가리킨다고 본다면, 이를 관
장하는 오미·무라지, 도모노미야쓰코가 그 왕민이 바치
는 조세를 사유화하고 사민으로 예속시켜 나가는 경향을
지적하고 있는 것으로 보아야 한다. 왕민제, 즉 스이코조
에 정형화된 표현을 따르자면 '오미·무라지, 도모노미야
쓰코·구니노미야쓰코, 백팔십부·공민'의 체제는 그 자체
의 발전에 바탕을 둔 두 가지 모순으로 인해 해체 위기에

놓여 있던 것이다. 다이카 개신은 이러한 측면만으로 보아도 새로운 공민제의 원리로 전환해야 한다는 과제에 당면해 있었음에 틀림없다(위에 언급된 스이코조의 '공민'은 백팔십부=반부에 종속되는 베민을 포함한 왕민 하층을 가리키는 것으로 이해된다. 영제의 '공민'으로부터 스이코조의 그러한 '공민'을 유추하는 것은 옳지 않을 것이다). 이러한 체제적 모순을 바탕에 놓지 않고 다이카 전대에 개별적으로 이루어진 신분적·족제적 편호가 단순히 확대되고 전국화된 것으로 공민제적 편호를 이해하는 것은 모순으로 가득찬 역사의 전개를 하나의 제도사적 계보 관계로 환원하는 일일 것이다.

다이카 개신의 역사적 의의 중 하나를 왕민제에서 공민제에 바탕을 둔 국가로 전환하는 분기점을 이루는 데서 찾을 경우, 주의해야 할 점은 잡호적과 공민적의 관계에서 이야기한 원칙, 즉 공민적·지역적 편호는 신분적·족제적 편호를 포섭하고 그 토대가 될 수 있지만, 그 반대는 성립하지 않는다는 원칙이다. 따라서 공민적 편호의 발전은 왕민제를 배제하기는커녕 반대로 그것을 완성하고 체제화하기까지 하는 것이다. 처음으로 전국적인 지역적 편호를 확립한 덴지조 경오년적의 '정성(定姓)'

기능은 다이카 전대에 가바네나를 사여받지 않았던, 즉 직접적으로는 왕민 질서에 편입되지 않았던 '무성'인 백성에 대하여 기존의 종속관계 등을 바탕으로 하여 새롭게 베(部)·야카라(ヤカラ)·히토(人) 등등의 가바네를 부여함으로써 오히려 왕민제를 완성하였다고 할 수 있다.[07] 다이카 전대와는 다른 점은 공민제와 거기에 바탕을 둔 지역적 권력=국가를 토대로 하고 있다는 점이며, 이 체제가 율령제로 발전하면 할수록 왕민제는 부차적인 측면으로서 그 중요성을 잃어 간다. 그러나 개사성(改賜姓)이 나라시대 말에 이르기까지 그 기능을 수행하였듯이, 천황의 지위는 국가 기구의 최고기관, 즉 '백관의 장'으로 단순하게 전환될 수 있는 것이 아니고, 왕민제에 바탕을 둔 통일체의 최고 수장인 천황의 지위와 기능은 율령국가에서도 유지되는 것이다. 국가 내적 권력으로서의 천황제와 국가 외적 권위로서의 천황제는 일단 구별해서 생각해야 한다. 덴무조의 '팔성(八姓, 야쿠사노 가바네)' 같은 경우에도 왕민제는 지배층 내부의 질서로서 독특한 역할을 하였다. 이 사실은 일본의 왕권과 중국이나 그 밖의 전제왕권과의 차이를 문제로 삼을 경우, 또한 율령제에서 이데올로기적 권력으로서의 천황제를 문제로 삼을 경

우 특히 주목되는 점이며, 왕민제가 일본 특유의 체제인
만큼 초기 율령제 국가에서조차도 그 의의를 과소평가해
서는 안 된다.

제3절 개신과 동국 수장층

　　다이카 개신도 하나의 정치개혁인 이상, 적어도 두 가지 요소가 고려될 필요가 있다. 첫째는 정책 문제이고 둘째는 개혁을 집행하는 권력 문제이다. 첫째 요소에 대해서는 기본 정책 중 하나가 왕민제에서 공민제로 전환하는 것이라고 한다면, 둘째 요소인 권력 문제는 그 내용이 인민의 파악 방법과 관련되는 만큼, 어느 계급이 그 정책을 실현할 수 있는 사실상의 권력을 장악하고 있는지가 결정적인 문제가 된다. 정책을 결정한 천황과 군경·대부층이 이러한 권력을 지니지 않는 것은 명백하다. 개신기에 중앙에서 '동방의 팔도'라 불린 '동국(東國, 아즈마노쿠니)'(즉, 시나노[信濃]·미카와[三河] 또는 미노[美濃]·오와리[尾張]로부터 동쪽인 훗날 도카이, 도산도의 여러 구니)으로 파견된 8명의 '총령(總領)'은(개신 당시의 동국 '국사'는 정확히는 『히타치국 풍토기[常陸國風土記]』에 따라 '총령'이라고 해야 하며, 이쪽이 영제의 '국사'와 구별하기에도 편리하다) 중앙의 정책을 재지에 지시, 명령할 뿐이며, 그 자체는 인민에 대한 직접적인 지배권을 갖지는 않는다. 앞서 서술한 교전과 민호 전반에 대한 조사·등록을 행하고 새로운 조세와 부역을 인민에게 강제할 수 있는 사실상의 권력을 쥐고 있는 계급은 바로 구니노미야쓰코·도모노미야쓰코로서 존재하는 재지 수장층이다. 동국을 재편성하려고 하는 정책의 실현은 이 계급을 파악할 수 있는지 여부에 달려 있다고 해도 좋다. 개신의 경과 속 특징적인 사실 하나는 구니노미야쓰코가 중요한 의의를 갖고 등장한다는 점이다. 이는 동국의 국사(총령) 등에 대하여 '구니노미야쓰코·고리노미야쓰코(郡領, 정확한 표기는 評造)만을 따르게 할 수 있을 것이다'(a), 또 '이제 조집사(朝集使) 및 여러 구니노미야쓰코 등에게 묻는다'(b), '사방의 구니들에 있는 구니노미야쓰코 등에게도'(c), '이제 파견하는 국사(國司, 구니노미코토토모치)와 그 구니노미야쓰코는 뜻을 받들어야 한다'(d) 등의 사례에서도 확인되듯이, 한편으로는 '군경·대부(또는 오미·무라지), 구니노미야쓰코·도모노미야쓰코'라는 전통적 패턴이 아직 남아 있음에도 불구하고, 다른 한편으로는 구니노미야쓰코가 재지에서의 개신의 주체로서 전면에 드러난 것은 분명하다. '구니노미야쓰코 등'이 도모노미야쓰코를 포함한다고 해도, 양자가 이제는 구니노미야쓰코에 의해 대표되는 데서 나는 특별한 의의를 발견하는 것이다. 왕민제에서 공민제로, 또 국가 제도의 신분적·족제적 편성에서 영역적 국가로 전환하는 정책은 개신 정부에게는 그 권력의 기반을 국조제(國造制)에 둘 것인가 아니면 반조제(伴造制)에 둘 것인가 하는 선택의 문제로 존재하였다고 보기 때문이다. 이 점은 다이카 전대의 동국에 나타난 재지 수장제와 왕민제의 관계, 구니노미야쓰코와 도모노미야쓰코의 관계를 통해 설명되어야 한다.

동국에서 전형적으로 보이는 특징은 구니노미야쓰코도 도모노미야쓰코도 재지 수장제가 왕민제 속에 편성될 때 취하는 두 가지 존재 형식에 지나지 않는 점, 국조·반조제의 근저에 있는 실체가 곧 자율적·독립적 재지 수장제라는 점이다. 동국은 5세기에는 왕민제 속에 편입되어 갔는데, 그 최초의 형태는 오사카베(刑部)·후지와라베(藤原部) 등등의 나시로·고시로 설정이었다. 이는 요로 연간의 호적에 유제가 보이듯이 특정 지역에 집중적으로 설정되는 것이 특징이다. 이러한 나시로·고시로의 베민이 설정되고 그로부터 수취가 가능하였던 것은 그곳에 이미 재지 수장층의 영역 지배가 존재하였기 때문이다. '여러 구니노미야쓰코 등에게 명하여 소토시노 이라쓰메(衣通郎姫)를 위해 후지와라베를 정하였다'고 되어 있는 것은(『일본서기』인교 천황 11년 3월조) 그 관계를 명시하고 있다(인교 천황의 시대에 '구니노미야쓰코'가 있었는지 여부는 차치하고). 이 경우에 수장을 포함한 영역 자체가 나시로·고시로라는 왕민제 속에 편성되거나, 그 민호 일부가 집단적으로 베로서 설정되는 것으로, 일단 이 관계가 성립되면 재지 수장층은 중앙에 대해서는 후지와라베노 아타이(藤原部直)라는 베를 관장하는 재지의 도모노미야쓰코로 등장하며, 중앙의 도모노미야쓰코인 후지와라베노 미야쓰코(藤原部造)를 매개로 하여 왕민이라는 통일체의 일부로 편성된다. 01) 따라서 나시로·고시로—도모노미야쓰코라는 관계는 자율적인 재지 수장층의 한 측면으로 존재하는 데 지나지 않는다. 여기서 자율적이라는 것은 첫째로 재지 수장제가 나름의 독자적인 지배 체계, 즉 아무리 그것이 아직 분화되지 않고 전통적인 지배에 지나지 않는다 해도 영역 안의 인민으로부터 잉여노동을 수취하기 위해 '강제력'의 측면부터 이데올로기 측면에 이르는 독자적인 지배 체계를 갖고 있다는 점이며, 따라서 둘째로 그 지배 체계가 그 내부의 생산력 발전에 바탕을 둔 생산관계·계급관계의 변화 없이는 그 기본 구조를 변화시키지 않는다는 점이다. 재지 수장제가 왕민제로 편입된 것 자체는 이러한 자율성을 변경시키는 것이 아니라, 그에 따른 중앙과의 교섭 또는 교통이 내부의 생산관계를 변화시킬 때만 그 지배구조를 변화시킨다는 것이다.

6세기에 이루어진 재지 수장제의 왕민제 편성은 베민제나 미야케제를 통해서 재지의 지배 형태 변화에 분명히 큰 영향을 끼쳤다. 우리는 이 '교통'이라는 측면의 중요성을 놓쳐서는 안 되지만, 반대로 베·도모노미야쓰코와 미야케의 성립과 재생산 자체가 자율적인 재지 수장층의 생산관계와 계급지배에 의존하며, 후자에 의해 보증된다는 기본적 관계를 잊어서는 안 될 것이다. 이 점은 이 계급이 야마토 왕권에 대하여 '복속'하는 여러 형태와 결코 모순되지 않는다. 왕민제로의 편성보다 앞서서, 또 그와 병행해서 수장층이 야마토의 고분 형식을 모델로 하여 축조한 동국의 고분은 그 자체가 '복속'의 한 형태이기는 하지만, 다른 한편으로는 이 고분들이 형식상 오키미들의 고분과의 신분적 격차를 보여주지 않는다는 사실도 잊어서는 안 된다(전방후원분[前方後圓墳, 앞이 각지고 뒤가 둥근 열쇠구멍 모양의 고분-역주]의 전방부에 대한 약간의 차이를 논외로 하면). 동국에서 가장 발달한 고분군을 만들어 낸 게누(毛野)의 수장들이 그와 동시에 야마토의 세력에 대하여 고도로 독립된 지방적 지배권을 이루고 있었다는 잘 알려진 사실도 떠올려야 한다. 고분의 축조는 '복속'의 측면과 동시에 물적·정신적 '교통'의 측면에서 파악할 필요가 있을 것이다. 수장층이 그 영역 안에 분할된 베를 관장하는 도모노미야쓰코로 등장하며, 지방 수장의 일족이 도네리나 유게이(靫負)로서 중앙에 상번(上番)한다는 관계, 나아가 특정 수장을 히노쿠마노 도네리(檜前舍人), 가나사시노 도네리(金刺舍人) 등의 도네리를 내는 집안(히노쿠마노 도네리노 아타이, 가나사시노 도네리노 아타이)으로 지정하고, 그 도네리에게 필요한 물자를 부담하는 베로서 히노쿠마노 도네리베, 가나사시노 도네리베 등을 설정한다는 발전된 형태[02]도 앞서 서술한 재지 수장제의 의의에서 언급된 자율성을 부정하는 것이 아니라 오히려 그것을 전제로 하는 체제이다.

　5·6세기에 두드러진 사실 중 하나는 구니노미야쓰코 층의 반란이 발생한다는 사실이며[03], 이 현상은 서국에서 전형적으로 나타났다. 이에 반해 동국의 수장은 보다 '복속'적인 것처럼 보이지만, 이는 재지 수장층의 '자율'

성과는 직접적인 관계가 없다. 자율성은 기본적 생산관계의 문제이므로 반란 전승의 유무와는 관계가 없고, 그런 의미에서는 수장의 지배 체계 전체가 나시로·고시로가 되는 식의 동국형 또는 변경형 쪽이 더 자율적이기까지 하다. 야마토의 통일체와 재지 수장제의 정치적·공적 관계를 매개로 하여 비로소 성립되는 나시로·고시로적 베민과 오토모베·소가베 등등의 베민은 따라서 천황·왕족·호족 등의 '사민'이기 전에 우선 왕민인 것이다. 베민에 천황·황비의 '이름' 또는 호족의 '이름'을 붙이는 것은 가바네나 이외에 신분 표지를 갖지 않는 왕민제와 공통된 원칙이며, 그러한 점에서 이를 단순히 주인집이 소유하는 '사민'으로 볼 수는 없는 일이다. 영제 아래서 정복되어 '부수(俘囚, 포로, 죄수라는 뜻으로 투항하거나 복속당한 에미시를 가리키는 말-역주)'가 된 에미시(エミシ, 고대 일본의 동북방에 있으며 조정에 복속하지 않았던 집단-역주)는 '공민'으로 편호되기 이전에 대부분이 기미코베(君子部)라는 가바네나를 부여받고 '왕민'으로 편성되었는데, 그들이 여러 관사와 참의 이상의 귀족에게 분할 지급되어 '천(賤)'으로 규정된 것은 (『속일본기』 호키 7년 11월조) 이러한 '왕민'이 야마토의 통일체 전체에 귀속될 공동 소유였던 사실의 흔적이 남은 것으

로, 다이카 전대의 그것도 기본적으로는 동일한 바탕에 입각하고 있다. 왕민제라는 토대 위에서 비로소 왕족·오미·무라지 등의 '이름'을 붙인 베의 분할 보유와 계승 그리고 '사민'화도 진행되는 것이다. '야마토 조정'에 의한 지방 수장의 '복속' 과정 또는 '침투' 과정을 왕권이나 개별 씨족들을 포함하는 야마토의 통일체 전체의 집단적인 행동으로 보지 않고, 또한 복속한 수장제 내부의 인민 분배를 위에 언급된 '부수' 사례에 나타나는 바와 같은 통일체를 매개로 하지 않고 곧바로 천황 또는 개별 씨족들의 '사민'화로 보는 데에 다이카 전대의 소유형태가 올바르게 분석되지 않는 이유가 있다. '사민'('사지'도 마찬가지)이라는 초역사적 개념은 다이카 전대 사유제의 독자적 성격과 존재 형태를 놓치게 만드는 결과를 낳을 것이다.

6세기의 동국에서 이루어진 미야케 설치는 재지 수장의 구조에 기본적 변화를 가져왔다고 보아야 할 것인가? 그 전형적인 사례인 이지미노 미야케(伊甚屯倉), 그리고 요코누(橫渟)·다치바나(橘花)·다히[?](多氷)·구라스[?](倉樔)의 미야케가 갖는 특징은 그것들이 영제의 군(郡)에 해당하는 넓은 지역을 차지하고, 전자가 이지미노 구니노미야쓰코에 의해, 후자가 무사시노 구니노미야쓰코(武藏國

造)에 의해 헌상되었다는 사실이다(『일본서기』 안칸[安閑] 천황). 이 미야케들은 '야마토 조정의 직할령'이라 불리며, 그것이 동국에서 성립된 의의가 논해진다. 분명히 미야케 설치는 '복속'이라는 형태를 매개로 하는 중앙과의 새로운 교통을 초래하며, 철제 농경구(鐵製農耕具)의 이입 등에 따른 구조 변화를 불러옴은 그 성질상 충분히 있을 수 있는 일이다.[04] 또한 다치바나·다히·구라스의 미야케에 각각 해당하는 영제의 다치바나(橘樹)·다마(多摩)·구라키(久良岐) 세 군, 즉 다마강(多摩川)·쓰루미강(鶴見川) 유역 지대 고분군의 형태 변화[05](전방후원분에서 원분[圓墳], 가리비형 전방후원분으로)도 미야케 설치와 관계가 있을지도 모른다. 그러나 '직할령'이 어떻게 존재할 수 있었는지 우선 물어야 한다. 설령 이 미야케들에도 기비의 시라이노 미야케처럼 중앙으로부터 '다쓰카이(田令)'가 파견되어 다베의 정적이 작성되거나 앞서 언급된 중궁직의 미야케처럼 '착도사' 등의 도네리가 파견되어 출거와 수납, 미야케 창고의 관리를 시행하였다고 가정하여도, 이러한 관료 몇 명이 어떻게 미야케 소속 민호들로부터 잉여생산물을 수탈하고 그것을 장기간에 걸쳐 재생산할 수 있었겠는가? 거기에 제도가 있으면 수탈이 저절로 이루어

진다고 생각하는 것은 제도사가들이 공통적으로 하는 착각이다. 미야케도 소유의 한 형태인 이상 직접 생산자의 노동에 대한 명령권을 전제로 하며, 그 권력이야말로 정치권력을 포함하는 모든 권력의 근저에 있는 것이다. 현재의 지바현(千葉縣) 이스미군(夷隅郡)에 해당하는 앞에 언급된 이지미노 미야케(2026년 현재 행정 구역상으로는 지바현 이스미시[いすみ市]에 해당함-역주)의 경우, 이를 헌상한 구니노미야쓰코의 직접 생산자에 대한 수장제적 계급지배 없이는 어떠한 '직할령'도 그 수취를 실현할 수 없으며, 그 구니노미야쓰코가 헌상 후에 가스가베노 아타이(春日部直)로서 그것을 관장하였다고 해도, 이는 형태를 바꾼 수장제의 존속에 지나지 않는다.[06] 앞서 언급된 남부 무사시(武藏)의 미야케에서 6세기에 들어서도 고분 자체의 축조가 계속되었다는 사실은 미야케 설치 후에도 수장의 계급관계가 존속하였음을 보여준다. '직접 징수'든 '간접 징수'든, 또 독자적인 가산제적 징수 조직이 있든지 없든지 간에 상관없이, 미야케에서 이루어진 잉여생산물의 수탈은 미야케를 통제하는 재지 수장제의 계급관계, 권력관계에 기초를 두었던 것이다(제4장 제1절). 임신의 난에서 오아마 황자의 군사적 거점이 된 미노국 아하치마군(安八磨

郡)의 '유노우나가시(湯沐令, 황족에게 주어진 영지인 유노무라를 관리하는 관직-역주)' 오노 오미 혼지(多臣品治)가 '해당 군의 병사'를 동원할 수 있었던 것은 그가 유노우나가시였기 때문이 아니라 바로 그 군을 지배하는 재지 수장이었기 때문에 군내의 유노무라를 통제해 온 것이며, '해당 군의 병사'를 동원할 수 있었다고 생각하는 것이다(『일본서기』 덴무 천황 원년 6월조). 미야케를 매개로 하여 야마토의 권력과 관계를 맺는 일은 기본적으로는 앞서 이야기한 재지 수장층의 자율성과 독립성을 잃게 만드는 것이 아니며, 미야케='직할령'이라는 측면만 강조하는 것은 권력관계, 계급관계를 제도사 속에서 해소시키는 것이다.

계급관계, 권력관계를 단적으로 보여주는 것은 군사와 재판이다. 전자에 대해서는 나중에 서술하기로 하고 후자에 대하여 말하자면, 재판권이 있는 곳에 권력이 있다고 해도 좋을 정도로 중요한 문제임에도 불구하고, 그것이 그동안 정당하게 평가받지 못한 데는 이유가 있다. 나시로·고시로든 미야케의 다베든 일반 민호와 마찬가지로 독립된 경영체인 이상, 잉여생산물의 수취는 늘 경제 외적인 강제를 필요로 하며, 이러한 강제는 6·7세기 단계에서는 전통과 주술적 권력으로는 더이상 충분하지 않고, 재판과 형벌에 의한 강제력이 계급지배의 수단으로 서 빠질 수 없다.

그 풍속은 사람을 죽이거나 강도 및 간음을 하면 모두 죽이고, 도둑질한 자는 장물을 헤아려 물건으로 갚게 하며, 재물이 없는 자는 몸을 빼앗아 노예로 삼는다. 그 외에는 경중에 따라 유배를 보내거나 장형에 처한다. 옥송 (獄訟)을 심문할 때마다 죄를 인정하지 않는 자는 나무로 무릎을 누르거나 강한 활을 매어 활시위로 그 목을 톱처럼 켠다.

기기에는 전해지지 않고 『수서』 왜국전에 조금 남겨진 스이코조 일본의 형벌에 관한 이 기사는 '민간'의 형벌을 기록한 것으로 여겨진다. 그것이 우아한 '야마토 조정'에 걸맞지 않은 조금 야만적인 '심문' 방법이기 때문은 아니다. '야마토 조정'은 일반 인민의 재판에는 관여하지 않았고 지방 수장층이 재판권을 갖고 있었기 때문이다. 이는 내조한 수나라 사신이 보고 들은 것을 바탕으로 한 것이라고도 한다. 형벌권이 국가 통치에서 갖는 의의를 잘 이해하고 있던 중국의 관인들은 『위지』 왜인전 이래로 형벌에 관한 기사를 남기는 것을 잊지 않았다. 그러나 위의 『수서』 왜국전 기사에는 야마타이국(耶馬臺國)에 대한 '법을 어기면 죄가 가벼운 자는 그 처자를 빼앗고, 무거운 자는 그 문호 및 종족을 멸한다'는 기사와 같은 중국적 윤색은 없고 즉물적·구체적이다. 여기에 적힌 것 같은 재판권·형벌권을 그 손에 들고 있지 않고서는 재지 수장층은 계급으로서 지배할 수 없었고, 장기간에 걸쳐 잉여생산물을 수취할 수 없었으며, 그것을 야마토 조정과 분배하는 것도 불가능하였다. 이는 지배권력의 근간이다. 동국 국사(총령)에 대하여 (a), (b)와 같이 '국사들은 구니에서 죄를 판결해서는 안 된다'고 지령을 내리고, 그 금지령을 어긴 국사를 죄준 것은 개신 정부가 새롭게 권력의 기반으로 삼으려 한 재지 수장층이 지닌 전통적 권력의 근간을 건드리는 일을 회피하기 위해서였다. 이 재판권의 소재에 대하여 '만약 소송을 하는 사람이 있을 때, 도모노미야쓰코가 있다면 그 도모노미야쓰코가 먼저 심리하고 아뢰어라. 히토고노카미(尊長)가 있다면 그 히토고노카미가 먼저 심리하고 아뢰어라'(a)라고 되어 있어, 도모노미야쓰코도 재판권을 갖고 있었던 것처럼 보인다. 도모노미야쓰코가 동시에 일정한 영역을 지배하는 재지 수장인 동국 같은 경우에는 이러한 일이 당연하다. 그러나 예를 들면 미노국 하루베리(春部里)처럼 한 촌락의 내부에 하루베(春部)·무토베(六人部)·하지베(土師部) 등등 베성(部姓)을 지닌 호가 많이 존재하는 경우에[07] 재지의 재판권이 각각의 베민—도모노미야쓰코 계열에서 별개로 구성되어 있었다고 생각할 수는 없고, 재지 수장이 베 조직과 무관하게 영역 안의 민호에 대하여 일률적으로 재판권을 행사하였다고 보아야 한다. 이즈모국 대세진급역명장(大稅賑給歷名帳)으로부터 추정되는 이즈모국의 여러 촌락에 보이는 더 복잡한 베민 구성을 취하고 있는 경우에는, 최고 재판권을 보유하는 이즈모노 구니노미야쓰코(出雲國造)와 그에 종속하는 소수장층(小首長層)의 영역 지배 계열이 재판권의 주체였고[08], 반조—베민 계열은 아니었다고 보아야 한다. 도모노미야쓰코·베 체제를 재지 수장층의 영역적 지배로부터 분리하여 그것만 따로 놓고 보면 그것이 얼마나 권력으로서 약체였는지가 이해될 것이다. 이는 동시에 도모노미야쓰코 체제가 그 자체만으로는 자율적인 권력 체계가 되기 어려운 이유를 보여주는 것이다. 재판권에 보이는 그러한 특징은 군사면에서 더 명확하게 드러난다. 스이코조 이후 '도모노미야쓰코·구니노미야쓰코'라고 나란히 불리지만, 도모노미야쓰코가 왕민제 고유의 신분적·족제적 질서의 특징적 소산이었던 데 반해, 구니노미야쓰코가 왕민제에 편성된 측면은 그 실체인 재지 수장층의 일부에 지나지 않았고, 따라서 전통적인 영역 지배에 입각한 후자는 왕민제와 모순될 가능성을 늘 품고 있었다. 개신 정부가 인민의 지역적인 편성인 공민제와 그 위에 선 지역적인 정치권력을 구축하려고 할 때, 구니노미야쓰코는 그 권력의 기반일 수는 있어도, 재지 반조제는 이제는 새로운 국가 체제 속의 부차적·종속적인 요소에 불과할 수밖에 없었다. 개신은 이러한 선택을 한 것이며, 앞서 서술한 여러 조(詔)에서 구니노미야쓰코가 전면에 나타난 이유도 여기에 있었던 것으로 보인다. 스이코조를 최전성기로 하는 반조제는 율령제 국가의 발전 속에서 왕민제와 함께 몰락하였다. 그 기점은 이미 다이카 개신에 있었다고 보는 것이다.

그러나 개신은 구니노미야쓰코에서 '고리'제로 전환함에 따라 단순히 권력의 기반을 구니노미야쓰코 또는 재지 수장층 위에 확대한다는 것 이상의 일, 국가 성립사에서 또 하나의 주목할 만한 진전을 이루었다. 그것은 첫째로 구니노미야쓰코의 영역 지배가 제도화하고, 그에 따라 순수화하였다는 점이다. 고리제(評制)의 고리노카미(評督領)·스케노카미(助督) 2등관제가 덴지조부터 나타났고, 개신기 고리의 관인이 고리노미야쓰코(評造)뿐이었다고 한다면[09] 고리제의 성립은 구니노미야쓰코의 지배 영역을 고리라 하고 구니노미야쓰코를 고리노미야쓰코로 바꾼다는 것일 뿐이며, 명칭 변경 이상의 제도사상 의의는 없는 것처럼 보인다. 그러나 다이카 전대의 구니노미야쓰코 또는 재지 수장제의 양상을 보면 거기에 중요한 전환의 한 걸음이 있었음을 알 수 있을 것이다. 전형적으로는 히노아시키타노 구니노미야쓰코(火葦北國造)가 동시에 오사카베노 유게이 아리시토(刑部靫部阿利斯登)였던 사례가 보여주듯이, 구니노미야쓰코는 동시에 도모노미야쓰코일 수도 있으며(『일본서기』 비다쓰 천황 12년 시세조), 재지 수장층은 왕민제 질서에 편성되는 경우, 베민의 관장자로서는 도모노미야쓰코로 나타나고, 특정 영역의 지배자로서는 구니노미야쓰코로서 존재하는 것이다. 수장이 지니는 이러한 다면적인 성격은 구니노미야쓰코가 고리노미야쓰코로 전환됨에 따라 인민의 지역적 편성, 개신기 제1차 편호에 대응하는 순수한 영역 지배로 전환하며, 다이카 전대 구니노미야쓰코의 실체였던 것이 여기서 명확히 제도화하고, 도모노미야쓰코적 측면은 사상되어 간다. 이후 고리의 구획은 변동하기는 해도 그것이 다 이호령에 의한 군제(郡制)의 기초가 되는 순수하게 행정적인 구획임은 개신 때부터 명료한 특징이었다.

둘째로 주목해야 할 점은 구니노미야쓰코에서 고리노미야쓰코로 이행함과 더불어 구니노미야쓰코가 지배하는 영역의 분할·통합이 이루어진 것이다.[10] 즉, 옛 구니노미야쓰코의 지배 영역이 그대로 고리가 된 것이 아니라 『히타치국 풍토기』에 전하는 바에 따르면 다이카 5년(649)과 하쿠치 4년(653)에 여섯 구니노미야쓰코의 군=구니로부터 적어도 4개의 군(고리)이 새롭게 분리, 창설되었음을 알 수 있고, 하리마(播磨)·이세(伊勢)에서도 마찬가지 흔적이 보인다.[11] 이는 예를 들면 히타치국(常陸國) 나메카타군(行方郡)의 경우에는 나카(那珂)·이바라키(茨城) 두 군의 700호를 떼어내 신설하는 방식으로 이루어졌다. 앞서 개별 구니노미야쓰코 또는 재지 수장의 영역 지배는 나시로·고시로의 설정, 미야케의 설치 등의 외적 계기에 의해서는 본래의 자율적이고 독립적인 구조를 기본적으로 변화시키지 않았다고 서술하였다. 그런데 개신의 고리제 성립에 즈음하여 위와 같이 민호가 기계적으로 분할·통합된다는 것은 어떻게 가능했는가 하는 문제가 생긴다. 이를 야마토 국가의 권력이 지방에 대하여 가진 권력의 강함으로 귀결시키는 것은 권력으로 모든 것을 설명하는 방식이며, 또 개신기의 실상으로 보더라도 사실이 아니다. 그것을 설명하기 위해서는 수장제 지배의 내부에 그 구조를 변화시킬 만큼의 요인이 없었는지 아닌지를 생각해야 한다. 그러기 위해서는 6세기 전반부터 시작되어 6세기 후반 이후 '폭발적으로' 증대된 군집분(群集墳) 문제가 하나의 관건이 되는데, 이 문제는 제4장에서 언급할 것이므로 여기서는 다음 셋째 특징과 연관지어서 이 책에서 어떻게 생각하는지만을 언급해 두고자 한다.

구니노미야쓰코에서 고리제로 이행하는 셋째 특징은 새로운 고리의 고리노미야쓰코로 구니노미야쓰코가 아닌 자도 보임하였다는 사실이다. 히타치국의 경우, 시다군(信太郡)의 모노노베노 가와치(物部河內), 모노노베노 아이즈(物部會津) 등, 가시마군(香島郡)의 나카토미노 (가마)코(中臣[鎌]子), 나카토미베노 우노코(中臣部兎子) 등, 이와키군(石城郡)의 미야코토베노 시코아카(造部志許赤) 등이 그 사례에 해당한다. 이들 중 베성을 가진 자는 이른바 베민의 계보를 잇는 자가 상승한 것이 아니라, 동국에 많이 보이는 '베성 군사'와 마찬가지로 본래 재지의 수장 계층에 속하는 자들이다. [12] 따라서 위의 사실은 구니노미야쓰코와는 성이 다르며, 게다가 고리노미야쓰코가 될 수 있을 만큼의 역량을 지닌 수장층이 구니노미야쓰코의 영역 안에서 대두해 왔음을 보여준다. 이는 재지 수장층 내부에서 계급 분화가 진행된 결과로 보이며, 앞서 언급한 군집분의 증대와 관련된 것이다. 동국 국사에게 내린 조(b)에서 '여기 모인 군경·대부(마에쓰키미타치)와 오미·무라지, 구니노미야쓰코·도모노미야쓰코 그리고 여러 백성 등'이라고 되어 있는 부분의 '여러 백성'은 이러한 비(非)구니노미야쓰코적 수장층의 대두를 염두에 둔 것이 아닐까? 이는 수장층의 역사 속에서 중대한 변화이다. 또한 히타치(常陸)와 달리 무사시나 사가미(相模)처럼 영제의 구니에 대응하는 넓은 지역에 구니노미야쓰코가 하나밖에 없는 경우, 히타치와 마찬가지로 훗날의 군에 대응하는 규모의 고리가 설치되었다고 한다면, 새로운 고리노미야쓰코 중 대부분은 종래의 구니노미야쓰코와는 별개의 인물이 보임되기에 이른다. 이 경우에는 히타치와 비교가 안 될 정도로 다수의 비구니노미야쓰코적 수장이 새롭게 고리노미야쓰코로 탄생하였고, 국가의 체제

안에 편성되었을 것이다(이러한 유형의 구니노미야쓰코가 전국적으로, 의외로 숫자가 많았고[13], 무사시에서 보이는 현상은 이즈모[出雲]에서도 하리마에서도 일어났을 것이다)(제4장 제2절 3).

나는 위의 두 가지 사실 속에서 왜 개신 정부의 정책이 재지에 관철될 수 있었는지 그 이유 한 가지를 발견하였다. 재지 수장층 속에 그것을 받아들일 만한 객관적 조건이 존재하였던 것이다. 수장층은 서로 고립되어 지배하는 것이 아니고, 특히 무사시의 사례처럼 영제의 구니에 대응하는 영역에 한 구니노미야쓰코가 두어지는 경우에는, 그를 수반으로 하는 군소 수장층의 동족 관계를 하나의 유대로 하는 결합체가 성립하였으며, 무사시노 구니노미야쓰코의 지위를 놓고 다툰 가사하라노 아타이(笠原直) 일족의 전승이 보여주듯이(『일본서기』 안칸 천황 원년 윤12월 시월조), 결합체 내부의 분쟁과 전쟁에 따른 세력 교체와 함께 앞서 언급한 성이 다른 수장층의 대두로 인한 역사적 변동을 과거에 겪었으리라 추측된다. 어떠한 통속 관계와 내부 모순을 지닌 수장층의 이러한 결합체의 존재야말로 게누가 지닌 독립성의 배후에 있는 것이고, 그것은 재지 수장층 속에서 끊임없이 재생산되는 구조였을 것이다. 개신 정부가 시행한 고리제에 바탕을 둔 수장층의 지배 영역을 분할·통합하는 정책은 옛 구니노미야쓰코 전반을 권력의 기반으로 삼은 것이 아니다. 구니별로 설치된 무사시 같은 구니노미야쓰코의 경우에는 그것을 해체하여 다수의 고리로 분할하고 옛 구니노미야쓰코의 통속 아래 있던 군소 수장층을 고리노미야쓰코로 삼았고, 이와 다른 형태의 히타치의 경우에는 옛 구니노미야쓰코의 영역을 분할·통합하여 고리를 신설하고 그것을 동국의 수장층이 형성한 구질서를 해체로 이끄는 적극적인 정책이었다고 보아야 한다. 이는 동국의 권력 기반을 옛 구니노미야쓰코층, 도모노미야쓰코층보다도 훨씬 넓은 군소 수장층 위로 확대하는 일이었다. 개신 정부는 왕민제에서 재지 수장층이 차지하고 있던 구니노미야쓰코·도모노미야쓰코 등등 다양한 전통적·명목적 지위와는 관계 없이, 직접 생산자를 지배하고 그로부터 잉여 노동을 수취할 수 있는 현실의 권력을 장악한 계급으로 새로운 권력의 거점을 확대하려고 한 것이다.

앞서 인용한 (a)는 '구니노미야쓰코·도모노미야쓰코·고리노이나기가 아닌데' 심지어 자기 조상 시절부터 '이 미야케를 맡고 이 고리를 다스렸다'고 '거짓으로' 주장하는 분자가 동국에 있음을 말해 준다. 이 '구니노미야쓰코·도모노미야쓰코·고리노이나기'라는 옛 왕민제 속 정당한 지위를 차지하지 않고, 게다가 그 지배 영역을 주장하는 계층이야말로 앞서 언급된 새로이 등장한 군소 수장층이 아닌가? 게다가 그 조는 '상세히 실상'을 보고할 것을 요구하였다. 왕민제에서 공민제로의 원리적인 전환은 동시에 그것을 담당하는 새로운 계층의 등장을 전제로 하였다. 나는 옛 구니노미야쓰코에서 고리노미야쓰코로 이행한 과정에서 이러한 새로운 측면이야말로 주목해야 한다고 생각한다. 이러한 개신 정부의 정책에 대한 재지의 반향은 거의 기대된 그대로였다고 보아도 된다. 히타치국에 가시마·시다·나메카타 등의 새 군들이 설립된 것이 구니노미야쓰코뿐만 아니라 비구니노미야쓰코 수장들의 총령에 대한 '요청'에 따라 이루어졌다고 하는 재지 측의 적극성은 개신 정부의 정책에 대한 수장층의 반응으로 흥미롭다. 또한 이는 정책적으로 이루어진 흔적이 보인다. 하나는 파견한 총령들의 치적에 대한 구니노미야쓰코의 비판과 비난을 적극적으로 다룬 점이며(b), 다른 하나는 앞서 서술한 제방·구거(溝渠)의 축조, 개간과 영전(營田)을 촉진하는 권농(勸農)의 조에 보이듯이, 6세기 이후 급속히 발전하고 있던 재지 수장층의 생산력을 국가가 원조하는 정책을 취하였던 점이다. 이러한 조건에서만 교전과 민호의 조사·등록이라는 새로운 시책이 동국뿐만 아니라 전국의 재지 수장층 자신의 계급적 이해관계와 결부되는 사업이 될 수 있었다고 보아야 한다. 이를 '야마토 조정'의 권력이 지방에 '침투'하는 과정이라는 측면에서만 파악하는 전통적 사고방식은 개신을(또는 정치 과정 전반을) 계급들의 총체적 운동으로 파악하지 않는 데서 오는 약점을 드러내며, '국가'의 성립 문제를 계급간의 모순들 속에서가 아니라 중앙권력에 의한 각 제도의 창설 문제로 전환하게 된다.

다이카 개신에서 동국 수장층과의 관계는 거의 위와 같이 여겨지므로, 나로서는 '구니노미야쓰코·무라노오비토가 소유한 가키의 백성, 곳곳의 다도코로'에 대한 폐지·수공의 규정을 포함한 개신조 제1조가 그 점에서도 의심스럽다. 일반적 교전과 편호, 새로운 세제의 시행이라는 개신의 모든 시책은 자율적인 수장층의 재지 권력에 의존해야 비로소 가능했으며, 바로 그 점이 명료하게 인식되고 있었기 때문에 개신 정부는 수장층 권력의 핵심을 이루는 재판권 또는 형벌권에 개입하는 일을 금지

한다는 신중한 배려를 보였고, 수장의 인격적 지배의 전형적 형태인 요역 노동 부과권에 대해서도 기존의 사정제에 대한 제도적 변경 이외에 손을 대지 않은 것이다. 그것들은 모두 재지 수장층의 기본적 계급 이해관계와 연관된 문제이다. 새로운 유형의 국가 수립을 의도한 개신 정책의 최우선적 과제가 중앙의 오미·무라지층뿐만 아니라 지방의 수장층도 새 권력의 주위에 결집하고, 그곳에서 권력의 기반을 확대함으로써만 달성될 수 있음을 인식하고 있던 개신 정부는 정변 전에 미리 결정되어 있던 계획에 근거하여 위와 같은 주도면밀한 정책을 취한 것이다. 게다가 다른 한편으로는 같은 정권이 재지 수장층의 경제적 토대를 이루는 가키와 다도코로를 한 조각 법령으로 폐지·수공하려고 하는 시책, 즉 재판권의 수공보다도 훨씬 곤란한 시책을 굳이 감행하려고 했다고 생각할 수 있을까? 사료 비판의 문제는 좋든 싫든 간에 개신의 총체적 평가와 결부될 수밖에 없다. 이때 제1절에서 언급한 황태자주 기사 속에서 천황의 자문 사항 중에는 개신조 제1조 원조의 관점에서 보면 당연히 포함되어야 할 '가키의 백성, 곳곳의 다도코로'가 빠져 있는 점은 나에게는 의미심장하고 자연스러워 보인다.

제4절 개신 정권의 군사적 성격

동국에서 시작되어 마침내 전국으로 확대된 위와 같은 개신 정책의 근본에 있는 동인은 무엇인가 하는 문제가 다음으로 제기된다. 일반적으로 당나라 제도에 바탕을 두는 왕권을 축으로 한 중앙집권적 국가의 수립은 개신이 설정한 과제이자 이념이며, 다이카 개신, 덴지조, 덴무·지토조와 기요미하라령의 시행 및 다이호 율령의 제정·시행이라는 율령제 국가의 전사(前史)를 이루는 단계들은 그 과제가 해결되고 이념이 현실로 전환되어 가는 단계들로 여겨진다. 그러나 말할 것도 없이 이념과 과제 자체가 역사의 소산이다. 이러한 전사의 시기에는 내란·모반 및 대외전쟁이 있었고 따라서 율령제 국가의 수립은 곡절과 우회로를 동반하는 약 반세기의 시간을 필요로 하였음에도 불구하고, 일관되게 동일한 이념과 과제가 추구되었다는 사실에는 그렇게 해야만 하는 기본 동인이 기초에 있었다고 보아야 한다. 이념이 현실로 전환되어 가는 것이 아니라 현실과 역사 그리고 이 시대 지배계급 특유의 액추얼(actual)한 모순이 이념을 낳고 재생산하며 그것을 견지하게 만든 것이다. 국가라는 기구는 늘 그 자체가 목적이 되는 일은 없고, 무언가를 해결하기 위한 수단이자 매개였기 때문이다. 그 점을 분명히 하기 위해서는 율령제 국가의 전사를 형성하는 앞서 언급한 단계들을 각각 역사적으로 분석할 필요가 있을 것이다. 여기서는 우선 다이카 개신이 문제이다.

개신 정부의 정책이 지닌 특징 중 하나로서 주목되는 사실은 그 군사적 관심이 강하다는 것이다. 앞서 서술하였듯이 개신조 제2조 이하의 규정들, 특히 이른바 범조에 대해서는 『일본서기』 편찬자에 의한 영 조문 전재 또는 그에 따른 윤색이 지적되지만, 그중에서 그에 해당하지 않는 약간의 규정은 적어도 개신기 원조에 바탕을 두었을 가능성이 있는 사료이며, 그 중 제1차 사료를 통해 확인되는 사항은 원조('개신조'의 원조라는 의미가 아니다)에 따른 것으로 보아야 한다. 전자에 속하는 것으로 제2조의 기내 규정, 제4조의 관마·조·사정 규정 등이 있으며, 후자, 즉 제1차 사료를 통해 확인되는 것으로 제4조의 병기 규정이 있다. 그러나 '무릇 병기는 사람마다 칼·갑옷·활·화살·깃발·북을 내라'는 개신조의 규정은 이 조항 자체에 원조가 있었던 것이 아니라, (a)의 '또한 노는 땅에 병고(兵庫)를 만들어 국군의 칼·갑옷·활·화살을 거두어 모으고, 변국(邊國) 가까이 에미시(蝦夷)와 경계가 맞닿은 곳에는 그 병기를 모두 헤아리고 모아서 또 원래 주인에게 맡겨서 주어야 한다'를 기초로 하여 편찬자가 뜻을 취해 쓴 문장이 아닐까 추정된다. 전자의 '내라'는 병기를 국가에 낸다는 뜻이라고 해도, 그 의미는 후자의 조를 통해 비로소 구체적으로 알 수 있다는 점, 또 전자의 '사람마다' 내야 하는 병기 중에 '칼·갑옷·활·화살' 외에 '깃발·북'까지 포함된 것은 의문으로 삼을 만하기 때문이다. (a) 쪽에 깃발과 북이 빠져 있는 데는 이유가 있는데, 그것들이 군대의 지휘와 관계가 있는 특수한 도구이고 일반 백성이 모두 가질 수 있는 것은 아니며, 따라서 '사람마다' 내야 할 병기는 아니기 때문이다. 나중에 군방령(軍防令)이 병사가 '스스로 갖추어야' 할 병기에 그것들을 포함시키지 않는 것도 그 때문이다(비융구조[備戎具條]). 따라서 (a)의 규정이 정확하고, 개신조 쪽은 아마도 덴무 14년(685) 11월의 조 및 군방령 사가고정조(私家鼓鉦條)에 보이는 '북'과 '깃발'을 사가에 두어서는 안 된다는 규정을 염두에 두고 윤색한 것으로 보인다. 위와 같은 이유에서 개신조는 제외하고, (a)와 다이카 2년 정월 시월조의 관련 기사를 기초로 해서 생각할 경우, 여러 국군에 '병고'를 설치하고 일반 인민으로부터 수공한 칼·갑옷·활·화살 등의 병기를 그 안에 수납한 사실은 주목할 만한 시책으로 보아야 한다. 그것은 동국 국사 파견과 동시에 실시되었고, 국사들의 행적을 언급한 (b)의 조에도 그와 관련된 기사가 있으므로, 병기 수공, 병고 설치는 개신 정부가 그 권력을 탈취할 때부터 중요한 과제 중 하나로 간주한 것이었다. 게다가 다이카 원년 9월조의 분주에 인용된 어떤 본에 따르면, 사자를 여러 구니에 파견하여 병기를 모으게 한 것은 같은 해 6월, 즉 개신 정변이 있었던 달부터 시작된 것이며, 이것도 이 시책이 정변 전부터 꾸며진 계획 중 하나였음을 보여준다. 이것이 개신 정부의 군사적 관심이 강하였음을 보여주는 첫 번째 사실이다.

두 번째는 제4조의 '관마' 규정, 즉 중급 말(中馬)을 100호당 1필, 세마(細馬)를 200호에서 1필을 내게 하며, 말을 사는 값은 호별로 베(布) 1장(丈) 2척(尺)이라는 규정이다. 이 관마가 군사와 관계됨은 고분시대 말의 군사적 용도에서도, 또 이 규정의 모델이 된 것으로 추정되는 북위(北

魏)나 수나라의 제도에서도 추측되는 점으로, 특히 후자의 제도가 수 양제의 고구려 정벌 전쟁에 즈음하여 낸 시책임에 주목해야 한다.[01] 관유·사유인 마소를 훔친 일에 대한 요로율(養老律) 적도율(賊盜律)의 규정에서 마소가 '군국(軍國)'에서 필요로 하는 바이며 나머지 가축과 다르다고 여겨진 것도 상기해야 한다(도관사마우조[盜官私馬牛條]의 소[疏]). 개신의 관마 규정도 군사와 관계되며, 일정한 형태의 전쟁 가능성을 예상하여 정한 것이라고도 볼 수 있다. (b) 사료는 관마와 관련된 것으로 보이는 마필의 징발이 동국에 파견된 총령들에 의해 강행되었음을 보여주고 있다. 그 사료에서는 동국의 재지 수장층과 그 지배 아래 있는 다베와 유베(湯部, 왕자, 왕녀의 양육을 위해 설정된 베민-역주)로부터 활이나 베와 함께 말을 징발한 기사가 많이 보이며, '구사시로노 모노(草代之物)'를 말을 먹이는 풀이라고 본다면 그것을 징발한 행위도 관마와 관계될 것이다. 나는 병기의 수공, 병고의 설치, 관마 징발의 규정은 떼려야 뗄 수 없으며, 개신 정부의 군사적 시책을 구성하는 것들이라고 생각한다.

세 번째는 개신 사료와는 관계가 없지만, 이른바 국조군(國造軍)의 문제가 있다.[02] 영제에서의 사키모리(防人, 동국 등지에서 동원되어 규슈, 이키, 쓰시마 등 변경의 수비를 담당하는 병사-역주) 제도에 유제가 보이는 국조군의 특징 중 하나는 그 내부 편성이 제도화된 점, 즉 국조정(國造丁, 국조)—조정(助丁)—주장정(主帳丁)—화장(火長)—상정(上丁, 사키모리. 즉, 일반 병사)라는 서열이 국조군의 편성으로 제도화된 점이다. 세부적인 문제는 차치하고, 이러한 군대 편성의 제도화 방향이 어느 시기에 확립되었는가가 문제이다. 일반적 정황으로 미루어 보아 다이카 전대의 국조군에서 그것을 찾기란 곤란하다고 본다면, 그것은 다이카 개신이거나 덴무조거나 둘 중 하나여야 하는데, 후자에 대해서는 다음과 같은 난점이 있다. 첫째로 덴지조 말기에 구니노미야쓰코가 고리제로 교체 편성이 완료되었고, 또한 덴무조 초기에 이른바 '신국조' 또는 '영제 국조'로의 전환이 이루어져 국조(구니노미야쓰코)는 한 구니의 신기(神祇)만을 관장하는 지방관이 되었다고 한다면, 이 시기에 국조를 주체로 한 군대의 제도화를 생각하기란 곤란하며, 둘째로 덴무조부터 지토 초년까지의 군제는 기요미하라령에 의해 확립된 영제 군단 조직으로 기울어지는 양상을 보여주므로, 국조군 내부 편성의 제도화 시점을 여기서 찾기는 어렵기 때문이다. 그렇다고 한다면 남는 것은 다이카 개신이나 덴지조인데, 전자로 보는 것의 난점은 앞서 서술하였듯이 고리제가 이등관제조차 취하지 않은 이 시기에 국조군만이 이러한 편성을 제도화할 수 있을 것인가 하는 의문이 남는 점이다. 그러나 지휘권과 서열 편성이 군대의 생명이라는 점을 떠올리면, 국조군의 그것이 관료제보다 선행할 수도 있는 점을 고려해 두어야 하며(근대의 절대주의 국가가 성립할 때 관료제적 질서가 먼저 군대 내부에서 형성된 것도 떠올릴 수 있다), 따라서 나는 국조군의 앞서 말한 내부 편성의 기본적 방향은 다이카 개신 때 정해졌다고 보는 것이다.

이렇게 생각하면 다이카 개신은 국조군의 역사 또는 고대 군제사 전반에서 하나의 전환기를 이루었고, 그 특징은 첫째로 국조군을 국가 체제의 일부로 편성한 점이다. 이때 도모노미야쓰코가 아니라 구니노미야쓰코인 점에 주의할 필요가 있다. 국조군은 6세기부터 성립하지만, 반조군(伴造軍)이라는 것이 거의 보이지 않는 것은, 재판권에 대하여 이야기한 것처럼, 도모노미야쓰코·도모·베라는 계열의 신분적·족제적인 통속 관계가 하나의 강제력 장치가 되기 어렵다는 특징을 갖고 있었기 때문이다. 이는 군역, 즉 요역 부과권을 지니는 영역 지배에 입각하지 않았던 사실과 연관되어 있다. 재지의 도모노미야쓰코는 그가 도모노미야쓰코이기 때문이 아니라, 영역적 지배에 입각한 재지 수장층이 도모노미야쓰코를 겸하였을 때 군대를 편성할 수 있었을 것이다. 가장 큰 도모노미야쓰코 중 하나이며 전국적으로 베민을 보유하고 있었다고 여겨지는 모노노베씨(物部氏)의 멸망 경과는 반조제가 군사적으로 얼마나 약체인지를 보여주며, 마찬가지로 가장 큰 군사적 도모노미야쓰코 중 하나인 오토모씨(大伴氏)의 군사력은 천황의 내정(內廷)에 속하는 이른바 친위군으로서의 그것이며, 명문이기는 하지만 국가 군대의 편성 원리가 되기는 어려운 성격의 것이었다. 다이카 개신의 국조군 재편이 갖는 의의는 이러한 약체 반조군과 결별하고 국조군의 강화, 체제화로 전환한 점에 있다.

둘째는 앞서 서술한 것과 같은 국조군 내부 편성의 제도화가 제4장에서 언급할 다이카 전대의 국조군을 군대로서 질적으로 바꾸었을 것이라는 점, 특히 관행에 따라 잡다하게 편성되어 있었던 것으로 보이는 다이카 전대의 국조군이 제도화를 통해 비교적 균질한 군대가 되고, 많은 국조군을 보다 상급의 군 편성 일부로 만들 가능성이 생겨났다는 점이다. 이러한 국조군의 재편성은 앞서 서술한 첫째, 둘째 특징과 밀접하게 연관되는 것으로, 긴급하기는 하지만 다이카 정변 이후의 일시적 조치로 보이기 쉬운 첫째, 둘째의 시책이 사실은 군제상의 개혁과 결부된 항구적인 시책의 일부였음을 알 수 있을 것이다. 사실 이들은 덴무조로 이어진 것이다(제3장 제2절).

네 번째로 개신기 동국에서는 영제의 '구니'는 아직 성립하지 않았고, 따라서 통치 체계는 총령 아래 구니노미야쓰코와 고리가 병존하고 있었다고 간주해야 하므로[03], 구니노미야쓰코가 군사적으로 편성된다는 것은 총령—구니노미야쓰코 체제가 군사적인 성격이라는 한 측면을 지님을 의미한다. 여기서 다시 '총령'이라는 관직명이 갖는 의미가 문제가 된다. 덴무·지토조의 총령은 다자이(大宰)와 거의 동일한 관직이지만[04], 이는 단순한 지방 행정관이 아니라, 조선에 주재하는 당나라 장군이 쓰쿠시노 다자이를 '도독부(都督府)'라 칭하였듯이, 하나의 군정관(軍政官)으로 그 지배 영역 안의 병마 동원권을 지니며, 총령의 소재지는 동시에 병고를 보유하는 군사기지였다(제3장 제2절). 이는 영제의 몇몇 '구니'를 관할하는 관직이지만, 개신에 즈음하여 '동방의 팔도'에 파견된 총령 8명도 각각 '팔도' 중의 하나, 즉 나중에 영제의 몇몇 '구니'로 구성되는 지역 블록을 관할한 점에서 위에서 언급된 총령 또는 다자이와 동일한 유형에 해당한다. 따라서 스이코조에는 성립해 있었던 쓰쿠시노 다자이와 덴무·지토조의 총령 또는 다자이의 중간에 개신의 동국 총령이 위치하는데, 스이코조의 쓰쿠시노 다자이가 단순히 외교 사무를 취급하는 행정관이 아니라 전통적으로 해외 출병 또는 방위를 위한 기지로서의 쓰쿠시를 관할하는 군정관이었다는 점은 말할 것도 없다. 따라서 개신 때의 동국 총령에 군사 지휘관적 성격을 상정하는 것은 그를 전후한 총령제의 계보로 보아 오히려 당연한 일이며, 이 점은 또한 앞서 언급한 새로이 개편된 통속 하의 국조군에 대응하는 것이다. 따라서 총령―구니노미야쓰코 체계에서는 행정적 측면과 군사적 측면이 미분화된 형태로 통합되었다고 보아야 한다. 이 점은 일본 영제의 군제가 특징으로 삼는 두 가지 사실과 관계되어 있다. 첫째는 영제 국사가 군정 또는 군사에 관여하는 방식이 당나라의 경우와 다르다는 점이다.[05] 병사 20명 이상을 동원하기 위해 주문(奏聞)을 거쳐 계칙(契勅)을 내리는 경우 병부성(兵部省)―태정관―국사 계열의 관여(『영의해[令義解]』직원령 병부성조)는 일본 태정관 조직의 특수성과 관계되는데(제3장

제3절), 그에 대응하여 국사가 위사(衛士)·사키모리의 편성을 관장하며, 거기에는 군제와 지방 행정기구 사이에 당나라 제도와 같은 엄격한 분리가 존재하지 않는 것이 특징이다. 당나라의 절충부(折衝府)가 주자사(州刺史) 또는 현령(縣令)의 통솔 아래 있지 않고, 중앙 위부의 지휘 아래 있었던 데 반해, 일본 군단의 경우 그와 달리 국사의 명령 계통에 속한다는 독자성은 영제 국사의 전신이 총령―국조군의 체제 속에서 총령의 군사적 권능을 계승하면서 성립하였다는 점과 관련된다(임신의 난에서 '국사'가 수행한 군사적 기능을 떠올려 보라). 그런 총령이 쓰쿠시노 다자이―다자이후를 제외하고 다이호령에 의해 확립된 국사제 속에서 최종적으로 해소되었을 때, 예전에 총령이 지녔던 군사 지휘권도 후자 속에 계승된 것으로 보인다. 둘째는 영제 군단의 대의(大毅)·소의(少毅)와 재지 수장층 사이의 제도상 및 사실상의 밀접한 관계이다. 이는 영제 군단의 성립이 국조군과 관련되어 이루어진 점과 무관하지 않다. 군제(郡制)와 군단 조직에서 재지 수장층이 갖는 특별한 의의는 율령제의 일본적 존재 방식과 깊이 연관되어 있으며, 중앙의 국가 기구가 유형으로서는 중국형 전제적 국가의 구조를 보여주면서도 현저

하게 귀족제적·문벌적 성격을 지녔다는 특징에 대응하는 것이다.

다섯 번째로 총령—국조군과 어깨를 나란히 하는 총령—고리제의 계열이다. 다이카 때 시작되는 '고리(評)'가 조선의 제도에서 기원하며 신라의 '탁평(啄評)'[06], 고구려의 '내평(內評)·외평(外評)'[07], 백제의 '평(評)'이라는 존재와 떼어 놓고 생각할 수 없음은 분명하다.[08] 조선의 '평'이 갖는 특징은 삼국의 국가 제도 전체와 마찬가지로 군사와 행정이 불가분의 통일체라는 점에 있으며, 이러한 군사적 측면도 다이카의 '고리'에 계승된 특징이었다고 보아야 한다.[09] 거기서부터 개신에 즈음하여 모든 구니노미야쓰코가 고리제로 이행한 것이 아니라, 왜 그것이 특정 구니노미야쓰코에 한정되었는가 하는 문제, 즉 '고리'가 갖는 독자적인 의의는 무엇인가 하는 문제가 제기되기에 이르며, 이를 '고리' 자체의 군사적 성질로 보아, 예를 들면 다카노 구니노미야쓰코(多珂國造)와 이와키노 구니노미야쓰코(石城國造)의 병존을 후자가 에미시(蝦夷)에 더 접근해 있다는 관점에서 파악하는 것도 가능하다.[10] 나는 '고리'가 변경에 한정되어 있지 않은 점으로 보아 앞서 언급된 수공한 무기를 수납하는 '병고'의 설치와 관계가 있다고 상정하고자 한다. 바꾸어 말하자면, 다자이와 병고의 관계와 마찬가지로, '고리'란 개신에 즈음하여 여러 구니에 설치된 '병고'를 중심으로 하는 군사적 거점으로 출발한 것이 아닐까? 그러나 '고리' 자체는 하나의 행정적 구획이므로 거기에 국조군과 이질적인 병단(兵團)이 조직된다고는 생각할 수 없고, 구니노미야쓰코들 중 특정한 일부가 그것으로 지정되었을 뿐이리라. 기본은 국조군인 것이다. 독자적인 군단적 체제로 분화하지 않은 일부 국조군이 이러한 군사 거점=고리를 중심으로 결합하고, 총령의 관할 아래 있다는 체제를 상정하는 것이며, 이러한 군사 체제가 신라나 백제의 그것과 기본적으로 유사하였다는 점도 주목되어야 한다. 따라서 총령—국조군 및 총령—고리의 체제는 앞서 서술한 병기·관마 문제와 불가분의 관계에 있었다고 본다.

마지막으로 기내의 제도이다. 첫째로 개신조 제2조에 규정된 기내제, 즉 왕도(王都)를 중심으로 동쪽은 나바리(名墾)의 요코카와(横河), 남쪽은 기이의 세노야마(兄山), 서쪽은 아카시(赤石)의 구시부치(櫛淵), 북쪽은 오미의 오사카산(合坂山) 이내를 범위로 하는 영역을 기내로 하는 제도는 원사료에 입각한 규정으로 보아야 한다. 이를 덴무조 이후의 제도에 바탕을 둔 술작으로 간주하는 견해는 취하지 않겠다. 덴무조에 기내가 특별한 정치적·군사적 중요성을 지니고 있었던 것은 사실이지만, 그것은 개신조의 기내제가 다이카 개신 당시에 설정되었음을 의심하는 이유가 되지는 않으며, 개신도 또한 그 나름의 독자적인 사정을 바탕으로 하여 기내를 설정할 이유가 있었다고 생각하기 때문이다. 고리제가 단적으로 보여주는 것처럼 이 시기의 영역 구분은 당나라 제도와의 관련을 생각하기 전에 우선 조선의 제도와의 관련을 문제삼아야 하며, 그러한 관련이 없다고 판단될 경우에 중국과의 관계를 문제삼아야 할 것이다. 삼국 중에 개신의 모델이 되었을 가능성이 높다고 여겨지는 것은 백제의 제도이다. 사비 천도 후(538년 이후)의 이른바 '오방오부(五方五部)' 제도는 다음과 같은 삼분할 방식을 취하였다. (ㄱ) 왕도 주변 지역은 『수서』에서 '기내(畿內)'라 불리고, 『주서(周書)』에서 '도하(都下)'라 불린 구역이며, 이른바 오부로 구성되어 정치적·군사적으로 특별한 체제를 지닌 구역으로 구별된다. (ㄴ) 기외(畿外) 지방은 '방(方)'으로 분할되어 오방이 있고, 각각 방령(方領)·방좌(方佐)가 두어진다. (ㄷ) 오방에는 각각의 통속 하에 군(郡)이 설치되고, 한 방에 10군이 속한다(『수서』 백제전). 이상의 내용 중 우선 전국을 '기내'와 '방'으로 분할하는 방식이 개신의 모델이 된 것으로 보인다. 사료 (c)에 보이는 '기내'와 '사방의 구니들'의 대비 또는 '기내'와 '사방의 구니들에 있는 구니노미야쓰코 등'이라는 대비 방식이 백제의 (ㄱ)과 (ㄴ)의 방식과 기본적으로 같다. 이러한 '사방의 구니들'도 (ㄴ)의 '오방'을 모델로 하여 수정된 것이 아닐까? 백제의 오방오부 제도가 오행(五行) 사상의 반영으로 보이는 데 반해, 다이카의 사방은 앞서 서술한 개신조의 기내제가 가리키듯이 왕도에서 동·서·남·북으로 난 교통로를 통한 '사방'인데, 기외 지방을 크게 '방'으로 분할하는 방식은 동일하다. 이 경우의 '방'은 지방의 '방'이며, 영역적 구획을 의미한다.[11] '사방' 중 하나가 (c)에 보이는 '동방의 팔도'((c)가 아닌 (b)에 보인다-역주)인데, 이에 대응되는 서쪽·남쪽·북쪽의 '방' 제도가 있었는지는 사료상으로는 명확하지 않다.

이러한 기내제는 고구려와 신라에도 공통되며, 고구려의 내평과 외평, 신라의 육탁평(六啄平)이 설치된 왕도 주변 지역과 읍륵(邑勒) 52개가 설치된 지역의 구별이 그것에 해당한다. 삼국의 제도는 중국 제도의 모방이라기보다는 군사적으로 이러한 구별이 필요했기 때문에 만들어졌다는 공통적인 특징이 있으며 백제의 경우에 기내와 오방의 조직은 군사적 편성 그 자체라고 보아도 된다. 나는 다이카의 기내제 성립도 이러한 군사적 측면을 빼놓고는 생각할 수 없는 제도라고 생각한다. 기내의 특별한 군사적 중요성이 인식되어 무장화가 꾀해지고, 그 자체가 군사와 떼어놓을 수 없는 '도(道)' 제도의 성립과 대응하는 새로운 영역 관념으로서의 기내가 확립되는 것은 덴무조 때의 일이지만(제3장 제2절), 그 기본적 성격은 다이카 때도 이미 존재하고 있었다고 보아야 한다. 다른 점은 후자가 '구니'를 단위로 하는 '도' 제도에까지는 도달하지 않은 '요모노쿠니(四方國)'에 대응되는 '기내'인 점, 따라서 개신조에 보이는 기내의 네 지점에 보이는 것처럼 다이카의 기내는 '사방의 구니들'에서 왕도로 통하는 기간 교통로상의 경계점으로 한정되는 방법을 취하였다는 점이다.[12] 네 지점이 교통상의 요충지에 해당한다는 점이 기내의 군사적 성격에 대응하는 것은 말할 것도 없다. 따라서 기내를 설정하는 일은 그에 대응하는 '사방의 구니들'의 군사 체제와 연결되지 않을 수 없으며, 다이카의 총령제는 그에 해당한다고 보는 것이다. 오방의 각각에 '방령'을 둔 백제의 제도와 규모나 구성 등은 다르지만, 기외 지방을 '방'으로 분할하여 각각에 방령 또는 총령을 배치하는 구상은 공통된다. (ㄷ)의 군 또는 현에는 각각 '성주(城主)'가 두어져, 방령으로 분할되는 방식이 백제의 제도인데, 이러한 (ㄷ)의 단계에 대응하는 것이 총령에 의해 관할되는 다이카의 구니노미야쓰코와 고리, 특히 후자일 것이다. 당연하게도 각각의 제도는 일일이 비교할 필요도 없이 공통점보다 차이점을 드는 편이 용이할 정도로 다르지만, 앞서 언급한 삼분할이라는 기본 구상에서는 양자가 공통된 점이 보이며, 만약 백제의 제도를 모델로 삼았다고 한다면 그런 점이 기본적인 사항일 것이다. 따라서 다이카의 기내제는 그것만 따로 떼어내 논의하는 것은 그다지 중요하지 않고, 오히려 그것은 구니노미야쓰코·고리제를 포함하는 모든 체제의 일부로서만 이해할 수 있는 것으로 생각한다. 그때는 이상의 여섯 항목에 대한 검토가 보여주듯이 개신에서 시행된 제도들의 군사적 측면이 정당하게 평가되어야 하고, 이러한 측면이야말로 개신의 역사적 동인 문제와 연결되며, 또한 성립 시기에 국가가 갖는 가장 기본적 속성인 '강제력'과 군사가 수행하는 역할과도 연결되는 것이다.

다이카 개신 단계의 특징은 국가의 군사적 측면이 아

직 기구적으로도 독립된 체제로 분화되지 않았고, 정책으로서도 군사와 행정이 불가분의 관계에 있었다는 점에 있다. 개신에서 발족한 앞서 언급된 제1차 편호라는 행정 측면의 정책도 새로운 군사적 체제를 만들어 내려는 위의 정책들과 불가분의 관계에 있었다고 보아야 한다. 이 경우에도 당나라 제도보다는 조선의 국가 제도에 먼저 주목해야 할 것이다. 인민의 지역적 편성 원리에 바탕을 둔 영역적 국가 체제는 개신 전에 이미 조선 삼국에서 제도적으로 확립되어 갔기 때문이다. 고구려 정벌 후의 조치로서 당나라가 취한 직접 통치 방식과 기관들이 옛 고구려의 국가 제도를 원리적으로 변경하지 않으면서 이루어진 것은 바로 그 때문이다. 당나라는 오부로 나뉘어 176성(城), 69만 7천 호(戶)로 이루어져 있던 고구려의 옛 국가 제도를 변경하여 9도독부, 42주(州), 100현(縣)으로 재편성하고 안동도호부를 두어 그것들을 관할하게 하였는데(『구당서』 고려전), 이는 표면적으로는 중요한 변경인 것처럼 보이지만, 고구려는 이미 '호(戶) 69만 7천', 즉 그 나라의 총 호수를 지역적으로 파악하여 편성하고 있었으므로, 거기에 원리적인 변경은 없으며 그저 상부 기관만 중국식으로 변경하면 되었다. 백제 멸망 후 당나라는 오부가 37군(郡), 200성, 76만호를 관할하고 있던 옛 국가 제도를 재편하여 5도독부를 두고 주현을 관할하는 체제로 변경하였는데(『구당서』 백제전), 이 경우에도 옛 제도의 '호 76만' 파악과 그 지역적 편성이 전제가 되어 있었음은 말할 것도 없다. 따라서 당나라는 '호구를 수록(修錄)하고 …… 촌락을 정리'하는 등의 보다 발전된 방식을 취하면 당나라 제도에 바탕을 둔 직접 통치는 곧바로 가능해졌던 것이다(『구당서』 유인궤전). 고구려·백제 두 나라의 국가 제도에서 공통적으로 보이는 이러한 특징은 삼국 간의, 또 수·당에 대한 끊이지 않는 전쟁 상태 때문에 필요했던 것이며, 일본의 경우에도 앞서 서술한 것 같은 신분적·족제적 편호는 약간의 발전을 보이기는 해도 영역 안의 민호를 신분이나 족제와 관계 없이 거주지로 파악하는 체제는 국부적으로밖에 존재할 수 없었다. 그것은 이 전쟁과 내란의 주기에 대하여 일본이 관련을 맺는 방식이 지리적 조건을 포함한 특수성에 바탕을 둔 데에 그치지 않고, 6세기 이후 일본의 국가 제도와 그 정책이 주로 '종적'인 왕민제에 의존하여 전개된 것이며, 그런 만큼 반대로 그 체제의 내적 모순이 앞서 서술하였듯이 충분히 전개되기까지는, 정책으로서의 원리적 전환이 곤란했다는 사정이 있었던 것으로 추정된다. 다이카 개신은 이러한 전환기의 소산이었다. 그것은 왕민제라는 우회로를 거쳐 고구려·백제 수준에 도달하려는 전환이며, '백성의 원래 수를 기록'하기 위한 제1차 편호가 그것이었다. 그것은 공민제라는 이념을 확립하기 위한 하나의 시책으로서 취해진 것이 아니라, 그것을 실현하지 않으면 일본의 지배계급이 군사적으로도 정치적으로도 중국은 물론 고구려·신라·백제의 국가 제도가 도달한 국제적 수준에 뒤처지고 만다는 매우 액추얼한 과제와 연결되어 있었다고 생각한다. 단적으로는 6세기 이후 해외 출병이 완전히 벽에 부딪힌 데서 그것이 드러났으며, 그것은 이 시대의 국가 제도에 나타나는 고유한 모순에 의해 규정되는 구조적인 허약함의 귀결이자, 일본의 지배계급이 '조직된 강제력'으로서의 국가를 아직 완성된 형태로 갖고 있지 못한 것의 표현이었다. 다이카 개신을 이념을 위한 개혁으로 보고, 그 지도자들을 이상주의적 정치가로 만들어낸 것은 후대의 역사가들이 한 일이다.

제5절 권력구조에 대하여

소가 본종의 멸망에 따라 성립한 개신 정권은 얼핏 보기에 모순되는 두 가지 과제를 해결해야 했다. 첫째는 이 단계의 지배층, 즉 군경·대부층이 국제적·국내적으로 놓여 있던 정황상 요구되는 지배권력의 집중 문제이며, 둘째는 지배층 전체를 결집하는 새로운 방식 또는 체제를 만들어 내는 일이었다. 첫째 과제는 황태자 나카노오에 황자를 중심으로 하는 권력의 중핵을 만들고, 거기에 사실상의 모든 권력을 집중함으로서 해결되었다. 명목적인 권위로서의 고토쿠(또는 사이메이) 천황 아래서 황태자가 집중적 권력을 장악하는 체제는 유형으로 보면 기본적으로는 스이코조형이며, 개신과 같은 시기에 이루어진 신라형과 같다(제1장 제2절). 그러나 스이코조의 황태자에 의한 만기 총섭은 형식을 달리하면 황태자와 소가노 우마코의 공동 집정이고, 오오미 우마코는 과거의 오오미·오무라지(大臣·大連) 제도의 유제로서 형식적으로도 실질적으로도 군경·대부층 안의 수석 지위에 있었다. 따라서 태자에 대한 권력 집중은 충분하지는 않았지만, 또 한편으로 태자의 만기 총섭은 명목적이고 우마코가 독재했느냐 하면 외교 문제 등에서 태자가 독자적으로 처리하는 사안이 있었고, 어느 쪽이든 권력 집중의 형태는 타협적이며 단일하지 않았다. 그에 반해 개신 후에 황태자 나카노오에에게 집중된 권력은 단일하고 전제적이다. 다이카 원년(645) 후루히토노오에의 반란, 다이카 5년 소가노 이시카와노 마로(蘇我石川麻呂)의 반란에 대한 가차 없는 탄압은 훗날 아리마 황자의 사례와 마찬가지로 그 권력이 강력하게 유지된 전제적 권력이었음을 보여준다. 스이코조와의 두 번째 차이는 황태자 한 사람의 인격으로 대표되고 집중되었던 권력핵이 독자적인 조직을 갖기에 이르렀다는 점이다. 정변 직후에 히다리노 오오미, 미기노 오오미와 함께 임명된 나카토미노 가마타리(中臣鎌足)의 '우치쓰오미', 그리고 승려 민(旻)과 다카무쿠노 구로마로가 임명된 '국박사(國博士)'가 그것이다. 우치쓰오미와 국박사는 국가의 공적 관직임에도 불구하고 각각의 독자적 권능이 명료하지 않은 것이 특징으로, 전자는 유악(帷幄)의 신하이자 총애받는 신하일 것으로 추정되며, 후자는 국정의 자문 기관 또는 정책 입안 기관일 것으로 추정될 따름이다. 이러한 불명확한 성격은 영제 공적 관직의 관념으로 보면 양자 모두 황태자의 사적인 조직에 지나지 않음을 나타내는 것이지만, 개신의 특징은 성격상 사적인 양자가 공적으로 임명된 점, 전제적 권력의 중핵이 공법상의 존재로 등장하며 승인되었다는 점에 있는 것이다. 또 국박사가 자문 기관이든 아니든 간에 그것을 어떤 '기관'이라고 부르는 것은 옳지 않을 것이다. 오히려 우치쓰오미도 국박사도 황태자와 인격적 신종 관계로 맺어졌다는 점에 특색이 있는 것이며, 실질적으로도 형식적으로도 '기관'은 아니다. 이는 황태자라는 인격에 집중된 권력의 구성 요소에 지나지 않는다.

이러한 전제적 권력핵은 율령제 국가를 수립한 덴무·지토 두 천황이 지닌 권력의 선구적 형태를 이루는 것이며, 따라서 국가 권력의 가장 기본적인 속성인 군사 지휘권과 외교권을 최소한의 내용으로 한 것으로 추정된다. 전자에 대해서는 나중에 황태자가 나가쓰궁(長津宮)에서 '수표(水表)〔해외〕의 군정을 돌보'았다는 사실에 명확히 표현되어 있고(『일본서기』 덴지 천황 즉위 전기), 후자에 대해서는 국박사 중 한 사람인 다카무쿠노 구로마로가 견신라사 및 견당사로서 신라의 김춘추와 대항할 수 있는 외교상의 활동을 하였던 사실을 놓쳐서는 안 된다. 구로마로는 이 경우 황태자의 권력핵이 갖는 고유한 외교권을 행사하였을 따름이다. 이러한 기능을 가진 권력 형태를 만들어 내는 것이 다이카의 정변을 일으킨 목적 중 하나였다. 따라서 이는 객관적으로는 고구려형 전제, 즉 재신에 의한 독재를 지향한 고교쿠조 때 소가씨의 권력 계승이었다. 단, 소가씨의 방식으로는 군경·대부층으로부터 고립되어 권력 집중이 불가능했기 때문에 새로운 형태를 취할 수밖에 없었고 권력 집중 자체가 부정되는 것이 아니다. 이 시대의 지배층이 놓인 국제적·국내적 조건 자체가 이러한 권력 형태를 요구하였기 때문이다.

둘째로 개신 후의 새로운 국면의 특색은, 위의 권력핵과는 별개로, 보다 공적인 체제로서 히다리노 오오미, 미기노 오오미를 둔 점이다. 이는 이 단계의 지배층 전체를 핵의 주위로 결집하는 체제로서, 아베노 우치마로(阿倍內麻呂)와 소가노 이시카와노 마로가 임명되었다. 이 중 전자가 조메이조 전후에 대부(大夫)[01]의 필두 지위에 있었던 점[02]이 보여주듯이, 히다리노 오오미, 미기노 오오미 임명은 개신이 구세력 배제를 목적으로 하지 않고, 반대로 그들을 권력핵의 주위에 결집하려고 했음을 의미한다. 말할 필요도 없이 소가씨의 전제가 일찍이 고립된 데서 교훈을 얻은 것임이 틀림없다. 히다리노 오오미, 미기노 오오미 제도는 당나라 제도의 '좌우복야(左右僕射)'를 모델로 한 것으로 보이는데[03], 실질은 당나라 제도 및 훗날의 영제 대신(大臣)과 성격을 달리하는, 신분으로서의 오오미였던 것으로 추정되며, 따라서 다이카 전대의 '오오미·오무라지'의 오오미에 해당하는 것으로 보는 설도 전적으로 부정하기는 어렵다.[04] 동시에 히다리노 오오미, 미기노 오오미 제도는 훗날의 태정관에 속하는 좌·우대신처럼 하나의 기관을 구성하는 관직이 아니었으므로, 국가의 정책 결정 및 정무 집행에 어느 정도 관여할 수 있었는지도 불분명하며, 황태자에게 집중된 전제적 권력의 존재를 고려하면 실질적으로는 옛 군경·대부층을 대표하는 기능을 수행하는 데 지나지 않은 것으로 보인다. 그러나 이러한 권력핵과는 계열을 달리하는 공적 관직을 만들어 낸 점은 스이코조의 체제와 구별되는 특징 중 하나이다. 그것은 정변에 즈음하여 토멸 대상을 소가씨 본종에만 한정한 사실과 관련해서, 지배층 전체를 주위에 결집하려고 한 계획이었을 것이다. 다이카 개신의 특징 중 하나는 중앙 관제의 규정과 개혁에 대한 관심이 현저히 약하다는 점이며[05], 그에 비해 관위제가 중요한 의의를 부여받았다는 점이다. 다이카 3년(647)의 7색 13계관(階冠), 다이카 5년의 19계관으로 두 차례에 걸쳐 관위 개정이 이루어진 것은 그 중요성을 보여준다. 이 사실은 국가의 기관이라는 비인격적인 메커니즘을 매개로 하여 지배층이 결합하는 체제보다도, 천황에 대한 '진충적공(盡忠積功, 충성을 다하여 공적을 쌓음-역주)'에 의한 인격적 신종 관계라는 질서의 설정이 보다 중요하게 여겨졌음을 의미한다. 관위상당제(官位相當制, 위계와 관직을 대응시켜 설정한 서열 제도-역주)가 제도적으로 확립되는 것은 기요미하라령 때부터이고, 따라서 다이카의 관위제는 그대로 관직에 대한 특권이 되지는 않으며, 또한 제1절에서 서술하였듯이 식봉제는 아직 존재하지 않았다고 본다면, 관위의 주된 기능은 지배층의 질서를 형성한다는 점에 의의가 있었다고 보아야 한다. '짊어지고 봉사'해야 할 가바네나로 결합되어 있는 왕민제라는 통일체와 비교하면 유위자집단은 훨씬 제도화되고 또 긴밀한 통일체이며, 지배계급은 피지배계급을 조직하고 편성하기 이전에 먼저 스스로를 계급으로 조직해야 하므로, 개신 때의 유위자집단 형성은 스이코조에 이은 전환점을 이루는 것이라 할 수 있겠다. 이는 오미·무라지, 도모노미야쓰코라는 형태로 왕민제의 기능을 해체하는 과정에서 형성되었다는 점에서 구니들에서 공민제가 성립하는 과정에 대응되는 것이다. 이러한 의미에서 다이카의 관위제는 권력핵의 주위에 지배층을 결집하는 수단으로서 주목되는 것이다.

위의 사항과 관련하여 중요한 것은 개신에서 천황제가 수행하는 역할이며, 이 문제는 지배층의 결집에 있어서 새로운 의의를 갖게 되었다. 그러나 정변 직후 나무 아래의 맹약(고토쿠 천황이 신하들을 큰 느티나무 아래로 불러 모아 맹세하게 한 일-역주)에 개신의 기본적 정책이 이미 포함되어 있다고 보는 설[06]은 취하지 않는다. '하늘은 만물을 덮고 땅은 만물을 싣는다. 제왕의 길은 유일하다……'는 문장〔『일본서기』 고토쿠 천황 즉위전기〕이 주로 천황의 이데올로기적 측면과 관련되어 있는 점은 (a)의 '아마쓰카미(天神)가 분부하신 대로……', 다이카 3년 4월 조(詔)의 '신도 당신의 자손이 다스리도록 위임하셨다. ……'와 동일하다. 이 사료들, 특히 맨 마지막 조는 신대사(神代史)의 신화를 전제로 하므로, 원래 사료에 바탕을 둔 것인지는 문제가 있지만, (a)는 이 책의 입장으로서는 신빙성이 있다고 본다면, 천황 통치권의 정당성을 '아마쓰카미'가 맡겨준 데서 찾는 다는, 나라시대 조서에까지 일관된 사상이 이미 명확하 며, 스이코조의 17조 헌법에 나타나는 사상과는 이질적 이다. 이는 천황 통치의 역사적·신화적 정당성을 강조한 것이며, '군주권' 그 자체의 절대화는 아니다. 오히려 앞 서 서술한 개신 이후의 체제 아래서는 천황 자신은 '집정 하지 않는' 존재이며, 현실의 '군주권'을 갖지 않는 명목 적 지위였기 때문에 바로 그 이데올로기적 측면이 강화 된 것이다. 권력핵의 전제적 성격에 따른 지배층 전체로 부터의 괴리는 천황의 초월적·신화적 성격으로 보완될 필요가 있었기 때문이다.

그러나 동시에 위의 사항이 개신 정권의 권력 기반 확 대로 연결되는 점에 주목해야 한다. 스이코조 전후의 국 가 제도에서는 천황의 명령은 명목적으로는 오미·무라 지, 도모노미야쓰코, 구니노미야쓰코를 대상으로 하며, 실질적으로는 17조 헌법에 나타나듯이 중앙의 군경·대 부층을 대상으로 하였다.[07] 그러나 개신 후에는 앞서 서 술하였듯이 총령을 매개로 하여 여러 구니의 재지 수장 층 중 구니노미야쓰코층뿐만 아니라 비구니노미야쓰코 ='백성'층도 실질적인 의미에서 그 권력 안에 포섭하였다. 군경·대부층을 대표하는 천황은 스이코조와는 비교가 안 될 정도로 광범위한 재지 수장층 위에 군림하게 된 것이다. 이러한 변화는 천황의 명령이 조라는 문서 형식으로 내려지는 개신 이후의 새로운 현상과 관련되어 있다(대내 관계로 한정하면 이는 영제 국가 문서주의의 기원이다). (c)의 권농 조에 '사방의 구니들에 있는 구니노미야쓰코 등에게도 좋은 사자를 골라 조의 내용대로 권하고 힘쓰게 해야 한다'고 되어 있는 것은 조, 바꾸어 말하면 문서의 형태로 대상화된 천황의 의지가 사자를 통해 재지 수장층에게 전달되었음을 의미한다('구니노미야쓰코 등'의 '등'이 다른 조에 보이는 '여러 백성[百姓]'에 대응되는 점은 앞서 서술하였다). 왕도에 결집한 좁은 군경·대부층의 범위라면 봉선(奉宣) 대부를 매개로 하는 구두 전달로 충분하였겠지만, 이제는 문서라는 새로운 형식이 필요해진 것이다. 권력 기반의 확대, 명령 전달 형식의 변화는 천황 권위의 존재 방식, 그 통치 정당성의 내용도 질적으로 전환시키는 계기가 되었을 것이다. 그 조에 복종하는 재지 수장층도, 천황으로 대표되는 군경·대부층도 모두 신종함에 따라 '천황'이라는 존재를 이데올로기적으로 재생산하는 것이다. 동양 전제국가의 역사를 다룰 때 한 가지 위험한 점은 '전제군주'가 스스로 운동하는 자율체라는 착각에 빠지기 쉽다는 점일 것이다. '어떤 사람이 왕인 것은 다른 사람들이 그에게 신민다운 태도를 취하기 때문일 뿐이다. 그렇지만 그들이 그가 왕이기 때문에 자기들이 신민이라고 믿는 것이다.'[08] 운동하고 만들어내는 것은 여러 계급이지 전제군주가 아닌 점, 신종함으로써 자기의 계급적 이해관계를 관철해 나가는 것이 전제국가의 방식인 점, 이러한 점들은 덴무 천황의 사례에서도 잊어서는 안 되는 원칙일 것이다. 전제군주는 그가 속한 계급 전체의 권력, 그것을 구성하는 개별 권력이 집중된 첨예한 형태에 지나지 않는다. 개신의 국제적·국내적 위기 속에서, 게다가 지배 계급 공동의 이해관계를 대표하는 국가 기관이 아직 단서 단계에 있는 시기에, 황태자를 전제적인 권력핵으로 삼고 천황, 히다리노 오오미, 미기노 오오미를 포함하는 개신 정부 권력구조의 총체는 스이코조 이래 군경·대부층의 모순과 운동의 소산이자 귀결이었다. 개신에서 천황제가 이데올로기적 측면에서 절대화한 것도 그러한 한 측면에 지나지 않는다.

개신에 의해 성립된 지배권력에서는 다음 세 가지 요

소가 골격적 부분을 형성하고 있었다. (ㄱ) 황태자의 전제적 권력을 중핵으로 하는 천황, 히다리노 오오미, 미기노 오오미 체제, (ㄴ) 총령·국사제, (ㄷ) 고리(評) 및 국조제이다. (ㄷ)은 여러 단계를 거쳐 다이호령의 군사제(郡司制)로 완결되었고, (ㄴ) 역시 여러 단계를 거쳐 다이호령의 국사제 또는 국아 권력 속에 흡수되었다. (ㄱ)은 셋으로 분화된다. (1) 천황제의 권력, (2) 태정관제, (3) 8성(八省)이 그것이다. 이 중 (2)는 덴지조에서 단초가 마련되어, 다이호령에서 완성되었고, (3)의 8성이 최종적으로 성립된 것도 기요미하라령에서 다이호령 제정에 이르기까지 기다려야 한다. 그러나 (3)의 맹아가 개신 시기에 전혀 없었던 것은 아니다. '형부(刑部)', '위부(衛部)' 등 분명히 당나라 제도를 모델로 한 관사가 개신 후에 존재하였을 가능성이 있기 때문이다.[09] 덴지조의 6관(六官)이 당나라 제도인 상서성(尙書省) 6부(部)를 모델로 하여 설치된 점은 명백하므로, 그 선구로서 개신 시대에 위와 같은 관사가 존재하였을 가능성은 없다고 할 수는 없어도, 다이카 5년 2월의 '8성·백관(百官)' 설치 기사와 더불어 그것을 과대하게 평가할 수는 없다. 앞서 서술하였듯이 중앙관제에 대한 관심이 약한 것이 개신의 특징이며, 따라서 히다리노 오오미, 미기노 오오미 제도 아래서 군경·대부층에 의한 다이카 전대 이래로의 정무 집행이 그대로 존속하였다고 보아야 할 것이다.[10] 하지만 중요한 것은 적어도 당나라 제도에 따른 관료제에 대한 지향이 이 시기에 존재했음을 위의 형부·위부라는 존재로 알 수 있다는 점, 그리고 그것이 스이코조로 대표되는 다이카 전대의 관사제와는 원리로도 유형으로도 별개의 체제라는 점이며, 또 나중에 서술하는 시나베제(品部制)에 대한 개신의 정책도 그와 관련된 것으로 보인다는 점이다.

다이카 전대 관사제의 성장이 영제적 관료제의 전제이고, 이러한 측면에서도 스이코조는 다이카 개신의 선구가 되었다는 식으로 설명되지만, 나는 양자 사이에 원리상·유형상 차이가 있다고 보므로, 연속성보다는 오히려 단절의 측면을 강조해야 하며, 그것을 전제로 하여 어떠한 의미로 양자가 연관되어 있는지를 생각할 필요가 있다고 여긴다. 다이카 전대의 관사제가 성립해 가는 토대가 된 것은 스이코조의 이른바 '백팔십부'이고, 거기에는 두 가지 유형이 있었다.[11] 바로 (ㄱ) 도노모리(殿部)·모이토리(水部) 계열에 속하는 것, (ㄴ) 니시코리(錦部)·우마카이베(馬飼部)·가나쓰쿠리베(金作部) 등의 계열에 속하는 것이다. (ㄱ)의 도노모리는 가도노노 아가타누시(葛野縣主)가 보여주듯이 그 실체는 궁정에 봉사하는 기내 수장층에 지나지 않으며, 그것이 '도노모리'라는 어느 정도 제도적인 것으로 편성된 사실은 백제의 내관 12부제(곡부[穀部]·육부[肉部]·마부[馬部] 등)(『주서』백제전)의 영향에 따른 것으로 보이는데, 구루마모치노 기미—구루마모치베가 보여주듯이 그들은 베민제 위에 조직되어 있었다. (ㄴ)의 특징은 수공업 기술을 전문으로 하는 '귀화인'을 주체로 하는 점, 그리고 상번한다는 점인데, 여기에는 '우마노쓰카사(馬官)'라 불리는 관사가 성립되어 있었던 듯하며, 영제에서 우마카이노 미야쓰코노 헤(馬飼造戶)로부터 우마베(馬部)가 나와 좌우마료에서 상번하는 제도는 이미 다이카 전대에 존재한 듯하다. 12) 이러한 형태의 관사제는 (ㄴ)의 계통에 광범위하게 존재했다고 상정해도 되지만, 이 경우에도 각지의 우마카이노 미야쓰코가 그 마을의 우마카이베를 이끌고 분번적(分番的)으로 '우마노쓰카사'에서 근무하는 체제로, 말할 것도 없이 베민제를 기초로 하였다. (ㄱ)과 (ㄴ) 양자는 이른바 '내정(內廷)' 또는 궁정에서 봉사하는 제도로 여겨지나, 나는 (ㄱ)은 그렇다 하더라도 (ㄴ)은 내정이라는 천황 또는 왕실의 가산제적 조직에 속하는 것이 아니라, 왕실을 포함하는 앞서 서술한 '통일체'의 전체(편의상 '정부'라 불러도 좋다)에 속하는 것으로 (ㄱ)과 구별해야 하는 것이라고 생각한다((ㄱ)은 훗날 궁내성[宮內省]으로, (ㄴ) 계통은 궁내성을 포함하는 많은 관사들로 분할된다).

이 사항은 나중에 서술하는 개신 때 시나베의 폐지 문제와 관련된다. 이상의 형태를 나타내는 관사제의 특징은 (ㄴ)에 전형적으로 보이듯이 한 세기 이상 오랜 기간에 걸쳐 '귀화인' 집단을 왕민제 속에서 개별적으로 편성하는 과정에서 집적되어 온 것이고, 그 관사제는 반부·베민제 속에서 분화, 발전된 것이라는 점이며, 말하자면 자연성장적으로 성립한 관사제인 점이다. 그에 반해 개신의 형부·위부 등등에 그 맹아가 보이는 관료제는 먼저 관료 체계에 대한 일정한 플랜이 있었고, 그 가운데서 개별 관사들 사이의 권능 분할이 이어졌고, 위로부터 목적의식을 갖고 계획적으로 구성된 것이며, 다이카 전대의 관사제처럼 기존의 잡다하고 통일적이지 않은 제도들을 정리, 통합해 나가는 방법과는 조직 원리가 다른 것이다. 따라서 전자는 플랜을 세우고 위로부터 그것을 강행하는 강력한 왕권의 존재를 전제로 하는 것이며, 단일하고 포괄적인 군주권이 우선 존재하고, 그것의 분화로서 관료제의 분장 체계가 성립해 온 동양적 전제국가의 특징 하나가 여기서도 나타나게 된다. 다이카 전대에도 중국의 관제(官制)에 대한 지식이 없지는 않았음에도 불구하고, 겨우 백제의 국가 제도에 따른 제도화에 그칠 수밖에 없었던 점, 개신이 되어 비로소 당나라 제도에 대한 지향이 드러나게 된 점은 후자의 전제가 되는 강력한 권력핵의 존재 여부에 달려 있었다고 생각한다. 따라서 스이코조적 관사제가 아무리 발전하거나 성숙하여도, 그것은 영제적 관제로는 이어지지 않는 것이며, 전자에서 후자로 이행하는 데는 원리적인 전환이 필요하다. 그 전환기가 다이카 개신이었다고 보는 것이다. 따라서 개신에서는 다이카 전대 관사제의 모체였던 시나베제 자체를 해체하고, 새로운 원리를 따라서 그것을 재편성할 필요가 생겼고, 다이카 2년 8월 계유 조(d)의 '지금 천하를 다스리는 천황을 비롯하여 오미·무라지 등에 이르기까지 소유한 시나들의 도모노오는 모두 폐지하고, 국가의 백성으로 삼아야 한다'는 그에 해당한다. 여기서 말하는 '시나들의 도모노오'는 앞서 언급된 (ㄴ)을 주체로 하는 이른바 직업적 베민 계열로 풀이된다. 또한 개신조 제1조를 원조에 따른 것으로 보는 입장에서는 그것과의 관련 및 이 조가 늦게 나온 것의 의미 등에 대하여 다양한 해석이 있지만 이 책에서는 그것을 다룰 필요는 없다.

또 이러한 시나들의 도모노오(시나베)가 '국가의 백성'으로 전환된 것은 그다지 근본적인 변혁은 아니다. 앞서 서술하였듯이 그것은 천황의 가산제적 소유 또는 지배에 속하는 '사민'이 아니라, 본래는 통일체 전체에 귀속해야 할 베민이고, 원래 베민 중에서 가장 '국가의 백성'이 되어야 할 성격을 강하게 지니고 있었기 때문이며, 이는『일본서기』안칸기에 보이는 쓰쿠시·히(火)·도요(豊) 세 개 구니의 여덟 미야케, 기비의 다섯 미야케 같은 정치·군사상의 요지에 두어진 미야케가 천황의 가산제적 사령(私領), 즉 미타(御田)와 구별되어 통일체 전체에 귀속되어 있던 것과 같은 의미이다. 전자로부터 발생한 '우마노쓰카사', 후자에 속하는 '다쓰카이' 등은 천황의 가산제적 신료(臣僚)와 구별되어야 할 통일체 '정부'의 제도이다. 다이카 전대의 그러한 관인들을 통괄하는 '오쿠라(大藏)'에서 보이듯이, 6세기는 군경·대부층의 공동조직, 즉 통일체의 '정부'를 발달시킨 것이며, 천황의 가산제적인 '우치쿠라(內藏)'는 나중에 그로부터 분화된 것에 지나지 않는다. [13] 17조 헌법에 나오는 '공(公)' 또는 '공무(公務)'는 이러한 통일체 정부의 성립에 대응하는 관념이라고 간주해야 한다. 시나베 폐지의 조는 이러한 '정부' 조직에 속하는 시나베를 오미·무라지 등등이 소유하는 상태, 즉 사민화하는 상태가 존재하였으므로, 그것을 새로운 기구에 종속시키는 본래의 관사제로 재편성할 의도를 보여주는 데 지나지 않는다. 그때 다이카 전대에 베민제 속에서 발생한 '우마노쓰카사'적 관사제의 존재가 전제이자 계기가 되었으므로, 개신은 그런 의미에서는 스이코조와 밀접하게 연속되어 있다고 해야 할 것이다. 스이코조적 관사제가 성숙하였기 때문에 개신으로 이행한 것이 아니라, '사민화'도 그 일부인 왕민제 전반에 고유한 모순으로 인해 그 관사제 자체가 해체되고 있었기 때문에 이러한 측면에서 개혁이 필요했던 것이다. 이러한 개혁을 일으킨 추진력은 앞서 서술한 형부·위부적인 관료제의 수립이 적어도 전망되고 있었던 것이며, 시나베·반조제의 해체와 재편성은 그에 종속된 제2차적 과제로서만 문제가 되었다고 보아야 할 것이다. 영제의 사등관(四等官)으로 조직된 8성 관사들에 종속된 형태로 재편성된 시나베·잡호 제도는 이미 개신에서 전망되고 있었다고 보아야 한다.

다이카 전대 관사제의 기원을 문제 삼는 경우, 앞서 서술한 형태와는 완전히 계열과 성질을 달리하는 관직이 '야마토 조정' 외변부(外邊部)에서 발생하였다는 점에 주목해야 한다. 스이코조에서는 확실히 존재한 것으로 보이는 앞서 언급된 '쓰쿠시노 다자이'가 그 사례이며(『일본서기』 스이코 천황 17년 4월조), 이는 외교와 군사에 관련된 성질상 (ㄱ) 불시의 사태에 대비하기 위해 다자이는 상주함을 원칙으로 하였던 것으로 보이는 점, (ㄴ) 그 기능으로 보아 다자이 이하 몇몇 관인이 존재하고, (ㄷ) 다자이의 독자적 관아가 거기에 부속해 있었던 것으로 보이는 점이다. (ㄷ)에 대해서는 마찬가지로 대외관계 시설이 있었던 나니와의 오코리(大郡)에는 '삼한(三韓)의 관(館, 무로쓰미)'이 있었고(『일본서기』 조메이 천황 2년 시세조), 손님을 향응하기 위해 설치된 셋쓰국(攝津國)의 '주호(酒戶, 사케코)' 25호(戶)도 예전에는 그에 부속된 시나베로 보이므로(『영집해』 직원령에 인용된 별기[別記]), 쓰쿠시노 다자이에도도 같은 시설이 있었으리라 보는 것이 당연하겠다. 이상의 (ㄱ), (ㄴ), (ㄷ) 세 요소를 갖추는 것이 완성된 형태의 국가 '기관'에 필요한 조건인데, 중앙이 아니라 대외관계의 장에서,

즉 야마타이국의 '일대솔' 계열에서 우선 발생한 것은 이미 서술한 특징으로 보아 주목할 만하며(제1장 제1절), 반조·시나베제를 모체로 하는 앞서 서술한 관사제는 이와 같은 순수한 형태로 성립하기에는 곤란한 조건에 있었다. 국가 기관의 초기 형태가 대외적 관계의 장에서 보다 순수한 형태로 발생한다는 특징은, 다른 형태이기는 하지만, 중앙의 '오쿠라'에 대해서도 말할 수 있다. '오쿠라'는 '구니들(諸國)의 공조(貢調, 미쓰기모노)'를 수납하기 위해 설치된 외정적 관사이며(『고어습유』), 다이카 전대의 관사 중에서 가장 발달한 조직이지만, 이 경우도 '야마토 조정'과 '구니들'(이는 영제에서도 '게코쿠[外國]'라 불렸다)이 접촉하는 장으로 성립한 점에 특징이 있고, 또한 '구니들의 공조'를 징집하기 위해 구니들의 구니노미야쓰코가 있는 곳에 파견된 다이카 전대의 구니노미코토모치='국사'는, 아무리 영제의 그것과 중요한 차이가 있다 해도, 그 선구적 존재로서 중요시되어야 한다. 즉, 관사·관직 어느 쪽이든 다이카 전대에는 그 성립의 장을 달리하는 두 가지 계열이 존재하는 점, 전통주의가 지배하는 가산제적·내정적 영역 및 구니들의 수장제 내부에서는 그것이 성립하기가 가장 곤란하며, 오히려 외국 또는 국내의 '구니들'과 '야마토 조정'이 접촉하는 장, 전통적 지배 체제로부터 가장 해방된 장소가 새로운 유형의 관사제가 성립하기 쉬운 곳이다. 앞서 서술하였듯이 쓰쿠시노 다자이는 총령제로, 다이카 전대의 '국사'는 개신 후와 영제의 국사로 이행하므로, 다이카 전대의 관사제를 단순히 반조·시나베제적인 것에서 찾아서는 안 된다.

스이코조의 국가 제도는 위와 같이 내부에 이질적인 요소들을 많이 포함하며, 대략적으로는 (ㄱ) 천황의 가산제적 조직, 즉 내정 계열에 속하는 것, (ㄴ) 군경·대부층 통일체의 공동 조직, 즉 외정 계열에 속하는 것으로 구성되는데, 후자는 또 첫째로 다자이 및 구니노미코토모치(국사)와 구니노미야쓰코 계열에 속하는 것, 둘째로 오쿠라 등 중앙 관사들의 계열에 속하는 것으로 나눌 수 있다. 따라서 5세기 말~6세기에 발달한 제도들을 총괄한 것인 스이코조의 국가 제도는 복잡한 통합체로서 존재하며, 조선 삼국, 특히 백제의 국가 제도가 미친 영향이 강하였다고는 해도, 전체적으로는 일본의 독자적인 발전에 바탕을 둔 독특한 국가 제도이다. 이는 다이카 개신의 선구적 존재라는 측면에서만 평가되고, 후자의 맹아가 되는 요소들만이 그로부터 추출되기 쉽지만, 이러한 평가와 방법으로 인해, 많은 모순과 이질적인 요소를 포함하면서, 그 자체가 하나의 자기완결적 전체를 이루는 스이코조의 국가 제도가 갖는 독자적 의의를 놓치는 결과에 이른다. 스이코조의 지배층은 하나의 통일체를 형성하여, 스이코조적이며 6세기적인 형태로 군경·대부층 이하의 계층들이 공동으로 갖는 이해관계를 지키는 하나의 정부 또는 국가 제도를 만들어 냈으며, 그것과 개신 이후의 새로운 국가 유형 사이의 계승과 단절, 연속과 비연속의 관계를 올바르게 설정할 필요가 있을 것이다. 영제 국가에서는 한편으로는 궁내성·대장성 또는 시나베·잡호제에 보이듯이 스이코조적인 조직이 보존됨과 더불어, 다른 한편으로는 완전히 새로운 기구가 출현한다(제3장 제4절). 그러나 문제는 위와 같은 의미의 상호 관계가 아니라 두 국가 제도의 근저에 있는 조직 원리의 차이를 명확히 하는 데 있으며, 또한 다른 원리를 필연적으로 만든 역사적 사정들의 차이와 발전을 분명히 하는 데 있다. 그것을 통해서만 무엇이 보존되고 계승되며, 무엇이 폐기되고 부정되었는지에 대한 이유가 앞으로 설명되어 갈 것이고, 하나의 계기로 작용하는 백제나 당나라 등 여러 외국의 제도와 법의 계수가 갖는 의미도 설명될 것이다.

다이카 개신은 단순한 쿠데타도 정변도 아니다. 『일본서기』나 『가전』이 전하는 기사의 신빙성은 차치하고, 개신의 플랜과 프로그램이 정변 이전에 주도면밀하게 준비되고 있었던 점은 개신의 경과 자체가 명료하게 보여주고 있으며, 이 사실이 개신을 다른 정변과 구별짓는 중요한 특징이다. 일반적인 정치개혁이 그러하듯이, 개신도 역시 그 주된 노력의 방향이 명료하게 인식되어 있어야 한다. 국가 제도의 모든 측면을 같은 차원에서 개혁하려는 것은 아무것도 개혁하려 하지 않는 것과 같기 때문이다. '사지·사민의 폐지·수공'이라는 소유제의 변혁이 그 목표가 아니었다는 점, 또한 전제적인 권력핵의 조직을 만드는 것은 일체의 전제로서 결정적이기는 했지만, 중앙 관제는 제2차적인 문제에 지나지 않으며, 시나베제의 재편 문제도 이 단계에서 어디까지 강행할 의지가 있었는지 의심스러운 점은 앞서 서술한 그대로이다. 권력의 문제로 남는 것은 중앙의 권력핵에서 총령제를 매개로 하여 구니노미야쓰코·고리노미야쓰코에 이르는 권력 체계이다. 이처럼 3단계로 이루어진 권력 기구를 수립하는 일이 개신의 주된 노력의 방향이며, 그것은 인민의 지연적 편성, 국가 권력의 영역적 원리를 바탕으로 하는 구축이라는 개신의 정치 과제로 규정되었다. 왜 이러한 과제가 설정되었는가 하는 문제에 대해서는 위의 3단계와 공통되는 하나의 성격, 즉 황태자를 중심으로 하는 권력핵에 고유한, 최소한의 권능이 군사와 외교이고, 총령—구니노미야쓰코·고리노미야쓰코 체제도 행정과 군사가 불가분하게 통합되어 있었다는 사실, 개신 정권이 갖는 권력의 골격에 해당하는 부분이 군사적 성격을 지니고 있었다는 사실이 그에 대한 시사점을 제공하는 것이겠다.

나는 가마타리에 관한 어느 기사에서도, 『가전』이 '군국의 기요(機要)'라 하고 『일본서기』가 '군국의 일'이라고 하였을 때의 '군국'이라는 말이 다이카 개신으로 시작되는 나카노오에—가마타리의 치세 전체를 명확하고도 단적으로 특징지어 주고 있다고 생각한다. '군국'이란 전시 상태에 있는 국가를 말하며(적도율 도관사마우조[盜官私馬牛條]의 소[疏]), 군사가 정치에 있어 주도적 계기로 존재한 시기이다. 당나라의 고구려 침략전쟁 개시, 개신의 정변, 백제를 구원하기 위한 해외 출병, 고구려·백제의 멸망 등 조선을 중심으로 하는 이러한 전쟁과 내란의 주기에 대한 일본 지배층의 정치적·군사적 대응이 '군국'이라는 표현 속에 집약되어 있다고 생각한다. 다이카 전대부터 일본의 국가 제도를 특징짓고 있던 기본적 구조, 즉 일본의 지배층이 '대국'으로 자국의 위치를 설정하고, 그 근간을 이루는 백제와의 관계를 포기하지 않는 한, 의도하든 하지 않든 간에 신라·고구려·수나라·당나라와의 국제관계 속에 편입되지 않을 수 없고, 그 영역에서 일어나는 어느 정도 중요한 사건들, 특히 전쟁은 독립된 국제적 계기로서 내정으로 전환되어 갈 수밖에 없다. 제1장에서 개신 시대 전후의 국제관계와 일본의 외교에 대하여 서술한 위와 같은 사항이 그와는 독립적으로 다이카 개신 자체의 분석으로부터 얻어진 앞선 결론과 일치하는 점을 고려한다면, 내정과 외교의 불가분적 통일성과 상호 전환을 개신 속에서 찾아낼 수 있을 터이다.

동국이 개신의 기점(起點)으로 등장하게 되는 것의 의의도 나는 위의 관점에서 파악해야 한다고 생각한다. 동국은 5세기 이래 전통적으로 천황의 군사적 거점인 점, 천황뿐만 아니라 소가씨, 오토모씨 등등의 지배층에게도 그러했다는 점은 분명하지만[14], 그 사실로부터 개신에서 동국이 갖는 특수하고도 구체적인 의의를 설명하기란 어렵다. 이처럼 다이카 전대에 두드러지는 사실은 동국에 설정된 나시로·고시로 등의 베민제 또는 반조제적인 체제를 기초로 한 군사력인데, 그와는 성격을 달리하였던 군사 체제를 만들어 내는 일이 개신의 과제였다고 한다면, 과거의 전통은 이때 그다지 중요한 의의를 지녔을 리가 없기 때문이다. 국제 정세에 대한 군사적 대응으로 보자면, 주 정면(主正面)은 말할 것도 없이 쓰쿠시를 종점으로 하는 기내부터 서국에 이르는 영역이었겠지만, 그렇기 때문에야말로 기내와 함께 동국의 군사적 의의가 새로운 각도에서 전면에 떠오른 것은 아닐까? 6세기 때 서국을 기반으로 한 해외 출병 또는 그 시도가 완전히 벽에 부딪힌 상태였다는 사실도 이때 떠올려야 할 것이다. 물론 개신 정부가 해외 출병까지 예정에 두고 시책을 행하였다는 식의 이야기를 하는 것이 아니다. 일어날 수 있는 모든 상황에 대비하여 그것에 견딜 수 있는 항구적 체제를 만드는 것이 정치의 성격이라고 본다면, 개신 정부에게 있어 해외 출병이 하나의 가능성으로 생각되고 있었으리라 추정하여도 아마 틀리지는 않을 것이다. 특히 이 시대의 국제 전쟁은 수 양제, 당 태종에게 전형적으로 나타나는 것과 같은 전제군주의 자의마저 포함하는 우연적 요소들이 무시할 수 없는 역할을 하는 것이다. 대외전쟁의 문제는 개신 정부에게 있어 추상적인, 관념 속에서만 존재하는 가능성으로서가 아니라, 현실적 가능성으로서 존재하였다는 점에 '군국' 시대의 특징이 있었다고 여겨진다. 개신이 일어나기 전 해의 11월에 시작된, 당 태종의 대규모 고구려 정벌 전쟁이 다이카 개신과 밀접한 내적 연관을 갖는다는 점을 부정하는 자는 없을 것이다. 이는 정변을 준비한 세력의 계획과 실행을 촉진하였던 중요한 요소 중 하나로 보이지만, 때마침 일어난 이 전쟁만이 문제가 아니다. 그것은 스이코조 이래로 이어진 조선 안팎에서 일어난 전쟁의 연쇄 가운데 하나의 고리에 지나지 않았기 때문이다. 국가가 지닌 가장 기본적인 속성이 '조직된 강제력'이라는 점에 있고, 바꾸어 말하자면 지배계급이 궁극적으로는 전쟁과 내란을 감당할 수 있을 만큼의 권력을 기구 또는 장치로서 소유하는 한, 스이코조부터 개신을 거쳐 당군의 조선반도 점령과 철수로 종결되는 시대 전반을 특징짓는 국제관계의 격동, 국가 또는 왕조의 흥망과 내전의 역사와 떼어 놓고 '국가의 성립'을 논하는 것은 살아 있는 권력의 역사를 국가 제도들의 역사로 전환하는 일이 될 수밖에 없다.

개신을 특수한 역사적 사건으로 볼 때, 스이코조에서 중국으로 파견된 유학생, 그 전형적인 사례인 다카무쿠노 구로마로, 미나부치노 쇼안(南淵請安)처럼 30년 이상이나 중국에서 배운 유학생들이 개신에서 독자적인 역할을 한 사실은 놓쳐서는 안 되는 특징이다. 그러나 이 사실을 개신이 당나라 제도에 의한 중앙집권국가 수립을 목표로 한 일과 연결시키는 것은 옳지 않을 것이다. 개신에서는 아직 당나라 제도의 계수는 최우선적인 과제가 아니었다. 앞서 언급된 형부·위부는 분명히 당나라 제도를 따른 것이고, 히다리노 오오미, 미기노 오오미 제도에서도 당나라 상서좌우복야의 영향이 확인되며, 다이카의 관위제 역시 당나라의 관품제(官品制)와의 접촉을 특징으로 한다.[15] 하지만 다른 한편으로 다이카의 우치쓰오미는 고구려의 '내신' 천개소문(『일본서기』 사이메이 천황 6년 7월조) 또는 백제의 '내신좌평'과 연결될 가능성이 더 강하고, 또한 '고리(評)'제는 말할 것도 없이 조선계 제도이며, 앞서 서술하였듯이 다이카의 기내제와 백제의 그것이 갖는 친근성도 부정하기 어렵다. 개신은 특정한 나라의 국가 제도 계수를 최우선적 과제로 삼은 것이 아니라, 앞서 서술한 정치적 과제에 필요하다고 여겨지는 제도들을 당나라나 조선의 구별 없이 받아들인 데 지나지 않는다. 따라서 당나라로부터 귀국한 유학생의 역할을 특별히 당나라 제도의 계수와 연결시켜서는 안 되며, 그것을 연결시킨다면 그들의 역할을 오히려 피상적인 것으로 만드는 결과를 낳는다. 나는 보다 깊은 측면에서 그들의 역할을 평가하는 것이 정당하리라고 생각한다. 그들이 중국에서 경험한 것은 수나라에서 당나라로 왕조가 교체되는 역사였고, 수 양제의 정복 전쟁이 불러일으킨 민중 반란이었으며, 나중에 덴무 천황 등이 역사서, 특히『한서』를 매개로 해서만 알 수 있었던 '역성혁명(易姓革命)'을 그들은 몸소 경험한 것이다. 평시에는 단순히 여러 제도와 법전의 체계로밖에 비치지 않는 '국가'의 본질이 무엇인지를 위기와 내란의 시기는 외국인 유학생의 눈에도 분명히 인식되었음에 틀림없다. 나아가 그들은 주변 민족들에 대한 수·당 황제의 외교정책, 전쟁 준비 등등에 대해서도 관찰할 수 있었을 것이다. 이러한 경험·관찰·지식을 갖고 귀국한 유학생들이 중국과 조선의 나라들이 갖는 국제적 수준 위에 서서 바깥으로부터 일본의 국가를 관찰한 경우, 국내적 시야밖에 갖지 않은 군경·대부층의 눈에는 쉽게 보이지 않았던 일본 국가의 구조적 결함, 즉 '종적'인 반조·베민제의 집적이기 때문에 집중적인 권력 체계가 될 수 없는 왕민제적 질서의 결함이 근본에 있음을 인식할 수 있었던 것이 아닐까? 안에서만 보면 잘 보이지 않는 것이 밖에서는 분명하게 보이는 경우가 있기 때문이다. 개신 정부에 있어서는 기본이 파악되면 어느 나라의 제도를 채용하는지는 부차적인 문제였음이 틀림없다.

유학생의 역할을 포함한 국제적 계기가 다이카 개신에서 아무리 중요한 의의를 지니더라도, 계기는 늘 계기일 뿐이다. 국제적 계기를 계기로 활용하는 것은 국내의 여러 관계이기 때문이다. 같은 국제적 계기가 스이코조에서는 왕민제의 전성기와 제도화로 귀결되며, 개신을 하나의 전환점으로 하여 그것에 대립하는 공민제로 전환하는 것은 왕민제가 스이코조 이후 그 자체의 모순으로 인해 해체되고 있다는 국내적 조건들의 변화를 기초로 하지 않으면 설명하기 어렵다. 또한 전자에서 후자로의 전환은 그 수행 주체로서의 왕권뿐만 아니라 동국에서 보이는 것 같은 수장층 내의 계급 분화를 전제로 하고 있으며, 6세기 이래로 진행되고 있던 전국적인 계급관계의 변동과 관련짓지 않고서는 개신의 기본적 해명은 완결될 수 없는 것이다. 이 점은 제4장에서 다시 다루기로 하겠다. 그 전에 개신에서는 단초가 놓였을 뿐인 국가의 상부 기구와 고대 관료제가 어떠한 과정을 거쳐 형성되었는지를 제3장에서 고찰해 둘 필요가 있다.

제 3 장

국가 기구와
고대 관료제의 성립

　　다이카 개신 이후의 국가 성립사, 바꾸어 말하자면 율령제 국가의 전사 단계는 두 가지 계열로 나누어 고찰해야 한다. 첫째는 지배 계급이 그 '공동의 이해관계'를 지키기 위한 공동의 '기관'인 국가 기구를 통치 수단으로 만들어 내고, 스스로를 그 안에 편성하는 과정이며, 둘째는 그 국가 기구가 전체로서 인민을 통치하고, 그로부터 잉여생산물을 수취하는 기구의 성립 과정이다. 전자는 주로 중앙의 국가 기구, 즉 영제 2관(二官) 8성의 성립을 기본으로 하고, 후자는 국·군사제, 조용조제(租庸調制), 반전수수제 등의 통치와 수취 문제를 기본으로 한다. 양자가 통괄되고서야 비로소 율령제 국가가 전체로서 지니는 역사적 의의가 문제가 된다. 이 장에서는 첫째 문제를 고찰하고, 둘째 문제는 일괄하여 제4장에서 다루기로 한다.

제1절
과도기로서의 덴지조

663년(덴지 2년), 백제 구원을 위한 해외 출병이 조선반도 백촌강에서 완전히 패배한 뒤에 이어진 덴지조의 치세는 두 가지 특징을 갖는다. 첫째는 이 시기가 백제·고구려의 멸망, 당군의 점령과 직할 통치라는 반도의 정세로 인해 국제관계에 대한 군사적인 대응으로서 '군국' 체제가 여전히 계속되었던 점이다. 당나라로부터 받는 외교적 압력도 역시 이 시기의 특징 중 하나이다. 서국에서 기내에 이르는 요충지의 축성이 그것을 보여주며, 667년(덴지 6년)에 오미국 오쓰로 천도한 일도 그 일환이라고 보아야 함은 앞서 서술하였다(제1장 제3절). 둘째는 아마도 백촌강의 패전을 하나의 중요한 계기로 하여 그 이듬해부터 덴지 말년에 이르기까지 이루어진 국가 기구의 정비, 그리고 중앙 지배층 전체를 왕권 아래 조직화하려고 하는 노력이다. 덴지조가 전체적으로 다이카 개신의 연장임에도 불구하고, 특히 두 번째 점에서 개신보다도 중요한 발전을 보여주었고, 국가 성립사에서 갖는 그 특수한 의의도 그러한 점에 있다고 보아도 된다.

덴지조의 국가 제도에 대한 고찰은 출발점에서부터 한 가지 어려운 문제에 부닥친다. 바로 664년(덴지 3년) 개혁의 내용과 의의가 명확하지 않고, 고대사 역사가들의 설도 여러 갈래로 나뉜다는 점이다.[01] 이는 다음 세 항목으로 구성된다. 바로 (ㄱ) 관위 26계제, (ㄴ) 큰 우지, 작은 우지, 도모노미야쓰코 등의 구별과 우지노카미 결정, 각각에 대한 대도(大刀, 다치)·소도(小刀, 가타나)·방패(또는 활과 화살) 사여, (ㄷ) 가키베(民部)·야카베(家部) 설정이다. 약간의 법령이 동시에 발령되었다고 해서 그것들이 늘 내용적으로 떼려야 뗄 수 없는 관계에 있다고 단정하기는 어렵지만, 이 경우는 『일본서기』 기사의 문맥으로 보아, 또한 나중에 서술할 이유로 추측하건대, 위의 세 항목은 내용상 밀접하게 관련되어 있다고 간주하는 것이다. 덴지조의 국가 제도 개혁이 갖는 의의 중 하나는 이러한 세 항목의 해석에 달려 있다고 보아도 되는데, 그 관련성을 살펴보기 위해서는 덴지조에서 이루어진 중앙 국가 기구의 정비와 관료제 성립 문제를 매개로 할 필요가 있으며, 나는 이것이야말로 세 항목 각각이, 그리고 그 항목들 전체가 왜 덴지조에서 문제가 되는지에 대한 기초를 보여주는 것으로 생각하므로, 우선 그 점에서부터 출발하고자 한다.

덴지조에서 일어난 국가 제도의 변화 중 첫 번째는 태정관의 성립이다. 오토모(大友) 황자를 태정대신에, 소가노 아카에(蘇我赤兄)를 좌대신에, 나카토미노 가네(中臣金)를 우대신(右大臣)에, 소가노 하타야스(蘇我果安), 고세노 히토(巨勢人), 기노 우시(紀大人)를 어사대부(御史大夫)에 임명한 것이 율령제 국가 기구의 근간을 이루면서 일본의 독자적인 기구인 태정관제의 최초 형태이다(『일본서기』 덴지 천황 10년 정월조). 이는 우선 개신기의 이원적인 권력 구조를 극복하는 첫걸음이었다. 앞서 서술하였듯이 다이카 개신의 중앙 관제가 지니는 특색은 황태자—우치쓰 오미—국박사라는 전제적인 권력핵을 이루는 계열과 천황—히다리노 오오미, 미기노 오오미라는 명목적이기는 하나 군경·대부(마에쓰키미)층을 대표하는 계열로 분열되었고, 양자는 제도적으로는 어떠한 결합도 없는 것이 특징이었다. 그런 경우의 히다리노 오오미, 미기노 오오미 제도는 기관의 구성 요소로 자리매김하지 않으며, 따라서 영제적인 의의의 관직과는 성질을 달리하는 것이었지만, 덴지조에서는 처음으로 태정대신—좌·우대신—어사대부로 구성되는 기관의 일원으로 설정된 것이다. 다른 한편으로는 황태자=태정대신제가 '백규(百揆, 백관-역주)를 거느린다(總)', '만기(萬機)를 다스린다(親)'고 성격이 규정된 것처럼(『회풍조[懷風藻]』 오토모 황자전), 분명히 개신 이후 황태자가 지닌 만기 총섭의 권능을 태정대신의 그것으로 전환한 것이다. 따라서 덴지조의 태정관 성립은 본래 두 계열로 분열되어 있던 다이카의 두 관제를 태정관이라는 하나의 기관 안에 통합한 점에서 중요한 의의가 인정된다. 그와 더불어 황태자의 권력핵 중 일부를 이루고 있던 국박사·우치쓰오미 중 전자는 다이카 이후 모습을 감추었고, 후자는 가마타리가 죽음으로써 단절되는 것도 태정관이 국가의 최고이자 유일한 공적 기관이어야 함을 보여준 것이리라. 어사대부는 진(秦)·한(漢)의 어사대부를 본뜬 관직으로[02], 훗날의 납언(納言), 기요미하라령의 대납언·중납언(中納言)에 해당하는데, 실질은 다이카 전대 이래로 오오미·오무라지와 함께 국정의 의정을 맡은 대부층을 태정관제 안에서 제도화한 것으로 보아야 한다.[03] 따라서 태정관의 성립은 개신기에 권력핵의 전제적 지배 아래 있으면서 명목적인 존재로 변해 있었던 군경·대부층이 국가 최고의 합의체 속에서 그 지위를 제도적으로 확립하였음을 의미하며, 천황 대권을 대행하여 '백규'를 총리(總理)하고 '만기'를 친재(親裁)하는 황태자를 수장으로 하는 기관 안에 이 단계의 중앙 지배층 전체의 권력이 집중되었다고 보아도 된다. 이러한 형태의 국가 기관이 필요해진 원인 중 하나로는 백촌강 패전과 아리마 황자의 변에 나타나는 개신 정권에 대한 여러 계층의 반항 기운을 계기로 하여, 종래의 전제적·이원적 형태로는 사태를 극복해 낼 수 없어 전 지배층을 국가 제도로서도 결집해야 하는 사정을 상정해도 될 것이다. 여기서 남겨진 문제는 태정대신(오마에쓰기미[대신을 가리키는 말-역주]는 원래 마에쓰기미[대부]의 수석이라는 뜻)·좌우대신·어사대부라는 신하를 대표해야 할 태정관 안에 천황 대권을 대행하는 황태자가 들어가 있는 사실이며, 그것은 마침내 영제의 태정관제가 해결해야 할 문제였다(제2절).

덴지조 국가 제도의 두 번째 발전은 태정관 아래 6관이 설치되었다는 점이다.[04] 덴지조에 설치된 혹은 설치된 것으로 추정되는 6관은 법관(法官)·이관(理官)·병정관(兵政官)·민관(民官)·형관(刑官)·대장(大藏, 오쿠라)으로, 각각 영제의 식부성(式部省)·치부성·병부성·민부성(民部省)·형부성(刑部省)·대장성에 대응되며, 동시에 각각 당나라의 상서성 6부를 구성하는 이부(吏部)·예부(禮部)·병부(兵部)·민부(民部)·형부(刑部)·공부(工部)에 대응된다. [05] 바꾸어 말하자면 6관은 영제의 8성 중 궁내성·중무성(中務省)을 제외한 6성의 전신이며, 그것이 당나라 제도를 모델로 하여 설치된 점에서 일본적·고유법적 기구인 태정관과 구별된다. 그 맹아는 앞서 서술하였듯이 다이카 개신에서 확인되는데, 6관이라는 국가 행정의 체계로 설치된 것은 덴지조부터의 일로 보아야 할 것이다. 다이카 전대의 관사제가 반조·시나베제를 모체로 하여 개별적으로, 자연 발생적으로 태어난 개별 관사들의 집합체로서 기성의 것들을 통합한 데 지나지 않은 데 반해, 6관의 설치는 국가 행정의 여러 분야에 맞추어 권능의 분할이 먼저 이루어지고, 위에서부터 일정한 원리를 바탕으로 하여 6관이라는 관제 체계가 설치되었다는 점에서 전자와 구성 원리가 완전히 반대로 되어 있었다. 따라서 그것이 다이카 전대의 관사제를 고려하지 않았던 것은 당연하며(대장을 제외하면), 태정관과 달리 당나라 제도를 거의 순수하게 계수하여 성립할 수 있었던 이유도 거기에 있었다. 여기서 다이카 전대의 국가 제도와의 단절이 있음은 앞서 서술하였다. 이러한 6관의 하부 기관으로서, 영제의 8성에 보이는 것 같은 관할 하의 여러 관사가 이 단계에서 어느 정도 성립되어 있었는지, 즉 6관 하나하나가 어느 정도로 관직 체계로서 정비되었는지에 대해서는 의문을 가져야 하지만, 개신에서 앞서 언급한 반조·시나베제가 해체되고 재편된 일과 관련시켜서 생각하면, 6관의 하부 기관 편성 문제가 덴지조에서 적어도 의사일정에 올라와 있었을 것임은 확실하겠다.

세 번째 특징은 위의 6관과 태정관을 연결하는 변관(辨官)이 이 시기에 성립되었다는 점이다.[06] 다이호령·요로령의 태정관은 세 가지 구성 요소, 즉 (1) 대신·대납언으로 이루어진 국정의 최고 합의기관이자 정책 결정의 장인 좁은 의미의 태정관, (2) 소납언국(少納言局), (3) 좌·우변관국으로 이루어졌는데, 이 중에 (3)은 (1)과 8성 및 여러 국아를 연결하고 매개하는 사무국을 구성한다. 이 변관국(辨官局)의 전신으로 볼 수 있는 '대변관(大辨官)'이 덴무조 이전에 이미 존재한 흔적이 있음[07]은 태정관과 6관이 기구로서 유기적으로 결합되기 시작하였음을 보여주는 것이다. 이 점은 동시에 덴지조의 태정관이 개신기 중앙 관제의 통합일 뿐만 아니라, 6관을 포함하는 전 국가 기구 또는 관료 체제의 한 기관으로 존재하였음을 의미한다.

　이상의 세 가지 점은 태정관—대변관—6관이라는 통속 관계가 영제 국가 기구의 원형으로서 이미 덴지조에 성립하였음을 보여주는 것으로, 개신기 중앙 관제에 보이는 앞서 언급된 경향과 대비하면, 덴지조는 하나의 전환을 이루었음은 분명하다. 덴지조의 지배층은 각각의 구성원을 넘어선 공동의 국가 기구를 갖고, 관행에 따라 운영되어 온 군경·대부층의 정치를 체계적으로 조직된 기구에 의한 정치로 전환하고 있었다고 보아도 좋다. 종래의 일본 지배층이 가질 수 없었던 '국가'라는 조직된 정치권력을 지배층은 통치의 수단으로서 형성하고 있던 것이다. 이후의 역사는 지배층이 이 통치의 무기를 완성하는 것이며, 다른 모든 문제는 이와 관련 없이는 그 의의를 분명히 할 수 없다. 우선 첫째로 앞서 언급된 덴지 3년 개혁의 (ㄱ) 관위 26계제는 앞에서 나온 다이카 5년 2월의 관위를 수정한 것에 지나지 않으나, 그것이 갖는 의의는 관직 체계가 결여된 덴지조 이전과 다른 것이 되었음을 상정할 필요가 있다. 즉, 관위에 따른 상하 서열이 위의 체계적으로 조직된 관직 체계에 얼마나 대응되는가 하는 문제가 지배층 내부에서 관직 전유권의 배분이 제도화하는 문제로서 당연히 제기되기 때문이다. 영제의 관위상당제는 기요미하라라령이 제정되고 나서야 체계적·제도적으로 확립되지만[08], 문제 자체는 앞서 언급한 관제를 준비한 덴지조에서 대강 제기되어 있었다고 생각한다. 관위 26계제와 다이카 관위제의 차이가 하급 관위의 증가라는 점은 오미·무라지 아래에 위치하는 도모노미야쓰코층을 관사제에 포섭하는 일과 관련이 있을 것이다. 왕민제를 대신하는 새로운 질서인 관위제는 그것이 정치적·경제적 특권과 결합함에 따라서만 지배 계급의 기본적인 이해관계의 대상이 되는데, 덴지조는 그 첫걸음이라고 보아도 된다. 그러나 이때 중요한 것은 관위가 족성(族姓)과 결부된다는 일본적 특수성이다. 강력한 왕권을 확립한 덴무·지토조에서조차 '족성(우카라카바네)'과 '씨성의 크고 작음'이 관인의 고선(考選, 관리의 근무 성적 및 능력에 대한 평가와 그에 따른 등용, 승진-역주), 관위 수여에서 빼놓을 수 없는 하나의 조건으로 규정된 점을 생각한다면[09], 덴지조에서 그 조건이 보다 중요했음은 말할 것도 없고, 앞서 언급된 (ㄴ)의 큰 우지, 작은 우지, 도모노미야쓰코 등의 구별은 관위 수여의 기준으로서 요청된 제도이자 지토 4년(690) 4월 고선의 조(詔)에 나오는 '씨성의 크고 작음'과 동일한 원칙에 다름 아니다. 사실상 큰 우지에는 오미 가바네의 특정 우지, 작은 우지에는 무라지 가바네의 특정 우지라는 형태로 가바네와의 관련이 있었다고 해도, 특히 이 경우 '우지'라는 집단이 '족성'의 공법상 기준 단위가 된 이유는 개인을 대상으로 하여 수여되는 관위 및 관직이 가바네 제도와는 직접 연결되지 않고, '우지노카미'라는 특정 개인으로 대표될 수 있는 우지라는 집단을 매개로 하는 것 외에 달리 방법이 없었기 때문일 것이다. 덴무조의 고선 기준에 대한 조(詔)를 전후하여 두 차례에 걸쳐 여러 우지의 우지노카미가 이관에 신청할 것을 요구한 사정은 덴지조에서도 마찬가지였고, 다만 다른 점은 큰 우지, 작은 우지, 도모노미야쓰코 등의 우지노카미를 위에서 일방적으로 결정한 점, 그리고 각각의 우지노카미를 대도·소도·방패(활과 화살) 등의 물적인 표지로 구별하였던 옛날 형태를 취한 점이다. 이처럼 덴지조에 이루어진 관료제의 발전은 종래에는 보이지 않았던 관위제와 씨족제의 제도적 연관성을 필연으로 만들었고, (ㄱ)과 (ㄴ)을 그 점에서 관련된 것으로 보아야 한다.

　(ㄷ)의 가키베·야카베 문제와 (ㄱ), (ㄴ)의 관계를 생각하기 전에 가키베와 야카베가 무엇을 의미하는지 분명히 해 두어야 한다. (ㄷ)의 '가키베·야카베를 정하였다'에 대응하는 675년(덴무 4년) 2월의 조에 '갑자년에 여러 우지에게 준 가키베(部曲)는 이제부터 모두 그만두라'고 한 명령에 따라 전자의 '정하였다'는 사여의 뜻을 포함하는 것으로 해석해야 하며, 또 후자의 '가키베(部曲)'는 가키베(民部)와 야카베 둘 중 하나에 해당해야 하는데, 나는 가키베(民部)가 가키베(部曲)에 해당하는 것이라 간주한다. 따라서 앞서 언급한 덴무 4년의 조에 따라 덴지조에 사여된 가키베와 야카베 중 전자는 폐지 또는 수공되었고, 후자는 변경되지 않았다고 풀이하는 것이다. 존속된 야카베는 바로 요로령 호령 응분조(應分條)에 규정된 '우지얏코(氏賤, 우지에 예속된 천민-역주)'로 추정한다. 덴무 4년의 조가 보여주듯이 가키베·야카베의 특징은 그것이 '여러 우지'를 대상으로 하고, '우지'라는 집단을 단위로 하여 사여되었다는 점에 있는데, '우지'라는 고대 가족의 결합체 자체는 그 성질상 공동 소유의 주체일 수 없고, 따라서 사여의 대상이 될 수 없는 집단이므로, '여러 우지'에 대한 사여는 현실에서는 여러 우지를 대표하는 '우지노카미' 또

는 ‘씨종(氏宗)’에 대한 사여로 보아야 한다. 한편, ‘우지얏코’가 갖는 특징은 가인(家人, 천민의 일종-역주)·노비와 달리 분할 상속의 객체가 되지 않고, 『영집해』 호령 응분조에 인용된 설들이 똑같이 지적하는 것처럼, 역대 우지노카미(씨종)에 의해 일괄 상속된다는 점에 있었다. 야카베에 대한 기존 학설들의 난점은 우지 또는 우지노카미에게 사여한다는 계기가 생기지 않는다는 점에 있었는데, 우지얏코에게는 그러한 난점이 없다. 또한 무나카타 신사(宗像社)에 있던 우지얏코가 그 연수물(年輸物, 해마다 보내는 물자-역주)을 그 신사의 수리 비용에 대는 관행이 다케치(高市) 황자가 정한 ‘영례(永例)’에 따른 것이라 여겨진 점도 우지얏코가 영(令) 이전의 오래된 제도의 유제임을 보여준다(『유취삼대격[類聚三代格]』 간표[寬平] 5년 10월 관부[官符, 태정관에서 하급 관청에 내리는 문서-역주]). 또 그에 따르면, 우지얏코가 독립된 가족을 이루어 주인집에 역역(力役) 또는 현물 형태로 봉사하는 천민이고 공법상 ‘호(戶)’가 아니라고 해도, 가인·노비적인 천민도 아니었을 것이라는 점도 주의해 둘 필요가 있다. (ㄴ)과 (ㄷ)은 떼려야 뗄 수 없는 관계에 있음은 이상으로 보아 분명하다.

가키베·야카베 사여의 제도사상 의의는 그것이 영제

의 식봉(봉호), 특히 위봉의 원초적 형태였다는 점에 있다고 생각한다. 『일본서기』 및 사원의 자재장(資財帳, 절이 보유한 재산의 목록-역주)에 보이는 사봉(賜封) 관련 기사는 모두 사료적으로 의심스러운 성질을 지닌 것들이다.[10] 영제에서 완성되는 관인 봉록제의 다양한 형태 중 역사적으로 가장 중요하면서도 본래적인 것은 식봉제이다. 위전·직전 등의 계열은 체계적인 봉록 제도로서는 반전수수제가 전국적으로 시행된 기요미하라령 시행 이후에 확립된 것으로 보이며, 계록(季錄) 제도도 조용제(調庸制) 확립 후로 보아야 하는 데 반해, 식봉제는 그 베민제적인 수취 형태로 보아 그 이전까지 거슬러 올라감은 확실하다. 식봉제의 기본적 형태는 위봉이고, 직봉(職封)은 제2차적 형태이다. 신봉(神封)·사봉(寺封)은 여기서는 별개의 문제로 하고, 식봉 전반, 특히 위봉에 관해서 말하자면 이는 다섯 가지 요소로 구성되며, 그것을 가키베·야카베 급여와 대비하면 다음과 같다.

(1) 식봉 급여의 주체는 천황 또는 국가이지만, 위봉이 천황의 자의(恣意)가 작용할 수 있는 별칙(別勅)에 의한 사봉이나 공봉(功封)과 구별됨은 그것이 공민층으로부터

수취한 잉여노동 또는 잉여생산물을 관인귀족층 사이에 분배하는 방식으로서 영에 명확히 규정된 제도라는 점, 바꾸어 말하자면 그것이 관인귀족층의 공동 특권을 유지하는 제도라는 점이다. 가키베·야카베 급여도 (ㄴ)에 규정된 계층들 전체를 대상으로 한다는 점에서 그와 공통된다.

(2) 영제 식봉제의 급여 객체는 공민의 '호' 자체이며, 1리=50호제와 관련해서 50호를 단위로 지급되는 것이 통상적인 예이지만, 가키베·야카베 사여가 앞서 서술하였듯이 '호'를 단위로 하였다고 추정되는 점만큼은 양자가 공통된다. 또한 전자는 국가가 사전에 '호'를 파악하는 것이 전제가 되지만, 앞 장(제2장-역주)에서 서술하였듯이 개신의 제1차 편호에 따라 가키베(部曲)를 포함한 모든 민호가 공권력에 의해 파악되어 있었으므로, 양자는 기본적으로는 공통된다.

(3) 급여 대상은 위계의 성질상 일정한 기준 이상의 유위자 개인이지 집단이 아니므로, 이 점에서는 우지를 단위로 하여 사여되는 가키베·야카베와 다르지만, 다른 한편으로는 우지노카미 개인에게 사여된다는 점에서는 양자가 공통된다.

⑷ 급여 기준은 위계제(位階制)에 따라 주어지며, 기준 자체는 기요미하라령(5위에 해당하는 지위 이상), 다이호령(3위 이상), 게이운 3년(706) 이후(4위 이상)로 변화하였는데, 위봉은 각각의 위계에 부속된 경제적 특권으로 간주되어 있었다. 이 점에서 관위(冠位)와 직접적으로는 연결되지 않는 가키베·야카베의 경우와는 다르지만 후자도 간접적으로 결합된 점은 앞서 언급한 대로이다.

⑸ 급여 내용과 절차에 대하여. 영제의 봉주(封主)는 봉민(封民)으로부터 조용 전부와 전조 절반(나중에 전액 지급으로 개정)을 수취하고, 식봉으로부터 일정 기준으로 징발되는 사정을 사역할 권리를 부여받으며, 그 수취 내용은 법에 의해 확정되고 제약되었으므로, 베민제적 관행에 따른 것으로 추정되는 가키베·야카베 수취와는 다르다. 동시에 수취 절차도 영제의 경우는 국아 등의 공권력을 매개로 하며, 따라서 봉주와 봉민 사이에 개별적·인격적 예속관계는 제도상으로는 성립하지 않는 것이 원칙인 데 반해, 가키베·야카베의 경우는 이른바 '직접 징수'이며 인격적 예속관계를 기본으로 한다.

이상과 같이 양자 간에 공통점과 동시에 차이점도 많

음에도 불구하고, 가키베·야카베를 영제 식봉의 선구적 형태로 보는 것은, 하나는 가키베(民部=部曲)의 수공을 규정한 덴무 4년의 조를 계기로 하여 식봉제 개혁이 진행되었다는 사실을 통해 가키베·야카베와 식봉제의 제도적 연관이 상정되는 점, 또 하나는 그러한 차이점이 덴무조 이전의 특수성으로 설명이 가능한 점 때문이다. (5)는 국아 기구와 조용조제가 확립하는 기요미하라령 또는 다이호령에 의해 영제 식봉제의 내용과 절차가 완성되었음에도 불구하고, 봉호로부터 사정을 사역하는 권리에 베민제와의 관련이 나타나 있으며, (3)과 (4)는 식봉의 덴지조적 성격을 보여준다. 즉, 관위가 관직의 전유(專有)와 연결되기 전에 미리 '족성' 또는 '씨성의 크고 작음'에 따라 규정되었듯이, 관위는 위봉처럼 식봉 급여와 직결되지 않고, 큰 우지, 작은 우지, 도모노미야쓰코라는 족제상의 구별을 매개로 하여 가키베·야카베 급여와 연결된다는 점이다. 식봉과 관위의 결합은 덴무 5년 8월, 친왕 이하 소금 이상의 대부(마에쓰키미) 및 황녀·히메미코(姫王)·내명부(內命婦) 등에 대한 식봉의 급여 규정에 따라 (이는 앞서 언급된 가키베[民部=部曲] 수공의 결과로서 시행된 것으로 보인다) 비로소 단초가 마련된 것이다(『일본서기』). 그러나 큰 우지, 작은 우지, 도모노미야쓰코 등의 구별도 이미 덴무 5년의 조 규정을 내포하고 있었던 것이 아닐까? 큰 우지, 작은 우지가 금위(錦位) 이상에 도달할 수 있는 씨족을 결정한 것으로 보고, 덴무 때의 조에 나오는 소금 이상의 대부와 연관시킨다면 큰 우지, 작은 우지와 도모노미야쓰코 등의 구별은 가키베·야카베의 사여를 받을 수 있는 씨족과 그렇지 않은 씨족을 명확히 한 것으로 보이며, 또한 크고 작은 우지의 구별은 사여받을 가키베·야카베의 호수와 관계되는 것이 아니겠는가?

(ㄱ), (ㄴ), (ㄷ) 세 항목의 내용상 상호관계를 위와 같이 추정하면, 가키베·야카베의 급여는 간접적으로는 영제 식봉제의 원초적 형태를 이루고, 직접적으로는 덴무 5년의 새로운 식봉제의 전단계를 이룬다고 할 수 있겠다. 그 특징은 첫째로 우지를 단위 또는 대상으로 하여 그것을 대표하는 우지노카미(씨종)의 분할되지 않으면서 세습적인 재산으로 사여된 점, 둘째로 급여의 객체가 베민 제적 성격을 지니고, 덴무조에서 가키베(部曲)의 수공이라는 형태로 일부가 부정된 것도 그 성격 때문일 것이다. 그러나 그와 동시에 그것이 관인귀족 상층부의 물적 특권에 대한 법적 규정이자 공권력에 의한 제도적 보증이

라는 점에서, 영제적 식봉으로 발전할 맹아를 품고 있음을 놓쳐서는 안 될 것이다.

가키베·야카베 문제는, 식봉제의 시작을 포함한 개신조 제1조를 원조에 의한 것으로 보는 입장에서는, 일반적으로 다이카 개신의 '좌절'이자 다이카 전대로의 '복고' 또는 '반동'으로 여겨진다. 하지만 덴지조에서 왜 이러한 반동이 일어났는가에 대해서는 여러 가지 고심에 찬 해석이 이루어지지만서도 사람들을 납득시킬 이유를 들 수 없는 것이 특징이다. 이 책의 입장에서 보면 그것은 좌절이 아니라 발전이고, 복고가 아니라 한 걸음 전진한 것이며, 덴지조가 필연적으로 당면할 수밖에 없었던 과제에 대한 해답이다. (ㄷ)의 '그 가키베·야카베를 정하였다'가 사여의 뜻을 포함한다는 것은 앞서 서술하였는데, 사여가 '정하였다'고 표현되기도 하는 것은 그것이 제한을 두어 정하는 행위도 의미하기 때문이겠다. 개신에서 가키베(部曲)를 포함한 베민도 조사·등록의 대상이 되기는 하였지만, 그 소유는 변경되지 않았음을 떠올린다면, 국가에 의한 가키베(民部)·야카베 사여는 동시에 가키베(部曲) 등의 소유를 제한하는 것이기도 하다. 오히려 문제는 덴지조에서 처음으로 식봉제가 과제로 등장하는 근거인데,

나는 이 경우도 근본은 앞서 언급한 태정관—대변관—6
관의 성립에 있다고 추측하는 것이다. 이러한 관제는 그
것을 전유하고 운전하며 공적 직무의 집행을 담당하는
특수한 계층인 행정 간부의 성립을 전제로 한다. 이는 지
배층 내부에서 사회적 분업이 발전한 데 따른 역사적 귀
결임과 동시에, 국가가 사회로부터 '독립'한 공권력이 되
기 위한 조건이다. 이는 다이카 전대로부터 이어진 전통
적인 씨족들, 군경·대부층이 관인귀족층으로 전환됨으
로써 달성되었다. 그러나 이 전환은 동시에 봉록제 문제
를 제기하는 것이며, 이러한 물적 조건 없이는 관인귀족
층은 성립하기 어렵다. 덴지조에서는 이 문제가 제기될
객관적 조건의 존재가 확인되는 데 반해, 누구나 한결같
이 인정하는 개신에서의 중앙 관제의 미숙함, 그에 대한
관심의 희박함이라는 앞서 언급된 조건 속에서, 어떻게
해서 식봉제가 의사일정에 오를 수 있었는지조차 설명하
기 곤란할 것이다. 유일한 설명은 곧바로 실시할 의도는
없었으나 이념으로 내걸 수는 있었다는 설명이겠지만,
이러한 설명은 개신의 이념을 높이는 듯하면서 실은 그
반대임을 생각해야 할 것이다. 다이카 개신은 앞서 서술
하였듯이 절실한 과제를 갖고 그에 대하여 액추얼한 대

응을 보인 정권이며, 이념을 위한 권력은 아니었기 때문이다. 또한 '우지'라는 집단이 공법상의 조직으로 나타나는 것은 덴지조가 처음이며, 그 조건이 족성적 질서가 강고한 일본적 특수성에 있다고 본다면, 개신조 속의 식봉제가 '우지'의 질서와 관련이 없이 제정되었다는 것도 도저히 생각하기 어려울 것이다.

한편으로는 당나라 제도를 모델로 한 새로운 형식의 국가 기관인 6관이 설치되고, 다른 한편으로는 가키베·야카베의 급여라는 다이카 전대적 유제가 존재한다고 하는 대비는, 전자에게는 공한지(空閑地)에 건물을 세우는 것과 같은 용이함이 있는 데 반해, 봉록제로 연결되는 물적 급여는 어느 정도 기존의 소유 관계에 제약을 받을 수밖에 없기 때문이며, 그것을 개혁하기 위해서는 강력한 왕권의 존재를 전제로 하기 때문이다. 앞 장(제2장-역주)에서 서술한 덴무조에서 여러 차례에 걸쳐 이루어진 식봉제의 드래스틱(drastic)한 개혁은 임신의 난으로 정권을 탈취한 덴무 천황의 전제적 권력이 있고 나서야 가능했으며, 그 조건이 빠진 덴지조에서는 가키베·야카베의 급여가 한계였다고 보아도 된다. 이러한 덴지조의 한계 문제는 오미령의 제정 문제와 관련된다. 이 책에서 이 문제를 언급하는 것은 그것이 '율령 제정의 역사'상 중요한 문제이기 때문이 아니라, 오미령의 존재 여부 문제는 국가 성립사에서 덴지로의 위치를 어떻게 설정할 것인가와 연관되어 있으며, 국가가 체계적 법전을 갖는지 여부는 전제국가의 단계들을 구분하는 중요한 지표가 되기 때문이다. 나는 '무단적(武斷的)'이며 '소수설'로 여겨지는 '오미령 부정설'이 옳다고 생각한다.[11]

'긍정설'을 지지해 온 기본 사료가『일본서기』덴지 10년 정월조 분주의 '법도(法度)·관위(冠位)의 이름은 새 율령에 자세히 실려 있다'는 기사와 헤이안 초기에 편찬되어 진상된『고닌격식(弘仁格式)』서(序)의 '시간이 지나 덴지 천황 원년에 이르러, 영 22권을 제정하였다. 세상 사람들이 말하는 오미 조정의 영이다' 두 가지인데, 전자는 그 내용으로 보아, 후자는 그 시기로 보아, 긍정설을 부동의 것으로 만드는 근거로는 박약하다는 점은 분명하다. 오히려 이 기사에게서 벗어나 덴지조의 시정이라는 사실 자체로부터 영의 존재를 추정하는 방법이 올바른 해결 방법이며, 거기에는 두 가지 근거가 존재한다. 첫째는 나중에 서술할 경오년적이 그 성질상 '호령'의 존재를 전제로 한다고 보아야 하는 점, 둘째로 앞서 언급한 태정관─6관 관제는 '직원령'에 해당하는 편목(篇目)의 존재를 추정하게 한다는 점이다. 이 밖에 영의 존재를 추정하게 하는 사실은 덴지조에는 존재하지 않는다. 이때 주의해야 할 점은 '호령' 또는 '직원령'은(편목의 명칭은 변화하기 때문에 정확히 말하자면 그에 상응하는 편목은) 그것만 독립해서 제정되는 일은 없고, 반드시 다른 관련 편목의 존재를 전제로 한다는 것이다. '율령제'라고 할 때의 영은 단행법의 집성이 아니라 하나의 구성 원리를 갖고 조직적으로 편찬된 체계적 법전이라는 데 특질이 있기 때문이다. 예를 들면 요로령 호령에 있는 작물이 익지 않았을 경우의 진급(賑給) 규정은 부역령에 있는 같은 경우의 과역(課役) 면제 규정과 관련·대응되며(수한조[水旱條]), 전자의 노비 규정은 전령에 있는 노비의 구분전 반급 규정과(관호노비조[官戶奴婢條]), 마찬가지로 전자의 '귀화인'에 대한 규정은 부역령의 규정과(몰락외번조[沒落外蕃條]) 관련·대응된다. 바꾸어 말하자면 처음에 편목이 먼저 설정되고, 다음으로 특정 케이스 또는 사항에 관한 개별 조항이 각 편목에 배치되는 것이며, 미리 편목 구성이 결정되어 있지 않으면 적어도 법전으로서의 영은 성립하지 않는 것이 특징이다. 따라서 경오년적에서 '호령'의 존재

를 추론하는 것은 전령·부역령의 존재를 추론하는 것이
되며, '직원령'도 '관위령(官位令)'이 없이는 존재할 수 없을
것이므로, 결국 이는 다이호령·요로령 같은 체계적 법전
이 '오미령'이라는 형태로 덴지조에 제정되었다는 것이
되며, 앞서 언급한『고닌격식』서에서 말하는 '영 22권'의
성립 전승과도 연결된다.

그러나 문제는 덴지조에서 예를 들면 전령·부역령
에 해당하는 편목이 어떻게 해서, 또 어떠한 형태로 편
찬·제정될 수 있었는가 하는 점에 있다. 이 사항은 진지
한 논의 대상이 되어 오지 않았지만, 전제(田制)와 요역
노동제의 역사를 고려하면, 나는 덴지조에서 전령·부역
령의 제정은 일단 불가능했다고 생각한다. 기요미하라
령 시대와 달리 법전화, 즉 일반화를 위한 전제 조건이
덴지조에 거의 존재하지 않았기 때문이다. 우지노카미
에 가키베·야카베를 사여하는 단계에서 어떻게 '녹령'이,
국조군을 주체로 하는 시기에 어떻게 '군방령'이, 또 율의
편찬조차 이루어지지 않은 단계에서 어떻게 '옥령(獄令)'
이 편찬될 수 있었을까? 그 밖에 어느 편목에 대해서도
마찬가지이다. 물론 다이호령·요로령과는 전혀 내용이
다르고, 따라서 당나라의 영과도 이질적인 내용을 담고

있는 '영 22권'이 덴지조에 성립되었을 가능성은 있다. 하지만 이를 상정하기란 생각할 수 없을 정도로 곤란함을 염두에 둘 필요가 있을 것이다. 덴지조에서 펼친 모든 시책의 특징은 영제로 가는 과도기라기보다는 오히려 다이카 개신의 연장이라는 성격을 지닌 점, 고유법이 큰 비중을 차지하는 과도기이기 때문에야말로 그 법전 편찬은 기요미하라령·다이호령의 편찬과 비교가 되지 않을 정도로 입법 기술적으로 곤란함을 잊어서는 안 되겠다. 기요미하라령 이후의 영 제정은 당나라 영의 계수라는 계기를 빼놓고는 생각할 수 없지만, 임신의 난과 전제 권력의 성립이라는 내적 조건이 바로 덴무·지토조에 성숙하였기 때문에 외국법의 전면적 계수가 비로소 가능해졌고, 또한 그 계수에 의해서만 일본 영은 입법 기술적으로도 가능해진 것이다. 덴지조의 '정치적 혁신적 권력 관심'을 오미령 제정의 근거 중 하나로 삼는 설[12]은 '권력 관심'의 주체적·객체적 조건들에 관한 문제를 과소평가하는 셈이 될 것이다.

문제는 따라서 덴지조의 태정관—6관이 '직원령'을, 경오년적이 '호령'을 전제로 하는가 하는 점으로 귀결될 수밖에 없다. 후자에 대하여 말하자면 경오년적은 나중에 서술하듯이 전국적으로 획일적으로 시행되었다고 보아야 하므로, 어떠한 법령이 없이는 시행하기 어렵다는 점은 행정 기술적으로 보아도 분명하다. 하지만 그 점은 '호령'을 전제로 한다는 것은 아니며, 요로령 호령의 일부를 이루는 조적 관련 규정들은 그 분량으로 보더라도 단행법(편·장별로 구성되는 '법전'과 대비되는 단행법으로, 따라서 복수의 조항을 포함할 수 있는 점에 주의)으로 제정될 가능성이 충분히 있음에 주의해야 한다. 개신의 각종 '조(詔)'가 상당히 장문이었다는 사실도 염두에 두어야 할 것이다. 단행법이라면 다른 편목의 존재를 전제로 하지 않으므로 앞서 언급한 곤란함으로부터 해방되기 때문에, 나는 이 방향으로의 연구가 앞으로 필요해질 것으로 생각한다. 태정관—6관제의 경우도 직원령적인 편목의 존재를 상정하기보다는 단행법을 상정하는 쪽이 더 덴지조 관제의 사실에 충실할 것이다. 직원령의 특징은 각급 관직의 권한 및 상호간의 계통적 통속관계가 명확히 규정된다는 점에 있다. 영제 궁내성과 중무성의 전신인 '궁내관(宮內官)'이 나중에 서술하듯이 6관 외부에 존재한 것으로 추정되는 덴지조의 상황 속에서 만약 직원령이 편찬되었다고 한다면, 궁내관과 태정관 및 6관의 통속 관계나 각각의 권한이 명료하게 규정되어야 한다. 6관·궁내관 자체는 당나라 제도의 모방이므로 입법은 기술적으로는 보다 용이하겠지만, 나는 덴지조의 6관 제도를 영제의 8성 같은 관직체계로서 정돈된 것으로는 생각하지 않으므로, 직원령적 법문화는 상정할 수 없다. 앞서 서술하였듯이 개신에서 이루어진 반조—시나베제의 개편은 난항을 겪었지만, 아마도 그것은 덴지조의 6관이 성립함과 더불어 그 하부 조직으로의 재편성이 진행되었음이 틀림없으나, 그것이 영제의 사등관제에 종속하는 시나베·잡호제로 제도적으로 정착하기까지는 아직 거리가 있었다고 보는 것이 지당하겠다. 이러한 경우에 하부 조직이 명확해지지 않으면 6관은 관직 체계가 될 수 없고, 따라서 직원령적 법문화는 곤란하다는 점을 염두에 두어야 한다.

영제 관제의 성립에는 두 가지 유형이 있다. 한 가지는 권한과 통속 관계를 규정한 영의 조문이 우선 존재하고 나서 개별 관직이 성립하는 정통적인 유형이고, 다른 한 가지는 이른바 영외관 방식에 따르는 유형이다. 후자는 후지와라노 후사사키의 '우치쓰오미' 사례, 혹은 '태정관의 일을 맡게(知) 한다'는 직능을 규정한 조에 따른 보임이 '지태정관사(知太政官事)'로 바뀌어 가고, '조정의 정치에 참의(參議)하게 한다'는 조에 따른 보임에서 참의제가 발생하는 유형이다. 영제 이전은 후자가 관제 성립의 정통적 방법이라고 본다면, 덴지조의 태정관제 성립에서도 오토모 황자에 대하여 예를 들면 '백규를 거느리고 만기를 다스린다' 운운하는 식의 조를 내림으로써 태정대신에 보임하는 형식이 취해졌고, 또한 좌우대신·어사대부도 같은 형식이 취해졌음을 상정할 수 있다. 당나라 제도의 삼사삼공(三師三公)을 모델로 한 다이호령·요로령의 태정대신에 대응하여 '오미령 직원령'에 고유법을 바탕으로 하는 어떠한 태정대신의 직권 규정이 우선 존재하였고, 그에 따라 오토모 황자의 태정대신 보임이 이루어졌다고 상정하기보다는 더 자연스러울 것이다. 다이카 개신의 히다리노 오오미, 미기노 오오미, 우치쓰오미, 국박사 관직은 그러한 영외관적 방법보다도 단순한 방법으로 성립하였다고 볼 수 있는 데 반해, 태정관―대변관―6관은 개신 관제와는 달리 하나의 체계적인 국가기관이므로 어떠한 성문법의 존재를 전제로 하는 것이 자연스럽다고 본다면, 그것은 아마도 단행법이지 직원령적인 것은 아닐 것이다. 나는 『가전』에서 말하는 '옛 법을 더하고 빼어 대략 조례(條例)를 만들었다'는 그에 해당하는 표현으로서 의외로 진실을 전하고 있다고 생각한다. 여기서 말하는 '옛 법'은 개신기의 각종 조로서 존재하는 단행법 외에는 생각할 수 없다고 본다면, 그것을 '더하고 빼'는 정도로는 체계적 법전인 '영'의 제정이 불가능함은 앞서 서술한 영의 특질을 통해 이해할 수 있을 것이다. '조례'라는 용어도 법전보다는 단행법의 집성으로서 더 자연스럽게 이해할 수 있다. 형식면에서 보자면 아마도 개신의 조들의 선명체를 한문으로 바꾸었을 가능성도 있고, 또 여러 개의 조항으로 구성되는 단행법의 형태로 제정된 것이 '조례'의 새로운 의미가 아닐까? 이른바 '개신조'는 내용은 물론 형식도 어디까지 원조를 기초로 하고 있는지는 의문이지만, 그것을 도외시하고 말하자면, 여러 개의 항목을 포함하는 4개 조의 단행법으로 구성된 개신조 같은 형식이야말로 『가전』에서 말하는 '조례' 표현에 적합한 것이리라. 법의 형식면에서도 덴지조는 개신의 계승이자 한 걸음 전진한 것으로 여겨진다.

'옛 법'을 더하고 빼어 제정된 단행법에 지나지 않는 '조례'가 헤이안 초기에 오미령 22권이라는 전승으로 고정되기까지의 과도적 단계로서, 『일본서기』의 편찬 시기가 하나의 전환점을 이룬다. 앞서 언급한 덴지 10년 정월 조의 분주에 나오는 '새 율령'이『일본서기』편찬기의 현행법인 다이호 율령을 가리키는 것이라 해석한다면, 분주 전체는 다이호 율령의 연원이 덴지조에서 시행된 '관위·법도의 일'에 있다는 의미로 해석되므로,『일본서기』편찬기에 이미 '조례'를 '영' 또는 '영'의 기원으로 보는 관념이 존재하였음은 분명하다. 이유 없이 이러한 관념이 발생할 리는 없다. 이러한 경우에『일본서기』덴지 천황기에 특징적으로 나타나는 이른바 기사의 중출(重出, 중복해서 나옴-역주) 문제가 그와 연관된다.[13] 즉, '관위·법도의 일을 시행하고, 천하에 크게 사면령을 내렸다'는 10년의 본문 기사와 관위 제정의 일을 기록한 덴지 3년 2월 기사와의 관계이며, 둘 중 한쪽이 중출 기사임은 거의 확실할 것이다. 양자의 상호관계에 대해서는 나는 10년 기사가 3년 기사의 중출이라는 설에 따르고자 한다.[14] 관위의 구체적 내용을 적은 것이 관위 제정에 관한『일본서기』기사의 예외 없는 특징인데 10년 정월 기사에는 그것이 없는 점, 10년 정월 이후의 기사에 보이는 관위는 그 이전과 다름을 보여주는 자료는 하나도 없는 점, 또한 앞서 서술하였듯이 관위제와 우지노카미의 결정 및 가키베·야카베 사여가 떼려야 뗄 수 없는 관계에 있다고 보아야 하는 점 등이 그 이유이다. 따라서 '옛 법'을 더하고 빼어 제정된 '조례' 또는 '관위·법도의 일'이라 불린 법의 실체는 결국 앞서 제시한 (ㄱ) 관위 26계제와 (ㄴ) 우지노카미 결정, 그리고 (ㄷ) 가키베·야카베 지급인 셈이다. 이 밖에도 경오년적이 작성된 사실이『일본서기』편찬기 사람들에게 다이호령의 기원을 덴지기에서 찾는 계기가 되었을지도 모른다. 기요미하라령 시행에 따른 획기적인 경인년적 작성이 국사 등에 대한 '무릇 호적을 만드는 일은 호령에 따르라'는 조에 의해 이루어진 것처럼(『일본서기』 지토 천황 4년 9월조), 조적은 호령 또는 영이라는 법전의 존재를 전제로 한다는 사실이『일본서기』편찬기 관인들의 통념에서 기초를 이루고 있었기 때문에 경오년적의 작성에 호령 또는 영의 존재를 상정하는 것은 자연스러운 일이며, 영제의 바탕이 덴지조에 있다고 하는 관념이 성립하는 하나의 계기는 되었던 것으로 보인다.

그러나 나는 앞서 언급된 덴지 3년의 (ㄱ), (ㄴ), (ㄷ)이 '관위·법도의 일' 또는 '오미령'의 실체라고 생각하는 편이 옳다고 본다. 문제는 오히려 (ㄱ), (ㄴ), (ㄷ)이 왜 영 또는 그 기원으로 여겨지는가에 있을 것이다. 여기서는 관위제가 율령제 관인귀족층의 의식에서 갖는 특별한 중요성을 상기해야 한다. 스이코조 이후의 『일본서기』에서 관위에 관한 기사만이 내용을 정확하고도 구체적으로 기재하고 있는 것은 원사료가 보존되어 왔기 때문이며[15], 이는 관위제가 관인화하고 있는 지배층 질서의 근본이었기 때문임이 틀림없다. 게다가 영의 편목들 중에서 관위령이 제일 처음에 있는 것은 그것이 영이라는 법전의 가장 기본적인 편목이라고 여겨졌기 때문이며, 또한 관위 또는 위계가 관직에 대한 청구권 또는 전유권을 갖는 이상, 직원령에 선행하는 것은 논리적으로도 지당한 것이다. 하지만 덴지조 이전에 스이코조, 개신기에 관위 제정이 있었음에도 불구하고 관위 26계제가 특별히 영제의 기원으로 간주되기 위해서는 별도의 의미가 있어야 한다. 첫째로 앞서 서술하였듯이 관위상당제의 제도적·체계적 확립은 기요미하라령이 제정될 때까지 기다려야 하지만, 덴지조에 태정관—6관제라는 관직 체계가 성립된 것은 필연적으로 관위와 관직의 대략적인 대응 관계의 설정을 필요로 하므로, 아마도 관위 26계제는 이 점에서 이전의 관위제와는 다른 의의를 지니기 시작한 것으로 보인다. 둘째로 관위(위계)제는 식봉 등등의 봉록(封祿)

에 대한 청구권을 동반한다는 독특한 특징을 갖고 있다. 이는 국가에 의해 보증된 경제적 특권의 기준이라는 점에서 관인귀족층의 이해관계에 있어 결정적으로 중요했다. 앞서 서술한 것처럼 가키베·야카베의 사여가 직접적으로 관위가 결합하지 않고 '우지' 상호간의 랭크(rank) 설정과 우지노카미의 결정을 매개로 하는 간접적인 결합이라 해도 그것이 식봉제의 원초적 형태라고 본다면, 후대의 관인귀족층이 거기서 영제의 기원 중 하나를 찾는 것은 매우 자연스러운 일일 것이다. 식봉제의 기원을 서술한 조문을 개신조의 첫머리에 둔 것과 같은 동기를 여기서도 확인할 수 있겠다. 셋째로 '우지'의 3단계 설정과 우지노카미의 결정이 관인층에게 얼마나 중요한 의의를 지녔는지는 덴무·지토조의 역사를 보면 명료하다. 따라서 『일본서기』 편찬기 당시 관인층의 관념 속에서 앞서 나온 (ㄱ), (ㄴ), (ㄷ)에 대한 단행법='조례'가 영제의 기원 또는 성립으로 여겨지는 것은 법의식 측면에서도 정치적·경제적 이해관계 측면에서 보더라도 매우 자연스러운 관념의 전환이었던 것으로 보인다. 마지막으로 덴지 3년은 백촌강 패전 다음 해이다. 이 해에 '오미령'이 제정된다는 것은 시기적으로 부자연스럽지만, 위의 '조례'라면 그러한 부자연스러움은 없고, (ㄱ), (ㄴ), (ㄷ) 세 가지는 아마도 각각 몇 개의 항목으로 구성된 단행법이었다 할지라도, 입법 기술상 곤란함은 없었다고 보아도 될 것이다. '오미령'을 포함한 율령 제정사에 관한 장기간에 걸친 정밀한 연구사 속 여러 학설의 검토를 잠시 사상(捨象)하고 사건의 요점만을 논하자면 대체로 위와 같다. 나에게는 '영 22권'은 물론, 편목을 갖는 법전으로서의 영 제정을 덴지조에서 찾거나 혹은 주장하는 '오미령 긍정설' 쪽이 덴지조의 현실에 반해 적지 않게 '무단적'인 것으로 보인다.

덴지조에서 율의 편찬·제정이 이루어지지 않았다는 것에는 이론이 없지만, 기요미하라율(淨御原律)의 편찬과 시행 문제에 대해서도 많은 의문이 제기되어 있다. 여기서 문제인 점은 일본의 지배층은 기요미하라율 또는 다이호율(大寶律)에 이르기까지 고유법의 관행 이외에 자기들의 '율' 또는 형법을 갖지 않았다는 중요한 사실이다. 중국 고대의 율령 제정사가 보여주듯이 영의 제정은 지배 계급의 통치에서 국가 기구의 정비 및 행정의 분화가 특정 단계에 도달하고 나서야 비로소 현실화하는데, 율은 그것이 없으면 전제왕권의 질서가 존재할 수 없다는 의미에서 역사적으로도 논리적으로도 영에 선행하는 법의 형태였다. 따라서 개신 이후 기요미하라령에 이르기까지, 일본의 지배층이 영을 갖지 않은 것은 오히려 자연스럽지만, 율 없이 통치가 가능했다고 한다면 그것은 하나의 문제일 것이다. 주목해야 할 점은 다이호율 시행 전인『일본서기』지토기,『속일본기』몬무기의 대사(大赦) 기사에서 예외 규정 중에 '십악(十惡)'이 포함되는 것이다. 수·당의 율에 보이는 십악은 말할 것도 없이 다이호율·요로율에 나오는 '팔학(八虐)'의 모델이 된 규정으로, 왕권과 국가의 기본적 신분 질서를 흔드는 중죄의 규정이다. 이 십악이라는 말을 당나라 사문(赦文)이 그대로 베껴진 결과 생겨난 것에 지나지 않는다고 해석하는 것은 기요미하라율 편찬의 사실을 주장하기 위함이라고는 하나 사료를 취급하는 방법으로는 정통적이지 않을 것이다. 나는 오히려 개신 이후 당나라 율의 계수가 적극적으로 이루어져, 율이 편찬되지 않은 시기에는 당나라 율을 그대로 적용한 것은 아닌가 하는 가설 쪽이 한 계열의 관련 사료를 정합적으로 이해하기 위해서도, 또 전제왕권은 영은 없어도 성문법으로서 통일적인 형법을 갖지 않고서는 지배하기 어렵다는 앞서 언급한 이유에서도, 문제를 올바르게 해결하는 방향을 제시한다고 생각한다.[16)] 당의 율령과 그것을 계수한 일본의 율령과의 상호관계에 대하여 나라시대의 관인귀족층 또는 법가(法家)가 갖고 있던 특수한 초민족적 국제의식을 염두에 둔다면, 위의 가설은 전혀 부자연스럽지 않음을 알 수 있을 것이다. 앞서 서술하였듯이 인민에 대한 형벌권은 덴지조에도 개신기와 마찬가지로 재지 수장층이 장악하였고, 그곳에서는 전통적인 고유법이 지배하고 있었을 터이다. 이러한 단계에서 전제왕권의 영역에서는 외국법이 그대로 적용되었다고 본다면, 여기서 보이는 법 발전의 현저한 불균등성, 이질적인 법체계의 공존 관계는 그대로 전제왕권 시대의 국제적 교통이 갖는 특수성을 반영하였다고 보아도 될 것이다.

제2절
'정치의 요점은 군사이다' ─덴무·지토조

덴무 천황이 13년(684) 윤4월의 조에서 '정치의 요점은 군사(軍事)이다'라고 말하였을 때, 그것은 국가에 대한 하나의 진실을 말한 것이다(『일본서기』). 본래 의미의 정치권력 또는 국가 권력은 바로 하나의 계급이 다른 계급을 지배하고 억압하기 위한 '조직된 강제력'이며[01], '군사'는 '강제력'의 순수하고 전형적인 표현이기 때문이다. '국가'는 이 밖에도 다양한 제도적, 사회적, 경제적, 이데올로기적 기능을 그 속성으로 갖는 것이 일반적이지만, 그것들은 지배 전반의 특징이지 꼭 국가 고유의 속성은 아니다. 그에 반해 '조직된 강제력' 또는 '공적 강제력'이라는 속성은, 그것이 결여되었을 때 더이상 '국가'가 아니게 된다는 의미에서, 국가의 본질적이며 고유한 속성이다. 덴무 천황의 조는 '국가'의 문제를 '제도'의 문제로 전환하고, 새로운 형식의 국가인 율령제 국가가 당나라의 제도와 법전을 '수입'하고 '계수'하기만 하면 만들어진다고 생각하는 사람들에 대한 비판이며, 국가라는 기구가 무엇을 기축으로 하여 만들어지는지를 가르치는 것이다. 이는 군사와 떼려야 뗄 수 없는 관계로 전개되어 온 다이카 개신 이후의 정치를 자각적으로 정형화한 문장이나 다름없는데, 동시에 그가 겪어 온 경험도 기초로 하고 있었다. 그 경험은 세 가지 요소로 구성되어 있었던 것으로 보인다.

첫째로 672년에 일어난 임신의 난이다. 문헌으로 알려진 바에 따르면 이 난은 고대에서 가장 규모가 큰 내란이고, 국가의 중추인 기내와 그 주변에서 전투가 벌어졌다는 점에서도 율령제 국가 성립사상 획기적인 사건이었다.[02] 이 내란의 승리자로서 정치권력을 탈취한 덴무 천황은 자기 정권의 수립이 전장에서의 군사력 우월에 의해서만 가능했다는 사실을 누구보다도 명료하게 경험하였을 터이다.

둘째로 덴무 천황은 조선반도에서 있었던 663년의 패전, 변명할 여지가 없는 일본군의 괴멸을 경험하였다. 또 동맹 또는 연합 관계에 있던 백제·고구려 두 국가가 멸망한 사실을 경험하였다. 국가란 일정한 역사적 조건 아래서는 멸망할 수 있는 것이라는 인식, 일본의 지배층에게는 특히 중요한 이런 인식은 덴무가 스스로 경험한 바를 통해 뒷받침되는 것으로, 그의 정치와 깊이 연관된 것이다. 특히 백제 멸망의 경험은 심각했던 듯하다. 백제는 압도적인 당·신라 연합군에 의해 짓밟히듯이 멸망하였는데,『일본서기』의 편찬자는 고구려의 '귀화'승 도현(道顯)이 지은『일본세기(日本世記)』를 분주로 인용하여 백제는 외부의 힘에 의해서가 아니라 내부의 퇴폐로 인해 자멸하였고, 의자왕의 대부인(大夫人)='요녀(妖女)'가 국권을 빼앗고 현량(賢良)을 주살한 것을 그 이유로 들었다(『일본서기』사이메이 천황 6년 7월조). 이 기사는 일본이 백제 멸망을 받아들이는 방식을 보여준다. 지배층이 국가라는 기구를 매개로 하여 결집되지 않고, 전제군주의 자의적 지배 아래 있으면서 위기에 직면하였을 때 나타나는 치명적인 약점을 덴무도 관찰할 수 있었을 터이며, 이 점은 그가 권력을 어떠한 방향으로 행사할 것인가에 대한 교훈이 되었을 것임이 틀림없다.

셋째로 같은 시대 사람으로서 직접적으로 경험한 것에 더하여, 덴무가 서적을 통해 얻은 간접적인 지식을 이 시대의 경험으로서 추가해 둘 필요가 있다. 덴무의 반란군이 '붉은색을 옷 위에 붙'이고(『일본서기』덴무 천황 원년 7월조), 또한 군기에도 붉은색을 사용한 것은(『고사기』서) 적제(赤帝)의 아들임을 내세운 한 고조의 흉내를 낸 것으로, 넌

지시 스스로를 고조에 빗대고 덴지를 진시황제에, 오토모 황자를 이세황제에 비유한 것이 아니냐는 이야기까지 나왔다.[03] 이는 덴무가 자신의 개인적 경험을 중국 고대의 역성혁명을 매개로 하여 해석하고 있는 점,『한서』라는 역사서를 통하여 그의 특수적·일회적 경험은 중국의 왕조 교체의 역사와 관념적으로 결합되어 있음을 보여주는 것이다. 따라서 임신의 난의 경험은 그의 관념 속에서는 국제적으로 확장되었고, 중국 사서의 수입은 그 경험의 질적인 변화와 그 내용의 비약적 확대를 가능하게 한 것이었다. 그것은 물질문화나 여러 제도의 수입과는 질적으로 다른 관련성이며, 다른 민족의 경험과 역사가 자기 행동을 정당화하는 수단으로서 혹은 그 특수적 경험을 일반화하는 매개로서 도움이 된다는 종래에 없는 관념상의 교통이 성립하고 있었음을 보여준다.『사기』,『한서』 등의 역사서가 가르쳐 주는 교훈 중 하나는 아무리 중대한 정치적 변동이라도 내란과 강제력에 의하지 않는 것은 하나도 없다는 법칙이므로, '정치의 요점은 군사이다'의 원칙에는 덴무의 개인적 경험을 넘어선 고대의 국제적 경험이 집약되어 있다고 보아야 할 것이다.

덴무·지토조의 정치는 첫째로 기요미하라령으로 확

립되는 율령제적 국가 기구의 수립이고, 둘째로 그 기초를 이루는 반전수수제 및 조용조제의 전국적인 규모에서의 확립이며, 셋째로 국가의 공적인, 조직된 무장력의 건설이다. 여기서는 우선 세 번째 문제부터 들어가기로 한다. 왜냐하면 이것이 첫 번째와 두 번째 문제의 전제가 되기 때문이다. 세 번째인 군사정책은 직접적으로는 임신의 난의 경험을 기초로 하지만, 그것만으로는 설명하기 어려운 점이 남는다. 다이카 개신부터 덴지조까지의 시대에 보였던 앞서 서술한 국제적 관계들은 여전히 이어지고 있었기 때문이다. 조선반도의 전쟁 상태는 백제·고구려의 멸망, 일본군의 반도로부터의 철수로 종결된 것이 아니라 당군과 신라의 새로운 대립과 전쟁을 불러일으켰고, 전자의 조선으로부터의 철수와 후자의 반도 통일에 따른 안정은 덴무 4년이 되어 비로소 확실해졌기 때문이다. 임신의 난은 672년(당 함형 3년, 신라 문무왕 12년)과 674·675년(당나라 상원 원·2년), 당군과 신라군이 전쟁을 하던 시기에 일어났는데, 오미(近江) 측의 사자가 쓰쿠시노다자이 구루쿠마왕(栗隈王)에게 동원을 명하였을 때, 구루쿠마왕이 쓰쿠시국의 수비는 '내적(內賊)'에 대비하기 위함이 아니라며 거부한 것은 반도 정세로 보아 당연한 일이었다. 이는 난의 결과에 일정한 영향을 주었다.[04] 당나라가 반도를 최종적으로 포기한 시기는 고구려 멸망에 즈음하여 평양에 설치된 안동도호부가 요동으로, 또 백제 멸망 후에 설치된 웅진도독부(熊津都督府)가 마찬가지로 요동의 건안성(建安城)으로 이전된 676년, 즉 덴무 4년까지 기다려야 한다.[05] 내란을 막 끝낸 덴무 정권에게 있어 조선의 정세는 특히 중대한 외압이었음이 틀림없다. 일본이 백제 구원을 위해 상당수의 군대를 반도로 수송할 수 있었음은(신라도 일본도 나라시대에는 한 척에 100명 이상을 수용할 만한 배의 조선 기술을 갖고 있었다[06]) 반대로 일본도 군사적으로 고립되어 존재할 수 없음을 보여주며, 그에 대한 외교상, 군사상의 대응은 덴무 조 초기의 특징적인 사실이다. 덴지조부터 몇 차례에 걸쳐 쓰쿠시에 파견된 당나라 백제진장(百濟鎭將)의 사자 곽무종(郭務悰)과의 외교 절충은 덴무기에도 이어졌는데, 673년(덴무 원년)에 내조한 곽무종에게 갑옷과 투구, 활과 화살 외에 대량의 거친 비단, 베, 면(綿)을 준 것은 앞서 언급된 당군과 신라의 전쟁을 떠올린다면 양국의 대립을 이용하여 당나라와의 화친을 요구하는 정책이며, 당나라 측도 역시 그것을 희망하였음은 분명하다. 그러나 당나

라와의 관계가 완화되고 당군이 반도에서 철수한 덴무 4
년부터 군사 체제의 강화가 시작되었다는 사실은 그 외
교로 인해 사태가 완료된 것으로 간주되지 않았고, 새로
운 형태로 군사적 대응을 할 필요성이 고려되고 있었음
을 의미할 것이다.

　그것은 첫째로 기내의 무장 강화이다. 그것은 덴무 4
년의 병정관(영제의 병부성) 장(長)과 대보(大輔)의 보임으
로 시작되어, 제왕(諸王)부터 초위 이상까지 모든 유위자
의 무장 강화, 병기, 특히 말의 장비, 보졸(步卒)과 기병의
분화, 전투 훈련과 기술 습득 등등에 의한 질적으로 높은
무장력으로써 기내의 방어를 강화하는 일이었다(『일본서
기』덴무기〔4년 10월, 8년 2월, 13년 윤4월조〕). 이는 임신의 난의
경험을 통해 권력의 기반을 굳힐 필요성을 인식하였기
때문이겠지만, 다이카 개신에서 앞서 서술한 기내가 갖
는 군사적 의의를 고려한다면, 위의 조치는 그 연장선상
에 있다는 점도 주의해 둘 필요가 있다. 다이카의 기내제
가 조선 삼국의 그것과 관련이 있다고 본다면 기내를 특
별히 무장하는 일은 후자의 특색인데, 예를 들면 백제의
기내가 오부로 나뉘고, 각 부에는 병사 500명이 속해 있
던 점(『주서』백제전), 덴무 초기에는 아직 백제 병학의 영

향 아래 있었던 듯하다는 점도 염두에 두어야 할 것이다.

둘째로 기내의 무장은 전국적인 군사 체제와의 대응 속에서 비로소 그 의미를 이해할 수 있다. 덴무·지토조의 '다자이' 또는 '총령'이라 불린 지방 기관은 그중 하나이다. 이는 일반적으로 행정기관인 것처럼 이야기되었으나, 그 군사적 기능을 놓쳐서는 안 될 것이다. 쓰쿠시·스오(周防)·이요(伊豫)·기비 등의 다자이는 기내와 북규슈를 잇고 대륙으로 흐르는 동맥을 이루는 세토내해 연안 구니들에 배치되어 있었고, 덴지조에서 반도의 전쟁에 대처하는 긴급 조치로 실시된 야마토·나가토·사누키·쓰쿠시의 축성을 계승한 것이다. 기비노 다자이(吉備大宰)가 이웃한 구니인 하리마국(播磨國)을 관장하고(『하리마국 풍토기[播磨國風土記]』) 이요 총령(다자이)이 사누키국을 관장한 것처럼(『일본서기』 지토 천황 3년 8월조), 다자이는 그것이 설치된 구니의 국사가 인접한 여러 구니를 지배하는 기관인데, 그것이 일반 행정과 더불어 군사기지이자 무기 집적지의 기능을 수행하고 있었다는 점이 주목된다. 스오 총령(다자이)에게 비축용 철 1만 근을, 쓰쿠시노 다자이에게 거친 비단 100필, 실 100근, 베 300단, 용포(庸布) 400상(常), 철 1만 근, 화살대 2천 련(連)을 송부한 일은(『일본서기』덴무 천황 14년 11월조) 일찍이 다카야스성에 군수 물자가 집적된 것과 같은 일이다. 또한 임신의 난 때 쓰쿠시노 다자이와 기비국사(다자이를 겸임)에 대하여 칙부(勅符)를 내린 사례에서 보이듯이, 다자이는 지배하는 구니들의 군병에 대한 동원권과 지휘권을 갖고 있었던 것으로 보인다. 세토우치(瀨戶內)를 동맥으로 삼는 이러한 군사 체제 속에서 특별한 위치를 차지한 것은 나니와였다. 덴무 12년에 나니와를 배도(陪都, 국가 수도에 준하는 도시-역주)로 삼은 것은 중국의 복도제(複都制, 수도를 여러 개 두는 제도-역주)를 모방한 것이라 해도, 나니와가 외교상의 요충지일 뿐만 아니라 군사기지이자 '군항'이며 삼관에 버금가는 중요한 관문이었다는 점도 잊어서는 안 될 것이다.[07] 삼관이 나중에 서술하듯이 내란을 상정한 관문인데 반해, 나니와는 세토우치 항로와 대륙에 대한 군사기지 기능을 수행하고 있던 것이다. 다이호령에서 쓰쿠시노 다자이에 이르는 산요도가 '대로(大路)', 도카이도(東海道)·도산도가 '중로(中路)', 그 밖의 도로는 '소로(小路)'로 규정되었던 이유 중 하나는 군사상의 주 정면과의 관련성 때문일 것이다(『영집해』 구목령[廐牧令] 치역마조[置驛馬條]).

셋째로 '도(道)' 제도의 성립이 있다. 덴무 14년의 순찰사(巡察使) 파견에 따라 도카이도·도산도·산요도·산인도·쓰쿠시도(사이카이도)가 덴무조에 성립하였음을 알 수 있고, 다이카의 '요모노쿠니'는 도 제도로 편성되기에 이르렀다. 말할 것도 없이 당나라 초기의 '십도(十道)' 제도를 본뜬 것으로, 군사면에서 백제의 제도로부터 당나라 제도로의 전환이 명확하게 드러나는 것은 이 시기이리라. 당나라의 '도' 제도가 군사와 본래 떼려야 뗄 수 없는 관계에 있었음은 강남도(江南道), 회남도(淮南道)에 대도독부(大都督府)가 설치된 점으로도 알 수 있고, 당나라 중기 이후 6주(州)를 지배하는 '대도독부'가 설치된 양주(揚州)의 대도독장사(大都督長史)가 회남절도사를 겸한 것처럼, 행정·재정 이외에 군정도 장악하기에 이른 것도 본래의 성격에서 비롯되었다(『당회요[唐會要]』권68, 도독부). 따라서 예를 들면 '요동도 행군대총관 겸 안무대사(遼東道行軍大總管兼安撫大使)'라 불리듯이 '도'는 군사 편성과 떼려야 뗄 수 없는 관계에 있고, 이는 일본의 경우도 똑같았다. 나카마로의 신라 침공 계획 때 도카이도 절도사에 가미쓰케노(上野)·시모쓰케노(下野) 두 구니가 속하였고, 난카이도 절도사에 하리마·비젠(備前) 등의 구니들이 속하였던 것처럼, '도'의 범위는 군사 편성에 종속되어 있었고

(『속일본기』 덴표호지 5년 11월조), 진무사·절도사는 '도'를 단위로 하여 설치되었다. 덴무조에서 기내가 갖는 군사적 의의는 이러한 도 제도와 앞서 서술한 총령제의 일환으로 존재하는 점에 있었다. 마침내 행정구역이 되는 기내와 도들은 그 성립기에는 군사와 떼려야 뗄 수 없는 관계를 갖고 있었다고 보아도 된다.

이러한 전국적인 군사 체제와 국토의 분할 편성은 대외관계를 전제로 하지 않으면 성립할 수 없는 것으로, 5세기 이후 야마토 국가의 군사적 거점이 된 동국도 여기서는 전국적 관점에서 자리매김하며, 덴지조에서 시작되는 사키모리에서 보이듯이 동국은 주요 정면인 쓰쿠시의 군비를 보강하는 기지로서 획정(劃定)되었고, 동국은 서국에 대하여 제2차적인 힌터란트(hinterland, 배후지-역주)로서의 지위를 부여받았다(에미시 문제가 군사상 중요 문제가 되는 것은 나중 일이다). 율령제 국가가 확립되자, 본래의 군사적 측면은 표면에서 사라지고 말았고, 앞서 언급된 다자이도 다이호령 제정과 함께 소멸하므로(다자이후를 제외하고), 국가는 법과 제도로 구성되는 '문화적' 구조물로 보이지만, 그 성립기의 역사는 국가의 본질을 사실에 따라 보여준 것이다.

덴무·지토조의 군정상 최대 개혁은 말할 것도 없이 기요미하라령 시행과 함께 이루어진 '군단' 창설이며, 이는 공권력이 처음으로 독립된 상비군을 가졌음을 의미하였다. '강제력 장치'로서의 국가의 제도적 완성이다. 그것은 조적을 통해 장정 수를 확인하고, 구니마다 그 4분의 1을 징발하여 병역에 종사시킨다는 징병제의 원칙에 바탕을 두었다(『일본서기』 지토 천황 3년 윤8월조). 이 군단의 성립 과정에서 덴무 14년은 하나의 전환기가 되었다고 생각한다. 같은 해 11월의 조, 즉 대각(大角)·소각(小角)·북·피리·깃발 및 노(弩)·투석구 따위를 사가에 두는 것을 금지하고 이를 수공하여 '군가(郡家)'에(즉, '고리[評]'에) 납입하도록 명한 조는 종래에 지방 군제의 실체를 이루고 있던 국조군에서 국조가 지니던 지휘권을 흡수하려는 조치였고, 그것이 군단제를 위한 준비였음은 위의 조와 동일한 원칙을 규정한 군방령 사가고정조와 비교하면 명확하다. 또 위의 조에서 활, 화살, 대도, 갑옷과 투구 등의 일반적인 병기를 제외한 것은 이러한 종류의 병기는 일반 병사가 스스로 마련하게 하는 영제 군단의 원칙과 대응하는 것이리라(군방령 비융구조). 또 같은 해 9월에 기내와 호쿠리쿠도(北陸道)를 제외한 도들에 파견된 앞서 언급된 순찰사의 임무에 대하여, 『일본서기』 편찬자는 '국사·군사 및 백성의 소식을 순찰'한다는 일반적인 것으로 보고 있지만, 거의 동시에 경(京)과 기내의 구니들에 파견된 제왕의 임무가 '인부의 병기를 점검'하는 데 있었던 점에 비추어 보면, 이때 구니들에 파견된 순찰사의 임무 중 하나가 징병제에 바탕을 둔 군단제로 이행하기 위한 준비에 있었고, 앞서 서술한 11월의 조와 대응하는 것으로 여겨진다. 위의 사항은 부병(府兵) 제도를 기초로 하는 당나라 군제로의 전환을 의미한다. 이전의 일본 군사사상은 앞서 서술하였듯이 조선, 특히 백제의 그것으로부터 강한 영향을 받은 것으로 추정되는데, 덴무조 말기에 당나라 군제로 전면적으로 전환한 것으로 보이며, 이는 아마도 덴무 10년 2월 기요미하라령 편찬의 조로 시작되는 당나라 제도에 바탕을 둔 국가 기구 수립의 일부를 이루는 것이었고, 앞서 언급한 당나라 제도에 따른 '도' 제도로의 이행도 군단 제도와 연결된 조치로 보인다. 군단은 내전 또는 치안을 위해서만이 아니라 본래는 그 이상으로 대외전쟁의 가능성에 대비하기 위한 조직이며, 따라서 군단이 구니별로, 도별로 편성된 것, 즉 무장력의 영역적 편성이 당초부터의 계획이었던 것으로 보이기 때문이다.

군단은 상비군이어도, 병사로 지정된 구니 안의 장정 중 4분의 1이 늘 군단에 상번(上番)한 것이 아니라, 병역에 종사하는 자 중 약 10분의 1씩이 교대로 군단을 구성했을 뿐이다.[08] 그 밖에는 집에 머물며 가업을 영위하는 농민이다. 병과 농의 미분리가 특징이고, 실체는 국조군과 조금도 다르지 않은 것이다. 또한 병역은 요역 노동이 전환된 형태에 지나지 않았다. 기요미하라령이 성립되기까지는 세역(歲役)이나 잡요(雜徭) 등의 요역으로부터 분리되지 않았던 병역[09]이 군단제가 성립함에 따라 분화된 것에 지나지 않는다. 일상에서 병사가 근무하는 일수가 60일인 것이 잡요 60일이라는 일수에 대응하는 것도 그 때문이다.[10] 훗날에 '병사의 천함은 노복(奴僕)과 다를 바 없다'〔『유취삼대격』 덴초(天長) 3년 11월 관부〕는 말을 듣는 병사로 구성되는 군단은 고전 고대 및 고(古)게르만의 군제와 비교하면 동양적 전제국가의 특징을 단적으로 보여주는 것이다. 자기가 소속한 공동체를 방위하기 위한 명예로운 병사의 일은 여기서는 공민의 고역(苦役)으로 전환되고, '노복'과 같은 천업(賤業)으로 부끄럽게 여겨진다. 이러한 형태로 강제력으로서 창출되는 군단은 그 징병제를 관철하기 위해서는 일반 공민의 이른바 '개별 인신적'인 파악을 전제로 하며, 앞서 언급된 지토 3년의 조가 병사의 역과 함께 조적을 명한 것은 그 때문이다. 국조군이라는 수장층의 권력에 의존하는 군제로부터 분리된 국가의 독자적인 강제력 장치를 만들어내는 사업은 결국에는 행정에 의존하면서 행정의 제약을 받는다는 군사와 행정의 상호 제약 관계가 이 단계에서 명료하게 드러난다. 강제력과 군사의 문제는 고립된 문제로서 존재할 수 없었고, 공권력으로 조직된 계급의 인민에 대한 전체적인 파악에 의해 규정되었다. 이러한 후자의 측면에서 기요미하라령의 제정은 다이카 개신, 덴지조 이래 국가 성립사의 중요한 전환기이고, 율령제 국가는 이 시기에 비로소 전면적으로 확립되는 것이다. 군단제를 포함한 덴무·지토조 군제의 발전이 임신의 난뿐만 아니라 대외적 계기를 사상하고는 설명하기 어려움에도 불구하고, 그것이 왜 기요미하라령이 제정되고 나서야 완성되었는가 하는 문제는 국제적 계기로는 설명할 수 없다. 국내에서 국가 권력이 이룬 특정한 발전이 기본 조건이고, 그것을 통해 비로소 국제적 계기는 내정의 일환으로 전환되어 가는 것이다.

기요미하라령에 의해 확립된 제도들 중 위에 나온 병역이 그로부터 분화되어 간 요역 노동에 대하여 말하자면, '잡요' 제도가 기요미하라령에 의해 처음으로 확립되었음은 하나의 전환기로 보아야 한다.[11] 기요미하라령 제정 이전까지는 재지 수장층이 영역 안의 인민에게 부과하고 있던 요역 노동은 법제상으로는 국가의 규제 밖에 있었고, 전통적 관행 또는 수장의 자의에 따라 부과되고 있었음을 나타내기 때문이다. 요역 부과권이야말로 인격적 지배에 바탕을 둔 옛 수장제에서의 잉여노동 수취의 결정적인 요소이다. 잡요제의 성립은 그것을 지방 공공사업을 위한 노역으로 공권력 안에 조직한 것을 의미한다. 또한 개신에서는 전혀 규정되지 않았던 세역 및 그 대납물인 용(庸)의 제도도(그것은 사정·가시와데를 부양하는 물자로 설정된 다이카의 용포·용미와는 다르다) 기요미하라령에 의해 확립된 것으로 보인다.[12] 둘째로 조(調)는 앞서 서술하였듯이 다이카에 전조(田調), 호조, 남신의 조에 관한 규정이 보이고, 그 후의 경과는 불명확하지만, 당나라 제도와 같은 인두세로서의 조는 기요미하라령에 의해 일반적으로 된 것으로 추정된다. 셋째로 전조제(田租制)의 제도적 확립도 기요미하라령의 시행과 연관된다고 본다면[13], 영제 세제의 기본을 이루는 조용조제 및 잡요제가 제도로서 확립된 시기는 기요미하라령이 시행된 때로 보아야 한다. 독립된 공권력을 유지하기 위한 통일적 세제가 국가의 기본적 속성 중 하나라고 한다면, 이러한 측면에서 보는 한, 국가의 성립은 다이카 개신, 덴지조에 시작되어 기요미하라령에 의해 전면적으로 완성되었다고 보아도 된다. 이 세제들은 공민의 편호 및 조적과 떼려야 뗄 수 없는 관계에 있다. 이는 세 단계를 거쳐 완성되었다. 첫째는 앞서 서술한 개신의 의의인 제1차 편호이고, 둘째는 670년(덴지 9년)의 경오년적이며, 셋째는 기요미하라령의 시행에 따른 690년(지토 4년)의 경인년적에 의한 제3차 편호이다. 경오년전에 의한 제2차 편호의 특징은 (ㄱ) 전국적으로 시행된 점, (ㄴ) 호적이 1리 당 1권의 형태로 정리된 듯한 점으로 추측하건대 리 제도를 기초로 하여 편호가 이루어진 점, (ㄷ) 호주 및 호구의 친족 관계도 기재된 것으로 보인 점, (ㄹ) 양천(良賤)의 구별 외에 베·야카라·히토 등을 포함한 씨성의 확정이 호적의 중요한 기능으로 여겨진 점 등이다.[14] 경인년적은 기본적으로는 경오년적을 계승하는 것이다. 중요한 차이는 (1) 그것이 기요미하라령의 '호령'에 입각하여 실시된 것이고(『일본서기』 지토 천황 4년 9월조), 이 점은 영제의 육년일조제(六年一造制, 6년에 한 번 호적을 제작하는 제도-역주)에 따른 조적이 여기서 출발하였음을 의미한다. 계장의 기원은 명확하지 않지만, 그것이 기요미하라령 이전으로 거슬러 올라간다고는 상정할 수 없으므로, 아마도 기요미하라령에 의해 호적·계장의 관련도 법으로 정해진 것이 아니겠는가? (2) 경인년적이 경오년적과 달리 반전수수제의 실시와 연관되어 있다는 점이다. 반전제의 전제가 되는 전적법(田積法), 즉 정단보제(町段步制)(전적법은 농토의 면적을 헤아리는 법. 면적을 나타낼 때 정, 단, 보의 단위를 사용-역주)는 기요미하라령에 의해 결정된 것이며[15](개신조의 규정은 채택하지 않는다), 반전제 실시는 제도상 각 호의 노비를 포함한 호구 한 사람 한 사람에 대한 조사·등록을 필요로 한다. 또한 반전제는 필연적으로 공민의 경지에 대한 교환·분합(分合), 경우에 따라서는 조리제(條里制) 토지 구획에 바탕을 둔 새로운 취락의 조성을 동반하므로, 편호의 의미가 반전제를 동반하지 않는 경오년적의 사례와는 당연히 다르다. 옛 자연촌락을 일정 호수로 이루어진 리로 편성하는 행정상의 조치가 엄밀하게 시행된 것은 기요미하라령으로부터 시작되었다고 보아야 한다. 다이카 개신의 일반적 편호와 교전의 대응 관계는 여기서 비로소 제도적으로 완성된다. 이러한 세제와 반전제의 의의에 대해서는 다음 장에서 언급할 것이므로, 여기서는 기요미하라령 제정이 율령제 국가의 기점이고, 다이카 개신 이후 전사(前史)의 끝임을 논해 두면 되겠다.

기요미하라령으로 제정된 공지공민제가 강력하고 체계적인 국가 기구의 존재를 전제로 하는 점은 명백하다. 이는 국아 기구와 중앙의 관료 기구라는 두 계열에서 문제가 되는데, 여기서는 다음 장과 관련하여 후자에 대해서만 논하기로 한다. 기요미하라령에 따라 덴지조 관제가 개정된 점은 태정관의 통속 아래 있는 앞서 언급된 6관이 8관 또는 8성으로 바뀐 데 있다. 즉, 6관이 명칭을 바꾸어 6성이 됨과 동시에, 새로이 궁내성과 중무성이 추가되어 8성이 성립하였고[16], 이에 따라 율령제 국가의 최고기관이 최종적으로 확정된 것이다. 이때 주목해야 할 두 가지 사실이 있다. 첫째로 중무성은 당나라의 3성(三省) 중 중서성(中書省)을 모델로 하였음이 양자의 장관인 중무경(中務卿)과 중서령의 직장 비교를 통해 명백해지므로, 기요미하라령은 상서성과 대등한 기관으로 존재한 중서성을 하급 기관인 8성 중 하나로 편성한 것이며, 당나라 관제에 대한 중요한 변경 사항으로 보아야 한다. 둘째로 궁내성은 중무성과 다르게 그 전신인 궁내관이 이미 덴지조에 존재하였다. 그 특징은 천황의 가산제적 조직, 즉 내정(內廷)을 관장하는 기관으로서, 6관의 외부에 별개 기관으로서 설치되었다는 점에 있다.[17] 이는 궁내관(궁내성)에 해당하는 당나라의 전중성(殿中省)이 6부 밖에 설치된 관제를 그대로 계승한 것으로 보아도 된다. 기요미하라령은 이를 수정하여 궁내성을 8성 중의 하나로 편성한 것이므로, 이 또한 중요한 수정이라고 해야 한다. 문제는 중무성·궁내성의 성립에 대한 위의 사실에 대한 평가에 달려 있는데, 그것은 '천황은 곧 국가(天皇卽國家)' 또는 '짐은 곧 국가(朕卽國家)' 체제의 확립이고, 임신의 난 이후 강력한 왕권의 확립이 그 기초에 있는 것으로 보인다.[18] 나는 이에 대하여 위의 사실을 그 반대 방향으로 평가하고 싶다. 그 차이의 바탕은 태정관과 8성이 고대국가의 역사상 갖는 의의에 대한 평가와 연관되어 있다. 다음 절에서 고찰하는 것처럼, 태정관이 당나라 제도의 문하성(門下省)을 흡수하고, 마찬가지로 8성이 중서성을 흡수한 사실로 보아, 나는 군주의 통치권이 지배 계급의 공동 기관으로서의 국가 기구, 귀족계급의 성채로서의 태정관·8성으로 인해 그만큼 제약받았다고 생각하고, 천황제가 국가를 포섭한 것이 아니라 거꾸로 국가가 천황제의 일부를 기구 안에 편성한 것이라고 보며, 따라서 일본 천황의 독자적 세력은 중국 황제의 그것에 비해 상대적으로 약하다고 생각하기 때문이다. 중무성·궁내성의 성립이 '천황은 곧 국가'의 표현이라고 본다면, 태정관·8성이라는 국가 제도는 기본적으로는 헤이안시대까지 계승되므로, 이른바 섭관시대(攝關時代)도 '천황은 곧 국가'여야 하고, 그 사이에 일어난 천황제 권력의 중요한 변화는 설명이 곤란할 것이다. 그 규정은 개념으로서 명확하지 않을 뿐만 아니라 군주의 독자적인 대권과 신하로서 국가 기구에 조직된 지배층 사이에 존재하는 대립적인 모멘트(moment)를 해소할 위험을 안고 있다. 이 '천황은 곧 국가'라는 규정은 덴무 천황의 강력한 왕권과 관련되어 있으므로, 문제는 그것의 평가와 관련되는 것이다.

내란을 지도하여 권력을 탈취한 덴무·지토의 왕권이 그 이전의 왕권과 질적으로 다른 성질을 갖추고 전제적이면서 강력했다는 점, 절대적·신적 권위까지 부여받았다는 점은 말할 것도 없다. 덴무 13년의 '팔색의 성(八色ノ

姓, 야쿠사노 가바네)’ 제정 목적이 친왕마저 신하의 반열에 넣음으로써 ‘천황절대제’를 확립하고, 또한 그 친왕을 신하와 격절시킴으로써 황친의 우위를 확보하려고 한 점, 개신 때의 ‘하늘은 덮고 땅은 싣는다. 제왕의 길은 오직 하나이다’[『일본서기』 고토쿠 천황 즉위전기]의 이념을 하나의 살아 있는 인격 속에 체현하려고 한 점에 있다.[19] 그러나 그로 인해 천황은 ‘절대’가 되었을까, 혹은 될 수 있었을까? 지배하는 자와 복종하는 자의 상관관계에서만 성립하는 권력의 영역에서 ‘절대’는 어떤 조건 아래 지향되는 것일까? 분명 지토의 재위 초년에 이르기까지 대신이 한 명도 임명되지 않았고, 천황과 황후와 구사카베를 비롯한 황자들에 의해 국정의 기본이 결정되었다는 사실은 권력의 전제적 성격을 명백히 보여준다. 하지만 덴무가 그 전제적 권력을 어떠한 방향으로, 어떠한 목적을 갖고 행사하였는가에 따라 그 권력의 질이 결정되는 것이다. 그는 덴지조의 태정관·6관제를 폐지하고, 전제적 권력을 확립하기 위해서가 아니라 지토 4년에 부활되는 태정관제를 기요미하라령이라는 법전에 의해 항구적 국가기구로 삼는 조건을 만들기 위해, 그 강력한 왕권을 행사한 것이다. 모든 것은 그것을 위한 준비였다. 관인귀족층에 대한 영제적 식봉제를 확립하기 위해, 덴지조의 베민제적 식봉제를 부정하기 위해, 앞서 언급하였듯이 얼마나 강력한 조치를 취하였는지를 하나의 사례로서 떠올릴 필요가 있다. 그러나 영제 식봉제를 다이카 전대 이래의 사민 지배가 부정되었다는 측면만을 강조하는 것은 옳지 않다. 관인귀족층에 속한 개별의 가산제적 지배가 다이카 직전에 그것을 감독하는 재지 수장층의 진출로 인해 위기에 빠진 상태에서, 국가와 법에 의해 항구적으로 잉여생산물을 수취하는 특권을 보증받는 체제로 이행하는 것, 다시 말해 관인귀족층 전체의, 즉 계급으로서의 '공동의 이해관계'를 지키는 기구인 국가를 만드는 것이 덴무의 과제였다. 즉, 덴무는 신하인 관인귀족층에게 권력을 배분하고 나눠 가지는 항구적 체제를 만들기 위해 그 전제적 권력을 필요로 한 것이다. 문제는 그 방식이 어떠한 형태를 취하였는가에 있다. 임신의 난의 '공신' 등용은 왕권의 독자적인 권력을 보여주는 하나의 표지가 될 것이다.

덴무조의 납언·대변관·6관의 장 중 공신들이 많이 보이는 것은 천황의 전제적 권력을 보여주는 특징적 사실 중 하나이다. 그러나 이는 일본 고대의 역사에서 그런 것으로 한정할 필요가 있다. 덴무가 자신을 빗댄 인물인 한 고조와 비교한다면, 공신의 성질, 등용 방식과 그 규모 등에서 근본적으로 다른 점이 이해될 것이다. 고조는 공신 143명을 제후에 봉하였지만, 그중 70퍼센트를 차지하는 중연(中涓)·사인(舍人)·졸(卒)·객(客) 출신인 자들이 창업 후에 상국(相國)·승상(丞相)·대위(大尉)·어사대부와 같은 삼공 또는 그에 필적하는 국가의 중요한 관직을 역임하였다.[20] 게다가 중연은 물 뿌리고 바닥을 쓰는 잡역으로 주인에게 봉사하는 가내 예속민이고, 사인은 그보다 아래인 천민·노비적 존재이며, 일반 전투원인 졸은 사인보다 아래에 위치하고, 객은 집에 얹혀 밥을 얻어먹는 무리로 여겨진다. 이를 임신의 난 공신의 등용과 비교하기 곤란할 정도로 양자 사이에는 양으로도 질로도 결정적인 차이가 있다. 덴무가 제도상 모델로 삼은 당 왕조를 살펴보더라도, 재상 9명을 낸 창업의 이른바 '24공신' 중 9명은 한천(寒賤) 또는 비천한 신분에 속하는 관인이며, 그중 한 명인 진숙보(陳叔寶)는 원래 수나라 장수의 장내(帳內)였으며[21], 한 고조만큼은 아니지만, 덴무조의 공신 등용과는 이 또한 양과 질 모두 다르다. 후자의 경우 주목되는 것은 오히려 납언·대변관·6관의 장 중에서 이소노카미(石上)(모노노베)·후지와라·아베(阿倍)·기(紀) 등 다이카 전대 이래의 벌족이 이름을 올리고 있다는 점이다. 이 차이의 이유는 일개 포의(布衣), 사수(泗水)의 정장(亭長)이 거행한 봉기와 황태제의 모반이라는 출자(出自)에서 찾아야 하는 것이 아니다. 오히려 포의에게 천하를 차지할 수 있게 한 내란의 규모와 질과 깊이가 임신의 난에는 빠져 있었다는 점이 문제일 것이다. 덴무는 '붉은색' 심볼을 모방할 수 있었고, 공신 등용 때도 고조를 염두에 두었을지도 모르나, 주어진 객관적 조건들, 즉 소유관계, 생산관계에 기초를 둔 계급간의 여러 관계가 중국과 일본에서 차이가 난다는 사실을 어찌할 수가 없었다. '천황절대성'을 확립한 것처럼 보인 덴무라 해도 주어진 역사적 조건 아래서만 역사에 참가할 수 있었을 뿐이다.

모든 위기가 그러하듯이, 임신의 난의 경험은 제도나 질서와 관계 없이 사실상의 권력이 어디에 있는지를 보여주었다. 국가가 아직 사회로부터 독립한 독자적인 강제력 장치를 갖지 않은 단계에서는 직접 생산자로부터 잉여노동을 직접 수취하는 바로 그 장(場)에 권력이 있다. 아직 병사역(兵士役)을 분화시키지 않은 요역을 부과하는 권력을 갖고 있는 재지 수장층의 향배가, 덴무처럼 그것을 적극적인 형태로 동원할 수 있었던 경우에도, 오미 조정처럼 부정적으로 작용한 경우에도, 내란의 귀추를 결정한 것이고, 이 사실을 앞에 두고 후와(不破, 고대 삼관 중의 하나. 동쪽 방면의 관문-역주)를 떠나지 않았던 덴무는 종래의 천황들이 경험한 적 없는 고립을 맛보았을 터이다. 게다가 그에게 주어진 과제는 그러한 계급을 신하로 삼아 국가의 관료로 조직하는 일, 바꾸어 말하자면 그들을 복종시키고 조직함으로써 권력을 그들에게 배분하고 그만큼 자기 권력을 제약하는 것 말고는 없었으므로, 정변은 경험했어도 내란을 몰랐던 덴지 천황 이상으로 객관적인 제약 아래 있었다. 덴지조에서는 우지노카미는 일방적으로 위로부터 결정된 데 반해, 덴무는 우지노카미가 미정인 자는 이관에게 신고하게 하였고, 우지의 분립까지 인정하였다. 씨성과 족성이 새로운 국가의 정치적·경제적 특권과 떼려야 뗄 수 없는 관계로 설정된 이 시기에, 우지노카미의 결정권을 쥐고 있다는 것은 지배층 전체에 대한 천황 권력의 중요한 포인트인데, 그것을 행사하는 방식에 있어 덴무가 보다 신중했다는 점에서 내란에 따른 변화가 확인된다. '족성'과 '씨성의 크고 작음'을 관인의 고선 조건으로 삼는 것은 군주권이 그만큼 옛 질서의 제약을 받았음을 의미하며, 천민·노비적 신분인 자조차 군주의 공신 또는 총신(寵臣, 총애받는 신하-역주)이라는 이유로 국가의 높은 관직, 왕후(王侯)의 지위를 줄 수 있는 고조의 자유롭고 전제적인 권력을 포기함을 뜻하며, 옛 지배층에게 있어 그 권력이 군주에 대하여 보증됨을 말한다. 이 사항은 그러한 제약으로부터 해방된 것처럼 보이는 다이호령에서도 변함이 없었음은 제5절에서 논하겠다〔제5절은 초고에는 있었지만 나중에 삭제되었다. '후기' 참조〕. 이 점에서 일본의 고대국가는 중국과 비교하여 훨씬 족성적·귀족제적이었다고 보아야 한다.

관인귀족층의 이러한 질서에 대하여, 군주도 중국처럼 군주 한 명의 인격에 권력이 집중되는 것이 아니라, 천황을 중심으로 하는 친족적·족제적 집단이 '황친'이라는 형태로 하나의 정치 세력이 된다는 일본적 형태가 대응되는 것이다. 중국의 고대국가는 고대 오리엔트 전제국가의 체제와 비교하면, 국가 제도상 귀족 신분의 지위가 강하고, 당나라 문하성의 존재에서도 그것이 드러나는데, 그러한 중국과 비교하여도 일본의 정치체제는 보다 귀족제적이었고, 전통주의적 족성의 질서가 강고하였다. 또 덴무 천황의 신적 권위도 새로운 특징적인 사실인데,

'오키미(大君)는 신이시므로 붉은색 털 말이 기어가는 논을 도읍으로 삼았다'(『만엽집[萬葉集]』 4260)는 단순히 임신의 난에서 승리한 덴무의 강력하고 전제적인 왕권의 '반영'은 아니다. 천황의 인격이 논을 도읍으로 바꿀 수 있는 특수한 영적 위력의 소유자, 즉 '신'으로 나타나고, 그것이 미의식의 대상이 되었다는 데 이 가요가 지니는 특별한 의미가 있다. 고대 수장층 전반이 특수한 영적 위력=다마(mana가 이에 해당할 것이다)를 보유하고 스스로도 '신'이라고 여겼던 시대의 관념이 덴무의 인격에 의해 제약되었다는 점에 이 가요의 역사적 특질이 있다. 천황='신'이라는 관념은 신하의 이러한 의식이 임신의 난을 계기로 해서 생겨난 소산이다. 지배층의 의식이 저절로 만들어 낸 신적 권위가 독립된 힘으로 전환되고, 천황의 권력으로서 그들 위에 군림하며, 그에 신종함에 따라 비로소 자기 존재가 확인된다는 '소외'의 관계는 고대의 국가 관념에서 어느 정도 공통되는데, 내란에 의해 족제적·수장제적 계급의 역사로 진출하는 것이 이 시대 천황에 대한 의식 형태를 규정하였다는 점에 한 가지 특징이 보이는 것이다.

'천황은 곧 국가'는 국가 체제에 관한 규정이 아니라,

'왕토왕민(王土王民, 모든 땅과 백성이 왕의 것이라는 개념-역주)'과 마찬가지로 하나의 이데올로기이다. 전근대에서는 권력의 조직체로서의 국가 자체가 추상적 관념으로 분리되기란 일반적으로 곤란하며, 율령제 국가의 경우조차도 국가라는 관념은 천황제의 가산제적 지배와 분리되어 있지 않았다.[22] 그러나 이 사항은 권력의 실체가 그러했음을 보여주는 것이 아니고, 또한 천황제와 구별된 공권력의 관념이 없었음을 의미하지도 않는다. 이데올로기를 통해 권력의 실체를 설명하는 것이 아니라 그 반대여야 함은 말할 것도 없다. 천황제는 법과 이데올로기 측면에서는 신하=관인귀족층의 공동 기관인 태정관—8성—국아를 포섭하는 관계에 있으면서도, 양자 사이에 존재하는 대립적 모멘트를 무시해서는 안 된다는 것은 앞서 서술하였다. 다이호령의 태정관제 성립은 위의 대립적 모멘트가 전개되는 역사 속에 놓고 이해해야 한다고 생각하는 것이다. 출발점이 되는 덴지조의 태정관제는 영제의 그것과 성격을 달리하며, 하나의 중요한 모순을 안고 있었다. '태정대신'의 '대신(오오미)'은 본래 '오미'를 대표하여 최고 국정을 담당하는 성격을 지녔음에도 불구하고 오토모 황자가 그 관직에 보임된 점, 또 태정관은 국정에 관한 최고 합의체라는 성격을 지녔음에도 불구하고 오토모 황자는 '백규를 거느리고' '만기를 다스린다'는 천황대권을 대행하는 존재로서 태정관 내부에 군림한 점이 바로 그것이다. 이는 덴지조의 국제적·군사적 위기에 따른 권력 집중의 필요와 히다리노 오오미, 미기노 오오미(좌·우대신)로 대표되는 군경·대부층을 통합한 결과로 태어난 모순이며, 그것은 다음 단계에서 해결되어야 할 과제였다.

오쓰 황자의 태정대신 취임은 없었던 일이라고 본다면[23], 덴무조에서는 태정대신 임명이 없었던 것이 되며, 지토 4년 다케치 황자가 임명됨에 따라 태정관제는 부활한 것이 된다. 이는 기요미하라령 시행에 따른 것이다. 오미령 제정을 긍정하는 입장에 서면 덴지조의 태정관제와 지토조의 그것 사이에는 중요한 차이는 없어지지만, 이 책에서처럼 전자를 단행법에 의한 것으로 보는 입장에 선다면 후자는 처음으로 영이라는 체계적 법전에 의해 확립된 태정관으로서 국가 제도 속에서 부동의 지위를 드러내게 되며, 하나의 중요한 전환기가 되는 것이다(덴무조의 태정관제 중단도 덴무의 전제 때문이 아니라 덴지조의 그것이 법전에 의해 확립되어 있지 않았던 것과 관련이 있지 않을까?). 그러나 지토조에서도 황자의 태정대신 임명이라는 형태로 덴지조의 유제는 이어지고 있었으며, 거기에 근본적인 개혁이 가해진 것은 다이호령 제정을 통해서이다. 영제에서 친왕이 태정대신의 지위에 오른 적이 한 번도 없다는 주목할 만한 사실은 그것이 법에 의해 규정된 결과가 아니라(오히려 관위령은 1품 친왕은 태정대신이라고 규정하였다), 불문율의 관행으로 확립되어 있었기 때문이라고 볼 수밖에 없다. 이 사실을 '천황은 집정하지 않는다'는 전통적 원칙이 황친에게 확대되었다고 해석하는 것은 하나의 이념에 의한 해석이 아니겠는가? 나는 오히려 천황 권력 또는 황친세력을 태정관제로부터 제도적으로 소외시키는 것이 다이호령에서의 입법의 기본적 정신이며, 위의 관습법도 그 결과임에 틀림없다고 생각한다.

다이호령 제정 후에 나타나는 '지태정관사'는 그런 점에서 주목할 만한 제도이겠다.[24] 이는 703년(다이호 2년)부터 745년(덴표 17년)에 이르는 기간에 존재하였고, 오사카베친왕(刑部親王) 이하 4명의 덴무계 황손자가 임명된 것이 특징이다. 본래 관명도 직명도 아니고 단순히 '태정관의 일을 맡'게 하는 것이 직명으로 전환된 것이다. 주목해야 할 점은 그것이 태정관의 외부에 있는 직이라는 점이며, 천황과 태정관을 연결하고 매개하는 역할은 수행할 수 있어도 후자의 합의체 내부에 들어오지 않는다는 점에 친왕이 태정대신에 임명되지 않는다는 위에 언급한 관습법과 표리의 관계가 있는 것처럼 보인다. 이 시기의 황친은 덴무·지토의 전제적 통치의 뒤를 이어서 아직 강력한 세력이었고[25], 황자를 태정대신으로 임명하는 전통을 쉽사리 끊어버릴 수 없었기 때문에 '지태정관사'라는 과도기적인 제도가 설치된 것이라 생각한다. 그것마저도 후지와라노 후히토가 태정관을 총재하는 동안은 중단되었고, 그가 죽은 이튿날에 부활한 사실이 말해 주듯이, 영제 태정관의 정신으로 보자면 소멸해야 할 것이었고, 사실 앞서 서술하였듯이 덴표기에는 소멸한 것이다. 이에 따라 태정관은 천황의 가산제적 지배와 구별된 국가 최고의 공적 기관으로, 또 관인귀족층의 계급적 공동 이해관계를 지키는 기관으로 확립된 것이며, 덴지조 이래의 전통을 끊어낸 것이다. 다이호령에서 태정대신이 이른바 '즉궐(即闕)의 관(官)'(적합한 인물이 없으면 곧[即] 비워두는[闕] 관직-역주)이라 규정된 것도 황태자 태정대신제의 전통을 일단 끊는다는 데 제정자의 의도가 있었던 것이 아닐까?

그 전환점이 되는 다이호령의 제정·시행은 동시에 태

정관—8성—국아 등등의 관료 기구가 영이라는 비인격
적인 규범에 따라서 자율적인 회전을 개시한 시기이기
도 하였다. 그것은 한 번 회전하기 시작하면 그 자체의
법칙에 따라서 스스로 운동하는 것이며, 그것을 장악하
고 그 안에서 지위를 차지하지 않으면 어떠한 권력도 권
력으로서 작용하지 않는 시대가 시작된 것이다. 다이호
령은 일본에서 국가가 최종적으로 완성되었음을 보여주
는 법전이라도 보아도 된다. 하지만 그것은 다음 측면을
잊는다면 일면적이게 될 것이다. 이 시기의 태정관에는
특징적인 구성 원리가 있다. 나라시대 초기에는 옛 벌족
은 한 씨족으로부터 한 명을 의정관으로 보내고, 그 사람
이 죽었을 경우 다른 우지보다 우선하여 후계자를 의정
관에 보낸다는 관행이 그것이다. 따라서 참의 이상의 의
정관은 다지히(多治比)·아베·오토모·이소노카미(모노노
베)·후지와라·기·아와타(粟田)·오노(小野)·시모쓰케누(下
毛野) 등등의 우지들이 한 사람씩 조정 정치에 참여하는
형태를 보여주었다. [26] 임신의 난을 거쳤음에도 불구하고
옛 벌족은 여전히 건재하였다. 국가 기구의 성립, 법전의
제정은 위의 사실과 모순됨 없이, 오히려 그러한 씨족들
공동의 기관, 공동의 규범으로 운영되는 데 고대국가의

일본적, 귀족제적, 족성적 특징이 보이는 것이다. 동시에 이 시기까지 임신의 난의 공신이 거의 다 세상을 떠났다는 점[27]은 덴무 천황의 전제적 지배 시대와의 연결이 끊어지고, 새로운 시대가 도래하고 있음을 상징할 뿐만 아니라, 스이코조부터 덴무조에 걸친 일본 지배계급의 권력 집중을 필연적으로 만든 동아시아의 전쟁과 내란의 주기가 이미 과거의 것이 된 점, 국가 성립의 역사에 강력하게 작용한 국제적 계기가 다른 형태로 작용하기 시작했다는 점을 보여준다. 덴지 8년 이래로 32년에 걸친 긴 중단 끝에 다이호령의 편찬자 중 한 명인 아와타노 마히토(粟田眞人)를 견당집절사(遣唐執節使)로 삼은 견당사 재개는 일—당 관계의 새로운 시대를 여는 획기적 사건이다. 기요미하라령·다이호령의 제정에 보이는 전제국가의 새로운 단계 성립이라는 국내적 조건이 견당사 재개를 규정하는 기초가 되었고, 외교는 내정의 연장이며 후자가 전자로 전환해 가는 것이다.

제3절
동양적 전제국가—천황제와 태정관

율령제 국가를 다이카 전대의 지배 형태와 구별하는 기본적인 표지는 (1) 지배계급이 '기구', 즉 질서 잡힌 국가의 기관들 또는 관직 체계라는 기구에 의해 인민=공민을 지배하고 통치하는 점, (2) 이 국가 기구를 전유하는 지배층이 관료제라는 특수한 직무 계통 제도에 의해 편성되어 있는 점, (3) 국가의 구성과 통치는 다이호령·요로령 등의 기본법 및 그에 종속하는 격식 등의 '법'을 통하여 행해진다는 점일 것이다. 이러한 특징들을 지니는 국가는 기존의 지배계급, 특히 왕권을 중심으로 결집한 '오미·무라지' 또는 군경·대부층, 즉 기내·근국의 수장층이 다이카 전대에 가질 수 없었던 새로운 유형의 지배 수단이었다. 그것은 말할 것도 없이 당나라 제도를 모델로 한 국가이고, 일본에서 자생적으로 만들어진 것은 아니지만, 동시에 그것은 스이코조 이래로 지배계급의 내부적 편성이 변화한 과정의 총괄이자, 다이카 개신부터 다이호 율령의 제정에 이르는 약 반세기의 격동 속에서 형성되어 온 지배 체제이다. 그것은 다이카 개신 이래의 국가 체제 성립 과정을 통해 그 국가로서의 성격이 규정되었다. 그러나 이 율령제 국가가 전체적으로 어떠한 유형의 국가인가 하는 기본적 문제에 대하여 일치된 의견 또는 공통된 입장조차 존재하지 않는 것이다.[01] 나는 율령제 국가를 중국과 조선의 이 시대 국가들과 더불어 이른바 '동양적 전제국가'의 유형에 속하는 국가라고 생각한다. 하지만 일본을 포함한 이 나라들 사이에는 중대한 차이가 있고, 그 결과 동일한 유형에 속하면서도 형태상 다양한 변이를 초래했다는 사실은 부정할 수 없다. 이는 각 나라의 지배계급이 대내적 및 대외적인 관계들에서 독자적인 역사를 지니게 된 결과이다. 따라서 여기서는 율령제 국가를 '동양적 전제국가'의 한 유형으로 파악하는 것이 옳은지의 여부, 또한 어떤 의미에서 그것이 옳은지를 우선 지배계급 내부의 문제로서 고찰하는 데 한정한다. 앞서 서술하였듯이, 이 국가를 대인민 관계에서 어떠한 유형의 지배 형태로 간주해야 하는지는 다음 장에서 다룰 과제이기 때문이다.

율령제 국가의 중앙 기구를 구성하는 2관·8성·1대 중 기본이 되는 국가 기관은 태정관과 8성이며, 일본의 독자적 국가 기관인 태정관이 법적으로도 역사적으로도 가장 중요함은 말할 것도 없다. 태정관에서 의정관 지위를 전유하는 신분은 다이카 전대의 군경·대부층 계보를 잇는 세습적 벌족으로서의 관인귀족층이고, 태정관이라는 국가 기관은 역사적으로도 이들 관인귀족층의 성채 역할을 하였다. 따라서 천황제와 태정관의 상호관계는 율령제 국가가 '전제국가'인지 아닌지를 검토하는 하나의 중요한 문제가 되며, 그것을 '전제국가' 또는 데스포티즘(despotism, 전제주의, 전제군주의 통치-역주)으로 규정하는 것에 대한 비판은 어떤 점에서는 이 문제에 대한 견해 차이에서 유래한다.

태정관은 8성의 관사들과 구니들을 통솔하고 대정(大政)을 통리(統理)하는 기관이며, '사직의 진수(鎭守), 국가의 관할'이라 불리고 '천하의 일은 모두 이 관에서 결정한다'고 이야기된 것은(『직원초[職原抄]』) 그것이 국가의 최고 기관이었기 때문이다. 그것은 기능 면에서 명확히 구별되는 두 부분으로 구성되어 있었다. 하나는 태정대신·좌우대신·대납언(나중에 중납언과 참의가 여기에 더해짐) 등 이른바 의정관으로 구성되는 원래 의미의 태정관이고, 또 하나는 그에 부속되어 사무국적인 기능, 즉 8성과 국아들을 관할하고 그들을 태정관에 매개하는 기능을 수행하는 변관국이다. 거기에 시종(侍從)의 역할을 하는 소납언국이 포함되어 있었다. 이제부터 문제삼는 것은 주로 첫 번째인 상부 기관으로서의, 좁은 의미의 태정관에 대해서이다. 이 태정관은 '국가의 대사', 즉 국가의 정책을 결정하고 집행하는 기관으로, 구성원은 분장하는 직이 아니고, 따라서 엄밀한 의미의 관료제 질서는 아니며, 오히려 그 위에 서서 국가의 관사들을 통리하는 기관이다. 그것은 태정관의 수석이 주재하는 하나의 합의체라는 데 기본적인 특징이 있었다. 태정관이라는 기관은 일본의 독자적인 제도이다. 그 관제는 당나라의 3성, 즉 중서성·문하성·상서성의 관제를 통일한 것인데[02], 당나라의 경우 이 3성이 병립하고 있어, 법상의 의미로는 3성을 통솔하는 최고기관인 독자적 합의체가 관제로서는 빠져있다. 이 차이는 양자에 나타나는 군주와 관인귀족층 사이의 역사적 상호관계 차이를 반영하는 것으로, 당나라의 국가 제도는 일본의 그것보다도 독자적이고 강력한 군주권이 제도적으로 표현된 것이다.

당나라의 경우, 중서성은 조칙의 초고를 쓰고 표장(表章)에 대한 천자의 비답(批答) 문안의 초고를 작성하는 등

천자의 의지를 표시·선하(宣下)하는 일을 관장하는 기관이고, 문하성은 중서성으로부터 내려진 조칙을 심사하여 복주(覆奏, 공문을 검토해 군주에게 다시 아룀-역주)하고, 이의가 있으면 이를 수정하여 위로 돌려보내는 일 외에 여러 관사로부터 아뢰는 주초(奏抄) 등을 심사하여 잘못을 바로잡는 기관이며, 천자의 의지에 대하여 동의를 부여하는 기관이다. 상서성은 이부·호부·예부·병부·형부·공부의 6부라는 행정기관을 통괄하여 조칙·주초 등을 집행하는 기관이다. 국가의 중요사항은 이상의 세 기관을 경유할 것을 통례로 삼은 점은 국가 통치의 의지가 천자 한 명에 의해 결정되지 않는 점, 특히 사실상 귀족의 의지를 대표하는 기관인 문하성이라는 동의기관의 존재는 당나라의 정치가 '군주독재정치'가 아니라 '천자와 귀족의 합의에 따라 행해지는 귀족정치'였음을 나타낸다고 여겨진다. [03] 위와 같은 다른 권능이 3성에 분할되고 분립되어 있는 체제와 일본의 태정관처럼 정책의 심의·결정 권능과 그 집행 권능이 하나의 기관에 집중되고 통합된 체제를 비교했을 때, 후자 쪽이 군주권에 대한 관인귀족층의 상대적 지위가 보다 강하였다고 볼 수밖에 없다. 심의·결정권과 집행권의 통일이 그 분리보다도 더 강한 국권을 장악한 것임은 원리적으로도 추정할 수 있기 때문이다. 이는 일본보다도 약간 늦게 당나라 3성을 모방한 발해의 국가 제도, 즉 상서성에 해당하는 정당성(政堂省), 문하성에 해당하는 선조성(宣詔省), 중서성에 해당하는 중대성(中臺省)의 3성 분립 체제 속 발해국왕의 군주권이 갖는 독자성을 보더라도 추측 가능할 것이다(『신당서』 발해전). 일반적으로 전제왕권에서의 국무 분장 체제는 신하의 권력을 약하게 하는 것이다. 이는 당나라 상서성 관할인 6부를 모델로 하였다고 추정되는 백제의 내신·내두(內頭)·내법(內法)·위사(衛士)·조정(朝廷)·병관(兵官)의 육좌평(六佐平)으로 구성된 국무의 분장 체제 속 의자왕의 전제군주적 지위로 유추하여도 이해되는 바이다(『구당서』 백제전).

군주권에 대한 태정관의 지위, 따라서 그것을 통해 대표되는 관인귀족층의 지위가 당·발해·백제 등과 비교하여 상대적으로 더 높다는 사실은 다음 점들에서도 드러난다. 영제에는 태정관이 상주하여 칙재(勅裁)를 요청해야 할 중요한 국사로 다음 아홉 항목이 규정되어 있다(공식령 논주식조[論奏式條]). (ㄱ) 대제사(大祭祀), (ㄴ) 국용(國用)의 지탁(支度), (ㄷ) 관원의 증감, (ㄹ) 유죄(流罪) 이상 및 제명(除名) 결정, (ㅁ) 국·군의 폐지와 설치, (ㅂ) 병마 100필 이상의 동원, (ㅅ) 장물(贓物) 500단 이상의 가격에 상응하는 물자의 사용, (ㅇ) 칙수(勅授) 외에 5위 이상의 위계를 수여해야 할 때, (ㅈ) 율령에 정문(正文)이 없어 의주(議奏)해야 할 사항의 아홉 항목이다. 이 항목들은 당나라 제도의 주초, 즉 여러 관사에 상주하여 칙재를 요청해야 할 사항 위에(『대당육전』 시중조[侍中條]) 천자가 명령하는 형식인 이른바 '왕언(王言)의 제(制)'에 속하는 발일칙(發日勅)으로 규정된 항목을 추가하여(『대당육전』 중서령조[中書令條]) 약간 수정함으로써 논주식(論奏式)의 규정으로 통합한 것으로, 그만큼 태정관의 주상(奏上)에 따라야 하는 사항은 광범위해졌고, 따라서 군주권에 대한 제약도 형식상 더 강화되는 결과를 낳았다.

일본을 포함한 중국·조선의 고대국가에서 통치권의 총람자가 군주임은 말할 것도 없으나, 그 점은 통치권의 발동 방식에 다양성이 있음을 부정하는 것은 아니고, 도리어 이 다양성 속에서 각 지배계급의 내부, 혹은 피지배계급에 대한 관계들의 특수성이 드러나게 된다. 국가의 기본적 특징 중 하나는 그것이 '지배계급의 개인들이 그들의 공동 이해관계를 주장하는 형태'라는 점에서 드러난다.[04] 율령제 국가의 상급 기관들을 전유하는 관인 귀족층과 왕권으로 구성되는 지배계급은 즉자적으로는 전혀 계급으로서 '공동 이해관계'를 주장하기 위해 결집해 있지 않고, 반대로 씨족들 또는 개인들 사이의 개별적·사적 이해관계 탓에 융화하기 어려운 대립과 모순으로 인해 분열되었음은 다이카 전대부터의 역사 자체가 실증하고 있다. 지배계급이 개별적·사적 이해관계를 넘어선 계급으로서의 의지를 정립(定立)하기 위해서는 '법' 또는 '국가의지'[05]라는 일반적인 형태를 취해야 하며, 왕권을 포함하는 지배계급의 개별 구성분자가 객관적인 규범으로서 그에 복종함을 통해서만, 그들은 외부 및 내부의 적대적 세력에 대항하여 계급으로서 결합할 수 있는 것이다. 이 의의는 천황을 포함하는 이 시대의 지배층에게 명료하게 인식되어 있었다. 중납언 이시카와노 도시타리(石川年足)의 상주문에 '신이 듣건대, 관(官)을 다스리는 일의 근본은 반드시 율령에 따릅니다. 정치를 하는 근본은 곧 격식에 의거합니다'라는 문장이 보이며(『속일본기』 덴표호지 3년 6월조), 고켄 천황의 선명(宣命)에 '이와 같이 말씀하신 천황의 명령에 따르지 않으려는 사람은 짐 한 사람이 지극히 자애를 베풀어도, 국법은 어찌할 수 없이

처결할 것이다'라고 되어 있고(『속일본기』덴표호지 원년 7월 조), 특히『조간격(貞觀格)』서(序)에 '그러므로 격은 율령의 조류(條流)이자 정교(政敎)의 예월(輗軏, 수레의 끌채와 말을 연결시키는 나무. 이것이 없으면 수레가 움직이지 않음. 『논어』위정편을 참조-역주)이다. 임금은 백성과 함께하는 자이다. 임금은 위에서 실수해서는 안 되고, 신하는 밑에서 그르치면 안 된다'고 적힌 것은 군주가 신하와 함께 법의 구속을 받아야 함을 명확히 하였다. 계급으로서의 '공동 이해관계'를 표현하는 법 또는 '국가의지'를 매개로 하는 지배계급의 결집 방식은 율령제 국가 이전에는 존재하지 않았던 새로운 특징이고, 따라서 법의 정립 과정에 대한 분석은 통치권 발동의 구체적인 형태, 왕권 대 관인귀족층의 상호관계가 갖는 특수성을 알기 위한 단서가 되는 것이다.

여기서 문제가 되는 것은 법의 형식적 측면이지 내용이 아니다. 율령제에서는 지배계급의 의지는 압도적으로 법의 형태로 나타나는데, 그중 임의의 법령, 예를 들면 706년(게이운 3년)에 나온, 왕공제신(王公諸臣)이 산야 둘러싸기(山野囲い込み, 공동 이용이 인정된 산이나 들판을 둘러싸서 사적으로 점유하는 행위-역주)를 금지한 조(詔)에서, 이 법의 내용적 측면은 이 시기 전후의 생산관계, 특히 토지소유 관계

에 실재적인 토대를 갖고 있으며, 그에 대한 분석만이 개별 왕공제신의 산야 둘러싸기라는 개별적·특수적 이해관계와 이를 넘어선 계급의 '공동 이해관계'인 그것에 대한 금지령 사이의 대립이 갖는 구체적·역사적 의의를 명확히 할 수 있음은 말할 것도 없다. 그에 반해 법의 형식적 측면에 대한 분석은 격으로서 강제력을 지니는 이 조가 어떠한 과정을 거쳐 '국가의지'로 정립되었고 또 집행되었는가 하는 측면을 문제삼는 것이다. 바꾸어 말하자면 지배계급의 의지가 '국가의지'로 전환되고 고양되는 과정이다. 그 전형으로서 조의 초고 작성부터 그것의 정립과 집행에 이르는 과정은 그 요점만 말하여도 다음과 같은 번잡한 절차를 필요로 하였지만, 이 번잡한 점에 중요한 의미가 있었다[06](『영의해』공식령).

조는 (1) 작성 절차로서, (ㄱ) 중무성의 내기(內記)가 조의 초고를 작성하고, 천황이 이른바 '어획일(御畫日, 천황이 직접 날짜를 적음-역주)'을 자필로 적어 중무성에 준다. (ㄴ) 중무성은 이를 안문(案文)으로 남겨두고 한 통을 더 베껴 여기에 경(卿)·대보(大輔)·소보(少輔)가 관(官)·위(位)·성명(姓名)을 더하고 내인(內印)〔천황의 어새(御璽) 도장〕을 찍어 태정관에 송치한다. (ㄷ) 태정관에서는 태정대신·좌우대신·대납언이 일정한 형식에 따라 부서(副署)하고 조서를 받들어 외부에 시행할 것을 아뢴다. (ㄹ) 이에 대하여 천황은 이른바 '어획(御畫)'이라 불리는 '가(可)' 한 글자를 자필로 덧붙인다. (2) 집행 절차로서는 태정관에서 위의 문서를 안(案)으로 남겨두고 다음 두 가지 형식 중 하나에 따라 하급 기관에 전달하여 시행을 명령하였다. (ㄱ) 재경 관사들에는 따로 조서를 베껴서, 태정관부에 조서를 반하(頒下)한다는 취지를 적어서 조서에 첨부하여 내린다. (ㄴ) 다자이후와 국아들에 대해서는 조서의 문장을 태정관부 안에 기재하여 5기(畿) 7도(道)에 내렸다(이른바 등조부[騰詔符]). 이상의 절차를 통해 알 수 있는 것은, 첫째로 천황의 인격이 갖는 개별적 의지가 그대로 '국가의 지' 또는 법이 되지 않고, 전자에서 후자로의 전환이 중무성·태정관 등 비인격적인 기관을 매개로 할 필요가 있는 점, 둘째로 거기에는 태정관 구성원의 부서가 필요하다는 점, 셋째로 법의 집행 과정에서 조서가 그대로 하급 국가기관에 대한 명령이 되지 않고, 태정관부가 첨부되거나 태정관부 안에 조서 내용이 기재됨에 의해서만 비로소 명령으로서 집행될 수 있다는 점이다. 그때까지는 천황의 조서라 하더라도 법으로서의 효력은 없다. 번잡한 절차는 법의 정립 과정, 즉 지배계급의 의지가 어떻게 해서 형성되고 '국가의지'로 전환되는지의 구체적인 메커니즘을 밝혀 주는 것이다.

천황을 포함한 지배계급의 개개인이 구속되고 또 준거해야 하는 것으로 여겨진 객관적인, 비인격적인 규범으로서의 '법'이란 앞서 서술하였듯이 천황의 인격이 갖는 개별적·특수적 의지와 구별되는 것인 '국가의지'임에 틀림없다. '임시의 대사'에 대한 조 또는 선명의 작성·공포 과정에 보이는 태정관의 독자적 기능과 지위는 앞서 언급한 논주식에 보이는 아홉 항목의 규정으로 표면화한 형태를 취하며 보다 명확히 표현되었음은 말할 것도 없다. 이것이 일본 영의 통치권 발동 방식을 규정한 기본 원칙이며, 분립한 3성을 경유하는 형태를 취하는 당나라의 국가 제도와 비교하면, 태정관이라는 한 기관에 집중되고 통합된 형태를 취하는 일본의 국가 제도 쪽이 훨씬 군주권에 대한 관인귀족층의 상대적인 독자성을 강화하는 결과를 낳았음은 분명할 것이다. 분립한 당나라의 3성 사이의 균형이 신하와 황제의 친근성 등의 우연한 사정에 따라 변동을 거듭하고, 그것이 또 귀족층에 대한 황제의 독자적 권력을 강화하는 결과를 낳기도 한 데 반해,

통합된 기관인 일본의 태정관은 형태상의 변화는 이루어져도 헤이안시대에도 국가 제도상의 근간으로 존속하였으며, 태정관부는 그 자체만으로 하급 기관에 대한 법 또는 명령으로서의 의의를 지니기에 이르렀고[07], 최종적으로는 후기 섭관정치에 보이는 것처럼 천황이 독자적인 정치권력을 잃고 귀족층을 대표하는 섭관가(攝關家, 후지와라 북가 중의 일파로, 조정의 최고 관직에 해당하는 섭관을 대대로 내는 가문-역주)의 종속물로 바뀌어 가기 위한 제도적 거점이 된 것이다.[08] 섭관(攝關, 섭정·관백[關白]. 관백은 성인 천황의 정무를 보좌하는 직책-역주)은 '이치노히토(一ノ人, 조정의 의례에서 제일가는 자리에 오르는 사람-역주)'로서 모든 정신(廷臣)의 수장 지위에 있고, 천황과 외척 관계에 있으며, 또한 후지와라씨의 '씨장자'(氏長者, 우지노초자. 헤이안시대 이후 우지의 통솔자. 이전 시대의 우지노카미, 씨종에 해당함-역주) 지위에 있었다는 이유만으로 국정을 장악할 수 있었던 것은 아니다. 섭관은 공경의 국정 심의 외부에 있으면서 그 상경(上卿, 조정의 행사나 회의를 집행하는 책임자인 공경-역주)을 임명하고 의제를 지시하며 결재를 내리는 지위에 있었던 점[09], 바꾸어 말하자면 태정관이라는 기구를 매개로 하여 궁정귀족층을 지휘·통솔하였기 때문에야말로 국권을 장악하고 천황제의 정치권력을 무력하게 만들 수 있었다. 태정관은 역사적으로 일관되게 관인귀족층의 성채 역할을 하였다. 여기에 하나의 일본적 특수성이 보이는 것이다.

그러나 위의 사실로부터 율령제 국가를 '군주제적 형태를 취한 귀족제적 지배가 이루어진 국가'로 간주해야 하는가, 다시 말해 수·당 또는 발해국의 국가와는 이질적인 유형에 속하는 것이라고 보아야 하는가 하면, 나는 그렇게 보아서는 안 된다고 생각한다. 율령제 국가의 천황은 그 자신이 독자적인 정치권력을 보유하고 있었다고 간주해야 하기 때문이다. 이때 다음 두 가지 점을 미리 주의해 둘 필요가 있을 것이다. 첫째로 천황은 지배계급 전체, 혹은 '왕민' 전체의 정치적 수장으로서의 지위와 율령제 국가의 통치권을 총람하는 자로서의 지위라는 이중의 측면을 지니고 있으며, 여기서 고찰하는 것은 후자에 한정된다는 점, 둘째로 여기서는 국가의 기구상 문제를 논하고 있으며, 사실문제는 사상해야 한다는 점이다. 특정 천황이 사실문제로서 전제적이었나 아니었나 하는 문제는 지배계급이 놓인 대외적·대내적인 관계들부터 천황 개인의 개성까지 포함하는 다양한 우연적 요소에 이르기까지의 구체적인 역사적 조건에 의존하고 있다. 덴표기에 천황의 전제군주적인 면이 전면에 드러나는 것도 그 때문이다. 이는 국가로서의 유형을 고찰하는 지금 다룰 문제는 아니다. 다만 제도상의 문제로서 다루는 경우, 영 자체에는 천황의 지위와 권한에 관하여 아무런 명확한 규정이 없으므로(초월적·신적 존재에 대하여 '규정' 또는 '한정'하는 것은 그것을 '부정'하는 것이나 다를 바 없다는 모순이 생기므로), 제도사상의 사실을 통해 그것을 귀납하는 수밖에는 방법이 없다는 곤란이 동반되는 것이다.

태정관과 천황 권력의 상호관계에 대하여, 첫 번째 특징은 태정관에 자기 기관의 구성을 결정할 권한이 없는 점, 따라서 그것은 '자율적인' 기관이 아니고 천황의 대권에 의존하는 '타율적'인 합의체라는 점이다.[10] 이는 태정관의 구성과 권한 자체가 '천황의 조정(朝庭)이 펴시고 행하시는 국법'〔『속일본기』문무 천황 원년 8월조〕으로서의 '영', 즉 천황의 칙으로서의 '영'에 의해 미리 결정되어 있었다는 사실만을 가리키는 것이 아니다. 태정관 제도가 확립되고, 상대적으로 독자적인 활동이 개시된 다이호령 이후의 시기가 되어도, 705년(게이운 2년)의 중납언 설치로 나타나는 태정관 구성의 변화에 즈음하여 태정관이 관여할 수 있는 권한은 매우 한정된 것이었다. 중납언은 기요미하라령에서는 존재하였을 터이며, 다이호령에 의해 폐지되었으므로, 위의 경우는 그 부활이 되는 것인데, 태정관의 구성원으로서 영의 규정에 없는 중납언이라는 관직을 새롭게 설치하는 일은 태정관의 구성에 중요한 변화를 불러오는 관제상의 개혁이다. 이때 천황은 칙의 형식으로 (1) 대납언의 정원 4명을 2명으로 감원하고, 중납언 3명을 두어 그 부족한 부분을 채워야 할 것, (2) 중납언의 직무는 부주선지(敷奏宣旨), 대문참의(待問參議)라고 하는 두 조항을 태정관에 지시하고, (3) 그 관위와 요록(料祿)은 영에 준하여 '심의하여 시행'할 것을 명령하였다(『속일본기』). 이 명령에 따라서 태정관은 세 번째 항목에 대해서만 심의한 결과, 중납언은 정4위의 관으로 하고, 봉호 200호, 자인(資人) 30명을 급여함이 타당하다고 하여 그 취지를 의주하였고, 천황의 재가에 따라 중납언의 설치가 결정되었다. 바꾸어 말하자면 (1)과 (2)의 정원과 권한이라는 새 관직의 기본적 문제는, 태정관이 관여하는 바가 아니고 천황 고유의 대권에 속하며, (3)의 이른바 기술적 문제의 해결에 대해서만 태정관은 관여할 수 있었다. 앞서 서술하였듯이 논주식의 (ㄷ)항에서 관원의 증감은 태정관의 상주를 통한다는 규정이 보이는 데, 이는 '성(省)·직(職)·요(寮)·사(司) 및 주전 이상의 인원수' 증감, 즉 8성 이하의 관사 또는 관직의 통합·증감으로 한정된 것이므로(『영의해』 공식령), 태정관 같은 8성 위에 서는 최고기관의 구성 변화는 본래 태정관이 관여할 수 있는 사항이 아니었음을 위의 사례는 보여준다. 이 사항은 702년(다이호 2년)에 칙에 따라 '조정참의(朝政參議)'의 직으로서 처음으로 설치되고, 731년(덴표 3년)에 정식 관직이 된 참의에 대해서도 마찬가지였던 것으로 보인다. 이러한 사례들은 천황 고유의 대권 사항으로서 관제 대권이 존재한 점, 그것의 제약을 받아 태정관 스스로는 중납언·참의 같은 기관으로서의 구성에 중대한 변경을 불러오는 변화에 대하여 기술적인 자문에 응하는 것 이상의 관여를 허락받지 못하였음을 보여준다. 하나의 기관이 자기의 구성 또는 그 변화에 관해서 다른 권력에 의존하고 있다면, 그것은 타율적인 단체라고 할 수밖에 없고, 태정관의 경우 그것을 규정하고 있는 다른 권력은 천황이 보유하는 관제 대권이었다고 보아야 한다.

태정관의 경우와 다르게 앞서 서술하였듯이, 8성의 여러 요·사에 대한 통합과 폐지, 그 관원의 증감은 태정관의 상주를 거친다는 규정이며, 사실 헤이안 초기가 되어도 그것이 논주식의 규정에 준거하고 있었음은 808년(다이도 3년) 7월의 7위부(衛府) 관제 개혁 문서에 '문(聞)', 즉 '어획'(주[奏]의 경우 천황은 '문' 자를 어획으로 씀-역주)이 확인된다는 점으로도 알 수 있는데(『유취삼대격』 권4), 이 경우도 미리 조서를 통해 7위부의 잡임(雜任, 사등관보다 아래에 있는 하급 관리-역주) 이하 정원을 삭감해야 할 것, 그것을 구체화하기 위해 '경들은 평의하여 수를 정해 주문하라'는 명령이 태정관에 대하여 내려진 점은 앞선 중납언의 사례와 마찬가지로, 태정관의 관제 변경에 대한 관여 방식이 논주식에 의거하는 경우조차 천황의 관제 대권 앞에서는 매우 한정된 것임을 말해 준다. 그러나 천황 고유의, 따라서 태정관의 권한을 넘어서는 관제 대권이 중요한 의의를 지니는 것은 그것이 태정관의 내부 구성을 변경할 수 있을 뿐만 아니라 태정관의 외부에, 심지어 태정관의 '대정통리(大政統理)'라는 권한 자체를 제약하거나 그에 저촉되기까지 하는 새로운 관직을 태정관의 심의를 거치지 않고 설치할 수 있다는 점에 있었다. 이른바 '영외관' 설치가 바로 그것이다. 율령제에서의 정치사가 갖는 특징 중 하나는 이 '영외관'을 둘러싸고 전개되는 점에 있었다고 보아도 된다.

721년(요로 5년), 후지와라노 후사사키가 보임된 '우치쓰오미'의 '안팎을 계회(計會)하고 칙에 준하여 시행'하는 권한이 태정관의 그것과 어떠한 관계로 설정되었는지는 명확하지 않다(『속일본기』). 하지만 후자와 저촉될 가능성이 있음은 위의 표현으로도 짐작이 간다. 고묘 입후 후에 그 전속 관사로서 황후궁직(皇后宮職)이 종래의 중궁직과는 별개로 설치되어, 중궁직이 영제에서는 중무성 관할인데 반해 황후궁직은 중무성과 대등한 지위에 놓였다는 점[11], 749년(덴표쇼호 원년), 이 황후궁직의 계보를 잇는 관사로서 설치된 자미중대(紫微中臺)가 8성 위에 서서 태정관에 버금가는 지위에 있었고[12], 게다가 그 직장이 '가운데에 있어 칙을 받들고, 관사들에게 반포하여 시행'하는 점에 있었으며, 또 그 모델이 된 측천무후(則天武后)의 중대(中臺), 즉 중서성의 직장이 '천자를 보좌하여 대정을 집행한다'〔『대당육전』 중서령조〕는 점에 있었다고 한다면[13], 이 새로운 관직의 지위와 권한이 태정관―중무성이라는 영 본래의 관직 체계에 저촉되는 것임은 분명할 것이다. 이들 '영외관'의 설치는 우치쓰오미와 후사사키의 관계, 앞서 나온 자미중대와 고묘 황태후 및 후지와라노 나카마로와의 관계를 고려하면, 후지와라씨의 책략에 의한 것임은 명백하지만, 문제는 이러한 '책략'을 가능하게 한 국가 제도상의 근거에 있으며, 이는 태정관의 권한을 넘어선 천황 고유의 관제 대권 외에는 찾을 수 없다. 분명 후지와라씨는 다이카 전대부터 대대로 이어져 온 명문 씨족과 비교하자면 신흥 씨족들 중의 하나이지만, 전제국가에 특징적으로 나타나는 군주의 '총신'이나 가산제적 예속자는 아니다. 하지만 후지와라씨가 일관되게 영외관을 태정관·8성 체계의 외부에 설치한다는 수단을 구사함에 따라 그 지반을 굳힌 점, 이 수단이 천황이 보유한 독자적 관제 대권에 의존함으로써 비로소 가능해졌다는 점에서는, 전제군주제의 경우와 동일한 원리에 입각하였음을 인정해야 한다. 이러한 연관관계를 제외하면 율령제에서의 지배계급의 역사는 또다시 후지와라씨의 음모나 책략의 역사로 전환될 것이다. 후지와라씨 또는 천황은 율령제의 기본 원리를 위반하여 영외관을 설치한 것이 아니라, 천황 대권의 당연한 행사로서 이를 합법적으로 행하였을 뿐이다.

두 번째 천황 고유의 대권 사항은 천황에 의한 관리 임명권이다. 이에 대해서는 많은 것을 이야기할 필요가 없다. 천황이 '집정하지 않는다'는 원칙에 서 있으면서(이 것이 옳은지 여부는 별개로 하고) 또한 통치권의 주체 일 수 있었던 것은 집정자를 집정자답게 만드는 임명권 을 천황이 보유하였다는 점에 있음은 이미 지적되어 있 다.[14] 태정관 이하 8성 클래스의 최고관료, 즉 대납언 이 상, 좌우대변(左右大辨), 8성의 경(卿), 오위부(五衛府)의 독 (督, 가미), 탄정윤(彈正尹, 탄정대의 장관-역주), 다자이노소치 등 국가 권력의 중추부를 구성하는 관직은 이른바 '칙임 (勅任)'의 관이며, 이에 대한 임명권을 보유하는 천황은 국 가 중추부의 생사를 좌우하고 있음에 다름없다. 태정관 이 그 외부에 존재하는 권력=천황에게 그 구성원의 임명 권을 장악당하는 것은 그것이 단체로서 '자주적'이 아니 라 '타주적(他主的)'임을 의미한다.[15]

세 번째 천황 고유의 대권 사항은 군사 대권이다. 조직 된 강제력, 그것의 집약된 형태인 무장력과 군대가 국가 권력의 본래적이자 본질적인 요소임은 앞서 서술하였다 (제2절). 이는 율령제 국가에서는 중앙의 금위군(禁衛軍)인 오위부(위문부[衛門府]·좌우위사부[左右衛士府]·좌우병위부[左右 兵衛府])와 지방의 군단이라는 두 가지로 크게 나뉠 수 있 다. 전자인 오위부의 군대가 나라시대 지배계급의 정치사에서 얼마나 결정적인 강제력 수단으로 행사되었는지는 이 시대의 많은 변란이 보여주는 그대로이다. 예를 들면 729년(덴표 원년) 나가야왕의 변에서 그의 사저를 습격한 것은 식부경 후지와라노 우마카이, 위문좌(衛門佐) 사미노 무시마로(佐味蟲麻呂), 좌위사좌(左衛士佐) 쓰시마노 이에미치(津島家道), 우위사좌(右衛士佐) 기노 사히모치(紀佐比物)가 이끄는 육위부(六衛府)의 병사들이었다. 이때 우마카이와 육위부에 대하여 출동을 명령하고 그 임무를 부여한 자, 또는 그 명령권을 제도적으로 쥐고 있던 자에 대하여 『속일본기』는 명기하지 않았지만, 그것이 식부경 우마카이와 육위부의 장관일 수 없음은 당연하며, 또 좌대신 나가야왕을 수석으로 받드는 태정관이 그에 관여하지 않은 것도 분명하다고 한다면, 그것은 천황의 독자적 칙명에 의한 것으로 보아야 한다. 757년(덴표호지 원년)에 일어난 〔다치바나노〕 나라마로의 변 당시, 우대신 후지와라노 도요나리의 아들 오토타다(乙繩)를 체포·구속하기 위해 중납언 후지와라노 나가테(藤原永手), 좌위사독(左衛士督) 사카노우에노 이누카이(坂上犬養)가 그 사저를 습격하였을 때 '칙을 내리'고 '칙사'에 의해 그것이 행해진 점은 그 지휘명령권이 형식적으로는 천황에게 있었음을 보여준다(『속일본기』).

본래 영제에서 오위부의 조직은 태정관—8성의 관직 체계와는 별개의 계열에 속하는 것이었다. 720년(요로 4년)에 도네리친왕을 지태정관사에 임명하고, 니타베친왕을 '지오위급수도도네리사(知五衛及授刀舍人事, 오위부의 병사와 수도도네리[授刀舍人]를 관장하는 직책-역주)'에 보임한 것은 말할 것도 없이 후히토의 죽음으로 인한 정세 불안에 대비하는 조치인데(『속일본기』), 그러한 중앙의 군사 기관들에 대한 지휘명령권이 천황의 독자적 대권에 속하기 때문에, 특히 황친에게 그것을 위임하고 대행시킨 것으로 보아야 한다. 나중에 신하인 좌대신과 우대신에게 각각 근위(近衛)·외위(外衛)·좌우병위(左右兵衛)와 중위(中衛)·좌우위사(左右衛士)의 일을 관장시켰을 때도 그것이 '칙'에 따라 '섭지(攝知)'하게 하였다고 되어 있는 점에 주의해야 할 것이다(『속일본기』 호키 원년 6월조). 728년(진키 5년)의 중위부 신설은 거기에 병합된 수도도네리료(授刀舍人寮)의 장관이 후지와라노 후사사키인 것으로 보아 그것이 옛 군사 씨족과 밀접한 오위부에 대항하여 나가야왕을 수석으로 하는 태정관을 제압하려는 후지와라씨의 의도에 따른 것임은 분명하지만[16], 이때에도 태정관과는 다른 계열의 군사 기관인 위부에 직결되는 천황의 독자적 지휘명령권의 존재를 전제로 해서만 중위부의 설치는 정치적 수단으로서 유효해질 수 있었음을 염두에 둘 필요가 있다. 후지와라씨는 바로 천황의 군사 대권을 하나의 거점으로 삼고 있었기 때문에 그 음모 앞에서는 태정관의 수석도 안전을 보장받지 못한 것이다. 나가야왕에 대한 중위부를 포함한 육위부의 출동 명령이 천황의 개인적 의지에 따른 것인지, 혹은 후지와라씨의 음모에 따른 것인지는 여기서는 순전히 부차적인 문제이고, 천황의 독자적인 군사 대권의 존재가 그러한 음모적 수단들을 가능하게 하였다는 국가 제도상의 특징이야말로 문제인 것이다.

여기서 한 번 더 앞서 언급된 기요미하라령에 따른 8성 성립 문제로 되돌아갈 필요가 있다. 덴무 천황이 사망했을 때의 조문(誄, 시노비고토) 기사에 보이는 내정 관계의 관직들을 다이호령제의 8성에 대응시켰을 경우[17] 전자의 '궁내(宮內, 미야노우치)', '좌우오토네리(左右大舍人)', '내명부(內命婦, 히메마에쓰키미)'는 각각 후자의 궁내성, 중무성 좌우오토네리료(左右大舍人寮), 중무성 봉전료(縫殿寮)에 대응되며, 8성의 기관 안에 흡수되었음을 보여주는 데 반해, 좌우병위만은 8성에 편입되는 일 없이 오위부 안의 좌우병위부로 편성되었음을 알 수 있다. 바꾸어 말하자면 천황의 내정, 즉 가산제 조직의 대부분이 8성의 궁내성·중무성으로 편입될 때, 그중 군사 조직의 가장 중요한 부분인 병위만은 태정관—8성의 계열로부터 독립한 오위부 안에 편성된 것이다. 나는 이 과정에서 두 가지 힘 사이에 있는 긴장 관계를 본다. 즉, 천황의 가산제 조직을 태정관—8성이라는 국가 기구 속으로 흡수해 버리려는 힘과, 그 속에서 천황의 독자적인 가산제적 군사력을 보류(保留)하려는 힘의 긴장 관계이다. 후자의 보류라는 측면은 공식령 칙지식조(勅旨式條)의 '칙으로 오위 및 병고의 일을 처분하면 본사(本司)는 복주하라'는 조문으로 방식이 정해졌다. 이 조문에 나오는 '처분'의 의미를 오위부 및 병고에 대한 사태권(沙汰權, 사태는 일본어로 '사타'라고 발음하며, 안건을 판결하여 처리함을 뜻함-역주)(가령 중세적 용어로 치환하는 것이 허락된다면)에 가까운 의미로 해석한다면, 그 처분=사태권의 행사 방식과 절차는, 『영집해』의 같은 조에 인용된 고기 및 주설(朱說, 영의 해설서에 붉은 글씨로 적힌 주석의 설-역주)에 따르면, 중무성 및 태정관을 경유하지 않고 천황과 주무 관사 사이의 절차만으로 법적 요건은 충족된다는 점에 특징이 있다. 태정관—중무성이 관여할 수 없는 이러한 영역의 존재 속에 천황의 군사 대권의 한 요소가 존재하며, 그것이 영에 의해 규정되어 있는 데서 앞서 언급한 보류의 의미를 찾을 수 있을 것이다.

이 사항은 오위부와 다른 계열의 군단 동원권과 대비시켰을 때 보다 명료해진다. 앞서 언급된 논주식의 아홉 항목 중 (ㅂ)항에서 병마 100필 이상의 동원 규정이 있는 것은 중요한 의미를 지닌다. 그것은 태정관—병부성—국사의 계열 기관들이 병마 동원권의 발동에 관여함을 영의 명문으로 규정하였기 때문이다. 병부경의 권한 중에 병사 동원이라는 항목이 있는데,『영의해』에 따르면 그것은 위사·사키모리의 동원과 정벌 양쪽을 포함한다(직원령 병부성조). 전자의 경우에는 병부성은 태정관에 아뢰지 않고 부(符)를 바로 국사들에게 내려 시행할 수 있는데, 후자에 대해서는 동원 병사가 20명 이상인 경우는 모두 계칙을 필요로 한다는 군방령의 규정에 따라 병부성은 동원해야 할 구니와 병사수를 조사하고 기록하여 태정관에 신고하고, 관은 주상하여 계칙을 하사받아 여러 구니에 내리는 것이다. 동원 병사가 100명을 넘는 경우에는 앞서 언급된 논주식의 (ㅂ)항이 적용된다. 천황의 군사 대권에서 중핵을 이루는 병마 동원권이 절차적으로 보아 얼마나 중요한 법적 제약 아래 놓였는지를 알 수 있을 것이다. 천황의 가산제적 군대인 좌우병위 등이 8성의 관할 관사 속에 편입된다는 것은 위와 같은 태정관 계열의 강력한 제약 아래 놓임을 의미한다. 바로 그렇기 때문에 그들은 기구로서 후자로부터 독립된 계열인 오위부로 조직되고, 또 앞서 언급된 칙지식조에 보이는 것과 같은 천황의 독자적인 처분=사태권이 법문화될 필요가 있었다. 여기서 두 가지 힘의 긴장 관계가 보이는 것이다. 태정관으로부터 오위부의 독립, 그리고 그에 대한 동원권과 지휘권은 가산제적 군주로서 천황이 독자적으로 보유한 군사 대권의 존재와 행사를 보증함과 동시에 다른 한편으로는 국가의 군단 계통 군대의 동원권은 태정관—병부성 계통의 법적인 관여를 필요로 한다. 이러한 대립적 모멘트를 놓친다면, 율령제 국가는 '가산제 국가'라는 초역사적 개념 속에서 해소되고 말거나 전제 국가를 단순히 귀족제적 국가로 변화시키게 될 것이다. 군사에서 보이는 이러한 권력구조의 실체가 아니라, '천황은 곧 국가' 또는 '짐은 곧 국가'라는 이데올로기로 국가 제도를 규정하는 일의 위험함도 역시 명확하다 하겠다. 또한 동시에 위의 병마 동원군 발동에서 보이는 태정관—병부성—국사의 법적 지위는 일본의 율령제 국가가 유형으로서는 동양적 전제국가에 속하면서도 현저하게 귀족제적 성격을 갖추었다는 데 대한 하나의 증거이기도 하다. 당나라 제도와의 차이에 대해서는 이미 언급하였다(제2장 제4절).

군제에 대해서는 군정과 군령(軍令) 또는 통수권을 구별해 둘 필요가 있다. 오위부의 군대도 그 전신인 다이카 전대 천황의 가산제적 군대와 달리, 그 유지·보충 등은 중앙·지방의 국가 행정기구 없이는 불가능하고, 군정상으로는 태정관·8성·국아 등의 기관들에 의존하지만, 오위부에 대한 지휘명령권, 통수권은 그와는 별개이다. 군단의 존재가 보다 대규모로 국가의 행정 능력에 직접적으로 의존하였음은 분명하고, 무관의 승진 등에 대한 관리도 행정기관에 속하지만, 일단 대장군·부장군 등이 보임되고 절도(節刀)를 수여함에 따라 천황의 군사 대권이 위임되면, 그것은 태정관 이하의 행정권으로부터 독립된 통수권이 발동하는 영역이 된다. 예를 들면 720년(요로 4년), 오토모노 다비토(大伴旅人)는 정하야토지절대장군(征隼人持節大將軍)으로, 가사노 미무로(笠御室), 고세노 마히토(巨勢眞人)는 부장군으로 임명되었는데, 그 이후 그들의 작전 행동, 예를 들면 다비토가 입경(入京)하고 부장군 이하는 그대로 주둔해야 한다는 칙은 순수한 군령에 속하는 것이고, 천황의 최고 군사 지휘권의 범위 안에 속하는 것이다. 따라서 그것을 위임받은 군 사령관의 권한도 광범위하며, 대장군은 절도 봉환에 이르기까지는 부장군 이하의 사형도 전결(專決)하는 권한을 부여받았고(군방령〔대장출정조(大將出征條)〕), 동시에 작전에 실패한 경우에는 당나라의 천흥률(擅興律)에 해당하는 일본 율의 규정에 따라 '통상적인 율(常律)'에 구속되지 않는, 적용 범위가 더 넓은 규정에 따라 처단되었다. [18]

천황의 관제 대권, 관리 임명권, 군사 대권은 서로 연결되어 행사되는 것이 통례로, 757년(덴표호지 원년)에 자미내상 직을 신설하고 그 관직에 '안팎의 모든 병사'를 관장하는 권한을 부여하고, 총신 후지와라노 나카마로를 보임한 것은 그러한 예 중 하나이다. '안팎의 모든 병사' 중 '안'이 앞서 서술된 니타베친왕이 임명된 임시 '지오위급수도도네리사'를 항상적인 관직으로 만든 것이라고 본다면, '밖'은 여러 구니의 군단 이하 군사 기관에 대한 지휘권을 의미하는 것으로 보아야 하는데, 이러한 광범위한 군사권은 비역(飛驛, 역마 제도를 이용한 긴급 연락 방법-역주)의 함령(函鈴, '함'은 전달할 문서를 보관하는 상자, '령'은 역마 이용을 위해 관리가 지급받은 방울-역주)을 그 와내(臥內, 침소 안-역주)에 두고 병마의 권한을 스스로 손아귀에 넣고 있던 고묘 황태후의 통수권 일부를 위임받은 것으로 보아야 한다.[19] 나카마로의 전제적 지배를 논할 때, 그것이 천황에게 집중된 대권의 반영이라고 파악할 필요가 있다. 그러지 않으면 그 '전제'는 단순한 '이상(異常)'으로 설명되는 결과를 낳기 때문이다. 덴표 연간이 되어 천황 대권이 전면에 등장하는 일은 이 시기의 대외적·대내적 위기와 관련되어 있고, 그 전형적인 사례가 기내 총관, 제도 진무사, 절도사 등 군사적인 관직의 설치이다(제1장 제4절). 총관직은 기내구니들에 대한 병마 동원권을 부여받았는데, 이는 앞서 언급된 논주식 (ㅂ)항의 '병마 100필을 동원'하는 규정이 태정관에게 부여되어 있던 대권 억지적인 권한을 말소하고 이를 총관직의 전행(專行) 사항으로 부여한 것으로 보아야 하며, 나카마로가 반란 직전에 획득한 도독 사기내(四畿內) 삼관·오미·단바(丹波)·하리마 등 구니의 병사사(兵事使)와 더불어, 위기 때 천황의 비상대권 발동은 용이하게 태정관을 제압할 수 있는 것이다. 총관 및 진무사에 부여된 권한은 검단권(檢斷權)을 중심으로 하는 계엄사령 관적 성질의 것이고, 특히 절도사가 관할 아래의 국아들에 대해서 가진 행정상의 지휘명령권은 광범위한 것임을 고려한다면(이즈모국 계회장), 적어도 천황의 비상대권에 의해 이러한 군사적 관직들이 설치된 영역에서는 태정관·8성·국아라는 일상적·행정적 국가 기관들의 기능은 일시적으로는 부차적·종속적인 지위로 전환되는 것이다.

천황 대권에 속하는 네 번째 사항은 신하에 대한 형벌권이다.[20] 이는 그 성질상 군사 대권에 버금가는 중요성을 지니며, 또 그와 떼려야 뗄 수 없는 관계에 있다는 것을 특징으로 한다. 전란의 경우, 예를 들면 후지와라노 히로쓰구나 후지와라노 나카마로의 난 같은 경우, 혹은 하야토(ハヤト, 7~9세기 규슈 남부에 거주하던 사람들-역주)나 에미시에 대한 정벌에서는 군사 대권과 함께 형벌권이 천황에 의해 임명된 장군에게 위임되고, 장군이 부하에 대하여 사형 이하의 형벌을 '전결'할 수 있다는 군방령의 규정은 천황 대권과 관련하여 비로소 이해할 수 있다. 국가의 형벌권에서 천황이 갖는 독자적 지위 문제는 '칙단(勅斷)'과, 일반적으로 '죄형법정주의'를 특징으로 한다고 이야기되는 '율'과의 관계로 나타난다. 율의 '죄형법정주의'는

같은 개념을 사용하는 것이 위험할 정도로 근대법의 그 것과 완전히 이질적인 것으로, 재판관의 단죄가 율령의 정문에 따라야 한다는 점(옥령), 혹은 판결문에 그 근거가 되는 율령격식의 정문을 인용해야 한다는 규정을 가리킨 다(단옥률[斷獄律]). 이 원칙은 천황의 '칙단'권과는 모순되 지 않는 것이 특징이다. 바꾸어 말하자면, 재판관이 율령 등의 법령을 위반하거나, 또는 그것들의 전거를 명시하 지 않는 경우에는 처벌당하는데, 칙단은 이 원칙에 구속 되지 않을 뿐만 아니라 율의 규정 자체로부터도 법적으 로는 자유롭다. 왜냐하면 '비상의 결단'은 '인주(人主)'=천 황이 전결한다는 원칙이 있기 때문이다(명례율[名例律] 제명 조[除名條]의 소[疏]). 가령 '비상'한 경우에 대한 제한이 법에 의해 명확히 규정되어 있다고 가정한다고 해도, 천황이 율의 본문 조항에 준거하지 않고 형벌권을 행사할 수 있 음은 위의 조문을 보더라도 명백하다.

이러한 칙단권은 법으로 승인된 천황의 합법적 권한 에 속하는 것이며, 여기에 율령의 형벌 체계가 갖는 기본 적 특징이 있다. 재판관이 이른바 불응득위율(不應得爲律, 마땅히 해서는 안 되는 일에 대한 처벌법-역주)〔잡률(雜律)〕을 적용함 으로써, 혹은 율 문장의 비부(比附, 유추해석)를 통해 단죄하는 것이 합법적이듯이, 천황이 율의 본문으로부터 자유로운 칙단권을 행사하는 것도 비합법은 아니며, 따라서 '이치는 법대로 다스려야 한다'는 천황 자신의 말과도 모순되지 않는다〔『속일본기』 덴표진고(天平神護) 원년 8월조〕. 율의 조문이 완전히 무시된 경우, 예를 들면 나카마로 암살 사건에서〔후지와라노〕요시쓰구(良繼) 등의 범죄는 율에 따르면 도(徒) 2년의 형에 해당함에도 불구하고 '대불경(大不敬)'으로 간주되어 제성(除姓), 탈위(奪位)에 처해진 것은 당연히 나카마로의 전제(專制)에 의한 것인데, 이러한 자의적 단죄가 일어날 수 있는 것은 칙단권의 존재 때문이며, 그것을 비합법이라고 할 수는 없다. 형의 가혹함, 남용은 그때그때의 정치 정세에 따라 좌우되지만, 그 법적 근거는 율이 합법성을 부여한 칙단권이 이용된 것에 지나지 않는다. 천황은 율 조항의 본문에 있는 죄와 별개로 칙단할 수 있는데, 다만 그 단죄는 '영격(永格)'으로서의 효력을 갖지 않는 일회성을 띤다는 점에서 율과 구별될 따름이다(단옥률). 율에 해당 조문이 없는 경우에는 칙단은 법적으로는 무제한이라고 보아야 하는 것이다. 쇼토쿠(稱德) 천황에 대하여 선제(先帝)가 '일로 삼아서 말하자면 왕을 노예로 삼아도 노예를 왕이라 해도 너희가 하는 대로'

하겠다고 칙을 내린 것도 그와 관련되어 있다(『속일본기』 덴표호지 8년 10월조). 또 율의 적용 사례로 추측하면, 모반죄, 불경죄 이외의 범죄는 1, 2등을 감형받는 것이 일반적이었는데, 이 사실은 일본 율이 당나라의 율에 비교해 형벌을 약간 가볍게 한 것과 더불어, 전제군주적이지 않다는 예로 여겨지는데, 그것은 옳지 않다. 데스포티즘에 있어 중요한 것은 법을 초월한 칙단권 자체이지, 감형은 그와 모순되지 않을 뿐만 아니라 오히려 그것을 보증해주기까지 한다. 형벌이 가벼운 것도 마찬가지이다. 물론 율의 조문에 구속되지 않는 칙단권의 존재는 그것이 늘 자의적 단죄인 것은 아니다. 그것은 첫째로 시대의 도덕률, 관행, 조리(條理) 등에 의해 객관적으로 제약을 받기 때문이다. 둘째로 주목해야 할 점은 논주식 (ㄹ)항에 '유죄 이상 및 제명 결정'의 규정이 보이는 것이며, 이는 군주의 자의적 형벌권을 제약하는 작용을 한 것으로 보아야 한다. 그러나 태정관은 칙단에 대한 거부권을 본래 갖고 있지 않았던 점, 또 인주 전결에 따른 앞서 언급된 '비상의 결단'의 경우에 대해서는 논주식의 위와 같은 규정은 법적으로 유효하다고 여겨지지는 않은 것으로 보인다. 따라서 이상의 두 가지 제약은 칙단권이 법적으로 무제한이라는 점과 조금도 모순되지 않는 것이다. 또한 율의 적용이 모반죄, 불경죄에 대하여 가장 엄격하다는 점은 데스포티즘의 당연한 성격임은 말할 것도 없다.

천황의 대권 사항으로서 마지막으로 잊어서는 안 되는 항목으로 외교와 왕위 계승에 관한 대권이 있다. 천황이 행사하는 통치권 중 최고의 것으로는 '임시의 대사'로서 '번국 사절'에게 하교하는 건이 있고, 그 다음으로 '조정의 대사'로서 황후·황태자의 책립(冊立) 건이 있는데, 그것들은 '중사(中事)'인 좌우대신의 임명과 '소사(小事)'인 5위 이상의 서위보다도 높은 순위의 국무였다. 외교 대권이 앞서 서술하였듯이(제1장 제1절) 공동체를 '대표'하는 수장 이래로 군주 고유의 권능임을 떠올린다면, 견당사가 절도를 부여받아, 천황의 군사 대권을 위임받은 대장군과 같은 유형의 사절로서 도항한 것은 당연한 일이다. 율령제 국가의 역사에서는 전쟁 선언 또는 강화 체결에 관한 제도사상의 사실을 생각할 기회가 결여되어 있지만, 이것도 태정관이 관여할 수 없는 천황의 대권 사항에 속하였을 것이리라. 고대 로마에서 외국과의 조약 체결과 전쟁 선포, 강화의 대권이 귀족(파트리키)의 성채인 원로원의 특별한 권능으로 유지되고 있었다는 사실이 그 '공화정'을 특히 '귀족' 공화정이게 만드는 하나의 중요한 특징이었다고 한다면, 천황 대권의 하나로서 외교권이 존재함은 율령제 국가의 성격을 규정하는 특징이었다고 보아야 한다.

최고 군사 지휘권을 중핵으로 하는 이상의 권력들은 말할 것도 없이 통치권의 총람자로서 천황이 보유하는 단일하며 불가분한 대권의 여러 측면에 지나지 않는다. 겐쇼(元正) 천황이 내린 조(詔)에서 말한 천황의 '만기 섭단(攝斷)'의 권한(『속일본기』요로 5년 10월조) 혹은 고켄 상황이 준닌 천황에 대하여 '국가의 대사, 상벌 두 가지는 짐이 행하겠다'고 말하며 그 손아귀에 넣으려고 한 권력은 이러한 불가분한 천황 대권에 다름 아니다(『속일본기』덴표호지 6년 6월조). 이는 5세기의 오키미가 보유한 단일 명령권과 동질의 것이고, 율령제 국가 단계에서 위와 같은 다양한 측면으로 분화한 것은 기본적으로는 통치 대상인 피지배계급과의 지배—피지배관계가 복잡해진 것에 대응하여 지배의 기능들이 분화한 결과에 지나지 않는다. 율령제 국가의 천황제는 이처럼 하나의 독립된 정치권력이다. 권력 구조의 구체적 분석을 거치지 않고 데스포티즘 또는 데스포트(despot, 전제군주. 독재자-역주)의 개념을 남용하는 것도 옳지 않으나, 율령제 국가의 천황제를 '권력'을 동반하지 않는 단순한 '권위'로 보거나 율령제 국가를 '군주제적 형태를 취한 귀족제적 지배'로 보는 견해도 옳지 않음을 알 수 있을 것이다. 또한 위와 같이 분화한 명령권(임페리움)의 여러 측면이 단일하며 불가분한 대권으로 집약되는 방식의 특징은 그것이 천황이라는 하나의 살아 있는 인격의 권력으로서 존재하는 점, 같은 말이지만 연령, 성별, 현명하고 어리석음 등등에 따라 제약을 받은 천황이라는 자연인을 떠나서는 단일하며 불가분한 대권이라는 것은 존재하지 않는다는 점이다. 이는 서국에서 내란이 일어나면 수도를 버리고 여러 구니를 방랑하거나, 총애하는 신하에게 왕위를 빼앗기게 생긴 살아 있는 남성이나 여성 천황의 의지나 개성을 매개로 해서만 국정이 진행된다는 의미가 아니다. 이는 군주제 전반에 공통되는 특징에 지나지 않는다. 천황에게 독자적인 대권, 즉 독립된 정치권력이 국제상 승인된 권력으로서 존재하고, 그 권력의 행사가 하나의 인격에 의해 장악되며 체현된다는 데 전제국가의 특징이 있는 것이다. 이 경우 '천황'이라는 것은 천황 대권이 인격화된 지위를 가리키며, 예를 들면 나라시대에 보이는 것처럼 태상천황(太上天皇)이 현실에서 천황 대권을 장악하고 있는 사례들의 경우에는 후자가 천황 대권을 대표하는 것이며, 이러한 권력의 구체적인 존재 방식은 역사적으로 다양하다. 그러나 그 다양한 형태에서 일관되고 있는 점은 왕권이 독자적 정치권력을 쥔다는 전제국가의 기본 구조이며, 그 권력의 구체적인 존재 방식과 표현 형태는 각 국가의 관행과 전통에 따라 역사적으로 다양할 수 있는 것이다. 나라 시대 초기처럼 얼핏 보기에 비교적 안정되어 있었던 것으로 보이는 시기에도 천황 대권 보유자의 죽음과 왕위 계승에 따른 대권의 이동이 늘 지배층 내부의 정치 위기를 불러일으키는 이유도 천황의 전제적 권력의 존재와 떼려야 뗄 수 없는 관계에 있다. 예를 들면 721년(요로 5년) 겐메이(元明) 태상천황의 죽음을 계기로 한 정치 위기 속에서 곧바로 사자를 보내 삼관을 굳게 지키게 한 것은(이른바 '고관[固關]' 제도의 첫 등장) '조정 수호'의 역할을 하는 삼관이 수도에서 반란이 일어났을 때 그 반란자가 동국으로 도망쳐 들어가는 것을 막고, 그로 인해 동국을 거점으로 하거나 동국 세력을 동원하여 이루어지는 반격을 미연(未然)에 억제하는 역할을 행하였기 때문이다.[21] 동시에 이 시기 상층 지배층의 가산제 발전이 개별적·사적인 권력을 강화하고, 그것이 군사적 문제로 전환되어, 국

가에 의한 강제력의 독점을 위협한다는 특징적인 경향이
이 정치 위기의 기초에 있으며, 이 태상천황의 죽음 직
후에 수도료(授刀寮)와 오위부에 각각 징과 북을 1면(面)씩
두어 장군의 호령이 병사들에게 잘 전달되게 하고, 그 물
러가고 나아감, 움직이고 멈춤을 절도 있게 하려 한 태정
관의 조치도 위의 고관과 함께 전제국가 고유의 구조적
특질을 통해서만 이해할 수 있는 현상이다. '집정하지 않
음(不執政)'을 일본 고대 천황제의 원칙 또는 부동의 정치
적 관행으로 보는 견해의 오류는, 하나는 천황이 독자적
인 정치권력을 이룬다는 사실을 놓치고, 제도의 역사적
사실을 통해 국가 기구를 분석하는 것이 아니라, 법전을
통해 사실을 해석하는 점에 있으며, 또 하나는 전제적 군
주가 출현하면 그것은 예외적인 '이상', '변태(變態)'로 사
상되고 천황 개개인의 성격 같은 우연적 요소까지 논의
되는 방법론의 부재에 있다. 율령제에서의 천황제가 하
나의 인격에 집약된 독자적 정치권력이고, 지배계급의
권력이 '대표'되는 특수한 형태로서의 전제국가 또는 데
스포티즘이라고 한다면, 국가의 유형으로서는 수나라,
당나라, 발해, 신라 등등의 나라들과 동일한 것이며, 따
라서 그것을 '동양적 전제국가'의 유형에 속하는 일본형

으로 보는 것은 학문적으로 정당하다고 해야 한다.

그러나 율령국가의 데스포티즘은 개별적·특수적인 군주의 의지 또는 자의(恣意)가 그대로 지배계급의 정치 의지라는 의의에서 오토크라시(autocracy, 독재정치-역주)와는 구별해야 한다. 이는 체제 개념이기 때문이다. 첫째로 천황 대권의 내부 자체가 우치쓰오미, 총관, 자미내상 등등의 관직에 의해 분담되는 조직적 권력이 되어 간다는 사실에 주목해야 하며, 둘째로 앞서 언급된 관인귀족층의 공동 기관으로서의 국가 조직, 즉 지배층의 정치적·경제적 특권을 유지하기 위한 태정관부터 8성·국아에 이르는 국가 기관이 군주권으로부터 상대적으로 독립한 세력으로 존재한다는 사실을 떠올릴 필요가 있다. 앞서 서술하였듯이 천황의 의지는 그 자체로는 '국가의지'가 되지 않고, 그것의 전환을 위해서는 영에 규정된 소정의 기관들을 매개로 해야 하며, 그것이 법으로서 강제력을 갖고 현실에서 하급 기관들에 의해 집행되기 위해서는 태정관부가 있어야 한다는 사실, 바꾸어 말하자면 '내인'과 '외인(外印)〔태정관 도장〕' 양쪽이 다 필요하다는 사실은 율령제에서 국가 권력이 발동되는 방식의 구체적인 존재 양상을 보여준다. 따라서 나카마로는 천황 대권에 의존하고, 그것을 거점으로 하여 전제적 권력을 구축하면서도, 또한 762년(덴표호지 6년)에 태정관을, 자기 친족 일족을 통해 거의 독점하려고 한 것은 국가 기구 전체에서 태정관이 갖는 특별한 의의가 인식되고 있었기 때문이며, 또 도쿄(道鏡, 나라시대의 승려로 쇼토쿠 천황의 신임을 얻어 권력을 휘둘렀다-역주)의 대두로 인한 '이상' 사태를 지나 의외로 빨리 혼란이 정상화된 것도 천황 대권과는 구별된 국가 체제의 존재가 있었기 때문이다. 본래 지배계급 내부의 모순들을 천황가를 포함하는 씨족들·개인들을 넘어선 비인격적인 공동의 기관을 만들어 냄으로써 해결함을 직접적인 계기로 하여 성립한 '국가' 기구가 갖는 의의가 나카마로·도쿄의 시대를 지나면서 실제로 증명되었다고 해야 할 것이다.

율령제 국가가 동양적 전제국가의 유형에 속하는 국가이면서도 중국 등 같은 유형의 국가들과 비교하여 귀족제적 특징을 갖는다는 것은 이상의 고찰을 통해 명확해진다. 이러한 차이는 앞서 덴무조를 다루었을 때 논하였듯이, 직접적으로는 임신의 난과 중국의 역성혁명의 차이에서 전형적으로 드러나는 지배계급이 놓인 대외적·대내적 위기의 심각성 차이에 바탕을 두며, 근본은 양자의 생산관계 차이로 규정된다. 반란으로 인한 찬탈의 끊임없는 위기 외에 대외 전쟁, 이민족에 의한 침략의 위험과 정복 등등의 사정들은 중국의 지배계급과 왕권으로 하여금 극도의 권력 집중과 전제를 필연적으로 만들었고, 그 긴장과 대립의 심각함은 일본의 지배계급과 비교가 되지 않는 성질의 것이었다. 당나라의 무후(武后)는 일본의 여제에게 있어서는 하나의 이상적인 모습인 것 같지만, 그녀가 신하를 가차없이 파면(罷免)·폄적(貶謫)하고 하옥(下獄)과 주멸(誅滅)을 행하며 귀족 문벌과 싸운 가혹할 정도의 무시무시함은 일본 천황에게는 모방하기 어려운 성질의 것이었다. 나라시대 말기는 총신의 등용이 특징으로 여겨진다. 하지만 같은 시대 현종 황제의 그러한 행동은 정규 관리 등용의 길마저 파괴할 정도로 심각하고 대규모로 이루어진 등용이었다.[22] 그러한 중국 황제들의 눈에는 자신을 모범으로 삼아 '황제'라 칭한 동이의 천황이 보여주는 '전제군주'의 모습 따위는 일종의 희극으로 보이고 희화화로 비쳤을 것임이 틀림없다. 일본의 천황은 귀족이나 문벌의 권력과 진지하게 싸운 적은 한 번도 없고, 중국의 황제와 비교하면 그 자체가 애초에 지위가 높은 족장적·신화적인 문벌귀족에 지나지 않았기 때문이다.

제4절
오랜 유형의 성(省)과 새 유형의 성

율령제 국가의 특징은 독자적인 정치권력인 천황제의 존재에 있는 것이 아니다. 그것은 예로부터의 특징이다. 천황을 정점으로 하여 지배계급의 '공동 이해관계'를 주장하기 위한 조직인 국가 기구의 체계가 이 국가를 특징짓는 것이다. 태정관이 천황제에 대하여 상대적 독자성을 지닐 수 있는 것도 바로 그것이 국가의 행정기관인 '8성·백관' 조직 위에 서서 이를 지휘·명령하는 기관이었기 때문이다. 국가의 본질적인 특징을 이루는 '강제력 장치', 그 전형적 형태인 군사 조직도 중앙의 오위부라는 금위군이든 지방의 군단이든 모두 중앙·지방 행정기관의 기능에 의존할 때 비로소 조직으로서 존립할 수 있었고, 지배계급의 의지를 안팎에 대하여 실현하는 전쟁이라는 강력한 수단마저도 행정조직 없이는 불가능하였다. 이것이 새로운 형태의 국가가 갖는 특징이다. 이 행정기관은 위로는 태정관부터 아래로는 말단 관사들과 국아 기구에 이르기까지 계통적으로 조직된 체계이며, 중앙의 행정기관은 태정관에게 통솔되는 8성 조직을 주축으로 성립하고 있었다. 앞서 서술하였듯이, 태정관은 의정관의 합의에 따른 국무의 심의 결정 부분 외에 변관국이라는 사무국이 거기에 딸려서 존재하였는데, 이 변관국이 본래의 태정관 조직과 국아들 및 8성을 결합하는 매개의 사무기관이었다. 즉, 좌변관국은 중무·식부·치부·민부 네 개 성(省)을, 우변관국은 병부·형부·대장·궁내 네 개 성을 관할하였는데, 이 구분 방법 자체에는 별로 중요한 의미는 없는 듯하다. 따라서 8성 하나하나에 대하여 그 내부 구성과 권한을 설명할 필요가 있는데, 이는 요로령 직원령의 조문을 해설하는 결과가 되며, 아마도 무의미할 것이다. 여기서는 8성이라는 행정기관의 구성 원리, 각 성의 독자적인 권능과 구조로 표현되는 국가의 역사적 성격이 문제이므로, 몇 가지 전형적인 성을 골라서 분석하는 쪽이 과제에 접근하기 쉽다.

8성의 역사에 대하여 아무런 예비 지식이 없어도 관제표를 한 번 보면 바로 명확히 알 수 있는 한 가지 사실이 있다. 그것은 8성 중에는 복잡한 구성을 갖는 성과 단순한 구성을 갖는 성이 있다는 점이다. 전자의 전형적인 예는 궁내성과 중무성이고, 후자의 전형적인 예는 식부성·민부성·형부성 등이다. 이 중에서 궁내성과 민부성을 골라서 대비시켜 보면, 전자가 '직' 1개, '요' 4개, '사' 13개로 많은 관할 관청을 거느린 데 반해, 후자는 요 2개를 보유하고 있을 뿐이다. 전자가 왜 이렇게 복잡할 수밖에 없는지, 후자가 왜 이렇게 단순해질 수 있었는지를 생각해 보면, 전자가 오래된 유형의 성을, 후자가 새로운 유형의 성을 각각 대표한 결과임을 알 수 있을 것이다. 양자는 율령제 국가의 오래된 구조와 기능, 그에 대비되는 새로운 구조와 기능을 각각 전형화한 것이다. 이 점은 관할 아래 있는 관청의 내부 구성 차이로도 드러난다. 예를 들어 궁내성의 주전료(主殿寮, 도노모료)와 민부성의 주계료(主計寮, 슈케이료)를 비교하면, 둘 다 사등관을 축으로 하여 구성된 점에서는 공통되지만, 전자에는 '도노모리'라는 오랜 시나베제의 유제가 부속되어 있는 데 반해, 후자에는 '산사(算師)'라는 새로운 기술관인이 부속되어 있다. 이 도노모리와 산사라는 두 가지 속에, 율령제 국가 조직의 옛것과 새것의 총체가 집약적으로 표현되어 있다고 보아도 된다.

궁내성은 말할 것도 없이 기존의 천황 또는 왕실의 가산제적 조직을 성이라는 국가의 한 행정기관으로 편성한 것이다. 이 계열에 속하는 성으로 중무성이 있고, 다이카 전대 국가 제도의 일부였던 천황의 가산제적 조직이 궁내성과 중무성이라는 두 개의 행정 관청으로 분화한 것으로 생각해도 된다(앞서 서술한 군사력을 제외하고). 천황의 가산제적 조직을 두 개의 성으로 분할할 때 행정 사무의 분담 처리 또는 권한의 배분 방식에 일정한 원칙이 있어서, 궁내성에는 천황 또는 왕실의 사적·경제적 영역이, 중무성에는 천황의 공적·의례적 영역이 각각 제도화되었고, 두 성에 어떠한 관할 직·요·사를 배분할 것인지, 또 어떠한 권한을 부여할 것인지는 그 원칙에 따라 결정되었다. 그때의 전제는 양자 모두 비정치적인, 관료제적인 행정 관청에 지나지 않는다는 점이다. 중무성에 배분된 여러 권한 중, 예를 들면 '시종'은 천황의 복장이나 과도한 음주 등등에 대하여 실수가 없도록 하는 직장으로, '헌체(獻替, 주군을 보좌하여 좋은 것을 권하고 잘못된 것을 바꿈-역주)'라고 해도, 태정관 대납언의 직장이 '천하의 대사'에 관한 정치적 사항인 데 반해, 이는 '어소(御所) 심상 (尋常)의 일', 즉 일상적·비정치적 사항에 한한다. 조서의 성립과정에서 중무성의 관여가 불가결한 절차인 것은 앞서 서술하였지만, 이는 형식면에 한정되며, 중무성은 작성될 조의 내용과는 관계가 없다. 그 직권은 천황과 태정관 이하의 행정기관 또는 신하를 매개하는 형식적·절차적 측면에 한정되는 것이 특징이며, 이는 '수납상표(受納上表)' 이하의 직장에 대해서도 마찬가지이다(『영집해』직원령). 국가의 행정기관이 독립된 기구로 분화하는 단계에 대응하여, 천황의 가산제적 지배에 내포되어 있던 공적·의례적 측면이 중무성이라는 형태로 기구화됨과 동시에, 그 권한을 매개적·절차적인 면으로 한정함에 따라, 거꾸로 태정관 조직의 독립된 정치적 권능을 확보하는 체제를 여기서도 확인할 수 있다.

천황의 가산제적 지배에서 위의 중무성적 영역을 배제한 측면, 즉 사적, 가산적, 오이코스(그리스어로 '집', '가족'을 의미함-역주) 경제적인 영역의 관리를 중심으로 하여 조직된 것이 궁내성이다. 따라서 궁내성의 경우에는 천황의 오이코스 경제와는 구별된 중앙의 지배층 전체의 공동 재산 보관소로서, 다이카 전대에 그 전신이 성립되어 있던 대장성과의 직장 배분이 문제가 된다. 대장성의 관할 아래에 소부사(掃部司, 가니모리노쓰카사)가 있고, 궁내성에도 유사한 내소부사(內掃部司, 우치노 가니모리노쓰카사)가 있는데, 전자는 관인 전체를 위하여, 후자는 천황의 공어

(供御)를 위하여 포설(鋪設)하는 물자의 생산을 관장한다

는 점에서 구별되며, 마찬가지로 궁내성의 내염사(內染司,

우치노 소메모노노쓰카사), 그리고 똑같이 잡염(雜染) 일도 관

장하는 대장성 관할의 직부사(織部司, 오리베노쓰카사)의 구

별도 같은 원칙에 따른다. 대장성의 이러한 성격이 다이

카 전대의 그것을 계승하고 제도화한 것임은 말할 것도

없으나, 그것을 중무성, 궁내성과의 연관에서 의식적·계

획적으로 권한 배분을 행한 부분에 새로운 특징이 보이

는 것이다. 그것은 이 관들에 예속하는 시나베의 배분에

서도 확인된다. 영제의 새로운 행정 조직을 관제화할 때,

그것을 다이카 전대부터 존재한 반조·베민제, 특히 시나

베제와 어떻게 연관시키는가는 중요한 문제였다. 그때

공납형 시나베는 대부분 폐지되었지만, 관사에 배치된

시나베에 대해서는 두 가지 형태가 보인다.[01] 한 가지는

많은 시나베·잡호를 하나의 관사에 통합하는 형태이고,

다른 한 가지는 종래에 하나의 시나베·잡호였던 것을 여

러 관사에 분할 배치하는 형태이다. 후자에 속하는 구다

라헤(百濟部)의 경우는 대장성과 중무성의 내장료(內藏寮,

구라료)에 분할 배치되었는데, 전자는 천황의 공어를 위한

물자 생산인 데 반해, 후자는 신하에 대하여 상을 하사하

기 위한 물자 생산으로, 그 목적은 구별되어 있다. 다시 말해 영제 이전에는 하나의 베민으로 존재한 집단이 두 성으로 분할 배치될 때도 두 성의 앞서 이야기한 권한 배분의 원칙에 따라서 그것이 이루어졌음을 알 수 있다.

궁내성, 중무성, 대장성처럼 다이카 전대의 전통적 국가 제도에 기원을 두는 행정기관에 대해서도, 위와 같이 그 권한의 배분에 관하여 의식적·계획적인 원칙이 존재하였으므로, 식부, 치부, 민부, 형부, 병부 등 전통으로부터 자유로운 새로운 성들에 대해서는 그 원칙이 한층 더 명료함은 말할 것도 없다. 이는 국가 행정의 여러 분야, 여러 기능을 분할하고, 그것을 각 성의 임무 또는 목적으로 미리 설정하며, 그것을 바탕으로 하여 직무 권한의 배분, 행정 사무의 분담 관리, 관할 아래 있는 각 관청의 배치, 그에 종속해야 할 시나베·잡호의 통합, 분할을 시행한다는 원칙이다. 이는 다이카 전대처럼 주로 반조·베민제 속에서 이른바 자연발생적으로 성장해 온 단편적인 관사들의 집합체로서 존재한 것이 아니라, 위에서부터 통일적인 원리에 따라 하부 기관에 이르기까지 계통적으로 조직화된 관제 체계로서 창출된 것이다. 기존의 관사들을 아래로부터 위로 쌓아 올려 집성한 것이 아니다. 이는 인공 구조물 혹은 건조물과 닮았다. 건물 하나를 짓는 노동에는 완성된 형태의 건물 표상을 노동자가 이미 관념으로 갖고 있는 것이 불가결한 조건임과 마찬가지로, 8성·백관이라는 구조물을 완성하기 위해서도 하나의 전체적인 플랜이 애초에 존재하여야 한다. 그것은 일본의 경우, 자연적으로 발생하기란 매우 곤란하였으므로, 현실에서는 당나라의 관제 체계를 모델로 함에 따라 충족되었음은 잘 알려진 사실이다. 그러나 이를 단순히 당나라 제도의 '모방'으로 규정하는 것은 옳지 않다. 건축에서는 전체적 플랜뿐만 아니라 그것을 실현하기 위한 기술을 빼놓을 수 없는 것과 마찬가지로, 8성·백관을 만드는 작업에서도 그것을 구성해 가는 기술 또는 방법이 사전에 획득되어 있음이 전제되기 때문이다. 성이라는 행정 조직을 구성하는 직·요·사 등의 단위 기관들, 나아가 그 최종 단위를 이루는 개별 관직은 필요에 따라 통폐합할 수 있는 기계 부품 같은 성격을 지닌 것으로, 통폐합에 따라 전체 기관 체계의 존재와 기능은 영향을 받지 않는다는 인식이 그중 하나이다. 다이도·고닌(弘仁) 시기(806~824)에 활발히 이루어진 관사들의 통폐합이 그것이며, 앞서 언급된 소부사와 내소부사도 통합되어 소부료

(掃部寮, 가니모리료)로서 궁내성 관할이 되었는데(『영집해』직원령에 인용된 고닌 11년 윤정월 격), 이러한 통폐합 당시에 태정관주(太政官奏)는 '이전에는 관을 설치하고 직을 나누는 일은 영에 규정된 정원에 제한이 있다고 하지만'이라며 일단은 기본법인 영의 관제에 경의를 표하면서도, '한가하고 번잡함'과 '시의(時宜)'에 따라 그것을 수정하는 일도 '선정(善政)'을 위한 것이라고 말하며, 영에 구속되지 않는 자유로운 통폐합과 정원 개정을 시행한 것이다(『영집해』직원령에 인용된 엔랴쿠[延曆] 18년 4월 관주[官奏]). 이러한 인식이 없었다면 나라시대에 중대한 역할을 한 영외관 신설도 불가능했을 것이다. 영제의 중궁직을 토대로 하여 황후궁직, 이어서 자미중대로 발전시켜 나간 행정조직법적 능력이 일본의 율령제 관인에 의해 획득되지 않고, 단순히 완성품인 당나라 관제를 '모방'하고 '수입'하는 데만 그쳤다고 한다면, 일본이 주어진 조건들에 적응하여 영의 관제를 만들어내는 능력도 가질 수 없었을 것이며, 하물며 도다이지 건립이라는 목적을 위해 조도다이지사(造東大寺司)라는 한 성에까지 필적하는 복잡한 행정기관을 만든 그들의 놀랄 만한 조직 능력도 이해하기 어렵게 될 것이다. 이 능력은 기관(오건, organ) 또는 행정 조직의 특별

한 성격에 대한 인식, 그것을 구성하는 원리와 기술을 획득함에 의해서만 축적되는 것이다.

궁내성의 구성 원리도 위와 다를 바가 없고, 8성 중 하나로서 이 성에 배분된 권한을 바탕으로 하여 관할 아래 있는 각각의 직·요·사에 사등관제에 따른 관료 기구와 권한을 규정하고, 그에 따라 천황의 과거 가산제 조직을 완전히 관료제적인 행정 조직의 일부로 재편성하여, 형식면으로만 말하면 다른 7성과 마찬가지로 태정관에 종속하는 한 성에 지나지 않았다. 천황제의 일부를 국가 기구 속에 편입한 것은 영제가 불러온 중요한 변화 중 하나이다. 궁내성의 특수한 점은 특별한 금기를 동반하는 천황의 식선(食膳)과 향연(饗宴)에 관련된 관사들, 궁정의 조영과 공작(工作)에 관련된 관사들에서 확인되는데, 경제면에서 보면 다음과 같은 종류로 구성되는 왕실 재산 및 각종 수입의 관리·경영이었다. 첫째로 다이카 전대의 야마토 6개 아가타(縣) 등의 공어도전(供御稻田)으로부터 이어지는 관전(官田), 원지사(園池司)·전약료(典藥寮)가 각각 관리하는 원지(園池)·약원(藥園), 그리고 산림원야(山林原野)를 둘러쌈으로써 설정된 금렵구(禁獵區, 사냥을 금지하는 구역-역주) 등의 토지 소유이다(『일본서기』 지토 천황 3년 8월조).

둘째는 주전료, 주수사(主水司, 모이토리노쓰카사) 등에서 보이는 반조·시나베 관리이다. 셋째는 (ㄱ) '제방구미(諸方口味, 여러 지방의 음식-역주)' 또는 오니에(大贄), (ㄴ) 조(調)의 잡물, (ㄷ) 여러 구니의 찧은 쌀(春米), 잡곡 등의 수입이다. 이 중 니에는 영에 규정은 없지만 다이카 전대부터 이어져 나라시대에도 존속한 여러 구니의 공납물로[02], 해산물을 중심으로 한 품목으로 보아 본래는 (ㄴ) 조의 잡물과 함께 복속한 구니들의 구니노미야쓰코가 천황에게 바친 공납물이며, 다이카 개신 때 조부물이 그로부터 조세로 분화되었을 것이다. 여러 구니의 찧은 쌀은 국아에 축적된 정세(正稅)의 일부를 찧은 쌀로 하여 수송 가능한 근국 지방으로부터 진상된 것이고, 잡곡은 국아들에 명하여 교역해서 진상시킨 것이므로, 제도상으로는 영제에 의해 성립된 수입이지만, 둘 다 대장성이 아니라 궁내성의 대취료(大炊寮, 오이료)로 수납되고 그로부터 여러 관사로 나뉘어 지급되는 규정임을 고려한다면, 영제 이전에 그것의 바탕이 되는 어떤 관행이 있었을 것이다. 이상이 왕실 재산과 각종 수입의 주요한 내용이며, 궁내성의 권능 중 하나는 그것들을 관리하는 데 있었다. 그중 다이카 전대의 왕실 소유 미야케가 영제의 '관전'이 되고, 본래

의 미야케적 경영에서 국가에 의한 경영으로 이관된 것
도 있지만, 전체적으로 궁내성의 직무에는 영제 이전 천
황의 가산제 조직이 강하게 남아 있었다고 보아도 된다.
이 점에서 특히 주목해야 할 것은 둘째인 시나베의 관리
이다. 앞서 언급한 주전료의 시나베를 예로 들면, 그것은
다음과 같은 구조를 지니고 있었음이 밝혀져 있다.[03]

주전료의 도노모리는 헤키(日置), 고베(子部), 구루마모
치(車持), 가사토리(笠取), 가모(鴨) 등 이른바 오이나노 우
지로 구성되는데, 헤키씨는 등불을 관장하고, 고베는 휘
장을 전각 안에 설치하는 등의 잡역에 종사하며, 구루마
모치씨는 천황의 수레를 의식 때 관장하고, 가사토리씨
는 천황의 차양·부채를 쥐고 드는 역할을 맡으며, 가모
씨는 의식에 필요한 땔나무와 숯의 공급을 그 세습적인
봉사 내용으로 삼고 있었다. 이는 다른 오이나노 우지의
경우와 마찬가지로 영제 이전 천황의 가산제 조직의 일
부이며, 주전료라는 영제에 입각한 새로운 관청은 과거
의 제도와 기능을 유지하기 위한 조직에 지나지 않음을
알 수 있다. 위의 가모씨가 땔나무와 숯을 바친다는 봉
사 내용은 가모씨가 야마시로국(山城國)의 옛 가도노군
(葛野郡) 일대를 영유하는 재지 수장층이라는 사실과 맞

물려 있으며, 천황과 가모씨의 관계는 재지 수장이 도모노미야쓰코로서 천황에게 세습적으로 봉사하는 체제의 한 예이다. 다소 형태상의 차이는 있어도 이와 같은 유형의 관사는 궁내성의 내선사(內膳司), 조주사(造酒司), 주수사 등에서 보인다. 이 점은 왜 궁내성의 관할 관사 구성이 복잡해질 수밖에 없었는지를 보여주는 하나의 이유이다. 왕실과 도모노미야쓰코 또는 시나베와의 관계는 역사적·전통적인 관계라는 데 특징이 있고, 양자를 잇는 인격적이고 세습적인 지배·예속관계는 각각 개별적·특수적이라는 특징이 있으므로, 그 하나하나를 관사화하는 수밖에는 제도화할 방법이 없고, 따라서 영제 이전, 소규모이기는 하지만 복잡하게 분화되어 있던, 천황의 가산제 조직은 새로운 행정 조직으로 편성될 때도 기본적 구조는 그대로 계승될 수밖에 없었다. 궁내성이 8성 중에서 특히 복잡한 구성을 가질 수밖에 없었던 이유는 이러한 역사적 성질에 따른 것이다. 이에 반해 위의 반조제에 보이는 천황과의 개별적·특수적 예속관계가 국가 대 공민이라는 일반적·추상적인 관계로 전환된 영제 국가를 대표하는 성의 전형적인 사례가 민부성이었다고 보아도 될 것이다. 따라서 민부성의 구성과 기능의 새로움을 명확히 하는 것이 궁내성의 오래됨을 보다 명확히 드러낸다.

　민부성은 구니들의 적장, 부역, 과역의 감면, 가인노비(家人奴婢), 산천수택(山川藪澤, 산, 강, 수풀, 늪. 공사가 이익을 함께 취하는 공유지로 설정됨-역주)이나 전지 등등의 일을 관장하는데, 이러한 민정상 결정적으로 중요한 역할을 하는 성이면서 관할 관사는 주계료와 주세료(主稅寮) 둘뿐이고, 요의 내부도 각각 산사 2명이 두어졌을 뿐인 점이 특징이다. 거기에는 궁내성, 대장성, 병부성 등등 대부분의 성이 관할하는 관사들에 보이는 시나베·잡호의 유제가 전혀 보이지 않는 것이 이러한 구성의 단순함을 불러온 주요한 원인이다. 그것은 과거의 전통과 완전히 단절된, 순수하게 합리적·관료제적인 행정기관이다. 왜 이러한 간소하기 그지없는 관청이 방대하고 복잡한 율령제 국가 재정의 중추기관일 수 있었는가 하는 문제가 여기서 고찰할 과제이다.[04] 그 이유로는 첫째로 이 성의 기능이 주로 장부 기록과 계산과 관리라는 임무에 한정되어 있었다는 사실을 들어야 한다. 분명 영제에서 조(調)는 대장성에 납부하고, 용(庸)은 민부성에 납부하도록 규정되어 있고(직원령), 민부성에 일찍부터 용의 보관을 위한 창고가 존재했음은 '민부성의 용을 저장하는 집'이라는 문장이 보이는 것으로도 알 수 있지만(『일본서기』 덴무 천황, 슈초 원년 7월조), 이것이 부차적인 직무였음은 민부성에 창고 관리를 위한 관인도 두지 않았고, 또 706년(게이운 3년)에는 용 중의 경물(輕物, 가벼운 것. 비단이나 베 종류를 가리킴-역주), 즉 거친 비단, 실, 면 등을 대장(大藏)으로 이관하고(『속일본기』), 『엔기식』에서는 조와 용 모두 대장성에 납부하도록 바뀌어 갔다는 점을 통해서도 알 수 있을 것이다(권22, 민부 상, 권30, 대장성). 민부성이 용이라는 현물을 보관한 것은 민부성의 소관 사항에 '부역'이 있었기 때문이며, 위사·사정·우네메 등의 식량 및 고역정(雇役丁, 식량과 임금을 주고 부리는 성인 남성-역주)의 식량과 품삯으로 용미가 사용되었기 때문일 것이다. 그러나 민부성 본래의 직무는 주계료 두(頭, 료의 장관-역주)의 규정에서 '조 및 잡물을 헤아려 거두고'라고 되어 있듯이, 대장성 창고에 납입하는 조도 포함하여 현물을 검사하고 계량하여 장부를 기록하는 데 있으며, 이러한 의미에서는 중앙으로 상납되는 조세는 모두 관사들에 분할 지급되기 전에 민부성을 통과하거나, 적어도 조용의 수와 종류를 기록한 목록은 민부성에 보관되는 체제였다고 보아도 된다(『영의해』 직원령 중무성조). 주세료도 현물과는 관계가 없고, 그 장관의 직장이 구니들의 전조와 출거의 현 상태를 정세장(正稅帳) 등을 통해 관리하는 일이었다. 따라서 주계료·주세료의 주된 직무는 현물로부터 해방되고, 나아가 중앙과 국아의 현물 현상과 동태를 파악하는 데 있으며, 궁내성에서 보이는 것과 같은 즉물적인 행정과는 완전히 이질적인 것임을 알 수 있다. 이것이 민부성이 소수의 관인으로 그 복잡한 기능을 완수할 수 있었던 이유 중의 하나이다.

두 번째 이유는 민부성의 직무 중 하나가 계산에 있었다는 점과 관련된다. 주계료·주세료에는 각각 2명씩 산사, 즉 계산을 전문으로 하는 관인이 두어지며[05], 그 직장은 '조용 및 용도(用度)를 조사하여 계산하는 일' 혹은 '조세를 조사하여 계산하는 일'을 관장한다고 여겨졌다. 전자인 주계료의 산사에 대하여 말하자면, 중앙 정부의 주된 수입인 매년 바쳐지는 조용의 납입수를 계산하고, 동시에 정부의 관사들이 소비하는 물자를 '조사하여 계산'하는 데 있다. 그러나 이 경우 산사가 국고에 들어오는 수입을 계산할 수 있으려면 두 가지 전제가 필요하다. 첫째는 당연한 일이지만 세제의 전국적인 획일화로, 특수적으로는 조용물의 규격 통일이다. 여기서는 둘째 전제, 즉 구니들의 과구(課口)·불과구(不課口)의 수와 과구에 대한 현수(見輸)·현불수(見不輸)·전수(全輸)·반수(半輸) 등이 조사되었고, 산사가 집계할 수 있도록 미리 준비되어 있어야 한다는 점에 대해서만 말하고자 한다. 조용의 반입보다 앞서서 8월 30일 이전에 태정관으로 보내는 것으로 규정되어 있는 구니들의 계장이 과연 계장의 원 장부인가, 아니면 그와는 구별된 의미의 대장(大帳) 또는 대계장(大計帳)〔통계장부〕인가, 후자라고 한다면[06] 이른바 「덴표 5년 아와국(阿波國) 계장」(『대일본고문서』1-549)를 그에 해당하는 문서로 간주해도 되는가 안 되는가는 아직 문제가 남아 있기는 해도, 계장의 원 장부로부터 각 군마다 과구·불고구 이하의 분류를 바탕으로 하여 합계표를 작성하고, 그에 따라 구니·군별 조용의 전액을 추정할 수 있는 문서를 원 장부의 송부보다 앞서 국아가 태정관에 보낸다는 일은 있었다고 생각해야 하겠다. 그렇게 본다면 첫째로 계장 원 장부의 작성, 둘째로 대장(대계장)의 작성, 마지막으로 주계료에 의한 전국적 규모의 최종 집계라는 3단계 작업을 거쳐 매년도의 조용 수입은 추계되기에 이르는데, 이 과정에서 일관되는 것은 조용 부담자인 공민의 계량화라는 점이다. 이 과정에서 공민은 모든 사회적·공동체적 연관으로부터 분리되어 결국에는 정정

(正丁)·차정(次丁)·중남(中男)의 수로 환원되고 마는데, 또 그러한 환원이 없으면 주계료의 산사는 세입(歲入)을 전국적인 규모로 계산할 수 없을 것이다.

이 특징은 예를 들면 앞서 서술한 궁내성 관할 아래 있는 주전료의 사례와 대비시키면 양자의 원리적인 차이가 선명해진다. 주전료의 관인과 도노모리인 오이나노우지와의 관계는 앞서 서술하였듯이 물자의 공납에 의하든, 노역의 형태에 따른 봉사이든, 공동체의 수장층을 매개로 하는 개별적·특수적인 관계이고, 양자의 세습적·역사적 전통에 따른 수취는 계량화하기 어려운 질적인 관계로 존재한다. 이는 사회 속에서 발생한 국가가 아직 사회로부터 충분히 '독립'하지 않은 단계이며, 국아 및 민부성으로 대표되는 계량화는 그 '독립'이 완성되었음을 보여주는 하나의 표현인 것이다. 계장의 원 장부 자체가 개개인의 용모상 특징까지 기재한 매우 구체적인 내용을 포함하면서도, 그것이 조세 부과를 위한 대장이라는 성격 때문에 각 호(戶)가 서로 맺는 사회적·공동체적 관계들, 예를 들면 마을과 재지 수장층 간의 관계라는 질적인 것은 여기서는 이미 사상되었고, 그만큼 추상화된 것이다. 아와국의 계장 같은 대장쯤 되면 그 추상성은 거

의 완전하다. 나아가 그것을 집계하는 주계료 관인에게
는 전국의 인민이란 모든 사회적·인간적 성질을 사상당
한 과정의 숫자로만 비쳤을 것이다. 이 계량화라는 현상
은 노동력까지 상품화한 자본주의 사회의 필연적 결과로
서도 발생하지만[07], 고대의 그것은 그와는 전혀 다른 근
거와 조건을 통해, 즉 국가 권력이 편호와 적장을 통해
호구에 이르기까지도 파악하는 점, 또 그것이 가능해질
만한 사회적·계급적 조건들이 존재하였다는 점에서 발
생한 것이다. 율령제 국가의 조세 정책은 이 계량 기술을
빼놓고는 생각할 수 없고, 그로부터 모두가 아는 놀랄 만
한 계수 감각이 단련된 것으로[08], 예를 들면 다이호령의
법정 봉호 규정으로부터 게이운 2년의 수정을 거쳐, 덴
표 19년 격(格)에 이르는 일련의 조치를 민부성 또는 태
정관에서 입안할 수 있었던 것은 적장을 기초로 한 통계
적 조작과 계산 기술을 구사할 수 있었기 때문임이 틀림
없다.[09] 계산 없이는 정책이 없다고 보아도 좋다. 이러한
새로운 수취 체계는 영제 이전의 국가에서는 생각할 수
조차 없는 것이었다.

　민부성의 두 번째 기능은 '국용을 지탁'하는 일, 즉 한
편으로는 앞서 서술한 방식에 따라 해당 연도의 조용 수

입을 계산함과 더불어(전조는 찧은 쌀로서 일부가 진상될 뿐이고, 나머지는 국아의 정창[正倉]에 축적된다), 다른 한편으로는 내년도에 국가가 필요로 하는 물자의 총계를 교정(校定)하고 집계하는 일이며, 양자의 '족하고 부족한 상태', 즉 수지의 균형에 대하여 태정관에 아뢰는 일이었다. 후자인 내년도의 국용 계산인 말할 것도 없이 관사들로부터 제출되는 예산서, '지탁 문서'를 주계료에 내고, 그것을 집계함으로써 비로소 가능해진다(『영집해』직원령 주계료조). 관사들이 낸 예산서의 실물 사례는 없지만, 그 형식을 답습한 것으로 보이는 도다이지 사경소(寫經所)의 예산안에 따르면, 필요로 하는 물자의 개별 품목·수량 외에 필요한 단공(單功, 하루 한 사람의 작업량-역주)과 그 식량이 산출, 계상(計上)되어 있었다. 그때 특정 품목에 대하여 전(錢) 항목에 속하는 것으로 특별히 계상된 것은 당시의 관사 재정이 현물 급여 원칙을 취하고 있었기 때문이며[10], 덴표호지 연간의 사례에 따르면 전 항목은 총예산의 4%에 지나지 않고, 96%가 현물로 계상되었다. 따라서 주계료의 경우도 관사들의 예산서에 기재된 물자를 품목별로 정리하여 집계함과 더불어, 각 물자의 생산 또는 보관을 관장하는 관사들에게 그것을 할당하는 업무가 있었을 것이다. 앞서 서술하였듯이, 예를 들면 조와 용 중 가벼운 물품은 (게이운 3년 이후) 대장성에, 관인의 일상 식사로 쓰이는 식량은 대취료에 보관되었고, 종이·붓·먹은 도서료(圖書寮, 즈쇼료)가 가미코(紙戶)라는 시나베의 사역 또는 공납을 통해 그것을 관리하였으며, 관사들은 그곳들로부터 현물로 지급받는 것이 원칙이었기 때문이다. 이처럼 공민으로부터 조세라는 형태로 중앙에 수납되거나 시나베·잡호의 수취로 얻어지는 잉여생산물의 국가 기관들에 대한 배분의 관리, 그 기초에 있는 관사들의 예산에 대한 교정과 집계가 민부성의 독자적 기능이고, 모든 행정기구가 일상적으로 운용되기 위하여 빠뜨릴 수 없는 물적 수단을 통합하고 조정하는 이러한 기능은, 앞서 서술하였듯이 민부성이 현물로부터 해방되어, 장부 기록과 계산과 관리로 그 직무를 한정하였기 때문에 비로소 가능해졌다. 물론 여기에는 예외가 있었다. 용미는 민부성에 현물로 보관되었고, 따라서 고역정, 사정 등을 사역하는 관사들에게 쌀을 나누어 주는 것은 민부성 고유의 일이었기 때문이다. 그러나 이 사실로부터 민부성 전체의 그러한 기능에 대한 평가를 잘못 내려서는 안 될 것이다. 고역정에 대해서 말하자면 그 사역의 견적서는 관사들로부터 태정관을 거쳐 주계료로 회송되는데, 이 경우에도 주계료의 일은 관사들의 견적서를 집계하고 국아들에게 할당하는 원안을 작성하는 일, 다시 말해 '복심(覆審)'하는 데 있으며, 태정관이 그것을 바탕으로 주상하여 '지배', 즉 구니들에게 고역정을 배분하고, 그 징발을 명령하는 구조로 되어 있었다. 여기서도 주계료의 매개적·기술적 역할이 드러나 있다(『영집해』부역령 응역정조[應役丁條]).

일상적 행정의 운영이 아니라 경성(京城)을 쌓는 등의 임시 영조(營造) 같은 경우도 위의 원칙은 동일하며, 목공료(木工寮, 모쿠료) 등 관사들의 물자와 노동력에 대한 견적서가 태정관을 경유하여 주계료로 송부되고, 거기서 '복심'하게 되어 있다. 물론 수지 균형이 잡힌 사례는 아마도 적으며, 백관의 식량 수요가 많아 운반되어 올라오는 구니들의 찧은 쌀로는 부족할 경우, 혹은 예를 들면 가뭄 때문에 용이 면제됨에 따라 고역정과 사정에 대한 공식(功食, 노동에 따라 제공되는 식량-역주)이 부족할 경우도 있고, 또 임시 물자 수요, 예를 들면 '번객(蕃客)'의 입조에 따른 영조 등등도 있다. 이러한 경우에는 소관 관사들이 태정관에 신고하는 규정인데, 태정관은 민부성에게 그것을

복심시킴으로써만 그 대응책을 강구할 수 있었을 것이다
(『영집해』 영선령[營繕令] 재경영조조[在京營造條]). 영제 구니들의
공헌물[부역령 공헌물조]과 임시로 써야 하는 토모(土毛)[부역
령 토모조]에 해당하는 연료교역잡물(年料交易雜物) 외에(『엔
기식』 주세식[主稅式]) 민부성의 임시 부(符)로 국아에게 진상
이 명해진 임시 교역잡물의 부과가 위에 대한 대응책의
결과였고, 그것은 덴표기 구니들의 정세장에도 이미 기
재된 것이다(이즈미감[和泉監] 정세장),

　율령제 국가는 민부성을 중추 기관 또는 두뇌로 삼은
위와 같은 메커니즘을 만들어 냄으로써 현물경제로부터
오는 불편함과(예를 들면 필요 물자가 물건비로 일괄되
지 않고 개별적으로 품목을 열거해야 하는 것 같은) 전
통에서 비롯된 행정사무 담당의 불합리한 배분(예를 들
면 구니들의 찧은 쌀이 궁내성 관할인 대취료에, 조가 대
장성에, 용미가 민부성에 분할되는 앞서 서술한 다원적
인 관리 기구)에도 불구하고, 분화된 행정 기관들 사이
의 물자 수급을 통합하고 조정할 수 있었으며, 바로 이러
한 조건이 존재하였기 때문에 율령제의 지배계급은 헤
이조경(궁) 조영이나 도다이지 건립 같은 사업도 계획하
고 실현할 수 있었다. 이는 반조·시나베제를 기초로 하

여 건립된 스이코조의 불교 사원 등과는 비교가 되지 않을 정도로 거대한 규모의 사업인데, 그것을 위해 필요했던 것은 단순히 공민의 노동력과 현물 조세를 징발하는 강권력만은 아니다. 특정 계획을 설정하고 그것을 실현하기 위한 인적·물적 수단들을 준비하며 세입(歲入)과의 균형을 꾀하고 불의의 지출 또는 수입 감소에 대처하는 수단을 준비하는 등등의 능력을 지배계급이 갖는 일이 동시에 필요하였다. 이는 개개인의 능력을 넘어선 비인격적인 기구의 창설에 의해서만 해결되는 성질의 것이고, 민부성은 그것을 위해 존재하였다고 보아도 된다. 헤이조경 조영이나 도다이지 건립을 위해서는 조궁성(造宮省)·조헤이조경사(造平城京司) 혹은 조도다이지사 같은 특별한 행정기관이 창설되었는데, 이 관사들도 민부성에 의존함으로써 비로소 그 사업을 완성할 수 있었다. 훗날에 미요시노 기요유키(三善淸行)가 도다이지의 당우(堂宇)와 불상을 '사람의 힘'으로 이룬 바가 아니라고 하며 '귀신'의 소산이라고까지 경탄한 것은(의견봉사 12조〔914년〕) 그가 분업에 바탕을 둔 노동과 물자를 계통적으로 배치하는 조직이 갖는 놀랄 만한 힘을 몰랐기 때문이며, 율령제 국가의 고전시대라고도 할 수 있는 덴표기의 관료제가 갖는 계획성이 그의 시대에는 소멸해 버렸기 때문이다. 이 계획성은 단순히 헤이조경이나 도다이지의 조영에 그치지 않았다. 전쟁마저 일정한 연한 안에 실현될 수 있는 계획의 대상이 된 것이다(제1장 제4절). 신라 침공의 대외 전쟁은 예를 들면 구니들의 정세장부터 이즈모국 계회장에 보이는 놀랄 만큼 다양한 문서, 예를 들면 향호과정장(鄕戶課丁帳), 괄출장(括出帳), 맥장(麥帳), 상칠장(桑漆帳), 계장(雞帳), 병사부목록(兵士簿目錄), 병사역명부(兵士歷名簿), 역마장(驛馬帳), 백성우마장(伯姓牛馬帳), 관기장장(官器仗帳), 백성기장장(伯姓器仗帳), 공사선(公私船)(장) 등등, 바꾸어 말하면 인간부터 소·말·가금(家禽)·뽕나무·옻나무 및 선박·기장(器仗)에 이르는 보고서가 국아들로부터 발송되어 태정관과 민부성에 집적되었고, 그것을 기초로 한 계산된 계획이었다는 점에서 헤이조경과 도다이지의 조영 계획과 원칙적으로 다른 점은 없었다. 그것은 나카마로의 '야심'에서 비롯된 것만은 아니었다.

민부성이 그 기능을 수행하는 전제로서, 다른 관사들이 예산서를 (아마도 결산서도) 작성하고 있었던 점이 중요하다. 예산 작성은 모든 계획적 행위, 목적의식적인 사업의 전제이다. '국용을 지탁'해야 하는 민부성의 직장이 달성되는지 여부는 8성의 다른 관사들이 예산과 결산을, 국아가 계장과 정세장(결산서)을 정확히 작성하는지 여부에 달려 있고, 이러한 다른 기관들에게 의존하는 관계, 즉 관사들 간의 분업과 협업 체제에 입각하기 때문에야말로 민부성은 단순한 구성과 정원을 갖고서도 그 기능을 다할 수 있었다. '조직된 권력'인 국가의 특징이 여기서 전형적인 형태로 드러난다. 앞서 언급한 예로 말하자면 궁내성의 주전료와 다섯 오이나노 우지의 관계는 그것만으로 고립된, 말하자면 폐쇄적인 관계에 지나지 않지만, 주계료는 모든 관사와의 협업이라는 의존관계를 전제로 함으로써 비로소 존재 의의가 있는 것이다. 또한 다이카 전대의 대표적 관사인 대장은 베민제와 '히토'제에 입각하였고, 오오미 소가씨에게 종속되어 있었다. 그것은 영제에 대장성으로 명칭도 기능도 보존되었지만, 율령제의 모든 재징 기구 중에서 그것이 깆는 의의는 배경으로 물러나고, 조직적 권력인 국가의 한 측면을 대표하는 새로운 유형의 성으로서 민부성이 등장하게 된 것이다.

민부성의 중요성은 기능상의 문제이다. 궁내성을 폐지하여도 곤란한 사람은 천황뿐이지만, 민부성을 폐지하면 국가 기관들 전체의 물적인 면에서 유기적 통일이 확보되지 않는다는 의미에서 민부성은 중요한 것이다. 그러나 그것이 국가의 정책 결정에서 수행하는 역할은 다른 8성과 전혀 다르지 않다. 민부성 고유의 직장에 비추어 말하자면 용미를 보관하고 고역정과 사정 등에게 지급하는 일은 민부성의 직장이지만, 품삯과 식량을 지급하는 형태로 강제 노동을 시키는 고역제(雇役制)는 다이호령에서 이미 확립되어 있었다. 이는 공민의 노동력을 무보수로 사역하는 일이, 아마도 후지와라경(藤原京) 조영의 경험에 비추어, 더 이상 불가능하다고 판단하였기 때문이다.[11] 그것은 하나의 정치적 판단이며 중요한 정책 변경인데, 그 결정은 태정관에서 의정관들이 함께 논의한 결과이고, 민부성은 결정을 위한 수치상 자료 등을 제출한 데 지나지 않는다.

또 게이운의 제(制)를 통해 용포 2장 6척의 제도를 반감하여 1장 3척으로 바꾸었는데, 이것도 옛 제도의 유지가 그것을 수탈당하는 공민의 불만과 저항에 대비하였을 경우, 지배계급에게 유리한가 불리한가에 대한 정치적 판단을 기초로 하였다. 그 판단의 소재는 민부성으로부터 제출되는 것 외에 방법이 없다고 해도, 이처럼 몇 가지 선택의 가능성이 존재하는 경우(예를 들면 반감할 것인가 3분의 1을 줄일 것인가 등등), 최종적으로 결정하는 것은 태정관이지 민부성의 관인은 아니다(그 결정을 재가하는 천황은 이러한 문제에 대해서는 눈이 먼 상태에 가까울 것이다). 여기에 정책 결정의 최고기관인 태정관과 관료 기구의 일부인 민부성의 근본적 차이가 있었다. 국가에 있어 더욱 중요한 '국용을 지탁'하는 문제에 대해서도 논주식의 (ㄴ)항에 '지탁국용(支度國用)'이 있고(제3절), 예를 들면 한 해의 풍흉(豊凶)에 따라 관사들의 용도를 증감할 것을 결정하고, 그것을 관사들에게 명령할 수 있는 것은 태정관이지 민부성의 권한이 아니다. 주계료의 지탁국용은 태정관의 결정을 위한 하나의 준비 작업에 지나지 않는다. 태정관과 민부성의 이러한 권한과 기능 배분, 전자가 후자의 실무에 의존하면서 그로부터 해방되어 있다는 분업과 협업이 전자의 정책 결정 능력을 보증하는 조건 중의 하나였다. 민부성의 중요한 소관 사항 중 하나는 앞서 언급된 산천수택과 전지의 관장이므로, 요로의 삼세일신법(三世一身法, 새로 관개 시설을 만들어 개간한 땅은 삼세[3대]에 걸쳐 사유를 인정하는 법-역주), 덴표의 간전영대사재법(墾田永代私財法) 같은 획기적 정책 입안의 기초에 민부성이 있었음은 말할 것도 없다. 이 두 개의 법령은 둘 다 율령제 국가의 근간을 이루는 토지국유제 해체의 한 지표가 된 것이다. 이때 삼세일신으로 한정된 간전(墾田)의 전주권(田主權) 문제가 덴표 14년의 반전을 앞두고 어떠한 신정책을 결정할 필요에 직면하였고, 그때 간전의 수공은 더 이상 정치적으로 불가능하거나 좋은 대책이 아니라고 판단되어, 간전액에 일정한 신분적 차별을 둠으로써 지배층의 특권을 유지함과 더불어, 전자의 기한을 철회하였다는 측면을 놓쳐서는 안 된다.[12] 여기서 일관되는 것은 객관적 조건의 변화에 대응하여 정책을 수정하고 발전시켜 나가는 능력이며, 게다가 그것을 통하여 지배계급의 '공동 이해관계'를 옹호하려고 하는 집요한 노력이다. 이 측면을 올바르게 평가하지 않으면 다이호령 제정 이후, 특히 헤이조경 천도 이후, 만성적인 '위기'와 '해체' 현상을 보이고 지배계급 내부도 모반과 내란으로 동요하면서도 율령제 국가가 존속해 가는 강인함을 설명하기 어려워질 것이다. 그것은 이 국가를 지탱하고 있던 관료 기구가 얼마나 강한지를 드러내는 것이며, 민부성은 그 전형적인 기관이었다.

민부성의 관인은 더 이상 천황의 가산제적 신료가 아

니다. 그로부터 상대적으로 독립한 국가 기구, 즉 지배 계급 전체의 정치적·경제적인 특권을 지키기 위한 공동의 기관으로서의 국가의 관료이다. 민부경과 주계료·주세료의 두를 제외하면 이 성의 관인은 하급관인에 지나지 않는다. 그들은 천도나 대외 위기를 맞이하여 드물게 내리로 소환되어 하문에 봉답(奉答)하는 일이 없지는 않았지만(제1장 제4절), 전체적으로 보면 비정치적·기술적 관인이다. 경 클래스의 고급 관료는 일찍이 민부경의 직에 취임한 나카마로처럼 나라시대 정치사 속에서 영고성쇠와 흥망의 역사를 전개하였지만, 이들 하급 관인층은 그러한 바깥의 폭풍우와는 관계 없이, 또 주인이 누구로 교체되든 상관 없이, 매일 책상 앞에 앉아 장부를 기록하고 산가지(算木[산기], 주[籌])로 계산하며(창고령[倉庫令] 수지조조[受地租條]) 혹은 성부(省符) 원안의 초고를 작성하였다. 그들은 정해진 법규를 따라 주어진 일밖에 하지 않았다. 이는 율령제 국가가 만들어 내고, 또 그것을 지탱하고 있던 새로운 인간 유형의 일종이다.

국가라는 조직된 권력 기구를 매개로 하는 새로운 지배 형태의 특징은 위와 같은 것이었다. 율령제 이전의 통치 형태와 비교하면, 지배계급이 인민에 대하여 얼마나 강력하고 두려운 무기를 획득하였는지 이를 통해 이해할 수 있을 것이다. 그것은 공민 이하의 피지배계급과 지배계급의 모순을 전혀 해결하지 못하는 것이었고, 반대로 그 모순을 더 선명하게 드러내고 집약적으로 만들었을 뿐이었지만, 그 모순과 대립의 양상은 근본적으로 변화한 것이다. 예를 들면 773년(호키 4년), 하리마국 시카마군(飾磨郡) 구사노카미역(草上驛)의 역자(驛子, 역에서 근무하고 역마를 키우기 위해 징발된 사람-역주) 180명은 4년 전 민부성에 의해 그들에게 주어진 구분전을 수공당하여 시텐노지(四天王寺)에 시입된 결과, 새로 이웃 군에서 반급받게 된 구분전에서는 가서 경작하기도 불편하다는 점을 호소하였다. 아마도 향장(鄕長)·군사(郡司)를 거쳐 이 호소를 접수한 하리마국 장관(守) 사에키노 이마에미시(佐伯今毛人)는 사실을 검사하여 살펴본 결과, 이 호소는 이유가 있음을 인정하고 변관국을 통해 사정을 상세히 진술하여 태정관의 관재(官裁)를 청하였다. 태정관의 합의 결과, 국사의 청원대로 역자들에게 원래 구분전을 반급하게 하도록 결정하고 천황의 재가를 얻었으며, 당시 태정관의 수석이었던 우대신 후지와라노 요시쓰구가 칙을 받들어 그 집행을 민부성에 명령하였다(『엔기식』 뒷면 문서, 『나라유문』 상).

이 절차는 하리마국 역자들의 호소가 해결되기 위해서는 천황을 포함하는 국가의 관련 각급 기관들 전부를 경유해야 했음을 보여준다. 이는 역자 180명에 대해서도 그들로부터 구분전을 수공하고 가서 경작하는 편의를 빼앗은 권력이 어떻게 조직된 권력이었는지를 알려주는 하나의 사례가 되었을 것이다. 이는 특수한 사례이기는 하지만, 중요한 문제가 더 이상 재지만으로는 해결될 수 없게 된 시대의 특징을 엿볼 수 있겠다. 그들에게 대립하는 힘은 지방에서 중앙으로 조직된 국가라는 권력의 총체였기 때문이다. 이 객관적으로 일어난 변화가 인민의 의식, 나아가 계급투쟁의 현실적 움직임에 반영되기 위해서는 헤이안시대를 기다려야 했지만, 그 조건을 만든 것은 율령제 국가의 성립이었다.

제 4 장

고대국가와 생산관계

제1절
수장제의 생산관계

1. 제1차적 생산관계로서의 수장제

스이코조의 국가 제도와 율령제 국가의 성질 차이가 명확해지고, 다이카 개신부터 다이호 율령의 제정·시행에 이르기까지의 정치적 단계들이 구별됨에 따라, 학자들의 주된 관심이 그 단계들 사이의 다른 양상을 식별하는 일로 향한 것은 당연한 일이다. 연구는 그로 인해 더욱 미세해지고 있다. 그 결과 6세기부터 8세기 중엽에 이르는 국가 성립사의 기초에 있는 경제적 토대, 즉 일관된 생산관계의 문제는 부차적인 문제로서 배경으로 밀려나는 경향이 생겨난다. 국가의 제도들이 움직이는 면, 변화하는 면에만 눈이 팔려, 그 추이와 변화 자체를 의미 있게 하는, 상대적으로 움직이지 않는 기초가 전면에 드러나지 않는 경향이다. 그러나 정치적 상부구조인 국가의 숨겨진 토대가 이 시대의 사회적·경제적 관계들 또는 생산관계에 있음은 말할 것도 없고, 양자 사이에 존재하는 고대의 독자적인 관련 양상을 명확히 하는 것이 국가 성립론의 근본적인 과제여야 한다. 이것은 이론적 요청으로서 존재하는 과제일 뿐만 아니라, 상부구조 자체의 고찰이 그 과제를 어쩔 수 없이 우리에게 설정하는 것이다. 예를 들면 고대의 국제적, 국내적인 '교통' 문제, 전쟁도 거기에 포함되는 교통의 형태가 국가 성립사에서 갖는 의의를 생각할 때, 공동체를 '대표'하는 아시아적 수장제라는 생산관계를 매개로 하고 기초로 해야 했다(제1장 제1절). 또 다이카 개신이 왕민제에서 공민제로, 즉 반조(도모노미야쓰코)—베민제적 질서에서 국조(구니노미야쓰코)제적 질서로 전환하고, 그 권력 기반을 재지 수장층에 두었을 때, 문제가 되는 것은 수장층의 생산관계이며 지배관계였다(제2장 제2·3절). 또 기요미하라령 또는 다이호 율령의 시행으로 완성된 율령제 국가는 본래 고대국가가 야마타이국이라는 형태로 2·3세기 사회 속에서 발생하였으면서도 점차 사회에 대한 독립적인 정치권력으로 성장하여, 끝내는 옛 사회관계를 그 체내로 삼켜 버릴 정도로 강력하고 독립적인 권력 체계로서 사회 위에 군림하기에 이르렀음을 보여주며, 또한 고대사회 속 사회적 분업의 최종적 귀결, 즉 통치라는 정신노동을 독점하는 계급과 육체노동만을 강제당한 공민 계급으로의 분화를 완성시켰음을 보여준다. 이처럼 지배계급=관인귀족층의 사회로부터의 분화, 그들의 공동 조직인 국가 기구의 존립을 가능하게 한 경제적 토대 또는 조건은 바로 구니들의 국아 기구를 통해 지배당하고 수취당하는 재지의 생산관계이다. 이는 율령제 국가의 재정 구조에 단적으로 표현되어 있다.[01] 그 '재원'은 중앙 관사에 예속하는 시나베·잡호제 및 장상공(長上工, 관청에서 상근하는 장인-역주)·번상공(番上工, 관청에서 당번을 나누어 근무하는 장인-역주)이 관영 공방(官營工房)에서 수행하는 잉여노동에 의존하거나 혹은 국아로부터 진상되는 잉여생산물에 의존하거나 둘 중의 하나이다. 하지만 전자는 국가 재정 전체로 보면 부차적인 의의를 지녔을 뿐이었다. 또한 공방에서 소비 또는 사용되는 원료나 생산 설비를 비롯한 주요 물자 자체가 구니들로부터 진상되는 물품이고, 비기술적 노동력인 사정은 그 생활 자료를 향토에 부담시키는 제도였음을 보더라도, 율령제 국가의 주요한 물적 기초가 국아 권력에 의한 수취에 의존하고 있었음은 분명하다. 후자 역시 재지의 생산관계에 의존하였다. 국가뿐만 아니라 관인귀족층의 가산제 조직은 장내·자인제(帳內·資人制), 산천수택 점거,

공한지 개간, 사출거(私出擧) 등 어느 것을 보더라도 재지 수장제와 관련되었거나 그것에 의존하고 있었다. 국가 성립과 존립의 문제는 지방의 수장제 구조를 분석하지 않고서는 기본적으로는 아무것도 해결할 수 없음은 명확하다. 일본의 고대국가 구조가 갖는 전제적 성격, 그리고 수·당 국가와 비교했을 때 보이는 귀족제적·벌족적 성격도(제3장 제3절) 재지 수장층의 지배관계가 갖는 특징과 떼려야 뗄 수 없는 관계에 있다.

문제는 6세기 이후, 예를 들면 스이코조의 중앙 정부 또는 통일체가 독자적으로 갖고 있던 경제적 토대와 재지 수장층 또는 국조층의 생산관계와의 관계를 어떻게 설정할 것인가에 달려 있다. 이는 율령제 국가에 나타나는 같은 문제의 원형을 보여주기 때문이다. 동국에 있는 재지 수장층의 생산관계가 갖는 자립성은 나시로·고시로 등의 베민제와 미야케(둔창)의 설정으로는 기본적으로 변경되지 않는 것임은 이미 설명하였지만(제2장 제3절), 이 문제를 다시 한번 되짚을 필요가 있다. 그것을 검토하면 다이카 전대의 중앙 정부가 발달시킨 독자적인 경제 제도이며 재지의 생산관계로부터 독립한 수취 조직체 같은 겉모습을 보이는 미야케조차도 재지 수장제의 생산관계에 의존하는 제2차적 생산관계에 지나지 않음을 알 수 있을 것이다. 미야케의 여러 유형 중 위의 관점에서 가장 전형적인 유형은, 야마토 6현(六縣)과 더불어 영제의 '관전'(다이호령의 '둔전') 안으로 흡수된 것으로 추정되는 기내의 미야케, 즉 요사미(依羅)노 미야케, 만다(茨田)노 미야케, 오무사(大身狹)·오무사(小身狹)노 미야케 등으로, 그 특징은 『일본서기』에 전하는 바에 따르면 개발 당시 '귀화인'의 노동력이 충당되었던 노동 노예제적 기원을 지닌다는 점에 있다. [02] 다른 민족의 고대국가 사례와 마찬가지로 일본에서도 '노략(虜掠)'된 '번적(蕃賊)'을 '노비'로 삼는 일은 고대법의 합법적 관행이었기 때문에[03] (『영집해』호령 화외노비조[化外奴婢條]에 인용된 고기) 4세기 말 이후의 대외 전쟁에 따른 포로 또는 '귀화인' 일부가 오키미의 소유로서 그 미야케 개발 등의 노동으로 사역되는 것은 있을 수 있는 일이다. 이러한 유형의 미야케 기원에 보이는 노예제적 성격은 그 유제로서의 영제 관전의 직접 경영 방식 속에 보존되어, 여기서는 경우(耕牛, 논밭을 가는 데 쓰는 소-역주) 등의 생산수단을 관이 부담하고 종자와 농사에 필요한 재료를 제외한 수확 전부가 관에 귀속되며, 사역되는 농민의 용익권(用益權)은 전혀 인정되지 않는다는 특징을 지닌다. 그러나 주목해야 할 점은 이러한 미야케라도 그 재생산 구조로 보면 결코 자기 완결적이고 자립적인 경제 제도로서 존재하지 않으며, 재지 수장제의 생산관계에 의존하고 있었다는 점이다. 관전을 관리·경영하는 궁내성의 잡임인 '다노쓰카사'(田司)(다이호령의 '둔사[屯司]')의 다이카 전대의 전신이 '다쓰카이'적인 것이든 요사미노 미야케의 다베노 무라지(田部連) 같은 반조이든, 이들의 관리·수취 조직에만 의존해서는 미야케의 경영은 불가능했음을 잊어서는 안 된다. 관전을 경작하는 노동력은 국사가 동원하고 군사·이장이 구사하는 공민의 잡요에 의존하였지만, 나는 관전 경영의 이러한 특징은 다이카 전대로 거슬러 올라간다고 생각한다. 차이점은 국사·군사 대신에 국조 등 재지 수장층이 요역 노동 동원의 주체였다는 점뿐이고, 미야케의 재생산은 이 계급이 각자의 영역 안의 민호에 대하여 갖는 기존의 인격적 지배와 경제외적 강제에 의존하며, 그것을 토대로 하는 것이다. 바꾸어 말하자면 미야케라는 경제 제도는 수장제의 생산관계를 전제 또는 토대로 하여 그로부터 파생 또는 전환된 제2차적 생산관계로서 존재한 것이다.

또한 개발 당시 미야케의 노예제적 구조도 재지 수장

층의 생산관계로부터 분화되고 발전된 형태로 성립하였다고 보아야 한다. 8세기 초의 호적에 보이는 수장층의 가내 노예(家內奴隷), 예를 들면 지쿠젠국(筑前國) 시마군(島郡) 대령(大領) 히노 키미 이테(肥君猪手)의 노비 37명[04], 미노국 가타가타군(肩縣郡)의 구니노미야쓰코노 오바(國造大庭)의 노비 59명[05]은 오히려 퇴화한 형태를 보여주는 것이며, 다이카 전대의 재지 수장층의 생산관계 속 노예제의 역할이 훨씬 컸음은 변경의 수장 시모쓰케노 고마로(下毛野子麻呂)가 노비 600구(口)를 해방한 것으로 보아도(『일본서기』 지토 천황 3년 10월조), 또 오케(弘計)·오케왕(億計王) 이야기 속 재지 토호의 농업 경영을 통해서도 추정할 수 있다.[06] 이 계층이 소유하는 다도코로의 경영 중 일부가 라티푼디움(latifundium, 노예를 이용해 경작하는 고대 로마의 대농장-역주)형 노동노예제였다고 여기는 것도 당연한 추측이다.[07] 야마타이국 단계에서 노예 소유가 주로 왕의 시비(侍婢)와 공납품='생구' 등 비생산적 용도를 위해 존재한데 반해, 5세기 이후의 그것이 한편으로 위의 성격을 강하게 보존하면서도, 다른 한편으로는 농업 노동을 비롯한 생산적 노동을 위해, 특히 단순 협업을 필요로 하는 영역에서 중요한 역할을 한 것으로 보이는 점은 수장층이 소유하는 노예제의 역사에서 중요한 전환이었다. 그러나 수장층의 생산관계와 오키미의 경제 제도와의 사이에 떼려야 뗄 수 없는 관계가 존재함은 후자에 보이는 독자적인 질적 발전을 부정하는 것이 아니다. '구다라노이케(百濟池)'나 '가라히토노이케(韓人池)' 또 '만다노쓰쓰미(茨田堤)' 등의 조영에 보이는 미야케 개발을 위한 대규모 노동력의 투입이 오진(應神)·닌토쿠릉(仁德陵)으로 대표되는 거대한 전방후원분 축조와 떼려야 뗄 수 없는 관계에 있음은, 막대한 단순노동 편성 및 조선으로부터 수입된 것으로 보이는 새로운 토목 기술의 계획적 적용이라는 점에서, 양자에 공통되는 특징이 보이는 점을 통해서도 추정된다. 오키미의 미야케는 기존 수장층의 가내 노예제 노동 형태와는 양과 질 모두 구별될 만한 성질의 것이었다. 그럼에도 불구하고 양자의 연관을 놓쳐서는 안 된다는 점은 전자의 경영이 앞서 서술하였듯이 후자의 요역 노동 부과권에 의존하는 형태로 조기에 전환되었음을 통해서도 알 수 있는 것이다.

오키미의 미야케가 재지 수장층의 생산관계를 전제 조건으로 하여 그로부터 전환된 제2차적 생산관계라는 사실은 다른 유형의 미야케에서는 더 명료한 형태로 나타난다. 예를 들면 하리마국의 시카마(飾磨)노 미야케가 이즈모·호키(伯耆) 등 5개 구니의 국조들에 의해 개발된 사례에서(『하리마국 풍토기』) 국조 등 재지 수장이 각 영역의 민호에 대하여 갖는 지배권이 미야케 성립의 전제로 이미 존재하였고, 또 다카후(竹生)노 미야케는 그 토지 40정(町)을 헌상한 셋쓰(攝津) 미시마노 아가타누시(三島縣主) 이보(飯粒)와 미야케의 경영을 뒷받침하는 '구와요보로(钁丁, 괭이를 쓰는 장정. 미야케에 부속되어 전지를 경작하는 자-역주)'을 내놓은 가와치(河內) 국조 오시코치노 아타이 아지하리(大河內直味張) 등, 즉 아가타누시·국조 등의 수장제 없이는 그것의 성립도 재생산도 불가능했다(『일본서기』 안칸 천황). '구니별 다베'에 의해 경영되는 사쿠라이(櫻井)노 미야케, 마찬가지로 '군별 구와요보로'에 의해 경영된 나니와(難波)노 미야케의 경우도(『일본서기』 안칸 천황), '구니'와 '군'이라는 『일본서기』 편찬자가 가한 수식을 제외하고 보면, 미야케의 재생산 구조가 수장층의 지배 영역 속 생산관계에 의존하였다는 점, 후자야말로 제1차적·본원적 생산관계이며 전자는 그것이 전환된 제2차적 생산관계에 지나지 않는다는 점은 분명할 것이다. 이상의 선진지대 미야케와 구별된 후진적·변경적 미야케의 경우 재지 수장제의 생산관계 그 자체이거나 또는 그것에 포섭되어 지배되는 관계에서만 존재할 수 있었다. 미야케와는 독립적으로 또는 그에 부속한 형태로 존재하는 베민제도 그것이 설치됨으로써 수장제의 자립적인 생산관계를 기본적으로는 변경하는 것이 아니고, 거꾸로 후자를 전제로 하고 토대로 함으로써만 성립하고 유지될 수 있었다는 점에 대해서는 앞에서 서술하였다(제2장 제3절). 여기에 다이카 전대 생산관계의 총체 및 그것에 기초를 두는 계급 배열의 기본적 특징이 보이는 것이다. 따라서 상부구조로서의 국가가 성립하는 과정과 생산관계와의 상호관계를 고찰하기 위해서는 우선 제1차적·본원적 생산관계로서 존재하는 재지 수장층의 생산관계를 역사적·질적으로 규정하는 것이 첫 번째 문제가 되며, 거기서의 변화가 정치 영역에서의 발전·전환과 얼마나 결부되어 있는지가 두 번째 문제가 된다. 이는 동시에 다이카 대신 및 율령제 국가 성립의 토대를 이루는 사회적·경제적 기초를 명확히 하는 문제이기도 하다.

2. 요역 노동

　다이카 전대 재지 수장층의 생산관계, 즉 직접 생산자로부터 잉여노동 또는 그 대상화된 형태인 잉여생산물을 수취하는 독자적인 형태를 밝히기 위해서는 율령제 국가의 주요한 수취 형태를 이루는 조용조 및 잡요제를 기초로 할 필요가 있다. 다이카 전대에 대해서는 근거로 삼을 만한 계통적인 사료가 존재하지 않기 때문이다. 먼저 문제가 되는 것은 요역 노동이다. 수장층의 권력 또는 생산관계의 본질은 인격적 지배=예속관계에 있고, 후자는 요역 노동 부과권으로 가장 단적이면서 명확하게 표현되기 때문이다. 수장층의 요역 부과를 고찰하기 위해서는 세역과 잡요 중 후자를 기본으로 해야 하므로, 전자에 대해서는 다음 절에서 언급하기로 하겠다. 잡요는 사정·위사 등 영의 조문에 규정된 요역 이외에 동원되는 잡다한 요역 노동이며, 1년 중 60일에 한하여 국사가 부내(部內)의 공민을 사역하는 것이 허락된 것이다. 구니 안의 일들은 모두 잡요가 투입되고, 사람마다 균등하게 부리는 것을 원칙으로 하였다(부역령). 그러나 주의해야 할 것은 잡요가 지방적 부역의 모든 것이 아니고, 그 외에도 요역이 존재하였다는 점이다. 가령 후자를 잡요외요역(雜徭外徭役)이라고 부르기로 한다면, 그것은 다음과 같은 특징을 지니고 있었다(『영집해』잡령 일문에 인용된 주설). (ㄱ) 도랑과 제방 등 용수시설의 소규모 수리를 위해 임시로 또 적절히 부과되는 잡요이다. (ㄴ) 잡요와는 별개의 요역이라서 전자의 정정·차정·중남에 대한 부과 기준은 적용되지 않고, 또한 연 60일이라는 제한도 없다. (ㄷ) 잡요에는 관식(官食)이 지급되는 데 반해, 여기서는 '사량(私糧)'으로 충당된다. 이러한 잡요외요역이 앞서 나온 용수시설의 수리 이외에도 광범위하게 존재한 것으로 추정되는데, 특수한 사례로는 변경 여러 군에 있는 성보(城堡)의 보내인(堡內人)에 대하여 연 60일의 잡요 규정에 구속되지 않는 요역이 존재한 것을 들 수 있다(『영집해』 군방령 일문에 인용된 주설). 잡요와 잡요외요역은 법상, 제도상 구별이 존재할 뿐, 현실에서는 국가가 부과하는 요역으로서 떼려야 뗄 수 없는 한몸을 이루는 관계에 있었다고 보아야 하며, 또한 후자가 영에 규정이 없다고 해서 전자보다도 질적으로 중요하지 않았다고 할 수는 없다. 오히려 반대로 용수시설의 수리에 보이는 잡요외요역은 그것이 없이는 경지가 황폐해지고 공동체의 재생산이 불가능해지는 성질의 것이므로(사실 헤이안시대에는 그에 따른 황폐전 [荒廢田]이 넓게 발생하였다), 현실에서는 잡요와 같은 중요성을 갖고 있었을 터이며, 그 배후에 용수를 매개로 하는 '촌락공동체'의 전통적 공동 노동이 존재하였다는 점도 인정해야 한다.[08] 하지만 주의해야 할 점은 잡요외요역이 이러한 공동체적 노동 자체로서 존재한 것이 아니라, 그 특징은 '역(役)' 또는 '차역(差役)'이라는 말이 나타내듯이 위로부터 부과된 요역 노동으로서 존재한다는 점에 있다. 〔야마노우네노(山上)〕 오쿠라(憶良)가 읊은 빈궁문답가(貧窮問答歌)의 '회초리(채찍) 드는 이장'이 호마다 징발하며 다니는 요역은 잡요와 잡요외요역 양쪽에 걸친 요역이었을 터이다. 또 양자가 본래 떼려야 뗄 수 없는 한 몸을 이루고 있었다는 점은 상호 전환된다는 사실을 통해서도 알 수 있다. 즉, 관개용수 시설은 새로이 축조되는 경우에는 대량의 노동력을 필요로 하므로 잡요를 투입한다는 규정인데, 일단 그것이 완성되고 그것을 유지하기 위한 소규모 수리가 문제가 되면 이는 잡요외요역에 맡겨지는 것이며, 또한 수리 과정에서 그것이 잡요외요역으로는 불가능하다고 판명되면 잡요로 변경되는 것으로, 그 전환은 형식상으로는 국사의 재량권 범위 안에 속하는 것이다.

잡요는 기요미하라라령을 통해 제도로서 확립되었으므로[09] 그 이전에는 양자는 구별이 없는 한몸을 이루며 국조·고리노미야쓰코 등의 요역 부과권의 내용을 구성하고 있었다고 보아야 한다. 이상의 영제 요역 노동은 다이카 전대 수장층의 생산관계에 대한 고찰에 하나의 시사점을 주는 것인데, 그러기 위해서는 요역 부과권의 주체에 대하여 간단히 서술해 둘 필요가 있다.

잡요의 동원권은 구니들의 국사(國司)에게 있었고, 현실에서 징발·구사하는 자는 군사(郡司)―이장이었다. 그러나 이는 법과 제도의 권한상 규정에 지나지 않는다. 국사의 동원권이 실현되기 위해서는, 다시 말해 독립 경영을 하는 공민에게 강제하여 대가가 지불되지 않는 노동을 시키기 위해서는 이미 거기에 인격적 지배=예속의 체제가 전제 조건으로 존재해야 하며, 이 권력은 국사의 동원권과는 별개의 성질을 갖는 권력이다. 국사가 할 수 있는 일은 잡요를 법의 규정, 즉 연 60일, 사람마다 균등하게 부리기 등의 규정에 따라 규제하고 감독하는 일, 군 또는 향리마다 동원되어 오는 역정(役丁)을 결합 노동으로 조직, 편성하는 등의 일이었다. 현실에서 잡요와 잡요외요역을 동원하고 구사하는 사실상의 권력을 쥔 것은 국사가 아니라 군사였다. 헤이조궁(平城宮) 터에서 발굴된 목간에 보이는 '가이국 야마나시군 잡역 호두 한 바구니(甲斐國山梨郡雜役胡桃子一古)'(일본어에서 古의 음독과 籠의 훈독은 '코[こ]'로 같음-역주)라는 공진(貢進) 형식은 '잡역' 또는 잡요가 군 단위로 사역되었음을 보여주는 듯하며[10], 또한 '시나노국 미노치군 중남 작물 겨자 2두 덴표쇼호 2년 10월(信濃國水內郡中男作物芥子貳䰫 天平勝寶二年十月)'이라고 먹으로 적힌 글씨(나라 정창원에 소장된 자루[袋]에 적혀 있음-역주)에 보이는 공진 형식, 즉 공진자 개인의 이름이 적히지 않고 구니와 군의 이름만 적혀 있는 형식은 중남 작물이 군 단위로 취합된 것과 관련하여 중남 또는 잡요 동원의 한 형태를 보여주는 것이다.[11]

이러한 사실들에서도 드러나는 군사와 요역 동원의 밀접한 관계는 결코 율령제의 제도가 전제 없이 만들어 낸 것이 아니다. 오히려 전자는 후자에게 있어 역사적으로 주어진 관계로서 존재하고 있던 것이다. 후지와라경 건설에 다수 인민의 요역 노동을 징발·구사할 수 있었던 것은 천황과 국가의 권력이 인민에까지 직접 전달되고 그 잉여노동을 파악하고 있었던 결과가 아니라, 덴무 천황의 사망 즈음에 구니들의 '국조'가 동원되어 관사들의 사정과 함께 산릉 축조에 종사한 사실이 보여주듯이, 국조가 전통적으로 갖고 있던 강력한 인민 파악을 매개로 해서만 국가의 요역제는 존재할 수 있던 것이다.[12] 이 국조와 군사의 권력은 재지 수장층의 전통적인 권력을 제도화한 것에 지나지 않았다. 따라서 기요미하라령에 의해 세역이나 병사역과 구별된 잡요의 제도화가 이루어졌기 때문에 지방적 부역이 발생한 것이 아니라, 기요미하라령은 단순히 다이카 전대 이래 역사적으로 존재한 수장의 부역 부과를 잡요로서 제도화하고, 법에 의해 규제한 것에 지나지 않는다. 앞서 서술하였듯이 다이카 개신에서 법적으로 규정된 부역은 사정제뿐이었고(이 점은 나중에 서술하듯이 그 이외의 중앙에 대한 요역이 존재하지 않았음을 의미하지 않는다), 모든 지방적 부역의 동원 방법에 대해서는 기요미하라령의 시행에 이르기까지는 재지 수장의 관행에 맡겨졌고, 그에 대한 국가적 규제는 법적으로는 존재하지 않았던 것이다. 기요미하라령에 의해 잡요로서 우선 제도화된 것은 이 시기 중앙 정부의 필요를 직접 만족시키기 위한 역역, 예를 들면 앞서 언급한 둔전=관전의 경작, 짚과 쪽, 약초 등의 공납,

관선(官船)의 수리와 교체 제작에 드는 노동, 국사·군사의 왕래를 위한 종부(從夫)·수수(水手, 가코)의 부역 등이며, 그 밖의 지방적 부역이 국가의 요역 체계 안에 잡요로서 제도화된 것은 다이호령을 기다려야 했다.[13] 영제 잡요제의 성립 과정은 이미 역사적 전제로서 존재한 재지 수장의 광범위하고 단일한 부역 부과권을 부분적으로 제도화하고 규제하며 통일화해 나가는 과정이며, 잡요제는 재지 수장층의 생산관계로부터 파생되고 전환된 제2차적 형태에 지나지 않았다. 전자가 후자에 의존하고, 거기에 토대를 두었다는 사실은 율령제 국가의 성격을 규정하는 데 있어 중요한 문제이다. 왜냐하면 잡요제의 성립 과정은 율령제 국가가 수장제의 기존 생산관계를 질적으로 변화시킨 것이 아니라, 단순히 그것을 조직화하고 제도화한 것에 지나지 않음을 보여주기 때문이다. 이는 국가와 생산관계의 관련에 대한 하나의 사실을 보여주고 있다.

또 잡요제의 기초에 있는 수장의 영역 안 인민에 대한 인격적 지배를 고찰할 때, 개별적 수장만을 추상(抽象)해서는 안 되고, 어디까지나 하나의 결합체로서의 수장층 대 인민, 즉 구니들에서 계급 대 계급의 관계로 나타나는 생산관계를 문제로 삼아야 한다. 도다이지의 장원 경영에 큰 역할을 한 유명한 이쿠에노 오미 아즈마히토(生江臣東人)의 일족뿐만 아니라, 예를 들면 엣추국(越中國) 도나미군(礪波郡)의 대령·소령(少領) 지위를 거의 독점적으로 전유하고 있던 도나미노 오미(礪波臣) 일족의 사례[14]는 수장층의 족적 결집에 따른 계급적 결합체가 전체적으로 재지의 인민을 지배한 사실을 전형적으로 보여준다. 개별 수장의 씨족을 놓고 보면 변동이나 교체가 있었음에도 불구하고, 또한 나중에 서술하듯이, 재지 수장층 내부도 인민의 내부도 복잡하게 분화되어 있었음에도 불구하고, 다이카 전대부터 일관된 수장층이 계급으로서 갖는 지역적, 족적 결합의 존재와 그에 대한 인민의 인격적 예속이야말로 조용의 진상과 함께 공민에게 있어 가장 가혹한 부역이었던 잡요를 체제로서 존재하게 만든 역사적 조건이었다. 이는 앞서 서술한 오키미의 미야케 설정에 즈음하여 '군마다 구와요보로' 또는 '구니마다 구와요보로'를 동원하고 또 미야케 자체의 재생산을 가능하게 하였던 재지 수장층의 계급적 권력을 계승한 것이다.

잡요제의 첫 번째 특징은 그 노예제적 성격에 있었다. 잡요에 동원된 공민이 요역 기간 중 관으로부터 식량

(쌀과 소금)을 지급받았는지 여부는 영에 명시된 문장은 없지만, 원칙적으로 지급하는 것이 법의 취지였던 듯하며[15], 앞서 언급된 『영집해』 잡령 일문의 일설도 잡요 외요역과 잡요의 구별 기준을 사량에 의하는가 아니면 관식을 지급하는가에 두었다. 또 사용하는 도구도 정장(丁匠)의 경우와 달리 관에서 지급된 듯하다. 100만 정보(町步) 개간 계획의 태정관주에 '그 역을 한정하기를 10일로 하고 곧 양식을 지급하며, 사용하는 도구는 관물로 빌려주고……'라고 적힌 것은 이 경우 식량·도구 모두 관이 준비하였음을 나타낸다(『속일본기』 요로 6년 윤4월조). 잡요가 '노예적인 노역'으로 여겨지는 것은[16] 요역 기간의 길고 짧음이나 구사의 가혹함 등등에 따른 것이 아니라(이러한 점들에 대해서는 농노제 쪽이 더 자의적이고 가혹한 경우가 있다), 한쪽 극단에 요역 기간 중의 식량과 도구를 스스로 마련하기 곤란한 농민이 있고, 다른 한쪽 극단에 그러한 노동의 조건들을 축적하며 전유하고 있는 요역 동원자가 있다는 대립의 역사적 성질에 기인한다. 봉건제의 요역 노동 또는 '노동지대(勞動地代)'의 특색은 직접생산자가 '사실상 또는 법률상 그에게 속하는 노동요구(勞動要具)(쟁기, 가축 등)'를 가지고 요역 노동을 행한다

는 점에 있고[17] (식량은 물론일 것이다), 그로부터 봉건제의 독자적인 계급 대립의 새로운 질이 발생하는 것인데, 고대의 잡요는 그와는 구별될 만한 특징을 갖고 있었다고 보아야 한다. 민간에서도 마찬가지였다. 앞서 언급한 에치젠의 이쿠에노 오미 아즈마히토, 엣추(越中)의 도나미노 오미 시루시(礪波臣志留志)는 둘 다 도다이지에 기증한 간전 100정보를 개간하기 위해서는 가내 노예 이외에 지배 아래 있는 공민의 요역 노동을 필요로 한 것으로 보이는데, 그러기 위해서는 우선 식량과 노동요구를 보유하는 일이 전제이며, 이 시대의 재지 수장층이 축적하고 있던 막대한 벼와 가축과 노동요구[18]는 그 조건을 만족시킨 것으로 보아야 한다. 국가와 수장층의 요역 노동이 갖는 이러한 특징은 다이카 전대의 수장제가 고분을 축조하고 개간을 행할 때 요역의 존재 양상을 보여주는 것이라고 생각해도 틀리지 않을 것이다. 인격적 종속관계 자체는 노예제에도 농노제에도 공통되는 특징이다. 양자를 구별하는 하나의 지표는 '타인의 노동조건'(원료·식량·노동요구·가축 등등) 아래에서 노동하는가 아닌가 하는 점이다.[19] 따라서 이 문제는 수장제의 생산관계 및 그로부터 전환된 제2차적 생산관계인 율령제 국가의 계급적 특질과 관계되는 것이다.

잡요제의 두 번째 특징은 공동체의 공동 노동과 요역 노동이 떼려야 뗄 수 없는 한몸을 이루어 존재한다는 점이다. 바꾸어 말하자면 앞서 서술하였듯이 용수시설의 수리 같은 공동체 구성원의 농업 재생산에 있어 빼놓을 수 없는, 따라서 식량을 (아마도 노동요구도) 스스로 마련하여 이루어지는 공동 노동이 국가 또는 수장을 위한 요역 노동으로부터 분리되지 않고, 후자를 동원하는 요역의 일부를 이루고 있으며, 단순히 제도상 잡요와 잡요외요역의 구별이 존재할 뿐이라는 점이다. 공동체를 위한, 공동체 구성원에 의한 공동 노동이 동시에 수장의 요역으로 나타난다는 점은 수장제의 생산관계가 갖는 역사적 특질, 특히 그 내부에서 농민 공동체가 차지하는 지위와 관련되는 중요한 측면을 보여준다고 생각한다. 이때 잡요외요역이 다리나 도로의 수리부터 공동체의 창고 건축 등등 광범위한 종류의 노동을 포함함에도 불구하고, 특히 관개시설에 대하여 특기된 것은 용수 문제가 고대사회에서 갖는 특수한 중요성에 기인한다. 이 '물' 문제를 매개로 하지 않고서는 고대 수장제 권력의 구체적인 존재 양상과 역사적 특질을 밝혀낼 수 없다. '물'은 경제학적으로는 토지라는 생산수단의 부속물에 지나지 않고, 토지와 마찬가지로 소유 대상이 되는 점에서, 특별한 범주를 이루는 것이 아니다.[20] 따라서 물 문제는 토지 소유의 일부로 파악해야 하며, 그것을 떼어내면 쉽게 이른바 '물의 이론'으로 전환된다. 그러나 이 점은 물이 농업의 재생산 과정에서 갖는 특수한 기능과 속성을 부정하는 것이 아니고, 사실 관개용수 문제는 고대 오리엔트·인도·중국 등 고대 전제국가의 성립에 중요한 역할을 하였음은 말할 것도 없다. 수전(水田) 경영을 기본으로 하는 야요이식 시대 이래 일본의 농업사회는 자연적 조건과 공동체 유형의 차이에 따른 규제를 받아 위의 나라들과 같은 종류의 형태를 취하지 않았지만, 물 문제는 일관되게 독자적이고 특수한 계기로서 수장제 권력과 생산관계를 규정하는 하나의 요인으로 존재하였다. 물 문제, 특히 치수가 지방 수장층의 범위를 넘어선 중앙 정부의 국가적 사업이 된 것은 율령제 국가의 성립 이후였고, 그 이전에는 수장층 내부의 문제로서 해결되어 온 것이다.

그 출발점과 전제는 이미 야요이식 말기 농업사회에 있었다. 중기에 속하는 시가현(滋賀縣) 다이나카(大中)의 고미나미(湖南) 유적 동구(東區)의 취락 터에서[21] 거주구역

과 수전의 경계에 설치된 폭 7m, 길이 250m에 달하는 도랑=용수로를 동반한 수전의 조성, 또 말기에 속하는 시즈오카현(靜岡縣) 도로(登呂) 유적의 잘 알려진 주수로(主水路)와 부수로(副水路)를 동반한 계획적인 토지 구획을 가진 수전의 조성이 전자의 5, 6동으로 구성되는 취락, 후자의 10개 이상의 주거로 구성되는 취락의 규모를 넘어선, 보다 높은 수준의 공동체 협업을 필요로 한 것은 분명하다.[22] 이 전제 조건으로서 존재하는 높은 수준의 공동체 협업은 현실에서는 공동체를 '대표'하고 '공동체의 통일을 체현'하는 수장이 지휘하고 조직하는 공동 노동으로서만 존재하는 것이므로, 공동체에 대한 개별 세대 및 취락의 귀속은 수장에 대한 인격적인 귀속·의존관계로서 존재할 수밖에 없는 것이다. 바꾸어 말하자면 수장의 지위와 기능과 인격은 개별 세대 또는 취락의 재생산 외부에 있는 존재가 아니고, 후자의 재생산에 대한 객관적 조건들의 유기적인 부분으로서 내재하며, 그 공동체의 생산력 자체를 체현하는 것으로서 존재하는 것이다. 수장은 풍요를 불러오는 특수한 주술적 영위(靈威)=타마(タマ)(mana)를 갖춘 인격으로서, 그 자체로 최대의 생산력이나 다름없는 공동체 조직을 대표한다. 수장의 이러

한 성격을 이해하기 위해서는 『황금가지』(영국의 사회인류학자 제임스 프레이저의 연구서-역주)에 수록된 풍부한 사례를 참고로 할 것도 없이, '장마와 가뭄으로 날이 고르지 못하고 오곡이 영글지 않으면 곧 허물을 왕에게 돌려 혹은 "마땅히 바꾸어야 한다"고 말하고, 혹은 "마땅히 죽여야 한다"고 말한다'는 이웃 나라 조선의 3세기에 보인 수장=왕의 운명을 보면 충분할 것이다(『위지』 동이전 부여조). 6세기 이후에 일어난 수장제 내부 생산관계의 다양한 변화는 이 출발점 또는 전제를 바탕으로 해야만 올바르게 이해되는 것이다.

수장이 지배자로, 그 생산관계가 계급사회로, 따라서 공동체의 노동이 수장에 대한 요역 노동으로 전환되는 시기는 지역에 따라 균등하지 않지만, 고분시대로의 이행이 하나의 지표가 된다. 기비의 쓰키노와(月の輪) 고분 사례에 대하여 말하자면, 피장자(被葬者)인 수장의 지배 영역이, 같은 지방의 다른 지구에 나타나는 전기 고분과 마찬가지로, 하나의 주요한 수계(水系)를 공유하는 한 덩어리를 이룬 평야 지역을 단위로 한 자립적인 영역을 형성한 점, 그 지역적 권력이 성립된 기초에는 야요이식 시대의 저습지와 이른바 골짜기 수전(谷水田)을 개척한 분산적인 정주 형태에서 그곳을 관통하여 흐르는 요시이강(吉井川)·요시노강(吉野川)이 만드는 충적저지(沖積低地)로의 진출이 바탕에 있었고, 후자의 정주 형태는 작은 취락의 힘을 훨씬 뛰어넘은 집단의 공동 노동을 필요로 하는 관개배수의 수리 공사를 재생산의 조건으로 하는 점, 바꾸어 말하자면 저지(低地)에 대한 넓은 범위의 개척 경영은 그 용수시설의 이용과 유지를 둘러싸고 오히려 공동체적 규제, 그리고 수장제에 대한 취락들의 의존을 강화하며, 수장의 권력은 재생산에 대한 규제와 관여를 통하여 취락들의 자립성을 약화시킨다는 특징이 보인다.[23]

상부구조의 변천과 '야마토 국가' 권력의 지방 확대에만 주목하는 사람은 야요이 말기부터 율령제 국가에 이르는 수 세기에 걸친 고대사회에 일관되었던 재지 수장제의 생산관계라는 완강하고 뿌리깊은 존재를 도외시하기 쉽다. 수장 권력의 완강함은 그 물질적 토대 속에서, 예를 들면 용수시설 등을 하나의 매개로 하는 직접생산자의 재생산에 대한 관여와 파악 속에 그 역사적 근거를 갖는 것이다. 그때 쓰키노와의 수장 사례에 보이듯이 새로운 생산력의 발전이 단순히 야요이시대의 수장제로부터 직접생산자 또는 그 공동체의 '자립'이나 해방을 불러오는 것이 아니라, 반대로 새로운 성질의 의존을 강화한다는 측면에 주의해야 할 것이다. 여기서도 하천 주변의 충적지 개척과 정주의 확대는 야요이 말기 이래의 철제 공구의 보급을 전제로 하였는데, 이 단계의 벼농사와 개간·관개공사에 동반되는 벌목·뿌리뽑기·애벌갈이부터 용수 공사에 이르기까지 빠뜨릴 수 없는 철제 농공구가 고분의 피장자들로 구성되는 수장층의 독점적 소유 아래 있었음을 떠올려야 한다.[24] 철 산지 이외에서는 교역을 통해서만 획득할 수 있는 철제품이 우선 교역의 주체 또는 매개인 수장층의 독점으로 시작됨은 당연한 일이기 때문이다. 나중에 서술하듯이, 사유제가 우선 동산 소유로부터 시작된다고 본다면, (ㄱ) 앞서 언급한 가내 노예의 소유, (ㄴ) 위의 철제 농공구 사유, (ㄷ) 개간과 정주의 확대에 따른 벼 등 잉여생산물의 취득 증대라는 세 가지 형태의 동산 소유가 수장층의 부와 소유의 최초 주요 내용을 이루며, 그것이 6세기 이후 수장제의 가키베(部曲) 및 다도코로라는 형태로 나타나는 새로운 소유 형태의 발전에 있어 물적 기초가 된 것으로 보인다. 이 역사적 전제를 사상하고 6·7세기를 특징짓는 새로운 영역으로의 정주 확대와 취락 성립을 논하는 것은 지배적인 생산관계와 동떨어진 공동체론에 빠지게 될 것이다.

다이카 개신 이후, 국가의 편호 대상이 되는 6·7세기의 공동체는 개별 취락 또는 가족공동체에 의한 자유로운 개간과 정주, 그에 따른 '자연취락'의 성립이라는 목가적 과정이 아니었음은 확실하다. 『하리마국 풍토기』를 비롯한 전승의 분석을 통해 다이카 전대 농민의 자주적인 집단적 이주에 따른 촌락의 성립보다는 '공권력에 의한 지도·강제'에 바탕을 두는 '계획촌락'이 압도적으로 많은 점, 그것이 8세기 에치젠국의 '장원촌락' 성립의 원형이 된다는 점이 지적되었다.[25] 이때의 '공권력'이 무엇을 의미하든 간에 농민에 대한 직접적·인격적 지배권과 요역 노동 부과권을 지닌 재지 수장층을 빼놓고는 어떠한 '지도·강제'도 있을 수 없음은 분명할 것이다(이 점은 이 절 서두에 미야케에 대하여 언급한 사실을 통해서도 알 수 있다). 오래된 형태의 '연못'에 의한 관개에서 도랑이나 홈통에 의한 관개 방식으로의 이행은 종래에 소규모로 습지를 이용하여 수전을 개발한 데서 자연적으로 발생하는 관개 기술이 아니라 7세기 초 이래로 천황의 미야케 등을 기점으로 하여 지방 수장층에 보급된 것이며[26], 이러한 기술의 보급 방식이 '계획촌락'적 개발과 그 기초에 있는 수장층의 재지 지배와 권력을 지탱하는 하나의 조건을 이루고 있었다. 새로운 기술과 생산력의 발전이 동시에 그것을 매개하는 수장층에 대한 직접생산자와 그 공동체의 의존관계를 강화한다는 앞서 서술한 한 측면이 여기서도 보이는 것이다.

6·7세기의 새로운 정주 형태와 그 발전의 기초에 있는 것은 재지 수장제의 생산관계이고, 후자의 본질이 수장의 영역 안 민호와 그 공동체에 대한 인격적 지배=예속의 관계이며, 그 단적인 표현이 요역 노동 부과권이라고 본다면, 이때 영제의 잡요제에 대하여 이야기한 특징을 떠올릴 필요가 있다. 즉, 대규모 공동 노동을 필요로 하는 관개용수 시설의 축조에 충당하는 잡요에는 관이 식량과 노동요구를 지급하고, 그 수리 등 소규모 공동 노동으로 인한 잡요외요역은 '용수의 집'을 중심으로 하는 공동체 구성원의 사량과 노동요구로 이루어지는 점, 전자의 형태는 그 성질이 노예제적이라는 점이다. 6·7세기 '계획촌락'적 형태의 정주 형식을 취할 때 필요한 요역 노동은 수장층 측에서 그에 필요한 식량·노동요구의 축적이 전제가 되며, 그 비축이 더 이상 공동체의 재산이 아니고 수장층의 사적인 부로서 존재한다고 본다면, 이러

한 유형의 요역 노동에 의해 규제되는 수장과 일반 공동체 구성원 사이의 인격적 지배=예속 관계는 노예제적 성격을 지닌다는 점에 주의해야 한다. 물론 나중에 서술하듯이 개별 취락을 단위로 하는 자주적인 개간과 정주, 따라서 구성원 자신의 식량과 노동요구에 의한 공동체적인 공동 노동의 의의를 부정하거나 과소평가하는 것은 아니지만 그것조차 잡요외요역에서 보았듯이 자율적인 공동체적 노동으로서 수장의 요역 체계로부터 분리되지 않고, 반대로 그 일부로 포섭되는 식인 생산관계의 역사적 성질이 여기서 문제가 되는 것이다. 하지만 이 문제는 다른 사항들에 대한 고찰과 관련되므로, 나중에 한 번 더 살펴보도록 하겠다. 앞서, 나중에 관전으로 해소되는, 독자적 관리·수취 조직을 갖고 얼핏 보면 자립적 경제 제도로 보이는 오키미의 미야케 경영도 재지 수장층이 지배하는 요역 노동에 토대를 두고, 그것에 의존함을 서술하였는데, 후자의 기초에 있는 생산관계가 위에서 서술한 것 같은 특질을 지니는 점에 주의해 둘 필요가 있다.

3. 전조와 조의 원초형태

영제의 조(租)·용(庸)·조(調)·잡요 부담 체계 중 다음 문제는 전조와 그에 관련되는 출거, 특히 도출거(稲出擧)이다. 즉, 벼의 형태를 한 잉여생산물의 수취이다. 전조는 영제의 세제에서 특수한 성질을 지녔던 세목이었다. 그 특징은 다음과 같은 점들에 있다. (ㄱ) 조는 논의 면적에 따라 부과된다. 이는 경작자의 인신에 부과된 당나라 제도('조'='과[課]')와 다른 특징이다. (ㄴ) 전조의 부과 기준은 단(段)별로 2속(束) 2파(把)이며 수확의 약 100분의 3에 해당하는 낮은 세율을 특징으로 한다. (ㄷ) 이 세율은 율령제의 해체기에 이르기까지 거의 일관되게 유지되었다. (ㄹ) 조곡(租穀, 조세로 거두는 곡식-역주)의 태반은 '부동곡(不動穀)'으로 봉인되어, '오랜 기간의 저장분, 비상시를 위한 비축'으로서 정창에 보관되어 있다〔『유취삼대격』간표 3년 8월 관부〕. 이 중 (ㄷ)과 (ㄹ)은 전조가 율령제 국가에 의해 '조세'로 간주되고 있었는지 여부를 의심하게 하는 성질을 지니며[27], 적어도 그것이 조세로서는 매우 특수한 세목이었음을 나타낸다. (ㅁ) 다이호호령에서는 신전(神田)·사전(寺田)·직전(職田)·관전(官田)·공전(公田)·승전(乘田)을 제외한 모든 전지는 수조전(輸租田, 조를 내는 논-역주)으로 여겨지며, 구분전은 말할 것도 없고 간전(墾田)·위전(位田)·공전(功田)·사전(賜田) 등도 모두 수조전임을 특징으로 한다. 더 추가하자면 (ㅂ) 임조(賃租, 국가로부터 논을 빌린 농민이 임대료로 내는 조세-역주)의 경우, 전조는 '전주(田主)' 부담이 아니라 그 매인(買人), 즉 용익자(用益者)인 '전인(佃人)' 부담이다(『영집해』 전령 전장조[田長條]). 이 원칙은 도다이지령(東大寺領) 에치젠국 구와바라장권(桑原庄券) 제1에 보이는 임조의 사례를 통해 나라시대로 거슬러 올라가는 것을 알 수 있다(『대일본고문서』 4-52). 이상 열거한 특징을 갖는 영제의 전조, 즉 교전을 제도상의 전제로 하는 엄밀한 의미의 전조제 성립은 기요미하라령이 시행된 시기의 일로 보는 것이 정당하다고 여겨지지만[28], 그 점은 기요미하라령 이전에 그 선행 형태가 없었음을 의미하지 않는다(개신조의 규정은 채택하지 않는다). 나는 '100대(代)에 3속'이라는 전조 수취법(1대는 벼 1속이 수확되는 면적)이 다이카 전대까지 거슬러 올라갈 수 있는 영 이전의 선행 형태로 보는 통설에 따르겠다.[29] 영제의 전조와 구별하기 위해 그것을 일단 원전조(原田租)로 부르자면, 그것이 본래 옛 국조제와 떼려야 뗄 수 없는 관계에 있었음은 영제의 국아 재정에서 대세(大稅)와 함께 존재하는 '군도(郡稻)'의 성질을 통해서도 알 수 있다. '군도는 군을 세운 사람이 바치는 벼를 말한다'고 되어 있는 것처럼(의제령 오행조[五行條] 혹설[或說]), '군도'는 원래 군사=국조와 밀접한 관계에 있었고, 옛 국조가 그 지배 영역으로부터 징집한 원전조가 국조 또는 개신 후의 고리노미야쓰코(또는 군사)의 정창에 축적되어 관리되고 있었던 과거의 유제로서 영제의 국아 재정에 존재하는 것으로 보아야 한다.[30] 바꾸어 말하자면 원전조는 옛 국조령 안의 잉여생산물 수취의 한 형태로서, 즉 나중에 서술할 국조법의 일부로서 존재한 것이고, 다이카 전대로 거슬러 올라가는 세제 중의 하나로 보이는 것이다. '100대에 3속'이라는 통일된 부과 기준이 존재하는 것은 거기서 제도적인 것을 상정해야 하기 때문이다.

옛 국조령의 세제인 원전조의 기원 문제에 대해서는[31], 나는 미야케보다도 오히려 재지 수장층의 생산관계에서 찾아야 한다고 생각한다. 국조제 자체가 재지 수장이고, 또한 그로부터 파생된 제2차적인 체제이므로, 이는 당연한 추정일 것이다. 이 경우 그 생산관계의 중요한 측면으로서, 수장이 앞서 서술한 것처럼 공동체에 풍요를 가져다주고 그 생산력을 체현하는 특수한 영위를 지닌 존재이고, 신에 대하여 공동체를, 공동체에 대하여 신을 대표하는 인격으로서, 토지=영역의 유일한 소유자인 점, 동시에 수확된 벼가 곡령(穀靈)=이나타마(稻魂)를 갖는 생산물로 여겨지고 있던 '주술종교적'인 특징을 전제로 하여 생각해야 한다. 일찍부터 지적되었듯이[32] 농업 생산물, 특히 벼의 공납은 본래 이러한 성질을 갖는 공동체의 수장에 대하여 공동체 구성원이 지는 부담으로서, 즉 토지로부터의 수확물 일부를 하쓰호(初穗, 그해에 처음으로 익은 벼 이삭. 나아가 농작물-역주)로서 수장에게 공납하는 관행으로부터 발생하였다고 보아야 할 것이다. 수장에 대한 농업 생산물 공납의 내용과 종류는 다양하여도, 하쓰호를 비롯한 모든 것은 수장이 주재하는 어떠한 제사 의례와 떼려야 뗄 수 없음을 특징으로 하는 듯하다. 덴무조에 제도화된 '나라의 오하라에(大祓, 만민의 죄와 부정함을 씻기 위한 행사-역주)' 의식에서 국조 또는 군사의 하라에모노(祓物, 부정함을 씻기 위해 바치는 물품-역주) 외에 '호마다 삼(麻) 1조(條)'를 내야 한다고 규정되어 있는데(『일본서기』 덴무 천황 5년 8월조), 이는 신국조에 대한 규정이라 해도 내용은 옛 국조의 오랜 관습을 제도화한 것으로 보아야 하므로, '나라의 오하라에'를 주재하는 수장이 지배하는 영역 안의 모든 민호가 '호'를 단위로 하여 삼 1조를 내는 관행이 과거에 있었던 것으로 보이며, 이러한 형태로 민호에게 지워지는 부담은 항례(恒例)·임시(臨時)의 각종 제사의례에 동반되었다고 보아야 한다. 예를 들면 수장의 매장 의례에 즈음하여 필요해지는 신주(神酒)를 위한 도곡(稻穀) 등도(그것은 고분의 부장품인 석제 모조품을 통해서도 추정된다) 그 한 예이다. 그러나 이처럼 다양한 형태 중 가장 기본적인 것은 니나메(新嘗, 천황이 한 해에 새로 수확한 곡물을 신에게 바치고 직접 그것을 먹는 일-역주) 제사와 결부된 항례의 하쓰호 공납이었을 것이다. 나는 이세 신궁(伊勢神宮)에서 간나메사이(神嘗祭)에 신군(神郡) 및 여러 구니 곳곳의 신호로부터 봉납되어 다마가키(玉垣, 신사의 울타리-역주)에 걸리는 '가케치카라노 이네(懸稅稻)'는 옛 수장층이 주재하는 니나메사이(新嘗祭) 관행의 유제 중 하나로 추정하는 것이며(『황태신궁의식장[皇太神宮儀式帳]』,『엔기식』권8 노리토[祝詞]), 수장에 대한 하쓰호 공납은 본래 이러한 제사를 매개로 하는 민호의 부담으로서 존재하는 것이 특징이었던 것으로 보인다. 오키나와의 스쿠마(スクマ) 행사(벼이삭을 걸어놓아 신에게 바치는 행사)에서 하쓰호와 우타키(御嶽, 오키나와의

신앙에서 신이 모셔진 신성한 장소-역주)와 쓰카사(ツカサ, 우타키에서 제사를 관장하는 신관-역주)의 관계[33], 또 이삭 끝을 신 또는 신녀(神女)에게 바치는 일이 그것을 왕에게 바치는 일이기도 한 것 같은 관계를 통해서도[34] 이를 추정할 수 있으며, 또한 중국에서 전조의 원초적 형태가 '대인(大人)' 또는 '천자'가 행하는 '상제귀신(上帝鬼神)'의 제사 때, 농부가 그 수확물의 일부를 그들 수장에게 바치는 관행에서 기원하는 점도 떠올려야 한다.[35] 동시에 이러한 형태의 공납은, 앞서 서술한 '나라의 오하라에'에 호마다 바친 삼 1조든 가케치카라노 이네든, 그것이 공동체의 구성원에게 호마다 할당된다는 점에서는 조세로 전환될 가능성을 늘 갖고 있는 것이며, 이러한 전환은 순전히 수장제의 지배 관계 변화에 의해 규정된 것이다.

남태평양 제도처럼, 하쓰호 등의 형태로 수장의 창고에 집적되는 공동체 구성원이 바친 막대한 공납물은 (그것이 예를 들면 트로브리안드섬에서는, 말리노프스키의 계산에 따르면, 토지로부터 얻어지는 모든 수확물의 약 4분의 1 또는 5분의 1에 해당한다) 각종 제사 의례 등의 재원으로 공동체를 위하여, 혹은 공동체에 의해 소비되고, 이른바 공동체적인 '상호주의'의 원칙이 수장과 구성원 사이에 건재하며, 그 원칙이 깨지면 수장은 그 지위에 머무를 수 없다는 질서가 지배적인 한, 공동체적 생산관계가 유지된다. 그러나 그것이 수장에 의해 관리되는 공동체의 재산에서 수장의 사적인 부로, 그 계급이 공동체로부터 분리되는 물적 기초로 전환되는 것에 대응하여, 그 생산관계는 계급적 질서로 전환되는 것이다. 야요이 말기부터 고분시대에 걸쳐 이 전환이 일어난 것으로 보인다는 점은 앞서 서술한 바로도 추정된다. 시즈오카현 도로 유적에 보이는 취락 창고의 존재는 가옥무늬 거울과 형상 하니와(埴輪, 고분시대 무덤의 봉분이나 주위에 세우는 토기. 원통 모양의 하니와와 사람, 말, 집 등의 모양을 본뜬 형상 하니와가 있음-역주)로 추정되는 수장층의 아래에 있는 더 대규모인 창고군(영제의 군가에 보이는 정창군의 선구)의 존재를 추정하게 하는 것이며, 거기에 집적된 하쓰호 등 각종 도곡은 본래는 공동체의 물적·정신적 재생산을 위한 비축으로서, 즉 흉작일 경우의 진휼(賑恤), 봄철 종자벼의 배분 혹은 니나메사이·오하라에, 의제령에 나오는 이른바 '춘시제전(春時祭田)' 등 항례·임시의 제사 의례 비용으로서, 또 수리 등과 관련되는 각종 토목공사의 공동체적 노동을 위한 비축으로서, 수장에 의해 관리된 것으로 보인다. 그러나 그것이 한편으로는 수장층의 사적인 부로 전환될 가능성, 다른 한편으로는 민호가 부담하는 공조(貢租)로 전환될 가능성도 내재시키는 것이며, 이 책에서 문제로 삼는 6세기 이후에 대하여 말하자면 위의 전환은 거의 완료되어 있었다고 보아도 될 것이라 생각한다.

'100대에 3속'이라는 원전조는 재지 수장층의 생산관계 내부에서 발생한 위의 하쓰호 공납 관행이 제도화된 세제로서, 즉 그것의 전환된 형태로서, 다이카 전대 국조법의 일부를 이루고 있었던 것으로 추정된다. 따라서 원전조 및 그것을 계승한 영제의 전조가 갖는 앞서 언급한 특징들도 그 근원을 이루는 수장층의 생산관계와 관련하여 이해할 필요가 있을 것이다. 『일본서기』에서 '전조'가 처음으로 보이는 겐조(顯宗) 즉위전기의 기사, 즉 하리마 국사의 조상이 '군현을 순행하며 전조를 수렴'하였다는 분주 기사는 말할 것도 없이 편찬자의 술작이기는 하지만, 거기에 어느 정도의 진실이 있다고 본다면, 그것이 겨울 11월에 니나메의 공물을 마련하기 위함이었다는 점, 바꾸어 말하자면 전조와 니나메사이 또는 하쓰호 공납과의 관련이 시사되는 점에 있을 것이다. 수장에 대한 항례의 하쓰호 공납은 본래 공동체의 통일과 생산력을 인격화한 수장과 공동체 구성원 사이의 관계를 해마다 확인하고 재생산하기 위한 의례라는 데 특수한 의의가 있었다. 100대에 3속인 원전조, 영제의 단별 2속 2파 제도가 수확의 약 3%라는 낮은 세율에 지나지 않는다는 특징(ㄴ)은, 그 원인에 대하여 종래 여러 가지 설명이 이루어져 왔지만, 이는 오히려 원전조의 근저에 있었던 하쓰호 의례의 상징적 의의로부터 역사적으로 설명되어야 하지 않겠는가? 조의 본래 의의는 토지 생산물의 일부를 '기미(君, 임금, 군주-역주)에게 바치는' 데 있었는데(『영집해』전령 전장조), 여기서 '기미'는 영제 국가에서는 천황이고, 예전에는 재지 수장층이었을 것이다. 전조가 '기미'=주권자와 그에 종속하는 영역 안의 민호와의 관계를 매년 확인하는 기능을 지닌다는 특수한 성질이 영제의 세제에서도 유지되고, 다른 세목과 구별되는 특수성이 되어 존재한 것이 아니겠는가? 전조가 율령제 국가의 '재원'으로서는 중요시되지 않고, 오히려 국가적 토지 소유의 기본적 조건 또는 6년에 한 번 나누어주는 논의 소속을 확인하기 위한 증거로서의 성격을 지닌다고 여겨지는 것[36]은 전조 본래의 의의가 다른 형태로 여전히 보존되었음을 나타내는 것이다.

  '미개사회'에서 수장의 지배 영역 안의 토지를 새로이 용익하는 경우, 그 신입자와 수장(또는 공동체) 사이의 지배·종속관계(또는 공동체의 구성원으로 참가하는 일) 확인은 나중에 공조나 조세로 전환되어 가는 하쓰호 등의 의례를 매개로 해서만 이루어질 수 있는 것이며, 하쓰호 또는 전조는 수장(또는 공동체)이 지배하는 영역의 토지를 용익하는 민호의 귀속을 확인하는 최소한의 의무였다. 전조 부담자가 전주가 아니라 '전인'=용익자라는 영제의 원칙(ㅂ)은 적어도 한대의 전조가 전주 또는 토지 소유자의 부담이었다는 사실과 대비하면[37] 일본적 특수성에 바탕을 둔 것인지도 모르며, 만약 그렇다고 한다면 앞서 서술한 전조의 본래적 성질과 관련된다고 이해할 수 있는 것이다. 적어도 전조가 구분전 반급의 반대급부가 아님은 분명할 것이다.[38] 또한 전조의 본래 특징이 주권자(천황이든 수장이든)에 대하여 그 지배 영역 안의 토지를 용익하는 모든 민호가 지는 부담이라고 한다면, 영제의 전조가 앞서 언급된 예외를 제외한 모든 전지에 부과된다는 일률성도 설명될 수 있을 것이며(ㅁ), 또 본래 수장의 창고에 축적되어 각종 공동체적 목적을 위해 소비된 하쓰호 또는 원전조의 성격과 '오랜 기간의 저장분', '비상시를 위한 비축'으로서 비축된 영제 전조의 특수한 성격(ㄹ)과의 관련도 설명될 수 있지 않을까? 또한 당나라 제도인 인신에 부과되는 조와 달리, 용익하는 토지의 면적에 따라 부과된다는 일본 영의 특징(ㄱ)도 전조가 단순히 '과'의 하나가 될 수 없었던 앞서 서술한 특징이나 전통과 관련되는 것으로 보인다.

고대의 조(調) 제도는 기요미하라령에 의해 인신 부과로 통일되지만, 그 이전에는 개신조에 보이는 전조·호조·조부물이 존재한 듯하다는 점은 앞서 서술하였다(제2장 제1절). 이 중에 전조는 개신에 의해 새롭게 설정된 것으로, 호조가 100대에 3속인 원전조와 함께 다이카 전대의 국조법으로 거슬러 올라가는 제도라고 여겨지므로, 다음 절에서 언급하기로 하겠다. 다이카 전대 수장제의 생산관계와 관련하여 주목해야 할 조는 오히려 개신조의 조부물이다. 여기서는 '조부물인 소금과 니에(贄, 신이나 군주에게 바치는 어패류, 과일 등의 식재료-역주)'라 하여 오니에(オホニヘ) 또는 니에(ニヘ)는 조의 일부로 여겨지지만, 본래는 조와는 독립된 또는 다른 계열의 고유법적 미쓰기(ミツギ, 신 또는 군주에게 바치는 물건. 한자로는 貢, 調 등으로 표기됨-역주)였음은 니에의 규정이 소멸하여 '조잡물(調雜物)'의 세목으로

해소되고 말았던 영제에서도 관행으로서 별개로 그 공납이 이루어졌음을 통해 알 수 있다. 이는 다이카 전대에는 영제에서보다도 훨씬 중요한 역할을 차지한 공납물이었다. 그 특징은 미쓰기의 내용이 산야, 강과 바다에서 나는 것이며 식료품인 점, 그리고 천황 또는 조정에 공진하는 것이 관행이었다는 점이다.[39] 그것이 영제에서 '제방구미' 중의 하나로 궁내성에서 관할하기로 되어 있는 것도(『영집해』 직원령 궁내성조) 다이카 전대 내정의 전통과 연결되기 때문이다. 이 니에를 공진하는 자는 재지 수장층이고, 따라서 그것은 복속 의례적 성격을 동반하는 것인데, 이러한 공납 관계가 재지 수장과 천황 사이에 성립하는 전제조건으로서 전자와 그 지배 아래 있는 민호와의 사이에 니에 또는 그에 상응하는 산야, 강과 바다의 산물을 수취하는 관계가 이미 존재해야 하며, 오히려 니에는 이러한 수취 관계에 바탕을 두는 잉여생산물의 재분배에 지나지 않는다고 해야 한다. 이때 재지 수장층에 대한 민호의 공납은 하쓰호 등의 농업 생산물에 한정되지 않고, 수렵·어로·채집경제의 획득물도 '하쓰모노(初物, 특정 계절에 처음 얻어진 농산물 또는 어패류 등-역주)'의 형식으로 공납되는 것이 일반적이라고 한다면, 니에의 본래 형태도 거기서 찾을 수 있지 않겠는가? 니에의 본래 말뜻이 신을 제사지낼 때 바치는 물건이란 뜻이었다는 점도 함께 고려해야 한다. [40] 미쓰기의 본래 의미도 '산신(山神, 야마쓰미)이 바치는 미쓰기(御調)'〔『만엽집』38〕라고 하는 것처럼 신기와 떼려야 뗄 수 없으며, 미쓰기의 기원으로 여겨지는 '활고자(활 양끝의 시위를 거는 부분-역주)의 미쓰기(활로 쏘아 잡은 포획물을 공물로 바친 것-역주), 손끝의 미쓰기(손으로 짜서 만든 천을 공물로 바친 것-역주)'(『일본서기』 스진 천황)가 '신기의 제사'와 관계되는 것도 그것을 나타낸다(『고어습유』). 니에 또는 미쓰기의 원형은 노리나가(宣長, 에도시대 국학자 모토오리 노리나가를 가리킴-역주)가 벼 공납과 전조도 본래는 미쓰기 안에 포함된다고 지적한 것처럼(『고사기전』 23), 하쓰호와 마찬가지로, 수장 또는 주권자에 대하여 그 지배 영역 안의 토지·하천·산림을 용익하는 민호가 그 귀속 관계를 확인하는 종교적·의례적 관행에 그 기원을 두는 것으로 보인다.

율령제 국가에서 공민이 국가에 납부하는 전조(田租)·조(調) 등의 조세는 군주 또는 국가에 신종하는 자가 토지의 유일한 최고 소유자인 국가에 지불하는 특수한 '지대'라고 보아야 할 것이다. '국가가 최고의 지주'이고, 따라서 직접생산자와 대립하는 '토지 소유자임과 동시에 주권자인 자가' '사적 소유자가 아니라 아시아처럼 국가라고 한다면 지대와 조세는 일치한다'고 할 때의 '지대'이다. 형식상은 정률(定率) 조세였던 한대의 전조가 토지의 용익 점유권자인 인민이 국가에 납부한 '지대'에 다름 아니며, 그것은 토지가 본원적으로 국가(군주)의 소유에 속한다고 하는 영유적 소유관계의 실현이라고 여겨질 때의 '지대'이다.[41] 이 경우 중요한 것은 이 '지대'의 특수한 역사적 성질일 것이다. 영제의 전조에 보이는 생산물 지대를 단순히 봉건지대(封建地代)로 간주할 수 있느냐 아니냐 하는 문제이다. 내 생각은 부정적이다. 나는 고전경제학자 중에서 '생산양식의 역사적 차이에 대한 인식에서 특히 탁월했다'고 여겨지는 리처드 존스[42]가 인도 등의 소농민(라이야트) 지대를 기초로 하여 전형화한 '라이야트 지대'의 범주야말로 영제의 전조에 해당하는 지대 형태일 것이라고 생각한다.[43] 존스의 견해에 따르면 라이야트 지대는 직접생산자가 '그 토지의 소유자인 군주에게 지불하는 생산물 지대'이며, '생산을 유지하는 수단과 관련하여 이처럼 국왕에게 널리 종속되는 것이야말로 군주의 수입과 사회가 군주 치하에서 취하는 형태의 진정한 기초임과 동시에, 동양에서 면면히 이어져 온 전제정치의 진정한 기초를 이루는 것'이다. 이는 과거 인도·이란·중국 등 아시아에서 특정적인 지대 형태이며, 그 역사적 기원은 예를 들면 남태평양제도에서, 즉 '토지 전체가 군주에게 속한' 곳에서, '경작자가 그곳에서 그의 생활 자료를 얻어낼 수 있는 토지 부분을 점유하기를 허락받을 유일한 기회'를 얻기 위해서 '그가 토지 소유자에게 약간의 공납을 지불한다'고 하는 데 있었다. 존스는 라이야트 지대의 근원을 아시아적 수장제의 생산관계 속에서 찾았다. 여기서 말하는 '군주', '국왕' 등을 재지 수장 또는 천황, 즉 전조 수취자로서 앞서 언급된 '기미'로 치환한다면, 하쓰호와 하쓰모노 등의 공납물 또는 그 전환된 형태로서 옛 국조가 민호로부터 수취한 '100대에 3속'의 전조 및 미쓰기는 라이야트 지대의 기원을 이룸과 더불어, 원전조의 제도화된 형태에 지나지 않는 영제의 전조 등이 국가적 토지 소유의 성립이라는 조건 아래서 라이야트 지대의 완성 형태에 지나지 않는다고 할 수 있겠다. 근본은 재지 수장층이 그 지배 영역의 주권자이고, 그에 대한 민호의 인격적 종속관계가 수장제 생산관계의 본질을 형성하는 점, 동시에 이 주권자는 공동체의 통일을 체현한다는 자격에서 그 지배하는 영역 안의 산림원야, 강과 바다를 포함하는 모든 토지의 영유자로서 존재한다는 점이다.

세세한 논의는 차치하고 말하자면, 율령제 국가의 전조 및 미쓰기의 역사적 성격을 규정하기 위해서 우리는, 곤란하기는 하지만, 그 근원을 이루는 수장제의 생산관계 분석을 기초에 두어야 하며, 제2차적 형태로서 성립한 천황 또는 국가와 재지 수장의 관계를 기초로 삼아서는 안 된다는 것이다(다이카 전대에 대하여 남겨진 사료는 거의 후자와 관련되는 만큼 위의 사항이 중요한 것이다). 앞서 서술하였듯이 원전조도 원미쓰기(原ミツギ)도 그 기원은 수장에 대한 공납 관계에 있다. 그러나 이 점으로부터 수장제 생산관계의 본질을 '공납제'에 있다고 본다면 이는 일면적인 규정일 것이다. 이는 수장이 수취 형태에서 앞서 언급한 요역 노동이 갖는 의의와 역할을 부정 또는 과소평가하는 결과를 낳기 때문이다. 아시아적 수장제 아래서는 '잉여노동은 공납 등의 형태로 이루어지기도 하는가 하면, 또 반은 전제군주, 반은 관념상의 종족 자체인 신이라는 통일체에 대한 찬앙(讚仰)을 위한 공동 노동의 형태로 이루어지는' 것이며, 이 '공동 노동'과 그것이 전환된 형태인 요역 노동이 공납제와 함께 아시아적 수장의 생산관계를 규정한다는 점에 주의해야

한다.[44] 존스도 '생활수단을 주인에게 요청하고, 점유지 이외의 토지에서 행해지는 노동이나 역무(役務)의 형태로 공납, 즉 지대를 지불하는' 것을 라이야트 지대의 특징으로 들었다. 공납제와 요역 노동의 역사적 성격은 부담의 경중과 가혹함에 따라 규정되어서는 안 된다. 반대로 이들 수취 관계의 시초에 있는 종속관계는 '정치적으로도 경제적으로도, 이 국가에 대한 예속 관계에 공통되는 것 이상으로 가혹한 형태를 취할 필요는 없는' 것이다.[45] 부담의 무거움, 가혹함과는 별개로, 수장제 또는 율령제 국가의 생산관계를 규정하기 위해서는 종속관계의 특수한 성질이 어디에 그 역사적 근거를 두는 가에 대하여 더 검토할 필요가 있다. 그 단서 중의 하나는 전조와 함께 도곡 수취의 중요한 형태였던 출거제이다.

출거제에서 문제가 되는 것은 일본에서 독특한 형태로 발전한 도출거인데, 그것이 다이카 전대로 거슬러 올라가는 수취 형태임은 앞서 서술한 개신기 대도(貸稻, 이라시노이네)의 존재에서도 명확히 드러난다(제2장 제1절). 이는 고대를 통틀어 수장층 및 국가의 잉여생산물 수취의 중요하고도 특징적인 형태였다. 그 기원에 대하여 말하자면, 나는 전조의 기원이 앞서 서술하였듯이 공동체 또는 그로부터 전환된 수장층의 생산관계에 있다고 생각하는데 반해, 출거제의 기원은 다이카 전대의 미야케에 있다고 추정하는 견해에 따르는 것이다. 아마도 그것은 중국에서 조신을 거쳐 선진적인 미야케 경영의 수취 형태가 된 것으로 보인다. 출거의 특징은 종자벼를 포함한 영농 물자의 대여와 이자 벼 수취라는 두 가지 기능이 결합된 점에 있으며, 따라서 그 기원부터 특정 수취 관계와 떼려야 뗄 수 없었던 것으로 보이기 때문이다. 사실, 미야케와 출거제의 관계는 앞서 서술하였듯이 개신 후에도 떼려야 뗄 수 없었다. 하지만 중요한 것은 기원 문제가 아니라, 그것이 이른 단계부터 재지 수장층의 수취 형태로도 전환되었다는 점이다. 앞서 나왔던 '기비노시마 황조모가 소유한 곳곳의 대도'도 재지 수장층에 의해 지배·운용되고 그 창고에 축적되어 있었음이 틀림없고, 또 옛 국조 아래 집적된 원전조의 일부가 앞서 언급된 '군도'로서 제도화된 단계에서는 출거제로 유지·증식되고 있었던 것으로 보인다. 이러한 전환은 앞서 서술된 미야케의 구조로 보아 다이카 전대 때 조기에 이루어진 것으로 보아야 한다. 왜냐하면 이는 수장제의 생산관계 자체의 내부에 전환의 조건이 존재하였기 때문이다. 다시 말해 일반 민호의 열악한 생산력이 재생산의 필요조건으로서 출거제에 대한 의존을 불러온다는 조건이다. 다음 절에서 논하는 6세기 이후 농업 생산력의 발전 결과는 수장제의 생산관계를 사상하여 평가해서는 안 되며, 또한 일본의 고대사회를 관통하는 낮은 농업 생산력을 극복할 만한 성질의 발전도 아니었다는 점에 주의할 필요가 있다.

특히 영제에서조차 출거가 봄과 여름 두 차례에 걸쳐 대출되는 점, 봄에 쓸 볍씨만을 위한 것이 아니라 민호 농업 경영의 낮은 자립성으로 인한 식량용 벼의 부족을 보충하는 기능도 포함하는 것으로 보이는 점은 중시해야 한다.[46] 식량과 농사에 쓸 종자라는 형태로 출거를 받아야 하는 정도의 생산력에 입각하는 농민 경영은 도곡을 집적하여 소유하는 수장층에 의해 어느 정도 그 재생산이 장악되어 있으며, 이러한 농민 경영은 필연적으로 수장층에 대한 인격적 의존관계를 재생산할 수밖에 없다. 앞서 언급된 나라시대 에치젠·엣추의 재지 수장층이 간전 100정보를 개척하기 위해 필요한 물적 조건이 출거 벼의 축적이었을 것이라 추정된다는 점도 떠올려야 한다.[47] 이러한 출거제를 통한 재생산에 대한 관여는 임조제(賃租制)와 밀접한 관계를 맺으며 존재했던 영제 국가의 이른바 '공출거(公出擧)'와도 다른 형태로 나타난다. 그 특징은 가난한 농민뿐만 아니라 농촌의 부호층까지 출거를 받는다는 점에 있었다. 이는 임조제와의 연관으로 설명된다. 다이카 개신에 즈음하여 '유세자'가 그 '사지'를 백성에게 '매여(賣與)'하여 해마다 그 '값을 요구하였다'고 하는 임조제에서(『일본서기』 고토쿠 천황, 다이카 원년 9월조) '임(賃)', 즉 한 해의 풍흉과 관계 없이 봄에 지자(地子, 공전 등을 경작시킬 때 수납하는 임대료-역주)를 선불하는 제도는 다른 한편으로는 보다 이율이 낮은 출거 벼를 빌리는 제도로 보완된다고 하는 관계에 있었다.[48] 이 경우 출거제는 임조제라는 매개를 통하여 일반 공민뿐만 아니라 부호층 경영의 재생산에도 관여하는 것이다. 앞서 수리관개 문제를 계기로 하는 일반 민호의 재생산에 대한 수장층의 관여에 대하여 서술하였는데, 출거제를 계기로 하는 수취의 특징도 또 다른 측면의 재생산에 대한 관여이다. 그러한 수취들의 근저에 있는 인격적 의존관계는 생산력 발달의 특정 단계에 기초를 두는 점, 바꾸어 말하자면 직접생산자 측의 한층 더한 생산력 발전만이 위의 인격적 의존관계를 질적으로 변화시키는 힘인 점, 그 원동력 없이는 단순히 '궁핍의 일반화'를 불러올 뿐인 점은 분명하다.

수장제의 생산관계를 토대로 하고, 그것을 조직화함으로
써 성립하는 율령제 국가의 수취 체계가 그 기본 조건으
로서 '권농'이라는 전형적으로 동양적인 기능을 동반해
야 했던 이유도 지배와 예속이 재생산에 대한 관여를 특
징으로 하고 있었기 때문이다.

4. 반전제의 성립

다이카 개신의 특징 중 한 가지가 인민의 지역적 편호
와 일반적 교전에 있었음은 앞서 서술하였다(제2장 제1·2
절). 이 중 전자는 그 편호 방식에서 아무리 동양적 전제
국가의 특징이 보인다고 해도 기본적으로는 모든 국가
가 지녀야 하는 속성 중의 하나이다. 문제는 편호가 일
반적 교전을 동반하고 그와 일체가 되어 있는 점, 바꾸어
말하자면 그 완성된 형태에서는 영제의 편호와 반전수
수제가 수취와 세제의 기초로서 존재한다는 동양적 특
수성이다. 반전제의 기초가 되는 것은 말할 것도 없이 율
령제의 국가적 토지 소유이다. 구분전 등이 당시의 법의
식에서 '사전(私田)'으로 여겨졌다는 이유로 율령제 국가

가 '토지공유' 또는 국가적 토지 소유임을 부정하고, 토지사유에 기초를 둔다고 보는 견해[49]는 지지하기 어렵다.[50] 영 본래의 용어법(用語法)에서는 '사전'이란 주인 있는 논을 말하며, 따라서 구분전은 '사전'인 반면 주인 없는 논이 '공전'으로 여겨진 것이다. 그러나 덴표 15년(743) 간전영대사재법의 제정을 계기로 하여 '공전' 개념에 변화가 일어나고, 영년사재전(永年私財田)으로 인정된 전지가 '사전'이 된 결과, 구분전을 포함한 그 밖의 전지가 '공전'이 된 것은 구분전='사전'이라는 관념이 얼마나 토지 사유제의 외적 표지로서 박약한지를 보여주는 것으로, 국가적 토지 소유가 율령제 토지 소유의 근간을 이루었다고 보아도 된다. 하지만 그것이 반전수수제로서 전국적으로 실현된 것은 기요미하라령 시행 이후이고, 그 이전의 토지 소유 형태는 미야케 등의 대토지 사유제를 제외하면 재지 수장제의 전통적 생산관계의 일부로서 존재한 것이며, 적어도 그것과의 관계를 빼놓고는 고찰할 수 없는 성질의 것이다. 내가 일찍이 구분전의 착포 형태로부터 다이카 전대 공동체의 토지 소유를 논하였을 때 저지른 기본적인 오류[51]는 그것을 매개 없이, 즉 국아 권력과 그 토대를 이루는 재지 수장층 또는 군사의 권력을 매개로 하지 않고 논한 점에 있으며, 전후의 많은 연구와 비판을 통해 그 오류가 명백히 드러났다.[52] 전형적으로는 에치젠국 사카이군(坂井郡)·아스하군(足羽郡)에서 보이는 것처럼, 군내 각 향의 향호(鄕戶)가 특정 장소에 집중되게 구분전의 반급을 받은 사실은 향을 단위 또는 한계로 하여 반전이 이루어졌음을 나타내며, 다른 한편으로 그 뒤섞인 경지 형태를 지닌 구분전의 반급이 군을 넘어서는 경우가 적다는 점은, 반전할 때 촌락 등의 공동체를 넘어, 나아가 군 하나의 규모로 존재하는 강권의 존재를 상정하게 하는 것이며[53], 그것을 매개로 하지 않고서는 구분전의 착포 형태는 설명하기 어려운 것이다. 이 강권은 형식상으로는 국가 또는 국아의 권력이지만, 실질상으로는 바로 군사로 제도화된 재지 수장층의 공민층에 대한 계급적 권력임은 앞서 언급한 잡요의 경우와 마찬가지다. 전자는 후자를 조직화하고 제도화한 것에 지나지 않기 때문이다. 구분전의 반급 양식과 그 착포 형태로부터 매개 없이 반전제 이전의 '공동체'를 논해서는 안 되고, 공동체 문제를 내부에 포함하는 수장제의 생산관계와 그 기초에 있는 토지 소유관계야말로 전면에 드러나야 하는 것이었다. 위에 언급된 에치젠국의 사례는 다양한 형태 중 한 예에 불과하지만, 그래도 문제의 소재는 드러나 있다고 보아도 된다.

기요미하라령 및 다이호령에서 법으로 확립되고 또 전국적으로 시행된 반전수수제는 기본적으로는 수·당의 균전제를 모델로 하였지만, 양자 사이에는 중요한 점에서 약간의 차이가 존재하였다.[54) 특징적인 차이점은 (ㄱ) 여자급전제(女子給田制), (ㄴ) 논을 받는 자격의 무제한과 종신용익제, 즉 기요미하라령에는 다이호 영제의 '5년 이하는 지급하지 않는다'는 규정이 없고, 호적에 등록된 1세 이상의 모든 양민이 논을 받을 자격을 부여받은 점, (ㄷ) 노비급전제(奴婢給田制), (ㄹ) 육년일반제 등이다.[55) 이러한 차이점을 설명하기 위하여 옛날부터 많은 해석이 이루어져 왔는데, 그 설명들은 일본 영의 규정이 당나라 제도와 비교해 보다 '사회정책적'이라고 보는 견해이든, 또 그것을 비판한 여러 견해이든, 일본 영의 규정으로부터 곧바로, 혹은 매개 없이 입법 정신이나 의도를 찾으려고 한 점에서는 공통되는 경향을 지니고 있었다. 그러나 문제는 그 이전 지점에 있다. 즉, 일본 영의 특징이 어떠한 장에서 어떠한 역사적 전제 아래 형성되어 왔는가 하는 문제이다. 물론 이 문제가 종래 등한시되어 온 것은 아니다. 그러나 그 경우에 항상 거론되는 것이 다이카 전대의 미야케였다. 다이카 전대의 선진적인 미야케 경영 방식에 반전제의 선구라 볼 수 있는 요소들이 있었음은 부정할 수 없지만, 산재적·개별적으로 존재한 것에 지나지 않는 미야케의 경영 방식이 어떠한 과정을 거쳐 전국적인 체제로 제도화되었는가 하는 문제를 그러한 설명으로는 풀 수 없다. 국가 성립사라는 다면적이고 총체적인 과정으로부터 떼어내어 반전제를 처음부터 '토지제도사'의 일부로 전환해 버리기 때문이다. 다이카 전대에서 그 선구적 형태를 찾기 전에, 기요미하라령에 따른 반전제의 전국적 시행에 대한 직접적 전제를 이루는 시대, 즉 다이카 개신부터 기요미하라령 시행에 이르는 약 반세기의 시대가 우선 문제가 되어야 할 것이다. 나는 이 시대야말로 당나라 제도와 구별된 특징을 갖는 일본형 반전제의 모델이 확립된 시기였을 것으로 추정한다. 앞서 서술하였듯이 이 책에서는 개신조 등의 기사, 즉 반전수수법이 개신을 통해 시행되었다는 기사는 신빙성이 없는 것으로 간주하고, 그때 시행된 것은 소유 형태와 관계가 없이 이루어진 일반적 교전에 지나지 않았다는 전제에 입각하였다(제2장 제1절). 따라서 그때는 일반 민호의 보유지 환수(還授) 또는 수공은 행해지지 않았고, 그러한 의도나 정책도 존재하지 않았다고 생각한다. 일반적 교전으로부터는 반전제의 원리는 곧바로 발생할 수 있는 것이 아니다. 바꾸어 말하자면 기요미하라령의 반전제를 낳은 고유법적인 장은 다이카 개신의 일반적 교전과는 다른 데서 찾아야 한다. 나는 그것을 개신기의 조들에 제시된 개간과 영전, 새로운 유형의 '계획촌락' 성립에서 찾고자 하는 것이다.

다이카 개신의 정책들 중 일반적 교전과 동등한 중요성을 갖는 것으로 권농 정책을 들어야 한다. 이는 권농과 개간이 국가의 공적 정책으로서 거론된 중요한 전환기를 이루는 것으로, 그로 인해 일본의 고대국가가 동양적 전제국가의 특징적인 한 측면을 전개시키기에 이르렀다는 전환점을 보여주는 것이다. 이는 기내 및 사방의 구니에 대하여 농월(農月)에 '영전'할 것을 지시한 (c)의 조에 우선 나타나며, 나아가 (d)에서 (ㄱ) '무릇 논을 지급할 때는 백성의 집이 논 가까이에 접해 있다면 반드시 가까운 곳을 우선하라', (ㄴ) '구니들의 경계를 살피고 글로 적거나 그림으로 그려서 지참하여 제시하여라. 구니·고리(縣)의 이름은 왔을 때 장차 정하겠다', (ㄷ) '구니들의 둑을 축조할 땅과 도랑을 팔 장소, 논을 개간할 곳은 골고루 주어서 조성하게 하라'의 세 항목으로 구체화되었다. 그중에 일단 중요한 것은 (ㄷ)의 개간이고, 그 전제조건인 '둑'과 '도랑' 등 관개시설의 조영이 지시된 점이다. 이는 다음과 같은 특징을 지니고 있었던 것으로 추정된다.

첫째로 이 개간의 주체는 재지 수장층이어야 한다. 제방과 구거 축조 같은 대량의 노동력을 필요로 하고 또 그것을 위한 식량과 도구의 존재를 전제로 하는 개간이 민호에 대한 요역 노동 부과권(앞서 서술한 영제의 잡요와 잡요외요역을 포함)을 가진 재지 수장층의 권력을 전제로 해야만 비로소 가능했기 때문이다. 이 점에서 그것은 다이카 전대의 재지 수장층에 의한 개간, 예를 들면 다이카 원년 9월의 조에 전하는 '구니·고리의 산과 바다, 임야, 연못과 논'을 떼어내어 사전으로 삼은 수장층의 개간을 계승하는 것이자 그 발전형이었다.

둘째로, 다이카 전대와는 다른 점은 새로이 개간된 전지가 공전(영제의 '공전'과는 다른 의미로)으로 여겨졌다고 추정된다는 점이다. 이는 개간에 투입된 노동의 성질과 관련되어 있다. 일본 고대 토지 사유권의 지표로는 대대로 전해진다는 점과 사적 공력(功力)이 가해진다는 점 두 가지를 들 수 있는데(『유취삼대격』엔랴쿠 17년 12월 관부), 이 원칙을 적용하면 개신기 이후의 간전이 공전으로 된 것은 거기에 투입된 노동, 즉 수장층이 파악하는 노동이 사적인 것이 아니라 공적인 것으로 전환되었어야 한다. 앞서 서술하였듯이 개신에서 법적으로 규정된 요역 노동은 사정제뿐이며, 다른 한편으로 잡요제가 제도화된 것은 기요미하라령부터의 일이라 해도, 그것은 나중에 서술하듯이 개신 정부가 재지 수장층이 가진 요역 부과권과 지방적 역역에 무관심했음을 보여주는 것이 아니다. 나는 잡요제가 법제화되기 전 단계로서 다이카 개신을 하나의 전환기로 상정한다. 요역 노동의 일부를 이루는 군역이 앞서 서술하였듯이 국조군으로서 제도화된 것이 개신기라고 본다면(제2장 제4절), 거기서도 요역 노동의 일부에 대한 공적 파악의 한 측면이 엿보인다. 다이카의 이른바 박장령(薄葬令, 646년에 발표된 신분에 따라 무덤의 규모를 제한하는 법령-역주)이 갖는 의의 중 하나도 국가가 필요로 하는 공적 노동에 인민의 잉여노동을 집중하기 위한 조치가 아닐까? 사이메이조의 '세 가지 실정' 중 하나인 '길게 수로를 파서 공량을 소비한 일', 즉 '공량' 지급에 따른 공적 요역의 사역(제1장 제3절)은 딱히 사이메이조 '실정'

의 결과는 아니며, 개신 이후의 대규모 개간 사업으로 거슬러 올라가는 것으로 보아야 한다. 옛 국조제에서 고리제로의 이행은 동시에 재지 수장층의 요역 부과권 일부가 국가적 요역으로 전환되는 현상을 동반한 것이 아닐까? 또한 율령제 국가의 이른바 '공수주의(公水主義)' 원칙도 위의 사항과 관계된다. 나는 『엔기식』 민부성식에서 규정하는 원칙, 즉 '공수(公水)'를 사용하는 것은 사간전(私墾田)이라도 '공전'이 된다는 규정이 법으로 확정되는 것은 '새 구지(溝池)'와 '옛 구지'의 차이에 따라 간전의 보유에 차등을 부여한 요로의 삼세일신법 및 덴표의 간전영대사재법과 관련되어 있다고 생각하지만, 그 사항은 '공수'='공전'이 개신 이후의 일관된 원칙이었음을 부정하는 것이 아니다. 따라서 개신기의 개간에서 축조된 제방·구거 등이 공적 요역 노동을 사역한 결과물로서 국가의 소유로 귀속한다고 본다면, 그로부터 '공수'의 분배를 받는 간전 및 민호의 보유지는 '공전'으로 간주되는 것이 당연한 귀결이라 할 수 있겠다.

셋째 특징은 개신의 개간이 다이카 전대의 그것과 비교하여 새로운 기술과 생산력을 기초로 하여 행해졌다는 점이다. 7세기의 '수공(水工)'이나 '장작대장(將作大匠)' 등 새로운 기술자의 발생은 이 점에서 주목되어야 한다.[56] 관개용수 시설과 새로운 토목 기술의 결합은 다이카 전대의 미야케 등에서도 확인되는데, 선진적 기술을 전국적 규모의 개간 사업에서 계획적이고 계통적으로 적용하는 일, 즉 예전부터 개별 재지 수장제가 쌓아온 개간의 경험으로부터는 자연발생적으로 생겨나지는 않는 성질의 기술, 국가를 매개로 해야만 섭취 가능한 해외의 기술을 의식적으로 전국에 적용하는 일은 개신에서 비로소 확립된 것이라고 생각한다. 이때 위의 (ㄷ)에서 특히 '둑'과 '도랑'이 지적된 의의에 주목할 필요가 있다. 이는 분명히 종래의 생산력과 기술로는 개척하기 곤란했던 충적지 또는 범람평원의 정복을 의도한 것이며, 새로운 토목 기술과의 결합도 그와 불가분의 관계에 있었다고 보아야 한다.

개신에 의해 국가의 정책으로 내세워지고 수행된 개간은 이상과 같이 재지 수장층의 요역 부과권 및 옛 노동 조직과 거기에 집적된 식량·도구 등의 소유가 중앙으로부터의 기술과 공권력과 결합됨에 따라 달성된 것이며, 그 소산으로서 새롭게 획득된 공전=공수는 종래의 모든 전통적 토지 소유관계로부터 해방된, 따라서 국유지로서 국가의 새로운 정책이 그만큼 자유롭게 실현될 수 있는 장이 되었던 것으로 보인다. 이는 옛 취락으로부터 일단 분리된 장에 새로운 유형의 취락과 경지가 설정되는 조건을 만들어 낸 것이다. 조리식 촌락을 성립시키는 하나의 역사적 기초는 여기서 찾아야 한다고 생각한다. 전국적으로 분포하는 조리제의 유구(遺構)라는 것을 단순히 고대 토지구획 제도와 관련짓는 일반적인 사고방식에 대해서 나는 의문을 품지만, 그것은 여기서 논할 문제가 아니다. 하지만 현재의 유구로부터 고대 조리제를 고찰하는 경우에도, 거기에 많은 층이 존재하는 것은 말할 것도 없고, 그 첫 번째 층이 다이카 전대의 미야케에 있음은 부정할 수 없을 것이다. 예를 들면 하리마국 고시베(越部)노 미야케로 비정되는 이보군(揖保郡) 이보강(揖保川) 상류 지역의 조리 유구가 그 주위에 분포하는 이보군의 그것과 달리 약 10도 동쪽으로 치우쳐져 있다는 사실은 다이카 전대의 미야케에서 조리제적 토지구획이 시행되었음을 보여주는 것이며[57], 이러한 예는 더 넓게 상정해야 한다.[58] 두 번째 층은 다이카 개신으로부터 지토조에 이르는 시기의 앞서 언급한 국가적 개간을 통해 성립한 조리제이다. 세 번째 층은 기요미하라령 시행 이후 전국적인 반전수수 실시와 더불어 성립하는 조리제이다. 대략적으로는 위와 같은 세 층의 퇴적에 따라 고대 조리제의 유구는 성립한 것인데, 그중 가장 중요한 비중을 차지하는 것은 세 번째 층이고, 다음으로 두 번째, 첫 번째 층 순이다. 첫 번째 층은 그 분포를 아무리 넓게 상정하여도 특수적·산재적이라는 점을 특징으로 한다. 그에 반해 두 번째 층은 국조·고리노미야쓰코 등에 의한 국가적 개간 사업의 일부로서 전국적으로 시행되었다는 점에서 첫 번째 층과 구별되지만, 앞서 서술하였듯이 일반 민호의 옛 보유지 수공 또는 환수를 동반하지 않는다는 점에서, 새 개간지에 한정된다는 점에서, 세 번째 층과 비교하면 부분적·특수적이라는 점을 특징으로 한다. 여기서 문제로 삼는 것은 두 번째 층이며, 거기서 성립한 새로운 유형의 조리식 취락이야말로 기요미하라령 반전제의 기초가 된 것으로서 중시하고자 한다.

앞서 서술하였듯이 공공(公功)을 가하여 새롭게 개간된 공전(공수)은 조리제에 바탕을 둔 계획적인 토지구획이 시행된 것으로 보인다. 그때 첫 번째 층과 다르게, 조리제의 특징이 군마다 하나의 통일성을 갖는다는 점, 또한 구니마다 하나의 완결성을 갖는다는 점에 있음을 떠올려야 한다. 이 점에서 개신의 개간을 규정한 앞서 언급 된 (d) 조의 (ㄴ)에서 '구니·고리'의 경계를 정하는 일이 서술된 점은 개간―공전―조리제와 구니·군의 경계 설 정과의 관계를 시사한다는 점에서, 또 앞서 서술한 개신 기 국조·고리노미야쓰코제에 따른 그 영역의 분할·통합 과의 관계에서(제2장 제3절) 주목할 만한 의의를 지닌다고 할 수 있겠다. 행정 구획의 설정과 불가분의 관계를 맺 으며 진행되는 두 번째 층의 조리제는 개별적·특수적인 첫 번째 층의 그것과는 기본적으로 다르며, 첫 번째 층에 서 세 번째 층으로 발전하기 위한 선구가 되고 매개가 되 는 성격을 갖고 있었다. 동시에 그것은 지적(地積) 면에서 도, 예를 들면 벼 1속을 수확할 수 있는 토지의 면적, 즉 그 실체적 면적은 땅의 성질 등의 조건에 따라 당연히 달 라지는 제1차 '대' 제도가 내용이 확정된 제2차 '대' 제도 로 이행하는 기초가 되었다고 추정되는 면에서도, 기요 미하라령의 정단보제가 확립되는 매개 또는 전단계로서 개신 이후 덴무조의 조리제를 상정해 둘 필요가 있고[59], 이 점에서도 첫 번째 층과 구별해야 한다. 이러한 조리제 적 토지구획은 그에 동반하는 새로운 취락의 설정, 즉 원 지·택지(園地·宅地)의 계획적인 반급과 그곳에 이주 또는 정주하게 된 민호에 대한 공전의 반급을 필요로 한다. 개간된 모든 공전은 새로운 조리식 취락의 성립을 의미하지는 않지만, 부분적으로는 당연히 성립하였다고 간주해야 한다. '급전(給田)'은 '백성의 집'에 가까운 전지를 배당하라는 앞서 서술한 (d)의 (ㄱ) 규정을 중요시하는 것은 그것이 위의 개간에 따른 새 취락의 급전을 직접적인 전제로 한 규정이라 생각하기 때문이다. 앞서 서술하였듯이 이 책에서는 개신조 등의 '반전수수법' 기사는 채택하지 않으므로, 위의 '급전'은 교출전의 '균등한 지급'과 마찬가지로 수공 또는 환수 규정을 동반하지 않는 일회적 반전이며, 따라서 기요미하라령 이후의 반전수수제와는 제도상 명백히 구별되어야 한다. 그 구별을 위하여 후자인 반전제와 대비하여 전자를 가칭 '부전(賦田)'제라 해두기로 한다. '부전'이라는 용어는 『일본서기』 지토 천황 원년 3월·4월조의 '논을 나누어주고 식량을 받았다(賦田受稟)'에서 빌린 것이다. 부는 나누어준다는 뜻이므로, 부전은 공권력이 전지를 인민에게 반급하는 것이며, 여기서는 환수 규정을 동반하지 않는 급전을 반전제와 구별하기 위해 가칭으로 사용할 뿐이다.

　개신기 이후 부전제의 특징은 반전제와 같은 성문 법

규에 따른 환수 규정을 갖지 않음과 동시에, 다른 한편으로는 일정한 원칙에 따라 반급이 이루어진 것으로 보인다는 점이다. 개신 이후 조리식 촌락의 성립은 앞에서 서술한 다이카 전대의 재지 수장층에 의한 '계획촌락'의 계승이며, 공적 형태를 취한 그것의 발전인데, 후자에도 당연히 동반된 것으로 보이는 토지 분배는 아마도 수장층의 생산관계와 거기에 편성된 공동체의 지위로 규제된 관습법에 바탕을 둔 것으로 보이는 데 반해, 부전제의 경우에는 그것을 토대로 하면서도 앞서 언급한 (d)의 (ㄱ)에서 그 일부가 확인되는 것 같은, 전국적으로 적용되어야 하는 통일적인 급전의 원칙들이 존재하였다고 추정해야 할 것이다. 당나라의 균전제와 다른 반전제의 특징적인 규정 성립의 장을 나는 여기서 찾고자 한다.

반전제에 선행하는 하나의 형태로서 부전제 단계를 설정하는 것은 율령제 아래 변경의 전제를 통해 보더라도 타당함을 알 수 있다. 반전제 시행이 이루어졌다는 사료도 없고, 또 그 개연성도 거의 없는 무쓰·데와 두 구니에서도 '구전(口田)' 또는 '구분전'의 반급이 이루어진 사실에 주의할 필요가 있겠다. 호키 11년(780), '적(賊)'에게 약탈당한 데와국 오가치(雄勝)·히라카(平鹿) 두 군의 산민(散

民)·백성을 소집하여 '구전'을 반급한 사례(『속일본기』엔랴쿠 2년 6월조), 그리고 귀화한 이부(夷俘, 투항한 에미시를 가리킴-역주)에게 '구분전'을 준 사례(『유취국사[類聚國史]』권190, 고닌 7년 10월조)는 환수 규정을 동반하지 않는 일회적 반전으로 보아야 하며, '구전', '구분전'이 반전제 없이도 존재할 수 있었던 점, 또 그 용어로 보아 그들이 호구수 등을 기준으로 하는(아마도 현실에서는 반전제의 법규를 기준으로 하는) 계획적 반급이었음을 보여준다. 이는 내용상 『일본서기』 지토기의 앞서 나온 '부전'과 다른 점은 없는 것이다. 오우(奧羽, 무쓰와 데와-역주) 지방에서 책호(柵戶)=둔전병을 시켜 개간 경영하게 한 군방령의 이른바 '장전(庄田)'은 그것이 '성하(城下)'의 민(民)에 의해 경작된 이상, 거기에 각 호에 대한 계획적인 토지 배분, 즉 '구분전'의 반급이 있었다고 보는 것이 당연하며, 그 형태가 조리제를 기초로 하였다고 상정하는 것이 자연스럽다. 사실, 아키타시(秋田市) 북교(北郊), 즉 옛 소토아사히카와촌(外旭川村) 남부부터 아키타시 이즈미(泉) 지구에 걸친 수전 지대에는 책호에 의한 '장전' 경영과 결부되는 것으로 추정되는 조리제 유구가 발견되고 확인되었다[60](그것은 조리제 유구의 최북단이 된다). 이상의 사실은 고대의 오우가 반전제 이전의 부전제 단계에 있었음을 말해주는 것으로, 이는 개신기부터 기요미하라령에 이르는 시기에 나타난 부전제의 재판(再版)이자 유제라고 생각한다. 나라시대 사쓰마(薩摩)·오스미(大隅) 두 구니의 변경지대에 대해서도 같은 사항을 지적할 수 있겠다.

첫째로 중요한 것은 앞서 서술한 (ㄱ) 여자급전제와 (ㄴ) 수전 자격의 무제한과 종신용익제이다. 이 규정은, 중국 역대 왕조의 균전제와 달리, 반전제가 과역의 부과와 직접적인 관련 없이 호의 인구 구성에 대응하는 수전(授田)을 전제로 하였다. 나는 남자 대 여자의 수전액(受田額)을 3:2로 하는 규정은 기요미하라령의 반전제에서 시작되는 것으로 추정하는데, 여자에 대한 수전 자체은 부전제의 원칙에 그 기초를 두는 것이라 생각한다. 이는 첫째로 개신부터 경오년적에 이르기까지의 민호 조사·등록이 지니는 성질에 의해서도 제약을 받는다. 이는 앞서 서술하였듯이 호의 총수 및 호구 총수의 조사·등록이며, 영제처럼 호구의 성별·연령별 조사·등록에는 미치지 못한 것으로 추정되기 때문이다(제2장 제1절). 이러한 단계에서 시행되는 부전제는 남녀의 차별 없이 호구 총수에 따라서 반급되는 수밖에 방법이 없지 않았을까? 또 1세 이상의 양민 모두에게 구분전을 반급한다는 기요미하라령의 규정도 호구의 연령 조사·등록과 그것의 정기적인 재등록을 전제로 하는 적장제(籍帳制)가 없다고 하는 이 단계의 특징을 계승하고 있다고 보아야 할 것이다. 둘째로 반전제가 과역 부과와 직접 결합하지 않는다는 특징에 대해서는, 조(調)의 인신 부과가 기요미하라령을 통해 확립되며, 그 이전에는 다이카 전대 이래의 호조(戶調)와 새롭게 설정된 전조인 점, 바꾸어 말하자면 부전제 단계에서는 조세 부담의 단위는 형식적으로도 실질적으로도 호였음을 염두에 두어야 한다. 따라서 부전제도 호구의 성별·연령별적인 내용과 관계 없이, 호를 대상으로 하고, 그 호구수를 기준으로 하여 반급된 것으로 보이며, 따라서 거기서는 호구의 과·불과 구별은 급전과 직접적으로는 관련되지 않았던 것이 당연하겠다. 다음으로 문제가 되는 (ㄷ) 노비급전제에 대해서는 그것을 북위 균전제의 노비와 경우(耕牛)에 대한 급전 제도로부터 유추함에 따라 노비 소유자를 보호하기 위한 제도로 보는 견해는 따르기 어렵다. 양민의 3분의 1, 즉 노(奴) 240보, 비(婢) 160보인 구분전은 노비의 연간 식량조차 충당하기 곤란한 면적이기 때문이다. 나는 영제의 노비급전제는 다이카 이후의 부전제 원칙 또는 관행의 계승으로 간주하며, 3분의 1 규정은 기요미하라령부터였고(앞서 서술한 남녀 3:2와 함께), 본래 그것은 양민과 같은 액수를 반급한 것이라고 보는 추정에는 따르기 어렵다.[61] 그것은 앞서 언급한 개신기 이후의 호구조사에서 노비는 다른 가족 구성원과 마찬가지로 호구 총수 안에 포함되어 있었다고 추정되기 때문이며, 또 일본 노예제의 일반적 형태인 가내 노예제는 가족노동의 '보조적' 노동력으로서 호의 구성원 일부를 이루고 있었다는 사정과 대응되기 때문이다.

세부적인 문제를 모두 사상시키면, 부전제의 내용은 이상의 특징을 지닌다고 추정된다. 기요미하라령의 반전제 규정이 당나라 제도와 구별되는 특징적인 점들은 단순히 입법자의 의도나 정책을 통해 설명되어야 할 것이 아니고, 또한 매개 없이 다이카 전대에서 계보를 찾아서도 안 되며, 그 직접적인 역사적 전제는 개신기 이후 반세기에 걸쳐 행해진 부전제의 원칙들에 있었다고 보는 것이 내 견해의 요점이다. 반전제는 부분적으로 행해진 고유법적인 부전제의 당나라 제도를 통한 제도화이자 법제화이고, 또한 전국적 시행이며, 영제의 세제와 적장

제=개별 인신적 지배와의 결합이었다고 보는 것이다. 그 동안 반전제와 중국 북위·수·당 균전제의 비교는 완성된 형태를 갖춘 개별 법적 규정의 비교로서 이루어졌지만, 나는 오히려 균전제의 전사를 이루며 후자의 선구가 된 제도들, 예를 들면 '계구수전(計口受田)'제를 여기서 떠올리고자 한다. 이는 균전제의 성립을 위해서는 장기간에 걸친 전사가 필요했음을 알려주기 때문이다.

북위의 권농 정책 및 개간 정책의 하나로 사민정책(徙民政策)과 더불어 실시된 계구수전제의 내용은 명확하지 않지만, 첫째로 그것이 마찬가지로 균전제의 선구적 형태 중의 하나로 여겨지는 서진(西晉)의 점전·과전제(占田·課田制)와 동일하게, 토지의 환수 규정을 동반하지 않는 부전제적 특징을 지니는 점에 주의해야 한다.[62] 둘째로 '계부수전(計夫受田)' 또는 '계정수전(計丁受田)'이라 불리지 않고 특별히 '계구수전'이라 불리는 것의 의미이다. '구(口)'라는 표현이 모든 호구를 포함할 수 있는 점, 노비마저 '구'로 헤아려진다는 점을 떠올리면 계구수전제의 토지 반급 방식이 과역 부과와 직접적인 관련 없이 이루어졌을 가능성만은 적어도 상정해 둘 필요가 있다. 이 사항은 북위의 균전제와도 관련된다. 분명 『위서(魏書)』식화지(食貨志)에 수록된 균전 법규 제2조에는 '무릇 민(民)의 나이가 과(課)에 이르면 곧 전(田)을 받고 늙어서 면해지거나 본인이 사망하면 곧 전을 되돌린다'고 되어 있어, 수전 기간은 15세부터 70세까지로 한정되어 있다. 그러나 이 법규에 선행하는 것으로 추정되는 485년(태화 9년)의 조(詔)에서[63] '이제 사자를 파견해 주군(州郡)을 순행(循行)하고 목수(牧守)와 함께 천하의 전을 균등하게 지급하게 하며, 주고 거두는 일은 생사를 기준으로 하고, 농상(農桑)을 권과(勸課)하여 백성을 부유하게 하는 근본을 일으키게 하겠다'고 되어 있는 점이 주목된다(『위서』 고조 효문제기, 태화 9년 10월조). 이 조는 환수 규정이 존재한다는 점에서 선행하는 점전·과전제나 계구수전제와 구별되는 균전제의 원칙에 입각하였지만, 동시에 그 환수가 '생사를 기준으로' 한다는 점에서는 균전제와 다른 원리, 즉 과역 부과와 직결되지 않는 기요미하라령적인 수전 자격의 무제한 및 종신용익제의 원리에 입각하였다고 보아야 한다. 만약 그것이 계구수전제나 둔전제[64]에 당연히 동반되었을 계획적 토지 배분 등을 포함하는 균전제의 선구적 형태들 속에 그 역사적 전제 중 하나를 두고 있다고 가정한다면, 기요미하라령의 반전 규정에 보이는 당나라 제도와 다른 특징을 일본적 특수성이나 입법자의 정책적 의도로만 돌리는 것은 너무 단순하다고 하겠다. 개신조의 '호조'와 북위 제도와의 관련이 보여주듯이, 개신 전후의 지배층은 수·당 이전의 제도들에 대해서도 지식을 가졌고, 그것을 계수하려고 했다는 사실도 떠올려야 한다. 그러나 나는 기요미하라령 반전 법규의 특징과 중국의 균전제 이전의 제도들과의 계보적 관계를 고려하지 않는다. 수장제 또는 국가권력에 의한 계획적인 개간과 토지 배분은 계보적 관계 없이도 똑같은 문제와 해결 방식을 각각 탄생시킨다고 생각하는 것이다. 여기서 말하고자 하는 것은 일본도 중국도 반전제 또는 균전제가 제도적으로 확립되기 전에 장기간에 걸친 부전제적 단계를 전제 중 하나로 지니고 있었다는 점이다.

기요미하라령 반전제의 특징은, 여자반급제와 수전 자격의 무제한에서 보이듯이, 국가의 각종 부과와는 직접적으로 연결되지 않는다는 점, 급전의 목적이 노비를 포함한 호 자체의 재생산을 위한 최소한의 조건을 확보하려고 한 데 있었다. 이 점에서 헤이안조(平安朝) 사료를 통해 조용의 부담과 반전제를 연결시킨 내 견해에 대한 비판은 옳다. [65] 조용제는 반전제 없이도 성립할 수 있고,

전자는 후자가 10세기에 소멸한 이후에도 다른 형태로 존속하였음은 후자를 상대적으로 독자적인 제도로 파악해야 함을 보여준다. 그러나 당연히 이는 양자 사이에 관련이 없다는 것을 의미하지 않는다. 앞서 서술한 오우의 부전제에 바탕을 두는 '구전' 또는 '구분전'의 반급에서 조용 및 전조의 공진이 그 전제로서 떼려야 뗄 수 없게 연결되어 있다는 사실은 호의 재생산을 위한 토지 배분이 조용조의 징수와 분리할 수 없음을 보여주기 때문이다.

율령제 국가가 반전제라는 형태로 민호의 재생산을 위한 최소한의 조건을 확보하려고 한 목적은 일반적으로는 다이카 전대 수장제의 발전에 동반하는 자유로운, 국가적인 규제가 없는 계급 분화를 저지하는 데 있었다고 할 수 있지만, 그것만으로는 반전제 같은 토지 소유의 영역에까지 철저하게 관철된 시책을 설명하기에는 너무나 추상적일 것이다. 첫째로 나는 여기서 한 번 더 '정치의 요점은 군사이다'라는 개신 때부터 율령제 국가의 성립사를 관통하는 원칙을 하나의 계기로서 추가하고자 한다. '군사를 부리는 요점은 의식(衣食)을 근본으로 한다'는 말을 빌릴 필요도 없이(『속일본기』 요로 6년 윤4월조), 군사적 국가가 존립하는 기초가 최종적으로는 직접생산자의 생활

자료 재생산을 확보하는 데 있다는 사상은 이미 전국시대에 확립된 중국 고대국가의 기본 원칙이며, 균전제와 반전제의 입법 정신을 유가적 목민 사상으로 설명하려고 한 오래된 설과는 반대로, 오히려 그와 대립하는 법가의 사상으로서 확립된 것이다. 한비자(韓非子)가 상군(商君)의 이른바 부국강병책으로서 설파한 '경전지사(耕戰之士)'는 '십오(什伍)'제, 즉 인민의 지역적 편성과 연결되어, 농업 생산을 기초로 한 군사력을 제도적으로 창출하는 것이며, 이는 역대 중국 왕조의 전통적이자 최우선적인 과제였다(『한비자』 화씨[和氏] 제13). 이 과제를 벗어난, 단순한 권농과 개간 정책으로는 국가는 중국의 가혹한 조건들 속에서 멸망할 수밖에 없었기 때문이다. 유가도 그 국가론 속에 편입할 수밖에 없었던 이러한 법가적인 '부국강병'책이 반전제·향리제(鄕里制)를 포함하는 일본의 율령제 국가 정책에 내재하는 기본 사상이었다고 생각한다. 율령이라는 법전 자체가 유가의 원리로부터는 생겨나지 않고, 법가의 국가론을 토대로 하는 점, 나라시대의 조칙에 『관자(管子)』 사상의 영향이 확인되는 점도 떠올려야 할 것이다(율령제 국가 정책의 기초에 있는 논리와 사상을 단순히 유가 사상으로 간주해 온 종래의 견해는 재검토해야 한다). 앞에서 인용한 북위 고조의 균전 조에 보이는 '농상을 권과하여 백성을 부유하게 하는 근본을 일으킨다'는 권농과 부민(富民)이 일본의 반전제 시행 사례에도 공통되는 이념이겠지만, 그것도 단순히 유가 사상으로 해석되어서는 안 된다. '부민'은 '십오' 제도, 일본 영제의 오보(五保)·향리로 이루어진 편호 제도와 결합한 군사적 국가를 창출하는 데 불가분한 일환으로서 호의 재생산 확보를 의미한다. 개신부터 덴무·지토조까지 일관되는 국제적 계기를 포함하는 앞서 서술한 '군국' 시대의 역사적 사정이 일본의 지배층을 반전제 시행에까지 철저하게 관철시킨 하나의 동인이 아니겠는가? 둘째는 다이카 전대의 왕민제와 결합한 토지 사유제가 어느 정도 발전한 점이다. 이는 조선 삼국보다도 더 발전한 단계에 도달해 있었다고 생각한다. 따라서 왕민제에서 공민제로의 전환은 필연적으로 토지 문제를 제기하게 되며, 반전제 시행으로까지 내몰릴 수밖에 없었을 것이다.

토지의 보유자=농민인 호의 재생산을 위한 최저조건 확보는 그것만 따로 고립된 것이 아니라, 국가권력이 사회 재생산의 조건들을 확보하는 데 관여한다는 동양적 전제국가의 특징 일부로서 존재하는 것이다. 일찍이 엥겔스는 농경의 제1조건인 인공 관개, 일반적으로 '재생산을 위한 배려'가 국가권력의 사업으로서 존재하는 것을 동양적 전제국가의 특징으로 지적하였는데[66], 국가권력에 의한 이 '재생산을 위한 배려'라는 특징을 단순히 인공 관개의 문제에만 한정하고 그것만을 고립시킨다면, 이는 많든 적든 '물의 이론'으로 전환되어 비트포겔과 엥겔스의 구별이 사라지게 될 것이다. 동양적 전제국가의 '재생산에 대한 배려'가 갖는 특징은 인공 관개라는 농경의 전제조건에 대한 관여·규제뿐만 아니라, 발전된 형태에서는 그곳의 직접생산자 노동력의 재생산, 따라서 과정뿐만 아니라 과정 자체의 재생산을 보장하는 최소한의 단위인 '호'의 재생산에 대한 배려·관여·규제에까지 미치는 바에 있다. 일본 영에 규정된 조세 부담 능력이 없는 여자·어린이에 대한 급전과 반전은 그 본래적 형태를 나타내는 것으로, 세제와 반전이 직접적으로 연결되는 북위 이래 균전제의 유형은 오히려 그로부터 전환된 제2차적 형태에 지나지 않는다고 생각한다. 국사의 직능인 '자양백성(字養百姓), 권과농상(勸課農桑)', 군사의 고과(考課) 기준인 '전주(田疇)를 개척하고 산업을 일으키기' 등의 규정〔호령 국수순행조(國守巡行條)〕은 인공 관개, 개간, 육전(陸田)

경작, 잡곡 재배부터 민호의 재생산에 이르는 사회의 재생산 전반에 대한 국가의 관여와 규제, 즉 권농이 율령제 국가의 임무로 여겨지고 있었음을 보여주며, 세제와 직결되지 않는 반전제의 특징도 그와 관련하여 설명되어야 할 것이다. 그러나 지배권력이 직접생산자의 재생산 과정 파악과 결합되어 있다는 특징적인 성격은 다이카 개신 또는 율령제 국가나 반전제로 인해 처음으로 초래된 것이 아니다. 앞서 서술하였듯이 개신 이후의 국가적인 개간과 토지의 계획적 배분은 다이카 전대의 수장층에 의한 이른바 '계획촌락'의 계승이며, 바로 그 조직화와 제도화였다. 후자의 경우 토지 배분 관행의 내용은 분명하지 않지만, 그것이 앞서 언급된 부전제의 역사적 전제로서 이미 존재하고 있었음은 상정해 둘 필요가 있다. 그것은 영제 국가에서 권농의 주체인 국사·군사 중 특히 군사가 수행한 특별한 기능과 관련되어 있다. 국사의 권농을 규정한 호령 국수순행조는 당의 호령을 모방한 것이지만, 가장 중요한 차이는 군사 능불(能不)에 관한 규정이며, 이는 다른 사료로부터도 추정되는 것처럼(『속일본기』 와도 5년 5월조) 현실의 권농 행위는 국사보다도 군사가 장악하고 있었던 일본적 특수성과 관계가 있다. [67] 이 군사에게 체현된 권농권은 다이카 전대 재지 수장의 지배권 또는 생산관계 속에서 그 역사적 근거를 지녔음은 말할 것도 없다, 영제의 반전제를 통해서도 우리는 또한 재지 수장층의 생산관계 문제에 도달할 수밖에 없고, 여기에야말로 고대국가의 가장 기초적인 문제가 있음을 발견하게 되는 것이다.

동양적 전제국가 또는 그 하부구조를 이루는 수장제의 기본적 특징인, 직접생산자의 재생산에 대한 국가권력의 관여와 파악의 형태는 다양하다. 이상에서 지적한 것은 그중 세 가지 계기에 지나지 않는다. 첫째는 인공 관개 문제이고, 둘째는 부전제 및 반전제의 호 재생산 문제이며, 셋째는 출거제 문제이다. 이들은 동일한 생산관계를 표현하고, 상호 연관되는 여러 측면을 이루는 것으로 파악해야 한다. 이때 수장층과 그 영역 안의 민호 사이의 계급관계가 갖는 역사적 성질은 그 생산관계를 규정하는 독립된 요인인 생산력 문제를 근저에 두지 않으면 올바르게 파악할 수 없다는 점에 주의해야 할 것이다. 민호의 농업 생산의 전제조건인 인공 관개시설의 조영과 유지가 개별 호 및 그 공동체를 넘어선 수장의 요역 부과권과 부에 의존하였고, 그에 따라 개간된 토지의 분배가 또 노동력의 최소한 단위인 호의 재생산을 보장하듯이, 수장 또는 국가에 의해 규제되었으며, 거기서 이루어지는 민호의 재생산은 출거제에 의한 봄·여름 두 계절의 종자벼 및 식량 대여를 통해 보충된다는 관계는 이 농업사회에서 공동체 또는 인민의 생산력이 낮음으로 인해 규정되는 특징들이다. 생산력들의 특정 단계를 기초로 하지 않고, 또 그에 따라 규정되는 수장제의 재생산 과정의 총체에서 분리시켜, 개별 민호가 그 가족 노동력에 의해, 자기가 소유하는 생산요구(生産要具)에 의해, 그 보유지 또는 구분전을 경작하여 운영한다는 측면만을 떼어내어, 거기서 '농노제' 또는 '봉건적' 예속관계를 단순하게 발견하려는 견해가 얼마나 일면적인지는 말할 필요도 없을 것이다. 이 견해는 민호 재생산의 여러 조건이 수장제 또는 국가에 의해 파악된다는 한 가지 측면을 과소평가함에 따라, 또한 민호와 수장층 또는 국가와의 사이에 존재하는 인격적 예속 관계의 역사적 특질, 즉 봉건제의 그것과 구별되는 특수한 성질을 도외시함으로써 성립한다고 할 수 있겠다.

그러나 위의 사항은 수장층 또는 국가에 대한 민호의 '자립성' 문제, 즉 개별 호가 그 보유지를 영속적으로 점유하고, 그것을 가족노동에 의해 경영하며, 그로부터 얻는 수확물을 사유한다는 관계의 존재로부터 필연적으로 발생하는 문제들을 해소해 버리는 일이 아니다. 반대로 그 '자립성'을 수장제(또는 국가)의 생산관계 내부 문제로서 정당하게 평가하기 위해, 앞서 서술한 특징을 우선 전제로 해야 하는 것이다. 이 경우 수장 대 개별 민호라는 관계로 이 생산관계를 파악하는 것은 옳지 않다. 왜냐하면 호는 그 자체로서도, 또 그 집합체로서도, 각각 하나의 공동체를 형성하고 있으며, 따라서 민호의 '자립성' 문제는 이 생산관계에서 공동체의 지위 또는 자립성의 문제로서 존재하는 것이다. 따라서 공동체라는 매개 없이 생산관계의 역사적 성질을 명확히 할 수는 없다. 일찍이 나는 영제 국가에서 향리제라는 형태로 나타나는 편호 방식, 즉 이(里)가 50호를 단위로 하여 기계적으로 편성되어, 이른바 '자연취락'이 편성 단위가 되지 않는다는 사실과 관련하여, 다이카 전대 및 영제 아래 '촌락공동체의 결여'에 대하여 논하였는데, 그에 대하여 많은 비판이 이루어져 왔다. 이 문제에 대해서는 다음 두 가지 사항을 유의해야 할 것이다. 첫째로, 전전(戰前)에 논의된 고대 일본의 '촌락공동체' 문제는 마르크 공동체(또는 게르

만적 촌락공동체) 및 일본 중세 말기의 '촌락공동체'와 같은 유형의 공동체를 거기서 상정하는 경향이 있었음에 주의해야 한다. 이 견해는 동양적 전제국가 또는 그 기초에 있는 생산관계와 공동체 유형 사이에 존재하는 내적 관련의 문제를 제기하는 일도 없고, 또 그 해결에 도움이 되는 일도 없었다. '촌락공동체의 결여'라는 나의 견해는 게르만적 촌락공동체라는 범주를 일본 고대사회에 안이하게 적용하는 것에 대한 비판으로서 제기된 것이다. 따라서 둘째로 내 견해에서는 호의 지연적 결합체인 무라(ムラ)라는 공동체의 존재를 부인한 적은 없고, 반대로 무라=취락의 공동체적 결합의 기초에는 토지 소유 측면의 공동 소유가 상정되는 점까지 지적한 것이다.[68] 이러한 마지막 점에 대해서는, 특히 촌락과 공한지의 관계에 대하여, 전후 확인되고 있다고 보아도 될 것이다.[69] 그러나 이러한 취락공동체(게르만적 '촌락공동체'와 구별하기 위해 임시로 이렇게 이름을 붙이자면)의 존재에도 불구하고, 왜 그 위에 아시아적 수장제 또는 율령제 국가라는 체제가 존재하는가 하는 문제는 여전히 남아 있다. 일본의 고대 촌락의 역사적·유형적 특질을 밝히기 위해서는 무엇보다도 먼저 소유, 특히 토지 소유의 문제를 기초

로 삼아야 한다는 것은 말할 것도 없다. 이하 그 요점만을 적어 두고자 한다.

반전수수제에서 민호에게 반급되는 원지 및 택지가 구분전과 비교하여, 또 당나라의 균전제 속 원지·택지와 비교하여도, 더 강하게 사적 소유의 대상으로서 승인되고 있었던 점, 그것이 반전제 이전의 토지 소유관계가 갖는 특징을 반영하고 있으리라는 점은 일단 승인된 전제로 보아도 될 것이다.[70] 다른 한편으로 산림원야 등의 공한지가 잡령의 '공사공리(公私共利)'의 원칙에도 반영되어 있듯이, 취락공동체와 그 구성원에 의해 자유롭게 용익되거나 공동체의 독자적 공유지로서 분할 점유되고 있었다는 추정도 일반적으로 승인된다고 보아도 된다. 문제는 경지, 특히 전지에 대한 사적 소유의 특징, 특히 그것이 반전제에서 그러한 것처럼, 국가의 환수 대상이 될 수 있는 성질을 갖는 소유의 역사적 조건은 무엇인가 하는 점에 있다. 일반적으로는 전지에서는 원지·택지 같은 사적 소유가 확립되지 않았다는 사정에 바탕을 둔다고 할 수 있으나, 이러한 소극적·추상적 규정으로는 특수한 토지 소유제와 그 역사적 성격이 명확해지지 않을 것이다. '농업공동체'의 범주[71], 즉 한편으로는 가옥과 그 부속 부지(즉 원지·택지)가 경작자의 '사유'가 되어 있고, 다른 한편으로 경지는 공동체적 소유이지만 거기서는 이미 '경지의 분할 경작과 성과의 사적 점유' 단계에 도달하였다는 고유의 '이중성'을 특징으로 하는 '농업공동체'의 범주를 거기에 적용하는 것은, 전전의 막연한 마르크 공동체의 범주를 적용하는 것과 비교하자면, 고대 일본의 토지 소유가 갖는 앞서 말한 특징에 대응된 전진으로 간주할 수 있겠다.[72] 하지만 여기서도 주의해야 할 점은 이 '농업공동체'의 범주가 마찬가지로 고(古)게르만 사회를 주된 장으로 하여, 그로부터 추상된 개념이며, 따라서 공동체 타입의 역사적 단계들을 획정하는 일반적 기초가 될 수는 없어도, 여기서 문제가 되는 공동체의 동양적 특수성은 그로부터 직접 도출되는 것은 아니다. 거기서 이루어지는 경지의 분할 경작과 그 수확물의 사적 점유의 성립은 필연적으로 경지의 사적 소유로 전환되어 가고, 마르크스의 『자본주의적 생산에 선행하는 제형태』 속 '게르만적 공동체'는 이러한 전환된 사적 소유에 입각한 것이다. 문제는 이 경지의 사적 소유가 갖는 성질과 구조가 고게르만 사회와 고대 일본에서는 서로 다르다는 점에 달려 있으며, '농업공동체' 개념의 적용으로는 그 문제는 하등 해결되지 않는다는 것이다.

『제형태』속 게르만적 공동체는 다음 두 가지 특징을 지닌다. 첫째는 공동체가 '자립적 주체들'=가족의 상호관계로서 존재하고, 이 공동체 구성원의 자립성은 그것이 '자유롭고 개인적인 토지 소유자'라는 점에 근거를 두는 점, 따라서 공한지의 공동체 '공유지'가 갖는 특징도 '개인적 소유의 보충'이라는 점에 있다는 것이다. 둘째는 민회(콘킬리움)=집회가 게르만적 공동체 속 앞서 언급된 '자유로운 토지 소유자'인 구성원의 자립성과 불가분의 관련을 갖고, 그 정치체제 또는 국가 제도의 유기적 일환을 형성한다는 점이다. 위의 두 가지 특징은 분리할 수 없는 관계를 맺고 있다. 나는 첫째 문제에 대하여 고대 일본의 호와 전지의 관계가 '자유롭고 개인적인 토지 소유', 즉 게르만적인 사적 소유로 전환되지 않았고, 그 점은 근본에 있는 동양적인 생산관계에 의해 규정되었다고 생각한다. 사료가 보여주는 바로는, 적어도 6세기 이후의 일본에서는 경지의 교체할당제 등의 존재는 상정할 수 없고, 따라서 호에 의한 경지의 영속적 점유가 확립되어 있었다고 보아야 하지만, 공동체 구성원에 의한 경지의 '세습적 혹은 비세습적인 점유' 자체는 아시아적 공동체의 중요한 특징이었다. 따라서 문제는 왜 고대 일본의 호에 의한 경지의 영속적·세습적 점유가 앞서 언급된 게르만적인 사적 토지 소유로까지 발전하지 않았는가 하는 점에서 찾아야 한다. 사유제의 발전에 대해서는 그것이 '교통에서 처음으로, 게다가 법으로부터 독립하여, 하나의 물건이 되고, 현실적인 소유가 된다'고 하는 '교통'과 사회적 분업과의 관련 속에서[73] 고찰해야 하며, 그때 동산 소유와 부동산 소유=토지 소유와의 역사적 관계가 전면에 내세워질 필요가 있다. 동산 소유야말로 사유제의 원초 형태이며, 그 가운데 가축이 지닌 특별한 역사적 역할을 정당하게 평가해야 한다. 앞서 서술한 '농업공동체'의 '해체' 과정에 대하여 '가축의 형태를 한 부를 비롯한 (그리고 농노의 형태를 한 부도 가능하게 하는) 동산적 부의 점차적 축적이라는 하나의 사실, 나아가 이 동산적 요소가 농업 그 자체 속에서 수행하는 점점 더 현저해지는 역할, 이 축적과 떼려야 뗄 수 없는 다른 많은 사정, 이 모든 것이 경제적 및 사회적 평등을 해체하는 것으로 작용하여, 공동체의 내부에 이해관계의 충돌'을 일으킨다고 지적된 점에 주목할 필요가 있다.[74] 동산이 사적 소유의 원초 형태로서, 또 토지 소유가 사적 소유로 전환되는 요인으로서 수행하는 기능의 근거에 대해서는, 이중의 측면을 지적해 둘 필요가 있겠다. 하나는 토지='대지(大地)'가 노동의 '소산'으로서 존재하는 것이 아니라 주어진 '전제'로서 존재한다는 점으로, 본래 사유의 대상이 되기 어려운 특징을 갖는 점, 그에 반해 도구·무기 등의 동산은 순수한 형태의 개별노동이 대상화된 소산으로서 조기에 사적 소유의 대상이 되기 쉬운 점, 또 하나는 토지가 노동이 대상화된 경지 및 용수시설로서 존재하는 경우에도 그것들은 토지의 부속물이고, 또한 그 노동 자체가 공동노동이기 때문에 사적 소유로 전환하기가 곤란한 데 반해, 개별 노동의 소산으로서 토지로부터 분리되어 존재하는 동산은 조기에 교환의 대상이 되고, 사회적 분업이 발전하는 기초가 되는 것이며, 이 점 또한 동산의 사유제를 촉진하고 확립하는 것이다. '농업공동체'의 해체 과정에서 동산 중에 특히 가축은 여러 민족에서 특별한 역할을 맡았으므로, 이는 게르만적 공동체와 고대 일본의 공동체를 대비시킬 때도 하나의 중요한 지표가 될 수 있다. 이 문제에 대하여 다음 항에서 논하고자 한다.

5. 수장제 생산관계의 역사적 특질에 대하여

타키투스의 『게르마니아』는 고게르만 사회 속 풍부한 가축의 존재와 기능에 대하여, 가축이 '유일하며 가장 귀중하다고 여겨지는 재산'이라고 서술하였고, 고게르만의 정주형태에 관한 최근 연구는 『제형태』가 게르만적 공동체의 자립적이고 그 자체로 '경제적 총체(간체, Ganze)'를 이룬다고 서술한 주거=가족경영체의 구조와 가축 사육의 관계를 밝혀오고 있다. 예를 들면 주거용 큰방과 저장 장소와 가축방으로 구성되는 이른바 '세 칸 분할 큰방 주거' 타입의 농가에서 사육된 가축의 수는 집밖에서 사육하는 가축을 포함하면 1호프(hof, 뜰, 농장-역주) 당 평균 20~24마리에 달하는 것으로 추정되는 점은 타키투스의 서술이 정확함을 뒷받침하는 것이다.[75] 이러한 성질의 가축 또는 동산 사유의 발전이야말로 사회적 분업의 일정한 발전을 가져오고, 경지의 '사유재산으로의 전환'을 초래하며, 삼림이나 황무지를 '사유재산의 공동체적 부속물'로 전환시키는 과정, 즉 '농업공동체' 해체의 기초에 있었던 중요한 하나의 요인이다. 이 사실을 사상하고, 관전 등의 특수한 사례를 제외하면, 소와 말로 경작하는 일은 물론 가축의 소유 자체가 매우 제한되어 있었던 고대 일본 민호의 '사적 토지 소유'에 대하여 고전 고대는 물론 고게르만으로부터 얻어진 범주를 매개 없이 적용하는 일은 위험할 것이다. 가축 또는 동산 사유의 발전은 그대로 사적 토지 소유의 발전과 결부되지 않는다. 전자가 앞서 서술하였듯이 사회적 분업과 교환의 발전이라는 결과를 낳기 때문에 후자를 촉진하는 것이다. 왜냐하면 사유와 분업은 동일하고, 후자는 '활동'에 대한 전자는 '활동의 생산물'에 대한 표현에 지나지 않는다.[76] 사유제의 확립은 사회적 분업과 앞서 언급된 '교통'의 일정한 발전 단계를 전제로 한다고 이야기되는 것은 그 때문이다. 고대 일본의 구니=공동체 간의 교환, 그리고 기기나 풍토기가 전하는 공동체 내부의 교환에서 발생한 각종 지방적 '시장'의 성격은 전자가 수장층에 의해 파악되고 있었다는 사실 때문에(제1장 제1절), 후자는 교환 과정에 들어가는 잉여생산물, 특히 동산 소유의 미발달로 인해 제약받고 있었다는 점을 떠올린다면, 사유제의 자유로운 전개가 얼마나 곤란한 조건에 놓였는지를 알 수 있을 것이다. 또 사유제 또는 소유권 전반을 문제로 삼을 때 우리는 사람과 물건의 관계, 소유 주체와 객체의 관계에서 근본에 있는 것은 사람과 사람 사이의 사회적 관계 또는 소유 주체가 편입되어 있는 생산관계라고 하는, 근대 법 이론으로도 확립되어 있는 기본 원칙을 늘 염두에 두어야 한다.[77] '교환 자체가 개별화의 주요 수단'인 점, 즉 공동체의 구성원인 개인 또는 가족이 공동체에서 '자립적 소유 주체'로서 자기를 개별화하는 것 자체가 교환, 나아가 사회적 분업의 발전을 매개로서만 가능하다는 점을 떠올린다면, 고대 일본의 취락공동체를 구성하는 호에게 있어 그것이 얼마나 곤란한 조건이었는지도 이해할 수 있다. 고대 일본의 직접생산자가 사적으로 토지를 소유하는 문제는 호=가족공동체 또는 이에(家)=세대(世帶)가 취락공동체로부터 '자립'하는 문제의 일부로서 존재하는 것이며, 그 자체가 하나의 생산관계인 공동체의 구조 문제로 귀착되는 것이다.

6세기 이후에 호 또는 가족공동체가 자기 농경구와 노비를 포함하는 가족 노동력으로 취락의 경지를 분할 경영하는 경우에 보이는 경지의 영속적·세습적 점유가 왜 게르만적 공동체 또는 일반적으로 서구형 공동체의 자립적인 사적 토지 소유와 구별되어야 하는지, 양자를 같은 '사적 토지 소유'의 범주로 파악하는 것이 얼마나 위험한지는 이상의 내용을 통해 추정할 수 있을 것이다. 그러나 이러한 구별이 보다 명확한 형태로 드러나는 것은『제형태』가 게르만적 공동체의 또 하나의 특징으로 든 '민회' 문제에 대해서이다. 민회의 특징은 첫째로 '토지 소유자로 구성되는 자립적 주체의 통일'로서 위에 언급된 사적 토지 소유의 성립과 불가분의 관계에 있는 점, 둘째로 그것이 고게르만의 국가 제도, 즉 권력관계의 유기적인 일환을 이룬다는 점에 있다. 바꾸어 말하자면 공동체의 '공동성'이 수장에 의해 '대표'되는 것이 아니라, 사적 토지 소유에 바탕을 두는 자립적 주체 간의 상호관계로서, 민회라는 하나의 기관에 의해 '대표'되는 것이다. 고게르만 부족들의 정치체제가 다양하고, 거기서는 아시아적 수장제의 형태마저 확인되는 점, 또한 '대사'의 결정권이 민회를 통해 공동체의 구성원에게 보증되는 체제에서조차도 그곳의 수장층(princeps)이 현실에서 맡는 역할은 무시할 수 없다는 점 등에 대해서는(『게르마니아』1-11) 여기서는 문제로 삼지 않겠지만, 적어도 그 민회라는 체제의 존재가 아시아적 공동체를 기초로 하면서도 그 대립물로 전환된 게르만적 공동체의 특징적인 국가 제도인 것은 분명하다. 그에 반해 일본 고대사회의 특징은 다른 아시아적 공동체와 공통적으로 호 상호간의 공동체적 결합이 민회에 의해서가 아니라 수장의 인격에 의해 '대표'되는 점에 있으며, 이러한 생산관계 아래서 취락공동체 등이 어떠한 공적 지위도 차지하지 않는 것이 특징이다.

　고대 일본의 공동체들에 집회나 회합(요리아이, 寄合い) 제도, 특히 '나라의 오하라에' 의식에 보이는 것 같은 제사 의례와 관련된 그것이 관행으로서 당연히 존재하였을 터이지만, 문제는 이러한 형태를 한 집회의 존재 여부가 아니다. 그것들이 권력관계 속에서 어떠한 지위를 차지하는가에 있다. 일본의 경우는 수장제의 정치체제 아래서 공적 기관으로서, 즉 수장의 인격적 지배를 제약하거나 그에 대항하는 공동체의 자율적 조직으로서 편성되지 않는다는 점이 고게르만의 체제와 기본적으로 구별되는 점이다. 영제의 향리제 속 향과 이의 제도와 '촌(村)'=자연취락과의 관계에 대하여, 전자가 후자를 모체로 하여 편성되었다고 하는 측면이 강조되지만, 설령 양자 사이에 실체적인 대응 관계 내지는 계보 관계가 존재한다고 하더라도, 이는 행정 기술적인 측면에서 그러한 것이고, 전자가 국—군—향·리라는 율령제적 국가 기구의 일부를 이루는 수탈과 지배의 제도이며, 촌=취락공동체와 이질

적인 구성 원리에 입각함을 부정해서는 안 된다. 오히려 일본 율령제 국가의 특징은 '촌'이라는 공동체를 공권력 형성의 단위로서 승인하지 않았던 점, 그것이 모범으로 삼은 당나라 영에서조차 '촌' 또는 '촌정(村正)'이 법적으로 인정되었던 데 반해(『통전[通典]』권3 식화3, 향당[鄕黨]), 일본 호령에서는 그것이 의식적으로 삭제된 점에 있다.[78] 그러나 촌 또는 취락공동체의 원리적인 부정 위에 국가 기구를 구축한다는 원칙은 율령제에 의해 처음으로 실시된 것이 아니다. 다이카 개신 때 히타치국의 나메카타군이 나카·이바라키 두 군의 700호를 떼어서 신설된 점(제2장 제3절), 또 다이카 전대의 사정이 30호를 단위로 하여 징발된 점은 1리=50호(또는 30호)라는 기계적인 편성 방식이 옛 국조제 또는 수장제의 체제로까지 거슬러 올라갈 수 있다는 점, 바꾸어 말하자면 수장제의 지배관계는 수장 대 호의 관계로서 존재하고, 촌 또는 취락공동체는 자립적인 공동체로서 거기에서 공적 지위를 차지하지 않았음을 상정하게 하는 것이다. 이것을 나는 우연한 현상이라고는 생각하지 않으며, 그 근저에는 호가 사적 토지 소유에 입각한 '자립적 주체'로서 확립되지 않았고, 따라서 야요이식 시대의 본원적 공동체의 특징이 기본적으로는 부정되지 않고 보존되어 있다고 하는 관계를 발견하는 것이다. 다음 절에서 언급하듯이, 6세기 이후 생산력의 발전을 기초로 하는 수장제의 생산관계 내부에서 일어난 변화, 생산과 소비의 단위인 호=가족공동체의 '자립' 현상 및 가부장제적 노예제의 전개가 갖는 의의를 부정하는 것은 아니지만, 그 변화도 게르만적 공동체와 구별되고, 그와 대립하는 아시아적 공동체의 기본적 특징을 전제로 한 변화로서 비로소 의의를 지닐 수 있는 것이다. 마르크스가 동양적 전제국가 아래 '사적 토지 소유의 결여'를 지적하고[79], 러시아에서조차 일찍이 토지가 경작자의 '사유재산'인 적이 없었다고 서술하였을 때[80], 그 개념들의 기초가 된 것은 마르크스 자신이 강조하였듯이 늘 서구형 사유제였고, 동양의 고대사회에서는 그것과는 이질적인 소유 형태가 지배적인 점, 따라서 서구의 역사로부터 추상된 개념이나 범주를 동양 사회에 그대로 적용해서는 안 된다는 점을 말해주는 것이다.

농민의 경지에 대한 관계가 영속적·세습적 점유에서 앞서 서술한 의미의 '사적 토지 소유'로 전환되지 않았던 고대 일본의 특징은 다른 모든 토지 소유 형태의 기초가 되었다. 산천수택=산림원야의 소유 문제가 그중 하나이다. 그에 관해서는 '공사공리'가 영제의 원칙이었고, 그 용익에 대하여 어떠한 법적 규제도 없다는 의미에서는 무제한 용익(호의 노동력으로 자연스럽게 한정되기는 하였으나)이 보증되었으며, 그 용익에 대하여 국가에 의한 부담이 부과되는 일은 없었다. 그로부터 '시메유이(標結, 밧줄 등을 묶어 자신이 소유한 장소임을 나타내는 행위-역주)'에서 볼 수 있는 일시적 점유권이 생겨나고, 동시에 취락공동체에 의한 공동 용익지가 성립한다. 바꾸어 말하자면 산림원야에 대해서는 소유 주체가 '공(公)'도 아니고 '사(私)'도 아니며 미분화하여 명확하지 않은 점, '관(官)' 또는 '공', 즉 국가의 소유권이 확립된 전지와 달리, 국가적 토지 소유가 확립되지 않은 데 특징이 있었다. 국가의 소유권은 그 대립물인 사적 소유에 대한 부정으로서만 법적으로 확립되는 것이므로, 산림원야에 대한 국가 소유의 이러한 불명확함은 산림원야가 옛 토지 소유관계에서도 용익과 점유의 대상이 될 수는 있어도 사적 소유의 대상이 될 수 없었던 역사적 사정을 반영한다고 보아야 한다. 헤이안 초기가 되어서 비로소 산천수택에 대한 '수공' 규정이 나타나는 점도 상기해야 한다.[81] 이러한 '공사공리'적 단계에서 호 또는 취락공동체의 점유=용익권이 갖는 역사적 성질을 규정하는 것은 경지에 대하여 '사적 소유'를 확립하는 데 이르지 않은 상태이며, 이는 '이미 사유재산의 공동체적 부속물'이 된 게르만적 공동체의 삼림·목지(牧地)·황무지 등에 대한 사적 점유와는 질적으로 구별되어야 한다.[82] 나는 공유지가 게르만의 '촌락공동체'에서 보이는 알멘데(Allmende, 공유지-역주)형과 일본 중세 말기 이후의 입회지(入會地, 인근 주민들이 들어가서 목초나 땔감 등을 채취할 권리를 행사할 수 있는 땅-역주)형에 도달하기 위해서는 헤이안시대부터 중세까지 장기간의 과정을 필요로 한 것으로 보고[83], 그 역사를 규정하는 것은 경지=구분전에 대한 직접생산자의 '사적 소유' 성립 과정이며, 후자를 제약하는 율령제적 토지 소유와 그 기초에 있는 생산관계의 해체라고 생각하는 것이다.

산림원야에 대한 '공사공리'의 원칙은, 당연한 이야기지만, 이러한 측면에서 '공'과 '사'가 대등한 동격임을 의미하지 않는다. 이 원칙에는 '금처(禁處)'가 아닌 경우라는 중요한 한정이 붙어 있어, 예를 들면 구리·철의 산지는 국가가 채굴을 개시하면 백성의 용익은 금지되며(잡령 국내조), 또한 지토조에는 셋쓰국 무코강(武庫川) 하구 부근, 기이국(紀伊國) 아테군(阿提郡)의 2만 시로(頃, 전지를 세는 단위로 代라고도 표기함. 벼 1속을 수확하는 면적-역주), 이가국(伊賀國) 이가군(伊賀郡)의 2만 시로라는 광대한 영역이 금렵구로 폐쇄되고, 거기서는 백성의 낚시와 사냥은 금지된 것이다(『일본서기』지토 천황 3년 8월조). 국가 또는 천황이 지닌 이 특수한 권리, 산림원야, 강과 바다를 자유롭게 분할하고 배타적으로 독점할 수 있는 권리는 '공사공리'의 원칙은 물론 소유 주체와 객체의 관계로도 설명할 수 없고, 국가 및 천황과 공민 백성의 계급관계를 기초로 했을 때 비로소 설명할 수 있음은 말할 것도 없다. 앞서 서술하였듯이 소유권 문제는 바로 사람과 사물의 권리관계로 표현되는 생산관계=계급관계의 표현이기 때문이다. 위의 '금처' 제도로 법제화된 생산관계 또는 소유관계가 율령제 국가에 의해 처음으로 만들어진 것이 아니라, 나는 거꾸로 그 원초적 형태가 영제 이전의 수장제 속에 내재된 것이라고 생각하며, 영제는 그것을 제도화한 것에 지나지 않는다고 생각한다. 바꾸어 말하자면 그 지배 영역 안의 산림원야에 대한 수장층의 특수한 권리가 영제의 기초로서 그에 선행하였다고 보는 것이다. 일반적으로 직접생산자 또는 그 공동체에게 있어 그 노동과 생산의 천연 작업장이자 모든 노동수단과 원료의 공급지이며, 또한 생활 자료의 무한한 보고인 대지(大地) 자체는 노동의 소산이 아니라 그 역사적 전제로서 존재하는 것을 특징으로 하므로, 그것은 어느 정도 '신적인' 소여(所與, 주어진 바-역주)로서 존재하고 신화적 기원과 결합하는 것이 일반적이다. 재지 수장층이 인격신화(人格神化)된 소산인 오쿠니누시노 미코토(大國主命), 즉 위대하고 영위를 지닌 '국주(國主)'가 동시에 '나라 만들기'의 신, 대지의 창조신이고, 구니타마(國魂), 즉 대지가 지니는 주술력과 생명력=생산력의 체현자이며, 이러한 신화화된 자격으로서 수장층은 폴리네시아의 수장=왕과 마찬가지로 일찍이 그 지배 영역의 산림원야를 포함한 대지 전반의 유일한 소유자로 존재한 것이다. 이는 본래 어떠한 의미에서도 수장의 '사유'가 아니라 반대로 직접생산자 또는 그 공동체의 대지에 대한 공동 소유가 공동체를 대표하는 수장의 신적 인격으로 집약화된 것에 지나지 않고, 직접생산자의 노동과 그 객관적 조건인 대지 사이의 자연적·본원적 통일=소유관계가 신화로 전환된 것에 지나지 않는다. 다이카 전대에 재지 수장층에 의한 앞서 언급된 광범위한 산림원야, 강과 바다의 분할 소유가 진행되었을 때, 이는 지배 영역=구니의 유일한 소유자로서의 수장권이 전개된 것으로, 또 수장제 내부의 생산관계가 계급사회로 전환된 것을 기초로 하여 이해해야 한다. 영제에서 재지 수장층의 권력을 전제로 하여, 전자는 후자가 국가적 규모로 집중된 형태에 지나지 않는다고 보는 것이다.

수장층의 신화적인 토지 영유에서 6세기 이후의 계급 대립을 기초로 하는 산림원야, 강과 바다의 분할 사유로 전환할 때, 이 전환이 직접생산자 또는 그 공동체가 그것에 대한 점유와 용익을 배제하는 것이 아니라, 거꾸로 그것에 대한 여러 권리를 승인함을 전제로 한다는 점에 주의할 필요가 있다. 고대 일본에서는 계급 분화의 진행은 공동체 또는 그 구성원=호가 토지, 즉 재생산의 객관적·경제적 조건들과 직접적으로 결합하는 양식, 야요이식 시대 이래 농업사회의 기본 구조를 변혁 또는 부정하는 것이 아니라, 반대로 그 존속을 전제로 하였다. 이 관계는 다이카 전대의 개간에 따른 '계획촌락'과 다이카 개신 이후의 조리식 촌락에서 부전제가 갖는 특징도 규정하였다고 보아야 하며, 반전제를 기축으로 하는 토지 소유도 그 계승과 발전이라 보아야 한다. 왜냐하면 율령제 국가 또는 국가권력 전반은 옛 생산관계를 대신할 새로운 생산관계를 만들어 내는 것이 아니라, 기존의 것을 총괄하고 체제화하는 데 지나지 않기 때문이다.

　수장 또는 국가의 강권력을 전제로 하는 위와 같은 토지 반급의 형태들에서 전지가 반급의 대상이 되는 전제가 된 것은 원래 경지가 '사적 토지 소유'의 대상이 아니었던 옛 생산관계에 바탕을 둔다. 그것은 옛 토지 소유 형태의 부정이 아니며, 그것이 환수 또는 수공의 대상이 된다는 특징도 토지의 유일한 소유자인 수장층 또는 국가와 민호의 계급적 지배=예속 관계가 반영된 것이다. 게다가 그 환수는 민호와 경지와의 용익=점유 관계의 파괴가 아니라 그것의 보증이라는 성질을 지니며, 직접생산자와 그 노동의 조건들과의 결합을 강화하고 제도화한 것이라는 점, 또 '공사공리'적 용익권의 승인은 마침내 산림원야를 '민요지(民要地)'로서(『유취삼대격』 엔랴쿠 17년 12월 관부), 혹은 '백성요지(百姓要地)'로서(『유취삼대격』 고닌 13년 정월 관부) 점유하고 용익하는 취락공동체의 공동체적인 소유와 권리의 승인으로 발전해 간다는 점에서 옛 생산관계 속 공동체의 지위를 중세의 촌락공동체로 매개해 나가는 역할을 수행하였다. 이들 '민요지' 또는 '백성요지'에 대한 법적 승인은 앞서 언급한 '금처'에 보이는 천황 또는 국가의 특권적 권리와 함께 율령제 국가의 계급관계가 소유권의 영역에 반영된 것이며, 전자는 중세 촌락공동체가 성립하는 물적 토대가 되었고[84], 후자는 관인귀족에 의한 산야의 분할 독점과 장원제로의 발전을 위한 하나의 기초가 되었다. 다만 고전 고대적, 그리고 게르만적 공동체와 다른 것은 민요지의 용익 주체인 공동체가 향리제에 보이듯이 국가 제도 속에서 어떠한 지위도 기능도 인정되지 않았다는 점이며, 이 차이는 '사적 토지 소유'를 기초로 하는 자립적 주체인 개인 또는 가족이 공동체로부터 분리(이것만이 아시아적 공동체를 그 대립물로 전환시킨다)되지 않았다는 공동체의 구조에 의해 규정된 것이다.

율령제 속 반전제 성립의 토대를 이룬 역사적 조건을 나는 위와 같이 생각하고, 그에 선행하는 생산관계 또는 토지 소유 형태를 수장제의 그것으로부터 찾으며, 앞서 서술한 내 예전 의견의 오류, 즉 후자를 매개로 하지 않고 반전제 성립의 역사적 조건을 논한 잘못을 큰 틀에서는 위에서 말한 방향으로 극복해 나가고자 생각한다. 반전제를 기초로 하는 율령제적 토지 소유에서 직접생산자에게 주권자로서 대립하는 자는 사적 토지 소유자가 아니라 '최고의 지주'인 '국가'이며, 주권이라는 것은 '국민적 규모로 집적된 토지 소유'이다. 이때 문제는 토지 소유의 주체인 국가가 어떠한 역사적 과정을 통해 '최고의 지주'로 전환되었는가 하는 점이다. '국가'가 계급 대립의 소산인 한 야요이식 시대 수장제의 토지 소유가 매개 없이, 즉 단순히 '국민적 규모로 집적'된 결과 율령제의 국가적 토지 소유가 된 것이 아니라, 계급관계, 생산관계의 변화를 근본에 두어야 하며, 따라서 국가적 토지 소유의 성격을 결정하는 것은 그 기초에 있는 계급관계의 성질이어야 한다. 바꾸어 말하자면 공동체가 그대로 국가적 토지 소유의 성격을 결정하는 것이 아니라, 전자를 하나의 계기로 포함하는 수장제 내부의 계급관계 또는 생산관계의 발전이야말로 후자가 성립하는 토대로서 존재하는 관계인 것이다.

나는 다이카 전대 및 율령제 국가의 기초를 이루는 수장제의 생산관계는 적어도 율령제의 요역 노동, 전조·조 및 반전제에 대한 앞선 분석에서 추정되는 한에서는 '총체적 노예제'의 범주로 파악되어야 하며, 그 밖의 범주에서는 그 사회구성사(社會構成史)상의 지위는 정확히 파악할 수 없다고 생각한다. 문제를 포함하는 이 개념 자체에 대한 논의는 여기서는 생략하겠지만[85], 이 책과 직접적으로 관계되는 두어 가지 점에 대해서만 언급하자면, 첫째로, 총체적 노예제에 바탕을 둔 예속 관계의 특징은 '노예제'라는 개념이 필연적으로 불러일으키는 상식적이며 그만큼 완강한 편견과는 반대로, '모든 신종관계와 공통되는 것 이상으로 가혹한 형태를 취할 필요가 없다'고 하는 점이다. 그것은 이 계급관계가, 직접생산자가 그 공동체의 구성원으로서 토지에 대해서 갖고 있는 세습적인 점유권과 용익권을 부정하지 않을 뿐만 아니라, 그것을 전제로 한다고 하는 앞서 서술한 특징에서 기인한다. 그것은 직접생산자가 소유자의 '생산의 자연적 조건들 중 일부'로서 존재하는 형태의 노예제나 농노제와는 구별되어야 한다.

둘째로, 수장제의 계급지배 및 그 수취와 소유가 공동체를 대표하는 원시적인 수장제와 계보적으로 연결될 뿐만 아니라, 후자에 의해 그 성격이 규정되었다는 점이다. 예를 들면 수장제의 수취 중 일부를 이루는 전조와 조의 원초적 형태가 공동체적 수장에 대한 구성원의 하쓰호와 하쓰모노 공납이 제도화되고 전환된 형태에 지나지 않는다는 관계, 또 수장이 부과하는 요역 노동이 일찍이 수장이 공동체적 노동에 대하여 갖고 있던 조직자 또는 지휘자로서의 기능이 전환된 형태에 지나지 않는다는 관계, 그리고 수장이 산림원야, 강과 바다를 포함하는 토지 전체에 대하여 갖는 소유권이 원시적 수장의 그것을 계승한 데 지나지 않는다는 관계, 요컨대 앞서 서술한 모든 특징이 이를 보여주고 있다. 나아가 놓쳐서는 안 되는 점은 수장제의 지배관계 속 이데올로기적 측면이다. 덴무조의 이른바 신국조, 즉 '신관'적 국조의 분화는, 한편으로는 6세기 이후 수장층의 내부구조 변화로 인해 옛 국조의 사제(司祭)적·주술적 기능이 그로부터 분리될 수 있게 되었음을 보여주며, 다른 한편으로는 그들의 기능이 예전 수장층의 지배 구조가 갖는 고유한 하나의 측면을 이루고 있었음을 보여준다. 야마타이국의 히미코와 이즈모노 구니노미야쓰코, '진구 황후'와 고교쿠 천황의 사례들은 그 단편적인 표현에 지나지 않으나, 수장제의 이러한 기능은 늘 주술과 금기에 속박된 공동체의 의식 형태에 의해 제약받고 있었음은 말할 것도 없다.

셋째로, 총체적 노예제는 원시 공동체 생산관계의 필연적 발전으로서 성립하였다는 점이다. 원시 공동체를 목가적 체제로 보지 않는 한 거기에서는 '개인 자체가 어느 점까지는 이 공동체의 소유'라는 측면, 바꾸어 말하자면 공동체라는 집단 자체가 갖는 자율성과 강제력과 통일성 앞에서는 개별 구성원은 그에 종속되는 '소유'로 간주된다는 측면의 존재를 간과해서는 안 된다. 이러한 체제는 그 구성원 또는 직접생산자 측의 앞서 말한 의미의 '사적 토지 소유'를 기초로 하는 '자립적 주체'가 성립함에 따라 그 '대립물'인 고전 고대적 또는 게르만적 공동체의 유형으로 전환되지 않는 한 개별 구성원은 계급 분화의 진행과 함께 공동체의 '공동성', 즉 그 통일성과 자율성과 강제력 등을 '대표'하는 수장에 대한 예속 관계에 들어갈 수밖에 없다. '이 (아시아적) 형태에서는 개개인은 결코 소유자가 되지 않고, 그저 점유자가 되는 데 그치므로, 결국 그 자신이 공동체의 통일을 체현하는 자의 재산, 노예이다'라는 지적은 총체적 노예제와 원시적 공동체=수장제 사이의 역사적 구조 연관을 정확히 규정하고 있으며, 고대 일본 수장제의 생산관계는 그 전형적인 한 사례로 간주해야 한다.

넷째로, 이러한 총체적 노예제로의 전환의 기초에 있는 것은 원시 공동체 내부의 생산력 발전에 따른 잉여생산물 내지 잉여노동의 수취, 특히 야마타이국에서 보이는 바와 같은 수장층을 향한 동산적 형태의 재산과 부의 집적이고, 목축 단계가 빠진 고대 일본에서는 도곡·노비 및 생산요구의 축적이며, 발전된 형태로는 6세기의 가키베(部曲)·다도코로 소유이다. 그러나 왕=수장과 '하호' 및 그 공동체와의 사이에 성립하는 총체적 노예제 자체는 '가내 노예제'가 확대된 형태로서 존재하는 것도 아니거니와, 또 노비적 소유라는 우클라드의 발전에 따라 그 기본적 생산관계에 본질적인 변화를 불러오는 것도 아니다. 왜냐하면 '노예제는 여기서는(아시아적 공동체에서는) 노동의 조건들을 지양하는 것도 아니거니와, 또 그 본질적인 관계를 변화시키는 것도 아니기 때문이다.' 나라시대의 적장을 통해 추정되는 후진지대 수장층의 노비 소유 및 선진지대 일반 민호의 노비 소유는 이러한 관점에서 평가되어야 할 것이다.

다섯째로, 총체적 노예제라는 생산관계는 특정 생산력 단계에 대응하여 후자 속에 그 실재적 기초를 가진다. '최초의 큰 생산력으로서 나타나는 것은 공동체 자체이다.' 공동체의 성(性) 및 연령 등에 바탕을 둔 자연발생적인 분업과 협업으로 이루어진 노동조직은 그 자체로 최대의 생산력이지만, 이 생산력은 공동체의 통일을 체현하고, 공동 노동의 지휘자인 수장의 인격 속에 집약되어,

관념적으로는 앞서 서술한 '왕 죽이기'의 관행이라는 결과로 이어지는 수장의 주술적 능력으로서 존재한다. 이러한 관계는 총체적 노예제에서는 수장의 요역 노동 부과권에 의한 공동체 또는 그 구성원의 동원과 노동으로 전환되는데, 이 요역 노동은 앞서 서술하였듯이 한편으로는 예전의 공동체 노동을 계기로 하여 보존되면서 그 전환된 형태를 취함과 더불어, 다른 한편으로는 요역 노동이 수장이 소유한 부, 즉 식량과 생산요구에 의존한다는 점에서, 봉건적 요역과 역사적 질을 달리하는 노예제적 형태를 취한다. 그것은 이 단계의 생산력에 의해 객관적으로 규정되는 것이다. 앞서 서술한 인공 관개와 출거제에서 보이는 수장층에 의한 민호와 그 공동체의 재생산에 대한 관여·규제는 예전의 공동체 수장 기능이 전환된 형태이며, 그것이 바로 생산력의 특정 단계에 기초를 두고 있었기 때문에, 재지에 있는 수장층의 뿌리깊고 완고한 지배의 기초가 될 수 있었고, 지배계급에 의한 '권농'으로서 존재하는 재생산에 대한 관여·규제가 중세 장원제나 영주제에서조차 지배의 중요한 일환으로서 잔존하며, 따라서 '중세'의 성립이 그대로 단순히 봉건적 생산양식의 성립이 되지 않은 이유도 그 단계의 생산력에 의해 객관적으로 규정되어 있었기 때문이다.

여섯째로, 총체적 노예제는 인격적인 의존·예속 관계의 역사 속 하나의 단계이며, 하나의 양식이다. 이는 개별 수장 대 민호라는 관계로 파악해야 하는 것이 아니라, 계급 대 계급의 지배·예속으로 이해해야 한다. 왜냐하면 율령제 이전에도 재지 수장층은 동족 그리고 의제적 동족 관계를 축으로 결합체를 형성하여 재지를 지배하였고(제2장 제3절), 율령제 국가에서는 2관·8성으로 이루어진 국가 기구로 조직된 국가권력에 의존하여 일반 공민에 대한 계급적 지배를 실현하였기 때문이다. 공동체의 통일과 '공동성'이 서구형 공동체처럼 '가부장 상호간의 관계'로서, 즉 일정한 형태의 민회로 '대표'되는 것이 아니라, 수장의 인격으로 '대표'되는 한, 후자는 어느 정도는 '전제적' 성격을 가질 수밖에 없지만, 그때 이 '전제적' 지배는 개별적 수장의 지배로서가 아니라, 수장층 전반의 계급지배로 파악해야 하며, 그 지배와 수취는 앞서 서술한 총체적 노예제의 성질상 일반적 신종관계 이상의 가혹한 형태를 취할 필요는 전혀 없는 것이다. 율령제 국가는 이중의 의미로 '동양적 전제국가' 유형에 속한다. 하나는 중앙의 국가 기구에 보이는 전제적 구조에 의해(제3장

제3절), 다른 하나는 그 권력에 조직되어 하부구조를 이루는 재지 수장층의 생산관계와 지배관계의 전제적 성격에 의해서이다. 양자는 율령국가에서는 제도상으로도 불가분의 통일을 이루었다.

율령제 국가 이전 또는 다이카 전대의 고대사회를 공동체적 관계들이 지배적이었던 사회로 본다면 별개의 문제이지만, 나는 그것을 계급 대립을 기초로 하여 운동하는 사회로 본다. 그 사회구성체의 역사와 여러 단계를 위와 같이 총체적 노예제로 규정한다면, 다이카 전대의 국가 제도 또는 율령제 국가를 '봉건국가'로 보는 견해는 취하지 않고, 일본의 봉건적 생산양식은 전자의 해체와 지양이 낳은 결과로서 성립하는 것으로 이해한다. 따라서 총체적 노예제는 원시 공동체의 해체 이후, 봉건제에 이르는 시기의 지배적 생산관계이다. 이 범주의 설정은 야요이식 시대 이래, 즉 일본에서 농업사회가 성립된 이래에도 이미 수 세기에 걸쳐 지배적이었던 공동체적 생산관계 및 소유관계와 다이카 전대의 계급사회와의 내적 연관을 규정하기 위해서도 필요하지만, 그것 이상으로 앞서 서술한 것 같은 수취와 지배의 사실 분석 그 자체가 이 범주를 필요하게 하는 것이다. 총체적 노예제라는

범주는 몽테스키외의 '정치적 노예제'를 그 선구로 삼는
다.[86] 만약『제형태』가 그것을 정형화하지 않았다고 한다
면 누군가 언젠가는 만들어야 했을 범주로서, 나는 그것
을 받아들이고자 한다. 역사학에 있어 필요한 것은 개별
범주의 '적용'이 아니라 왜 특정 범주가 필연인지를 (또는
필연이 아닌지를) 고대 일본의 구체적 사실의 내적 연관
을 분석함으로써 보여주는 일이기 때문이다.

제2절
국조제와 국가의 성립 과정

1. 생산력의 발전과 계급분화

6세기부터 8세기에 이르는 재지 수장층의 생산관계를 고찰할 때, 이 두 세기 동안에 일어난 그 내부구조의 변화를 사상한 것은 그것이 중요하지 않기 때문이 아니라, 생산관계의 기본적·거시적 성격을 놓치지 않기 위해서였다. 여기서 문제로 삼는 것은 6세기 이후의 생산관계 변화이며, 그것이 국가의 성립사와 어떠한 형태로 결합하였는가 하는 구체적인 역사적 과정이다. 이 책의 과제는 상부구조로서의 국가 문제이지 생산관계 자체의 문제가 아니므로, 후자에 대해서는 전제로서 그 요점에 대해서만 서술해 두는 데 그치고자 한다. 여기서 문제인 것은 다이카 개신에 대한 고찰에서 서술한 점, 즉 개신이 왕민제에서 공민제로 전환될 때 반조제가 아니라 국조제를 그 전환의 기축으로 삼아야 했던 필연성을 재지 수장층의 생산관계 변화 속에서 찾는 것, 바꾸어 말하자면 개신기 이후의 국제적 계기를 하나의 계기로 만드는 내재적 동인을 고찰하는 것이다. 그러기 위해서는 이 경우에도 우선 6세기 이후의 역사적 현상에 대한 분석부터 시작해야 한다.

기기가 단편적으로밖에 전해주지 않는 6세기 이후 재지 수장층의 생산관계 변화에 대하여, 구체적이고 단적인 문제를 제기하는 것은 고고학일 것이다. 다시 말해 후기 고분으로의 전환과 고분 자체의 소멸이라는 현상이다. 이 현상에 나타난 고분의 사회적 기능 변화가 죽음과 매장에 대한 관념이나 이데올로기의 변화만으로 설명하기 어려운 것은 분명하다. 후기 고분은 세 가지 특징을 갖는다. 첫째는 횡혈식 석실(橫穴式石室)의 채용을 매개로 하는 합장(合葬)의 일반화이고, 둘째는 군집분(群集墳)의 성행이며, 셋째는 고분 축조의 중지와 추장(追葬) 경향이다.[01] 여기서 문제로 삼는 것은 둘째, 셋째 문제이며, 두 현상이 수장제 내부의 어떠한 구조 변화와 대응하는가 하는 점이다. 군집분은 평지를 내려다보는 지형에 즙석(葺石)으로 덮여 있고 하니와를 둘러 세운 예전의 거대하고 독립된 수장 고분과 달리, 다수의 소규모 고분이 동일 지역에 마치 '고분의 취락'을 보여주는 듯한 농밀한 형태로 축조되는 것을 특징으로 한다. 게다가 후자는 기존 고분이 보이지 않았던 산간부나 해변 지역에 이르기까지 광범위하게 분포하는 것이다. 수장층 내부에 어떤 중대한 변화가 일어났음은 명확하다. 이는 수장제의 생산관계가 이제는 수장 대 일반 민호라는 단순한 도식으로는 파악되지 않고, 일반 민호 내부에서 계층 분화가 진행된 점, 민호 중 일부가 그 취락의 주변에 스스로의 고분을 축조하는 쪽으로 바뀌어 가는 경향을 보여주는 것이 틀림없기 때문이다. 이러한 새로운 변화는 6세기 이후에 일어난 국가의 성립과 관련되는 모든 변화와 더불어 기본적으로는 직접생산자 측의 생산력 발전을 기초로 설명해야 하며, 그러지 않고서는 그 변화는 다소간 현상적인 변화에 그치고 말 것이다.

6세기 이후의 생산력 발전의 기초에 있는 것은 철기 생산과 사용, 특히 직접생산 과정, 즉 농업 생산 영역에서의 그것이다. 철기의 사용이야말로 고대의 사회와 문명 발전의 기초적 동인이고, '국가'란 일반적으로 철기시대의 소산이며, 그 단계의 정치적 상부구조라고 해도 되기 때문이다. 고대 일본에서 농구가 철기화하는 역사는 두 가지 전환기를 갖는다.[02] 첫 번째 전환기는 야요이식 시대 중기 말로, 이는 개간 토목적 기능이 강한 철제 괭이와 벼 수확이나 풀베기 용구로 쓰이는 곧은날 쇠낫, 약간 늦게 철제 써레가 출현하는 특징이 있고, 두 번째 전환기는 5세기 중·말기부터로, 이는 ⊔자 모양 괭이·가래라고 하는 목제 평괭이(밟는 가래)의 기능을 대행하고 높은 생산성을 보장하는 철기가 출현하며, 기존 농경구의 주체를 이루었던 목제 경구류 전체가 철제품으로 대체되어 가는 일본 농업사상 새로운 단계의 시작이다. 직접생산 과정 속 생산력의 변화를 문제로 삼는 한, 두 번째 전환기가 더 중요한 변화임은 분명하다. 6세기 이후, 다이카 전대에 보이는 경지 확대와 취락 입지조건의 큰 변화[03]는 생산요구에 있어 목기에서 철기로 바뀌는 앞서 말한 변혁을 기초로 하였음은 말할 것도 없다. 이는 동시에 생산력의 발전과 사회적 분업이나 교환의 기초가 되는 농업 생산물의 다양화, 즉 저습지의 벼 재배를 중심으로 한 야요이식 시대와 다른 건전(乾田) 계열인 보리·조 등의 재배, 특히 밭농사의 확대로 나타난다. 가나가와현(神奈川縣)에서 오니타카기(鬼高期, 고분시대 후기의 표준자료로 설정된 지바현 이치카와시의 오니타카 유적 출토 토기에 따른 편년 시기인 5~7세기-역주)부터 마마기(眞間期, 오니타카기 다음 시기로 이치카와시의 마마

유적에서 출토된 토기에 따른 편년 시기인 8세기-역주)에 걸친 유적이 요코하마시(橫濱市) 안의 주요 하천을 따라 형성된 대지라면 거의 도처에 분포해 있다고 하는 이 시기 정주 형태의 급속한 발전[04]은 충적평탄지에서 대지 안쪽 또는 산간 고지로 취락이 발전하는 양상을 보여주는 하나의 사례이며, 이는 유적 안에서 육도(陸稻)로 추정되는 볍씨 알·보리·조·누에콩·완두 등이 발견된 사실과 떼려야 뗄 수 없는 관계에 있었다.[05] 이는 동시에 수전 경작의 집약화이며, 예를 들면 밑동베기법으로의 전환, 또 아마도 모내기(田植)의 발생[06], 일부 계층에서 이루어진 가축의 힘을 이용한 농경으로의 이행(그것은 조선으로부터 기술이 도입된 것과 관계가 없지 않을 것이다) 등은 이 시기의 현상으로 보아도 되지 않을까?

위의 특징을 갖는 6세기 이후 농업 생산력의 발전은 그것이 사회적 관계들과의 관련으로부터 분리되었을 경우에는 생산력의 역사적·질적 규정을 놓치는 결과를 초래함이 분명하다. 후자는 두 가지 측면에서, 하나는 직접생산자의 공동체, 또 하나는 그것과 관계된 수장의 생산관계를 통해 파악해야 한다. 전자에 대하여 유일하게 확실한 근거를 제공하는 것은 후기 고분기의 수혈 주거지(竪

穴住居址)이다. 사이타마현(埼玉縣) 고료(五領) 유적의 오니타카기 후반 주거지, 특히 그 A지점에 전형적으로 보이는 6개 주거지로 이루어진 '주거지군'은 그 앞에 넓은 공터를 가진, 계획적으로 만들어진 주거이며, 하나의 '자립적'인 단위 집단이었음이 드러나 있다.[07] 수혈 주거지 하나하나가 일반적으로 연도부(煙道部)가 있는 부뚜막을 갖고, 나아가 저장 구덩이를 갖춘 점은 6세기 이후의 동국에서 개별 수혈 주거가 소비의 단위 집단으로 자립하기에 이르렀음을 보여주며, 다른 한편으로는 그중 일부가 재생산의 장에서는 하나의 단위 집단으로서, 이른바 '결합가족'적 형태를 취하고 있었음을 보여준다. 주거지 발굴은 이 점을 점차 전국적인 규모로 명확히 해 나가는 듯하다.[08] 우리는 가족 형태의 역사를 문제로 삼을 경우, 소비와 재생산이라는 두 개의 영역을 구별하는 원칙에 입각할 필요가 있을 것이다. 위의 경우, 이 책에서는 구성단위인 개별 주거지를 '세대' 또는 '이에(家)'라고 부르고, 그 결합체='주거지군'을 '가족공동체'로 부르기로 하겠다(후자는 일반적으로 '세대공동체'라 불리지만, '세대'라는 표현은 주로 소비와 관계되기 때문에 여기서는 채택하지 않는다). 위의 세대=이에와 가족공동체의 관계는 나라시대에, 고기가 오보에 대하여 ‘1호’가 ‘10이에’로 구성되어 있어도 ‘호’를 한계로 한다고 했을 때의 ‘이에’와 ‘호’의 관계에 대체로 대응하며, 그 선행 형태를 보여주는 것이다(『영집해』 호령 오가조[五家條]). 이 경우의 ‘호’는 이른바 향호·방호(房戶)의 구별과는 직접적으로 연관되지 않는다. 적장에 보이는 것처럼 방호에서조차 그대로 세대=이에가 아니라 결합가족적 형태를 취할 수 있기 때문이다.

6세기 이후의 철제 농경구 소유에서 유적이 보여주는 특징적인 사실은 그것이 급속하게 일반화되면서도, 위의 세대=이에가 그 소유 주체로서는 아직 확립되지 않은 단계라고 추정되는 점이다. 그것이 확립되는 것은 동국에서는 고쿠부기(國分期, 마마기 다음 시기로 이치카와시의 고쿠분 지역에서 나온 토기에 따른 편년 시기. 지역명은 ‘고쿠분’이나 저자는 ‘고쿠부’로 표기하고 있으므로 이에 따른다-역주) 이후, 즉 8·9세기의 교체기이며, 기내·근국 및 서국에서는 그보다 약 1세기 앞선다고 가정하여도, 다이카 전대에는 일반적으로는 가족 공동체=호가 철제 농경구의 소유 주체였다고 보아야 한다.[09] 세대=이에의 소비 측면에서 앞서 언급된 자립화적 경향은 6세기 이후의 기내·근국 지방에서는 나니와궁(難波宮) 하층에 보이는 것 같은 수혈 주거에서 평지 주거로의 전환이라는 획기적 변화에 따라[10] 동국과는 비교가 안 될 정도로 강화된 것으로 보이며, 또한 동국에서도 대지나 산간 지역으로 취락이 발전한다고 하는 새로운 정주 형태가 가족공동체의 해체, 세대=이에의 자립화를 촉진하였음은 당연할 것이다. 그러나 사태의 이러한 측면만을 평가하는 것은 이중의 의미로 옳지 않을 것이다. 첫째로 생산 측면에서는, 특히 앞서 서술한 밭농사의 발전에도 불구하고 주요한 농업 생산이었던 수전 경영에서는 겨우 수 명의 거주원밖에 추정할 수 없는 수혈에 사는 집단으로는 개간은 물론 재생산 유지조차 불가능했을 것으로 보이는 점, 게다가 앞서 서술한 농업의 집약화가 진행되면 그만큼 개별 세대의 가족공동체에 대한 결집·의존이라는 반대 경향마저 필연적이 된다고 하는 점이다. 일반적으로 시보와 생산의 단위를 구별하지 않는 경향, 혹은 단혼가족이야말로 원시 이래의 일관된 사회단위라고 간주하는 견해는 노동 또는 생산 측면에서 세대 상호 간에 존재하는 각종 공동체적 결합을 과소평가하기 쉽다. 비생산적 노동에서조차도 세대를 넘어선 결합노동력 없이는 이해하기 어려운 점이 많다. 예를 들면 소규모 횡혈 고분의 축조 자체는 가족노동력만으로 충분할지 모르지만, 그것이 군집분을 이루는 경우, 고분 하나하나는 고립되어 존재하지 않는다. 특히 요코하마시 이나리마에(稻荷前) 고분군이 밝혀주는 사실, 즉 고분군의 공동 시설로서 '참도(參道) 모양의 좁고 긴 앞뜰'과 '대규모 계단' 모양의 유구가 발견된 것으로 보아[11], 가족노동력에 의한 개별 횡혈의 축조는 전자의 축조를 위한 공동 노동을 전제로 해야만 이해할 수 있는 것이다. 소규모 고분의 발생은 반드시 그대로 세대 또는 가족공동체의 '자립'을 보여주는 것은 아니다. 공동 노동을 전제로 해야만 축조가 가능한 수리시설에 대해서는 앞서 적었다. 둘째로 세대의 자립화 경향은 그대로 가족공동체의 해체를 의미하지 않으며, 반대로 그 구조의 변화, 즉 가부장제적 가족공동체로의 전환을 보여주는 것에 지나지 않는다는 점이다.[12] 고대 일본의 가장권이 일반 인민은 물론 그것이 형성된 중앙 및 지방의 지배층 내부의 가족에서조차도 로마적 고대 가족처럼 강력한 권력으로 발전하지 않은 것은 (아마도 일본의 경우는 중국의 고대 가족과 비교해도 그럴 것이다. 율령이 중국적인 가부장적 질서를 위로부터 도입하려고 한 것도 떠올리기 바란다[13]) 후자가 단혼 가족으로, 즉 사적 소유에 바탕을 둔 자립적 주체로 분리된 데 반해, 전자에서는 앞서 서술하였듯이 그러기 위한 물적 조건이 미성숙했던 점과 관련될 것이다. 고전 고대에서는 도시에 모여 살던 자립적인 단혼가족의 가장 간 질서로 구성되는 제2차적 공동체인 '시민공동체'가 일본에서는 그와는 이질적인 질서, 예를 들면 '토지의 부속물'인 촌락과 그 '장로제'적 또는 연령 계층적 편성이나 동족적·혈연적 결합이라는 자연발생적 질서가 지배적이지 않을 수 없다. 나는 개신기의 조에 보이는 '무라노오비토', 즉 '자연취락' 수장의 지배는 그러한 질서에 입각하고 있었다고 이해하는 것이다.

철기 소유의 급속한 발전은 노비 등의 동산 소유도 포함하며, 설령 그것이 세대 단위의 소유로 발전한 고쿠부기 이후가 되어도 종래의 공동체 틀을 변혁하는 일은 불가능하였다. 그 점은 앞의 절에서 서술한 수장제의 생산관계 자체에서는 본질적 변경이 일어나지 않았음을 의미하기도 한다. 이는 6세기 이후의 위와 같은 변화가 갖는 의의를 과소평가하는 것이 아니고, 예를 들면 나는 반전수수법의 특징 중 하나, 즉 원지·택지의 사유제가 당나라 제도 이상으로 승인되었다는 사실의 역사적 근거를 6세기 이후의 발전에서 찾고자 생각하는 것이다. 택지의 사유제는 호 또는 가족공동체 자립성의 가장 중요한 보장이자 기초이다. '택지'라는 하나의 구획이 성립한 것 자체가 수혈 주거에서 평지 주거로의 전환을 전제로 하였다고 볼 수 있겠다. 원지에 대한 사유제는 (여러 가지 법적 규제의 존재에도 불구하고) 6세기 이후의 앞서 서술한 밭농사 경영의 발전을 전제로 했을 때 비로소 이해할 수 있는 것이다. 하지만 동시에 원지·택지가 '호'를 단위로 반급되는 점, 또한 나중에 서술하듯이 다이카 전대의 기내·근국에서 시행된 세제로 추정되는 조(調)가 '호조'로서 존재하는 점의 의미도 잊어서는 안 된다. '호'는 앞서 서술하였듯이 결합가족이며, 가족공동체이다. 이러한 형태로 이루어진 원지·택지의 사유제를 토대로 한 전지의 영속적·세습적인 점유권의 확립이 6세기 이후 수장제의 구조가 변화하는 기본적 동인을 이룬 것이라고 생각한다. 그 단적인 표현은 5세기에 시작되어 6세기에 일반화한 수장층의 지배 영역 내부에서 일어난 베민제의 발전이다. 이 시기의 수공업 발전을 일단 사상하더라도, 베민제라는 새로운 수취 형태의 성립 자체가 잉여노동의 기초가 되는 새로운 농업 생산력의 발전이라는 토대 없이는 생각할 수 없는 것이기 때문이다. 구니들에 베민과 미야케를 설정하고 경영하는 일이 재지 수장층의 자율적인 생산=지배 관계를 전제로 하고 기초로 하였음은 이미 서술하였다(제2장 제3절, 제4장 제1절 1). 그것들의 성립 계기가 된 '야마토 국가'와 재지 수장층의 복속 관계, 즉 권력관계, 그리고 그 성립을 경제적으로 가능하게 한 물적·생산력적 조건은 구별하여 파악해야 한다. 왜 6세기 이후가 되어 베민제가 발전하는가 하는 문제는 위의 권력관계만으로는 설명하기 어렵기 때문이다. 이 시기의 변화는 중앙과 지방의 결합 방식을 변화시켰을 뿐만 아니라 수장제의 생산관계 자체에도 변화를 불러온 것이다.

철기는 제 발로 '보급'되어 나가지 않는 한 지방의 생산관계를 기초로 하고, 특히 철의 생산지가 국한되어 있는 이상, 이는 교환·증여 등을 매개로 해야 하며, 그때 '교통'이 먼저 수장층에게 고유한 기능으로서 존재하였다는 특징을 염두에 둘 필요가 있다(제1장 제1절). 전·중기 고분의 부장품이 보여주듯이, 철제 농·공구가 처음에 수장층 소유로 나타나는 것은 위의 관점으로 보아 매우 자연스럽다. 따라서 일반 민호가 철기를 소유해 나가는 앞서 언급된 발전은 동시에, 혹은 그 이상의 기세로 철기가 수장층 아래 집적되는 과정이었다. '나라 만들기'의 신이자 구니타마, 즉 토지의 생명력이 신격화된 존재인 오쿠니누시노 미코토가 동시에 '이오쓰스키(五百津鋤, 많은 가래. 이오, 즉 오백은 많은 숫자를 상징함. 쓰는 ~의라는 뜻-역주)를 또한 쥐고 쥐게 하며'로 형용되며, 예전의 수장층 권위를 상징하는 검과 거울과 옥의 주술적 삼위일체 대신에 대량의 철제 생산요구 자체가 신격의 한 속성이 되는 것은 목기를 대신하여 철기가 민호의 재생산까지 장악하기에 이른 6세기 이후 철기시대의 새로운 의식, 즉 '처녀의 가슴따비'를 가지고 나라를 만든 '나라 끌어오기'(이즈모 땅을 만든 신이 땅을 크게 만들기 위해 바다 건너 땅들을 끌어왔다는 신화-역주)의 거인을 창조한 것과 같은 의식의 신화적 표현에 다름 아니다[14](『이즈모국 풍토기』). 앞의 절에서, 영제의 잡요에 대한 고찰을 통해, 다이카 전대의 인공 관개시설 축조 같은 요역은 수장층이 소유하는 요구(要具)의 지급을 받은 점, 이 점에 봉건적 요역 노동과의 구별이 있는 점을 서술하였는데, 이러한 노동 형태의 기초에 있는 소유 형태는 위와 같은 것이었다. 이러한 소유 형태를 출발점으로 하여 시작된 6세기 이후 수장제의 발전은 그 이전과 달리 생산력의 새로운 단계에 기반을 둔 호에 의한 원지·택지의 사유와 전지의 세습적 점유 사이의 대항 관계에서만 전개되는 것이다. 따라서 수장층은 더 이상 공동체적 소유를 체현하는 주술적 역능(力能)을 지닌 인격, 산림원야를 포함하는 구니의 모든 토지를 소유한 자에 머무를 수 없고, 수장 자신의 '사지', 즉 다도코로를 소유하고 그와 관련하여 가키베를 소유하는 방향으로 발전한다. 개신기의 조가 지적하는 바인 수장층에 의한 산야, 강과 바다의 분할·사유 발전 및 다이카 전대의 앞서 언급한 '계획촌락' 설정도 그것의 연장임은 말할 것도 없다. 이러한 단계에서는 본래 수장층의 지배에서 떼려야 뗄 수 없는 측면을 이루고 있던 주술적 성격에 변화가 나타나고, 후기 고분의 부장품이 보여주듯이 종래의 검·거울·옥 세트와 벽옥 제품, 석제 모조품 같은 주술적 성격이 강한 부장품 대신에 마구(馬具)나 도(刀)·옥·스에키(須惠器, 고분시대에 한반도로부터 제작 기법이 전해진 회색 경질 토기-역주)·하지키(土師器, 고분시대~헤이안시대에 제작된 적갈색 토기-역주) 등이 부장되기에 이른다. 덴무기에 옛 구니노미야쓰코의 사제적 기능이 신국조의 그것으로 분리되고, 후자가 국가의 신기 체계의 일부로 편성되는 전제는 이미 6세기 이후의 수장제에 보이는 위의 지배 형태 변화 속에서 존재하고 있었다.

　후기 고분, 특히 군집분의 축조 주체 문제가 제기하는

계층 분화의 기초에 있는 것을, 나는 위와 같이 이해하고 있다. 그 분화의 정점에 있는 것은 개신기의 동국에 보이는 새 수장층의 대두, 즉 종래의 구니노미야쓰코·도모노미야쓰코 등 왕민제적 질서에 편성된 수장과는 구별되는 '백성'층의 대두일 것이다(제2장 제3절). 그러나 개신의 박장령이 수장층 이하 서민의 묘 조성에 대해서까지 규제하였던 사실이 보여주듯이(『일본서기』 고토쿠 천황, 다이카 2년 3월조), 후기 고분의 축조 주체가 더 하층에까지 미치는 데 문제가 있는 것이다. 6세기 이후의 계층 분화는 종래에 생각되던 것보다도 복잡하며, 따라서 수장의 지배 질서도 종래에 없는 변화를 보여주는 듯하다. 6세기부터 7세기에 걸쳐 만들어진 것으로 보이는 오카야마현(岡山縣) 쓰야마시(津山市) 서남부의 사라야마(佐良山) 고분군은 4개 지군(支群) 172기의 군집분인데, 이는 전방후원분 4기를 중심으로 하며 그 외에는 원분이다.[15] 군집분의 고분 형식은 통상적으로는 더 다양하지만, 문제점을 선명하게 하기 위해서도, 또 이 지역에서는 그보다 선행하는 오래된 고분이 거의 보이지 않는다는 점에서도, 고찰의 출발점으로서 매우 적절하다. 문제는 이 고분군에서 전방후원분의 피장자와 원분의 피장자가 어떠한 관계에 있다고 생각해야 하는지에 있다. 첫째로 이 경우, 고분이 갖는 중요한 기능 중 하나가 일정한 신분 질서의 표현이라는 원칙을 근본에 두어야 한다.[16] 나는 후기 고분의 매장이 '통과의례'의 하나로 전환되어, 분묘가 단순한 가족묘가 되었다고는 생각하기 어렵다. 따라서 앞서 언급된 전방후원분 피장자와 원분 피장자의 구별에는 재지의 신분 질서 속 각각의 지위가 표현되어 있다고 생각하는 것이다. 둘째로 군집분의 발생에 대한 설명에는 앞서 서술한 계층 분화 문제는 그 일반적 기초는 되어도 그것만으로는 설명할 수 없다는 점이다. 왜냐하면 군집분은 아무리 광범위하고 아무리 '폭발적으로' 발생하여도 그것은 특정 취락 또는 지역에 한정되며, 계층 분화가 이루어지지 않은 지역에서 보편적으로 발생하는 것은 아니기 때문이다.

위의 두 가지 사항을 전제로 한 다음에, 다소 당돌하게 들릴지도 모르지만, 나는 나라시대 적장 등에 보이는 '야카라(ヤカラ, 族)'와 '히토(ヒト, 人)'를 하나의 단서로서 거론하고자 한다. 야마시로(山城)의 이즈모노 오미(出雲臣)와 이즈모노 오미노 야카라(出雲臣族), 미노에 있던 구니노미야쓰코·아가타누시와 구니노미야쓰코노 야카라(國造族),

아가타누시노 야카라(縣主族) 혹은 국조인(國造人), 이즈모에 있던 간도노 오미(神門臣)와 간도노 오미노 야카라(神門臣族)가 그 예이다. 이 야카라와 히토의 성질에 대해서는 여러 가지 설이 있지만[17], 나는 (1) 야카라·히토는 '베'와 마찬가지로 신분 표지인 가바네의 일종이고, (2) 이는 아마도 경오년적에 의해 성이 없는 백성에게 부여된 것이며, (3) 그 실체인 신분적 통속 관계, 즉 야카라라는 동족 또는 동족적 의제를 동반한 종속관계 자체는 경오년적 이전 또는 다이카 전대의 수장제 내부에서 발생한 것으로 본다. 바꾸어 말하자면 야카라·히토 등의 신분 관계는 민호 내부의 앞서 말한 계층 분화의 결과로 발생한 종속관계이고, 그에 대한 수장층 지배의 대응 형태 중 하나이며, 재지의 수장을 정점으로 하는 새로운 계층 질서의 형성이라 생각한다. 본래 수장 신분에 한정되어 있던 고분의 축조가 군집분이라는 형태로 일반 민호에까지 확대될 때에도, 이는 야카라·히토적인 신분 관계, 바꾸어 말하자면 수장과 일정한 인연으로 결합된 무라노오비토적 계층 또는 그 취락에 한정되었던 것이 아니겠는가? 따라서 그 분포가 보편적이 아니고 특정 지역 또는 취락에 집중적으로 보이는 것은 자연스러운 결과처럼 여겨지는 것이다. 이때 나는 고분을 가바네라는 신분 질서의 표현으로 보는 견해는 취하지 않는다. 오히려 고분에 의한 신분 질서의 표현은 가바네의 그것에 선행하는 형태이며, 따라서 극단적으로 말하면 후자의 질서 확립은 전자의 소멸이 되는 식의 상호 관계가 양자 사이에 존재한다고 상정하는 것이다. 고분에 의한 표현은 사물 그 자체에 의한, 바꾸어 말하자면 고분의 형식과 규모와 입지 조건이라는 가시적이고 즉물적인 표지에 의한 신분 질서의 표현이라는 데 특징이 있으며, 이것에 비교하자면 가바네는 보다 관념적·제도적인 신분 질서이다. 예를 들면 시키(志幾)의 '오아가타누시(大縣主)'가 '가다랑어'를 올려(가다랑어 모양의 나무를 지붕 위에 올렸다는 설이 있음-역주) 집을 지었을 때, 유랴쿠(雄略) 천황이 화를 내고 그 집을 불태우게 하였다는 이야기에서(『고사기』 유랴쿠 천황), '가다랑어'는 하나의 가시적이고 즉물적인 신분 표지였음을 나타내며, 그 점에서는 고분과 같은 기능을 수행하였다고 할 수 있겠다. 나는 이러한 형식으로밖에 신분 관계를 표현할 수 없었던 단계를 상정하는 것이다. 따라서 가바네의 질서가 확정되면 고분의 신분 표지라는 기능은 그로 인해 점차 대위(代位)되고, 마침내 소멸된다고 하는 경향을 취할 수밖에 없을 것이다. 따라서 6세기 이후의 군집분 발생은 수장제의 내부에서는 가바네의 질서가 아직 지배적이지 않은 점, 따라서 새로운 계층 분화에 의해 성립되어 가는 수장과의 동족적 혹은 종속적 신분 질서는 군집분의 전방후원분과 원분 구별에서 나타나듯이 고분의 형식이나 규모나 입지 조건 차이라는 즉물적인 형식으로밖에 표현되지 않았던 것이 아니겠는가?

기내·근국 지방에서 나타나는 특징적인 사실은 7세기, 즉 스이코조에 들어서면, 약간의 예외를 제외하면, 고분의 축조 자체가 급속히 이루어지지 않게 된다는 변화이다. 이는 '스이코조 박장령'이라는 묘 축조 규제령의 존재를 상정하는 설이 나올 정도로 현저한 변화였다.[18] 그러나 특정 법령을 통해 이 중요한 변화를 설명하는 것은, 매장에 대한 관념 변화를 통해 설명하는방식과 마찬가지로, 올바른 해결 방향이 아님은 분명하다. 고분 축조 중단은 수장층의 내부 질서, 그 지배의 형태와 성질에 어느 정도 중요한 변화가 일어나고 있었음을 나타내는 것이라고 보아야 한다. 약간의 전방후원분을 중심으로 원분 등 다수의 작은 고분이 밀집하여 존재한다는 형태로 표현된 앞서 언급한 신분 질서를 대신할 만한 다른 신분 질서가 성립되었다는 것을 하나의 요인으로 여기서 생각해야 하지 않을까? 스이코조의 관위 12계 수여와 연관시키는 것보다도 더 가능성이 클 것이다. 나는 그 새로운 질서를 가바네일 것이라고 상정한다. 가바네라는 신분 질서의 기원과 확립의 역사는 의외로 명확하지 않고, 6세기에는 확립되어 있었다는 일반적인 견해에 반해, 가바네는 스이코조 이후에 성립하여 덴무 팔성이 등장할 무렵에 확립되었다고 하는 견해도 제기되었다는 점도 주의해야 한다.[19] 기원 문제는 별개로 하고, 스이코조가 그 확립의 전환기를 이룬 듯하다는 점은 스이코조 이후 신분 표지의 기능을 갖는 고분의 존재 의의를 잃게 만든 하나의 원인이 되었고, 그것의 급속한 쇠퇴로 나타난 것이 아닐까? 위 문제의 해결은 앞으로의 과제로 남겨두더라도, 중요한 것은 가족묘적 성격을 지니는 후기 고분으로의 전환과 고분의 소멸은 기내·근국 지방의 크고 작은 수장층이 재지의 질서로부터 해방되고 있었음을 의미하는 점, 그러한 사실과, 그들이 재지 수장임과 동시에 스이코조 전후 중앙 정부의 군경·대부(마에쓰키미)층 및 반쯤 관인화한 도모노미야쓰코층으로 전환해 간다고 하는 점과는 밀접한 관계가 있다고 하는 점이다. 다이카 전대의 중앙 정부

를 구성하고 있던 오미·무라지·도모노미야쓰코 또는 군
경·대부층의 대부분은 본래 기내·근국 지방의 크고 작
은 재지 수장층이었으므로, 후자에서 전자로의 전환은
그것을 위한 조건이 재지에서 성숙해 있어야 한다. 후기
고분과 그 소멸의 문제는 그것을 위한 하나의 단서로서
중요한 의의를 지닌다고 생각하는 것이다.

　이상의 간단한 소묘를 통해서도 다음 두 가지 점이 명
확할 것이다. 첫째로 6세기 이후의 생산력 발전을 기초
로 하는 계급 분화의 진행에 따라 수장제의 내부 관계에
중대한 변동이 있었고, 특히 변화가 현저했던 선진지대
의 수장층은 종래의 형태로는 지배할 수 없는 단계가 된
점, 둘째로 위의 변화는 수장층의 본래 생산관계, 즉 총
체적 노예제에 기본적인 변혁을 불러오는 성질의 것이
아니라, 그 생산관계와 계급관계의 새로운 단계를 보여
주는 것에 지나지 않는다는 점이다. 6세기 이후의 국가
성립 문제는 위의 두 가지 점을 토대로 하여 고찰할 필요
가 있다.

2. 국조제와 국조법의 성립

국조제는 단순히 다이카 개신 이후의 전환을 이해하기 위해 중요할 뿐만 아니라, 국가 성립사 전반에서도 결정적으로 중요하다. 왜냐하면 국조제는 생산관계, 즉 사회의 하부구조와 국가라는 정치적 상부구조의 사이를 잇는 결절점을 이루는 지위에 있으며, 양자가 역사적으로 어떠한 상호관계에 있는지, 국가란 구체적으로 어떠한 과정을 거쳐 사회로부터 독립해 나가는지를 보여주는 거의 유일한 사례이기 때문이다. 그러나 이 경우에도 남겨진 사료는 단편적이고, 다이카 전대의 지방 행정조직을 보여주는 이른바 '구니·아가타제(國·縣制)' 문제에 대해서는 학자들 사이에 중요한 견해 차이가 있다.[20] 그에 대하여 세세한 논의를 펼칠 자리는 아니므로, 종래의 연구사 속 논점과 관련지어서 내 생각의 큰 줄기만을 서술하도록 하겠다.

이 문제에 대한 기본 사료는 다음 두 가지이다. (1) 『수서』 왜국전의 '군니(軍尼)(=구니=國)는 120인이 있다. 중국의 목재(牧宰)와 같다. 80호에 1이니익(기)(伊尼翼[冀])(=이나기=稻置)을 두었다. 지금의 이장과 같다. 10이니익은 1군니에 속한다'와 (2)『일본서기』세이무(成務)기의 '구니들에 명령하여 구니·고리(郡)에 미야쓰코오사(造長)를 세우고, 아가타(縣)·무라(邑)에 이나기를 두며, 모두 방패와 창을 하사함으로써 징표로 삼았다. 곧 산하를 경계로 하여 구니·아가타를 나누고, 밭두둑을 따라 무라(邑里)를 정하였다'와 『고사기』세이무기의 '큰 구니, 작은 구니의 구니노미야쓰코를 정해 주시고, 또 구니들의 경계, 또 큰 아가타, 작은 아가타의 아가타누시를 정해 주셨다'가 그것이다. (1)에 대해서는 '목재'나 '이장'과의 대비에서 보이듯이 약간의 윤색이 있고(그것이 일본으로 온 수나라 사신이 중국 관인의 눈으로 관찰한 결과인지, 혹은 견수사가 일본의 제도 정비를 과장한 결과인지는 별개로), 또 나중에 서술하듯이 세부적인 부분에서 잘못된 점도 있으나, 중요한 사료인 것은 분명하다. (2)가 세이무조 기사로 된 것은 기기 편찬자의 술작인 점, 기사 내용에도 윤색이 많은 점은 말할 것도 없으나, 제기를 기초로 한 듯한 그 기사에는 구니·아가타제 성립에 대하여 중요한 사항도 포함된 것이다.

위의 구니·아가타제 성립에 대한 내 생각의 기본 또는 전제는 '구니'의 성립이 규정적이며, '아가타'는 거기에 수반되어 성립하였다는 점이다. 따라서 우선 구니=구니노미야쓰코가 문제가 된다. 『수서』 왜국전의 120개 '구니' 또는 구니노미야쓰코가 왜(倭) 무왕(武王) 상표문의 '동으로는 모인(毛人)을 정벌하기를 55국, 서로는 중이(衆夷)를 복속시키기를 66국'의 합계 121국과 거의 일치한다는 사실[21]은 우연이라고 간주해도 될지는 문제이지만, 여기서는 그 점은 사상해 둔다. 더 중요한 것은 구니 또는 국조제가 5세기 말엽 왜왕 무에 의해 일단 완성된 여러 구니의 정복 과정 성과를 발판으로 하여, 정복된 재지 수장층의 조직화로서 성립한 것으로 보인다는 점이다. 따라서 앞서 인용해 놓은 기기 기사에 어느 정도의 진실이 있다고 한다면, 그것은 세이무조가 아니라 5세기 말부터 6세기 단계의 기사로서 문제로 삼는 것이다. 그 가운데 '미야쓰코오사'=구니노미야쓰코와 이나기에게 '방패와 창'을 하사하여 '징표'로 삼았다고 하는 기사에 주목하고자 한다. 나는 다이카 전대의 지방 수장층이 오키미의 질서에 편성되어 가는 형식으로서 세 단계를 생각한다. 첫 번째는 전자가 후자를 모델로 하여 만든 고분에 의해 표현되는 복속 형식이다. 이는 앞서 서술하였듯이 고분의 형식, 규모, 입지 조건, 부장품 등 전체를 통해 오키미에 대한 신분 관계가 말하자면 즉물적으로 표현되는 형식이며, 거기에는 제도적·관념적인 질서는 아직 없다. 두 번째는 구니노미야쓰코 등에게 앞서 언급된 '방패와 창'을 하사하는 형식이다. 이 형식은 큰 우지의 우지노카미에게 대도를, 작은 우지의 우지노카미에게 소도를, 도모노미야쓰코 등에게는 방패, 활과 화살을 하사한 덴지조에도 그 유제가 엿보인다. 이 형식은 일정한 표장(表章, 인시그니아) 수여를 통한 신분 관계의 설정 또는 확인이며, 고분시대에 오키미로부터 거울이 수여되는 관행이 있었다고 한다면, 이것도 그 일부가 된다. 주술력을 지닌 표장이라는 점에서 양자는 공통되기 때문이다. 첫 번째와 두 번째 형식에서는 제사 의례적인 복속과 공납 형식이 동반된다. 세 번째 형식이 나중에 서술하는 가바네 수여인데, 이상의 세 형식, 세 단계는 대략적인 구별이며, 그것들이 병존할 수 있음은 말할 것도 없다. 왜 구니노미야쓰코 등에게 특별히 방패와 창이라는 표장을 수여할 필요가 있었는가 하면, 고분 축조를 통해 오키미의 질서에 편성된 재지 수장층 모두가 구니노미야쓰코에 보임된 것이 아니라, 그중 특정 수장이 보임되는 것이 구니노미야쓰코의 특징이기 때문이다. 국조제는 수장제 그 자체가 아니라, 그중 일부가 오키미의 권력 또는 야마토의 통일체와 특수한 관계를 가짐으로써 비로소 성립하는 것이다. 따라서 구니노미야쓰코에게는 재지 수장 전반과 구별하기 위하여 고분과 비교하자면 보다 제도화된 표장 수여가 필요해졌다고 생각한다. 이것이 국조제 성립의 첫 번째 단계이다.

국조제가 국가 성립에서 지녔던 의의를 검토하기 위해서는 그것에 두 가지 유형이 있음을 미리 알아둘 필요가 있다. 하나는 히타치의 이바라키 국조나 야마토의 가즈라키(葛城) 국조에서 보이는 국조, 즉 영제 국가의 '군(郡)'과 대체로 대응하는 소규모 국조이며, 다른 하나는 이즈모 국조, 하리마 국조 같은 영제의 '구니'에 대체로 대응하는 대규모 국조이다. 양자는 규모뿐만 아니라 성질도 다르다. 전자는 재지 수장층 지배의 체제와 영역을 그대로 구니노미야쓰코로 편성하였다고 보아도 되는 데 반해, 후자는 첫째로 하나의 구니라는 넓은 영역 내부 수장층의 결합체를 대표하는 존재이며, 따라서 그 지배 영역 내부에는 많은 자립적인 수장층을 데리고 있는 점, 둘째로 구니노미야쓰코 자체도 하나의 수장층이라는 점을 특징으로 한다. 전자의 실체는 전통적인 재지 수장층의 생산관계에 지나지 않는 데 반해, 후자는 보다 정치적인 복합체를 이루었으며, 국가 성립사에서 중요한 역할을 수행한 것은 후자이다. 예를 들면 이즈모 국조는 이즈모국 전체 수장층의 결합체를 대표하며, 그것을 통속시키고 있는 동시에 그 스스로가 오우군(意宇郡) 일대의 토착 수장이라는 관계이다. 이 두 가지 유형의 구별은 앞서 언급된 『고사기』 세이무기의 '큰 구니, 작은 구니의 구니노미야쓰코'라는 기재 방식에도 반영되어 있다. 이하 이 책에서는 '큰 구니의 구니노미야쓰코', 즉 한 구니 단위의 구니노미야쓰코를 단순히 '대국조(大國造)'라 하고, 반면 '작은 구니의 구니노미야쓰코'를 '소국조(小國造)'라 하여 그것과 구별하기로 하겠다(혹은 일국국조와 단위국조라고 해도 좋다). 나는 종래에 위의 두 가지 유형의 구니노미야쓰코 구별이 정당하게 평가되어 오지 못했다고 생각한다. 아마도 다이카 개신 때 구니노미야쓰코에서 '고리노미야쓰코'로의 이행, 영제의 군사와 옛 구니노미야쓰코의 관계를 통한 유추 때문에, 또 구니노미야쓰코=수장이라는 막연한 전제 때문에, 위의 대국조제가 갖는 의의가 전면에 내세워지지 않은 결과일 것이다. 그러나 이러한 유형의 국조제가 존재하는 것은 그것이 국가 성립사에서 지녔던 의의를 생각하기 위해서도, 또 다이카 개신과 국조제의 관계를 고찰하기 위해서도 중요한 일이다.

기기에 나타난 구니노미야쓰코 이름의 표를 살펴보면 명백하듯이(이 구니노미야쓰코 표는 학자에 따라 다소 차이는 있으나, 여기서 그것은 문제가 아니다)[22], 대국조는 소국조에 비하여 결코 적지 않다는 점에 우선 주목해야 한다. 다음으로 구니노미야쓰코 표를 통해서는 6세기, 특히 스이코조부터 다이카 개신까지의 사이에 일어났다고 추정되는 국조제의 변동을 알 수 없지만[23], 이 문제도 여기서는 사상해 둔다. 어느 쪽이든 간에 『수서』 왜국전의 앞서 언급된 121개 '구니' 또는 구니노미야쓰코는 대국조와 소국조 양쪽으로 구성되어 있었다고 볼 수 있다. 이 대국조제의 성립은 국가가 수장층의 생산관계 속에서 제2차적 체제로서 어떠한 과정을 거쳐 파생해 나가는지를 보여주는 최초의 형태이다. 이는 그 분포를 통해서도 추정할 수 있다. 대국조제는 영제의 7도 제도에 대입시키자면, (1) 기내에서는 야마토·야마시로(山背)·가와치, (2) 도카이도에서는 오와리·도토미(遠江)·가이(甲斐)·사가미·무사시, (3) 도산도에서는 오미·미노·시나노, (4) 호쿠리쿠도에서는 '고시(越)', (5) 난카이도에서는 기이·사누키·이요, (6) 산요도에서는 하리마·기비·스오, (7) 산인도에서는 다지마(但馬)·이즈모, (8) 사이카이도에서는 쓰쿠시·히(肥)·휴가(日向)에 분포되었다. 구니노미야쓰코 표 자체가 망라적인 것은 아니므로, 표에 나타나지 않는 대국조가 있음을 염두에 두면, 그 분포가 일정한 특징을 지녔음을 알 수 있을 것이다. 동국에서는 무사시에 이르는 도카이도의 구니들, 시나노에 이르는 도산도의 구니들과 호쿠리쿠도의 고시노쿠니(越國), 세토내해 연안의 산요도와 난카이도의 구니들, 이즈모에 이르는 산인도의 구니들 및 사쓰마·오스미를 제외한 사이카이도의 구니들, 즉 정치적으로도 군사적으로도 오키미 권력의 근간을 이루는 영역이 대국조제로 편성되어 있었다. 그에 반해 그 주변 구니들에서는 소국조제가 지배적이었던 것으로 보인다. 간토 지방에 대하여 말하자면 앞서 나온 사가미·무사시 이외의 구니들, 예를 들면 가즈사(上總)·시모사(下總)·히타치·아와(安房)에서는 대국조제가 확인되지 않는 대신에 소국조가 보이는 것은 그 결과일 것이다(이 점은 대국조제의 구니들에 소국조가 존재하지 않음을 의미하는 것은 아니다). 엄밀하게 보자면 문제는 남지만, 대체로 위와 같이 추정해도 될 것이다.

대국조제의 성립이 중앙과의 권력관계를 계기로 하였다는 점, 야마토 국가에 의한 위로부터의 편성과 관련되었다는 점을 보여준다. 대국조제를 채택한 구니들과 그렇지 않은 구니들 사이에는, 예를 들면 무사시와 히타치 사이에는, 재지 수장제 또는 그 지역적 결합체의 구조 자체에 기본적 차이가 있었을 리는 없기 때문이다(그 점은 고분의 분포를 통해서도 알 수 있다).

나는 5세기 말부터 6세기 이후까지의 국조제 성립 과정에서 주도적 역할을 수행하고 또 전환기를 마련한 것은 대국조제의 성립이라고 생각한다. 이 점은 구니노미야쓰코의 가바네 측면을 통해서도 추정된다.[24] 구니노미야쓰코의 가바네는 아타이(直)·오미(臣)·기미(君) 등인데, 그중 아타이가 구니노미야쓰코의 가장 일반적이고 특징적인 가바네임은 말할 것도 없다. 기노 아타이(紀直) 또는 사누키노 아타이(讚岐直) 등 구니명 또는 지역명에 아타이라는 가바네를 붙인 구니노미야쓰코이다. 이 아타이성 국조(直姓國造)의 성립은 다음의 두 가지 점을 의미한다. 첫째로 6세기에 들어서 기내·근국 지방을 중심으로 아타이성 국조가 먼저 성립한 것으로 보인다는 점이다. 스다 하치만궁(隅田八幡宮)의 인물 그림 거울 명문에 보이는 '가와치노 아타이(開中費直)'=가와치노 아타이(河內直)와 『일본서기』 긴메이기〔2년 7월〕에 보이는 '가후치노 아타이(加不至費直)'='가와치노 아타이(河內直)'는 6세기에 기내 국조에게 아타이성이 주어진 것(전자에 보이는 '계미년[癸未年]'이 503년이 아니라 간지[干支] 일운[一運]〔60년〕을 올린 443년으로 보는 견해에 대해서는 여기서는 깊이 들어가지 않겠다), 마찬가지로 『일본서기』 긴메이기〔17년 정월〕에 보이는 하리마노 아타이(播磨直)는 (이는 백제 사료에 따른 것일 듯하다) 기내의 국조제가 근국 지방으로까지 확대되어 갔음을 보여준다. 둘째로 아타이라는 가바네=신분 표지의 수여는, 앞서 언급된 '방패와 창'이라는 표장 수여에 따른 형식과 비교하면, 더 발전된 형식이자 더 제도화된 질서이다. 이 변화는 후자에 의한 오키미와 구니노미야쓰코의 개별적·주술적 결합을 전자의 제도화된 체제로 전환시키는 것을 가능하게 하였다고 볼 수 있다. 아타이성이 특정 시대, 아마도 6세기에 구니노미야쓰코의 가바네로서 획일적으로 수여된 듯하다는 점이 이를 잘 보여준다. 셋째로 아타이성 국조제가 기내·근국에서 지방으로 확대되어 가는 경우, 특징적인 경향은 그것이 시코쿠(四國)과 산요도에 분포했다는 점이다(동국은 잠시 논외로 하겠다). 이 점은 아타이성이 본래는 대국조의 가바네로서 제도화된 것이 아닌가 하는 추측을 낳는 것이다. 바꾸어 말하자면 야마토 국가 지방 권력의 근간을 이루는 앞서 언급된 구니들의 국조제는 본래는 아타이성을 갖는 대국조로서 성립했다고 보아야 한다. 아타이성 이외에도 오미나 기미 등의 가바네를 갖는 구니노미야쓰코 또는 대국조가 있다. 전자의 전형은 기비 국조 및 이즈모 국조이며, 후자의 전형은 쓰쿠시 국조 쓰쿠시노 기미(筑紫君)이다. 둘 다 강대한 대국조로서, 야마토 국가에 대한 정치적 자립성이 강하고, 또 반란 전승이 풍부하게 남아 있는 것이 특징적이다. 이들 오미성(臣姓)·기미성(君姓) 국조에 비하면 아타이성 국조는 국가에 의해 보다 강하게 체제화된 구니노미야쓰코라고 보아도 된다.

아타이성 국조 중 특히 주목할 만한 것은 오시아타이(凡直) 국조이다[25]('오시[凡]'는 통괄의 의미일 것이다). 그 분포는 후대의 단편적 사료로 알 수 있는 한으로는 (1) 가와치, (2) 아키(安藝)·스오, (3) 기이·아와지(淡路)·아와(阿波)·사누키·이요·도사(土佐), (4) 오와리이며, (4)를 제외하면 주로 기내부터 세토내해 연안의 산요도·난카이도에 성립하였다고 추측되는 것이다. 아타이성 국조를 한층 더 재편성하여 강화한 것으로 보이는 오시아타이 국조가 모두 대국조제인 것은 말할 것도 없지만, 그것이 어느 시대에 체제화되었는지는 명확하지 않다. 사누키 국의 오시아타이 국조가 비다쓰조에 보임되었다는 전승〔『속일본기』엔랴쿠 10년 9월조〕을 신뢰한다면 6세기 말까지는 성립하였다고 보아야 할 것이다. 이 시기에 왜 기내·산요도·난카이도를 중심으로 국조제의 이러한 강화와 재편성이 필요해졌는지에 대해서는 미야케와 연관해서 설명해야 한다. 왜냐하면, 구니노미야쓰코에 대한 기기의 기사가 보여주듯이, 미야케와 베민의 설정이 국조제와 떼려야 뗄 수 없는 관계에 있었기 때문이다. 그 전에 미야케·베민의 설정이 재지 수장제의 생산관계를 전제로 해야만 가능하다는 점(제2장 제3절), 독자적인 징수·관리 조직을 가진 오키미의 미야케조차도 그 재생산과 수취를 위해서는 재지 수장의 영역 안 인민에 대한 지배를 전제로 하였음을 서술하였는데(제1절 1), 바로 이러한 관계에 있었기 때문에 야마토 국가는 재지 수장층을 정치적으로 파악하고 그 질서 안에 편성할 필요가 있었다. 그 점에서 국조제의 성립과 발전은 미야케 또는 베민제의 발전과 떼려야 뗄 수 없는 관계에 있다. 예를 들면『일본서기』스이코 천황 15년 시세조의 '또 구니마다 미야케를 두었다'는 간단한 기사는 전국 120개의 크고 작은 구니노미야쓰코의 지배를 전제로 하지 않으면 이해할 수 없는 것이다. 그런데 6세기에 이루어진 미야케 발전의 특징 중 하나는 그 군사적 의의에 있었다.[26] 거기에는 두 가지 측면이 있었다. 하나는 국내적인 측면이고, 다른 하나는 대외적인 측면이다.

미마사카국(美作國)의 오바군(大庭郡)에 설치된 유명한 시라이노 미야케 땅이 이즈모로 빠지는 이즈모 가도(街道)와 호키로 빠지는 호키 가도의 분기점에 있다는 것과 조리 유구의 존재로 알 수 있는 앞서 언급된 하리마국 고시베노 미야케가 하리마에서 다지마국(但馬國)으로 향하는 교통로와 미마사카국으로 향하는 교통로의 분기점에 있다는 사실은 둘 다 오미성 국조로서 독립적 지위를 차지하고 또 반란 전승이 풍부한 이즈모 국조와 기비 국조의 존재를 전제로 하여 그 의의를 이해할 수 있다.[27] 이들 미야케에 보이는 특징은 야마토 국가의 군사적 전진 기지로서의 성격을 포함한다고 하는 점에 있다. 쓰쿠시에서의 미야케 설치가 쓰쿠시 국조 쓰쿠시노 기미 이와이(磐井)의 반란과 관련되는 것도 분명하다.[28] 동시에 이 반란이 대조선 관계의 긴장이나 조선 출병을 이미 계기로서 포함하고 있었듯이, 6세기의 미야케 설치가 국제적 계기를 매개하지 않고서는 이해하기 어렵다는 것도 주의를 요하는 점이다. 기비의 고지마(兒島)노 미야케 설치가 나노쓰(那津)의 미야케 수조(修造)와 더불어 조선에서의 정세의 급박함과 관련되었다는 대응 관계는 안칸조에 이루어진 대규모 미야케 설치에서 이미 나타나고 있었다. 쓰쿠시·도요노쿠니(豊國)·히노쿠니(火國)·하리마·기비노미치노시리(備後)·아나노쿠니(婀娜國)·아와(阿波)·기노쿠니(紀國)·단바·오와리·가미쓰케노(上毛野)·스루가(駿河)라는 그 지리적 분포에는 대조선을 주 정면으로 하는 기내부터 쓰쿠시에 이르는 세토내해 간선의 강화와 확보 정책이 드러났다고 보아도 된다(『일본서기』 안칸 천황 2년 5월 조). 6세기의 미야케 분포가 앞서 언급된 아타이성 국조의 분포와 거의 대응되는 점[29], 국조제와 미야케는 떼려야 뗄 수 없는 관계에 있는 점을 염두에 둔다면, 미야케 설치에 포함되는 국제적 계기가 동시에 국조제의 그것이기도 했다고 보아야 한다. 아타이성 국조, 특히 6세기 말까지는 성립한 것으로 보이는 오시아타이 국조가 기내부터 산요도와 난카이도의 영역에 성립한 것은 결코 우연이 아니다. 양자, 특히 후자의 특징이 대국조인 점은 앞서 서술한 그대로이다. 국조제 전체에서 국가의 지방 지배의 토대가 될 만한 대국조제가 성립되어 가는 역사적 환경 중 하나로서 이러한 국제적 계기의 존재를 놓치고 만다면, 일본 국가 성립사의 특수성이 간과될 것이다. 국제관계는 6세기 이후의 야마토 국가 중앙 지배층에게 있어서만 중요한 과제였던 것은 아니다. 미야케와 국조제라는 6세기 이래의 국가 제도 자체 안에 그것은 계기로서 보존되었고, 그 점이 그 체제 속에 조직된 구니노미야쓰코·도모노미야쓰코 등의 의식에 반영되지 않을 리는 없는 것이다. 우마코가 쓰쿠시에 주둔하는 장군들에게 '내란 때문에 바깥일을 게을리하지 마라'고 지령하였을 때, 그것이 설령 하나의 정략에 지나지 않았다고 해도 정략의 수단으로서 기능할 수 있었던 이유는 위와 같은 점에서 찾아야 할 것이다(제1장 제1절). 6세기부터 다이카 개신에 이르는 시기의 『일본서기』 기사에서 대조선 관계 기사를 제외하면 『일본서기』는 거의 역사서의 체재를 갖추지 못하게 될 것이다. 이를 국내 관계 사료가 적어서 백제 사료 등으로 보완할 수밖에 없었기 때문이라고 설명한 것은 쓰다 소키치 씨이다. 소극적·기술적으로 보면 아마도 그럴 것이다. 그러나 이는 조선 문제가 6·7세기에 갖고 있었던 의의에 대한 과소평가로 이어져서는 안 되며, 또한 쓰다 씨의 설명에 의해서만 『일본서기』의 조선 관계 기사가 갖는 중요성을 해석해서는 안 된다고 생각한다. 『'일본'서기』의 성립과 성질 그 자체가 국제적 계기 없이는 설명되기 어렵다고 생각하기 때문이다.

인민의 지역적 편성이 국가의 중요한 속성이고, 그것이 다이카 개신부터 기요미하라령 단계에 확립되었음은 이미 논하였다(제2장 제2절). 하지만 이는 전제 없이 확립된 것이 아니라, 다이카 전대에 그것을 위한 조건이 이미 존재한 것이다. 그 첫걸음은 국조제의 성립으로, 즉 인민을 직접 파악하고 있는 재지 수장층을 120개 구니로서 영역적으로 편성하는 작업으로 먼저 시작되었다. '구니'의 성립이 그 결과였다. 그러나 말할 것도 없이 이 '구니'는 국가의 행정 구획으로, 즉 지역적으로 구축된 국가 조직의 일부로 이해해서는 안 된다. 『수서』 왜국전이 '군니'=구니라는 영역을 '120인'이라는 사람으로 표현한 사실이 단적으로 보여주듯이, '구니'와 국조제의 실체는 본래 재지 수장 또는 그 결합체나 다름없기 때문이다. 그로부터 구니 또는 국조제의 지역적 다양성이라는 현상이 생겨난다.[30] 그 전형적 사례 중의 하나가 기비 국조이다. 그 특징은 구니노미야쓰코가 각각 수장층의 결합체인 가미쓰미치노 오미(上道臣)와 시모쓰미치노 오미(下道臣) 둘 중 어느 쪽에 고정되지 않는다는 점, 어떤 때는 전자가, 어떤 때는 후자가 구니노미야쓰코의 지위에 오른다는 점에 있다. 이러한 특징은 기비 고유의 것이 아니라, 수장층의 결합체 전체를 중앙에 대하여 대표하는 대국조제에서는 늘 발생하기 쉬운 특징이었을 것이다. 기비와 마찬가지로 대국조제를 채택한 무사시에서는, 수장권의 이동과 관련해서는 위와 같은 특징의 흔적이 보이며, 국조제 성립 후에는 고정화 경향이 보인다. 4세기 후반부터 7세기 전반에 이르는 무사시국 역대 최고 수장의 분묘로 보이는 총 12기의 대형 고분이 분포하는 양상은 최고 수장권이 본래는 특정 지역의 수장에 고정되지 않고, 구니 안의 세력들 사이를 이동한 것으로 보인다는 점을 시사하며, 동시에 6세기 초에 축조된 무사시국 최대 고분인 사키타마(埼玉) 고분군의 마루바카야마(丸墓山) 고분(이는 최근에 와서 전체 길이 170m에 달하는 전기적 형태의 전방후원분으로 확인되었다〔현재는 직경 105m의 원분으로 인정되고 있다〕)부터 그 이후는 그것이 북부 지방에 고정된 것으로 보인다는 점을 시사한다.[31] 아마도 이 전환은 5세기 말부터 6세기 초까지 간토에서의 국조제 성립과 결부되어 있을 것이다. 대국조제에 의한 중앙과의 결합은 특정 수장의 종주권을 구니 안에서 확립하는 계기가 되고, 이즈모 국조에서 보이는 것 같은 구니노미야쓰코 지위의 고정화 또는 세습화를 확립하는 경향을 촉진하기 때문이다. 이에 반해 가미쓰케노에서는 지역적 결합체의 수장권이 사키타마 고분군처럼 한 곳에서 장기간에 걸쳐 계승되었음을 보여주는 것 같은 고분군이 보이지 않는다는 점도 참고가 될 것이다. 이상의 내용은 '구니' 또는 국조제의 존재 방식을 결정하는 것이 바로 그 실체를 이루는 재지 수장제의 지역적 결합의 양상임을 시사하는 것이다.

중앙의 야마토 국가에 대해서는 재지 수장층을, 후자에 대해서는 전자를 대표하는 하나의 정치적 지배권으로서의 대국조제 성립과 관련지어서 아가타누시와 이나기의 성립도 이해해야 할 것이다. 소국조와 달리 제2차적, 정치적 복합체로서 존재하는 대국조제 또는 '구니'의 성립은 그 바탕에 있는 구니 안 수장층의 재편성을 당연히 동반하게 되며, 양자 사이에 통속 관계가 성립하기 때문이다(세이무조의 구니·아가타제 성립에 관한 기기 기사에서 채택할 만한 점이 있다고 한다면 그중 하나는 아가타가 국조제와 동반하여 그것과의 관련 속에서 성립되어 갔음을 말해준다는 점에 있을 것이다). 그것에는 적어도 두 가지 형태가 상정된다. 하나는 수장이 소국조로서 대국조 아래 편성되어 가는 형태이다. 야마토(倭) 국조=대국조에 대한 가즈라키 국조, 쓰게(闘鶏) 국조 등의 소국조, 마찬가지로 미노 국조에 대한 미노 모토스(本巣) 국조, 히노쿠니 국조에 대한 히노 아시키타(火葦北) 국조 같은 식으로 대국조제 내부에 포섭되는 소국조제의 성립, 양자 사이에 추정되는 통속 관계는 이렇게 해서 성립한 것으로 보인다. 양자 중 어느 쪽이 선행했는지는 구니에 따라 달랐을 것이다. 물론 이 통속 관계는 행정적인 상하 관계로 이해되어서는 안 된다. 앞서 서술하였듯이 실체는 바로 수장층의 동족적 또는 지역적 결합체였기 때문이다. 두 번째 형태는 아가타누시로서 편성되는 형태이다. 이 경우 아가타누시의 실체가 수장층인 점에서는 소국조와 완전히 동일하다는 점을 염두에 둘 필요가 있다. 아가타누시의 중요한 특징은 제사적 성격이 강하다는 점에 있지만, 이 성질은 반드시 아가타누시 고유의 것은 아

니고, 본래 앞서 서술하였듯이 수장층 지배의 전반적인 성격임을 잊는다면 평가가 일면적으로 될 것이다. 기기 기사에서 아가타누시의 제사적 측면이 전면에 드러나는 것은, 하나는 야마토의 6현에서 전형적으로 볼 수 있듯 이 아가타의 제사가 황조신(皇祖神)에게 지내는 제사를 매개로 하여 오키미의 제식(祭式)과 연결되고, 신공(神供)의 관행에 따라 공어 영지화해 나갔기 때문이며[32], 또 하나는 가모(カモ)의 아가타누시에서 전형적으로 볼 수 있듯이[33] 오키미의 내정(內廷)과의 특수한 연결을 통해 궁정 의례의 일부로 편성되었기 때문이며, 둘 다 오키미에 대하여 특수한 역사적 전통을 배경으로 한 수장이라는 점이 아가타누시의 특징이다(아가타누시에게 오키미에 대한 복속 전승이 많은 점도 이와 관계될 것이다). 이처럼 소국조와 아가타누시는 대국조제 아래의 두 가지 편성 형태로서 성립해 온 것이므로, 양자는 병존할 수 있는 것이다. 미노 국조 아래 가모 아가타누시와 모토스 국조가 병존한 것은 그것을 시사한다. 그러나 중요한 것은, 한편으로는 아가타누시가 제사적 결합으로 환원되고, 그 결과 아가타 고유의 신앙 측면만이 전면에 드러나는 경향이 보이는 점이며[34], 다른 한편으로는 단순한 행적 구획

으로서의 아가타가 성립되어 가는 경향이다. 나는 이 두 가지 경향은 서로 관련되는 것으로 간주하며, 그 근본은 일찍이 그 자체로 재지 수장이나 다름없었던 아가타누시가 앞서 서술한 것 같은 수장층의 내부구조 변화로 인해 독립된 수장제로서는 해체되기 시작하였다는 점에 있다고 생각한다. 사제적 기능을 하나의 고유한 측면으로 갖고 있던 수장의 자립적 지배가 해체된 결과, 한편으로는 제사의 측면이 그로부터 박리되고, 다른 한편으로는 아가타누시로부터 아가타가 분리되어 나온다고 이해하는 것이다. 따라서 위와 같은 발전의 기초에는 자립적 수장제의 해체 또는 생산관계의 변화가 있고, 앞의 항에서 지적하였듯이 6세기 이후의 생산력 발전과 계급 분화의 진행에 따라, 특히 선진지대에서는, 재지 수장층이 종래의 방식으로는 지배할 수 없게 되었다는 식의 변화가 있었다고 생각한다. 이 점은 또한 이나기 문제와도 관련된다.

이나기에 관한 중요한 사료는 앞서 언급된 『수서』 왜국전과 개신기에 발령된 조, 이렇게 두 가지이다. 전자에 오류가 있음은 그에 따라 계산한 120구니의 총 호수가 9만 6천 호에 지나지 않는 점, 그것은 멸망 당시의 고구려 총 호수가 69만 7천 호, 백제의 그것이 76만 호였던 것에 비하면 비교가 되지 않는 숫자라는 점을 통해서도 알 수 있다(제2장 제4절). 이는 80호에 이나기 하나로 상정한 결과라고 보아야 하므로[35](이나기='이장'으로 보았기 때문일 것이다), 사실은 이나기가 관할하는 호수는 적어도 그 10배 이상을 상정해야 한다. 따라서 이나기를 '무라(邑)'의 장으로 보는 견해에 따를 수는 없고, 이는 수장층에 속하는 것으로 보아야 한다. 다음으로 다이카 원년 8월의 조에 보이는 '구니노미야쓰코·도모노미야쓰코·고리노이나기'에 대해서는 일반적으로 이 셋을 같은 레벨로 병렬시켜 해석하지만, 이 해석은 소국조제를 채택하는 구니, 예를 들면 히타치국 같은 특수한 구니에는 들어맞지만, 대국조제인 구니, 예를 들면 무사시의 경우에는 들어맞지 않는다. 후자의 경우에는 위의 세 존재는 구니 전체를 지배하는 무사시 국조 아래 재지의 '도모노미야쓰코'와 '고리노이나기'가 병존하고 있었다는 관계로 해석해야 한다. 나아가 이 조의 문맥으로 본다면 '도모노미야쓰코'에 '미야케(官家)를 맡고'가, '고리노이나기'에 '이고리(郡縣)를 다스렸다'가 대응된다고 보아야 할 것이다. 후대의 적장을 통한 유추에 의해 일반적으로 동국의 구니들에서는 나시로·고시로의 베민과 미야케와 반조제가 지배적이었던 것처럼 설명되지만, 경오년적의 의의를 검토하지 않는 이러한 유추 자체가 의문인 점을 차치하더라도, 나는 베민제로 편성되지 않은 의미의 이른바 공호(公戸)가 상당히 존재하였을 것이라 상정하고 있다(영제의 '공호'와 혼동될 위험이 있지만). 반조·시나베제가 발달하였을 터인 기내에서도 야마시로국 오타기군(愛宕郡) 이즈모향(出雲郷)의 이즈모노 오미 일족처럼 베민제로 편성되지 않은 촌락이 있었던 것과 마찬가지이다. 위의 조에서 베민을 관장하는 '도모노미야쓰코'와 병치된 '고리노이나기'란 본래는 이러한 공호의 지배로부터 발생한 것이고, 양자는 모두 무사시 국조의 통솔 아래 있었던 재지 수장층으로 보아야 할 것이다. 편찬자에 의한 세부적인 윤색을 걷어내고 보자면,

대국조 ┬ 재지 반조 ― 베민·미야케
      └ 이나기 ― 공호 ― 고리(縣)

라는 두 개의 계열로 분화하고 있었던 것이 대국조제의 본래 구조가 아니겠는가? 이나기가 수장층이어야 함은 앞서 서술한 그대로이며, 나는 이나기의 성립을 대국조 내부에 포섭되어 있던 앞서 언급된 소국조적 수장이 관

직적인 측면을 강화하고 있었던 형태로 상정하고 있다. 그것은 별도로 뇌두더라도 『수서』 왜국전이 보여주듯이 일정 호수의 공호를 지배하는 이나기가 성립되어 가는 역사적 사정 쪽이 더 중요하다. 이는 국조제에 대한 보다 근본적인 문제로 연결된다.

세부적인 문제는 논외로 하고, 구니·아가타제에 대한 내 의견의 대략은 위와 같다. 고대사상의 '난제' 중 하나로 여겨지는 이 문제를 풀기 위하여 축적되어 온 연구사를 더듬어 보면, 한 가지 특이한 사실을 발견하게 된다. 구니노미야쓰코가 '지방관'적이라 불리고, 그 '구니'는 지방 '행정 구획'이라고 불릴 뿐이지, 이 '지방관'이 무엇을 임무로 삼고, 어떻게 통치하였는가, 그 '행정' 내용은 무엇인가, 예를 들면 '구니'라는 '행정 구획' 안에 존재한 베민―도모노미야쓰코에 대하여 구니노미야쓰코의 지배는 어떠한 관계에 놓여 있는가 같은 문제는 그동안 누구도 정면으로 논하지 않았다. 아마도 소박한 문제인만큼 '난제'였기 때문일지도 모른다. 그러나 통치의 내용에 대한 논의가 빠진 자리에서 구니·아가타제라는 '난제'가 나중에 멋지게 해결되었다고 하더라도 그것은 국가 성립사에 있어 어떠한 의미를 지닐 수 있을까? 앞서 서술하였듯이 국조제는 베민이나 미야케의 설치·지배와 떼려야 뗼 수 없는 관계에 있지만, 후자에는 각각 도모노미야쓰코 등의 관장·수취 체제가 있으므로, 구니노미야쓰코 고유의 행정 내용은 그와는 별개였을 것이며, 구니노미야쓰코와 비(非)베민=공호의 지배 관계 역시 별개의 문제이다. 국가 성립사에 있어 이 문제를 그냥 지나칠 수는 없다. 나는 6세기부터 다이카 개신 또는 기요미하라령에 이르는 시기에 '국조법' 단계를 설정하고자 한다.[36] 이는 제1항에서 서술하였듯이 사제적 수장이 내부 생산력의 발전, 계층 분화의 진행으로 인해 종래의 방식으로는 지배할 수 없게 되었다는 단계에 대응하는 법의 새로운 형태이다. 국조법의 내용이 밝혀지면 이나기제도 그 구성 요소로 하는 구니노미야쓰코 지배 구조를 이해하는 단서가 될 것이다. 나는 그것이 다음과 같은 내용을 지닌 것으로 이해한다.

첫째는 '구니' 질서의 지주(支柱)이자 국조법의 근간인 재판권 또는 형벌권이다. 이에 관해서는 『수서』 왜국전 기사에 의거하여 앞에서 서술하였으므로(제2장 제3절), 두어 가지 보충을 하는 데 그치겠다. '모노이미(齋, 일정 기간 일상 행동을 삼가고 부정함을 피하는 일-역주) 중에 중형을 판결하지 않는다'고 하는 관행을 지닌 이즈모 국조(『엔기식』임시제[臨時祭])나 그 '아두(衙頭)'='만도코로(政所)'에서 '도키베(解部)'에게 도둑을 재판하게 하였다는 쓰쿠시 국조의 전승(『지쿠고국 풍토기[筑後國風土記]』)이 모두 대국조에 대하여 전해지는 점이 주목된다. 본래 구니 안의 소국조나 아가타누시 등의 수장층 및 무라노오비토층이 보유하고 있던 재판권은 대국조제의 성립에 따라 후자 안에 체제화되는 경향을 보였다고 생각하기 때문이다. 그곳에서 재판되는 범죄는 아마쓰쓰미·구니쓰쓰미(天津罪·國津罪, 아마쓰쓰미는 천상계의 신에 대하여 저지르는 죄, 구니쓰쓰미는 지상계 인간 사회의 질서를 어지럽히는 죄-역주)의 '쓰미(罪)'와는 다른 계열의 죄, 즉 살인·강도·간통·도둑질(盜) 등만이 아니다. 도둑으로 '재물이 없는 자는 몸을 몰수하여 노(奴)로 삼는다'고 하는 채무노예 문제부터(고대 일본에서 이는 노비 발생의 중요한 원인이었다) 노예의 도망 및 귀속에 이르는 노비법을 포함하는 구니노미야쓰코 영내의 일반적 신분 질서는 강력한 재판권 없이는 유지될 수 없었을 터이다. 구니노미야쓰코는 더 이상 재지 수장 그 자체가 아니다. 이는 후자 속에서 분화하여 어느 정도 제도화된 형벌권을 성립시키고 있었다고 보아야 한다. 이 형벌권은 앞에서 서술하였듯이 구니 안의 도모노미야쓰코·베민 계열과는 관계가 없고, 예를 들면 앞서 나온 이즈모 국조의 형벌권은 영내의 모든 베민에 미쳤다고 보아야 한다. 그렇지 않으면 착종(錯綜)된 다원적인 반조―베민제로 분단된 이즈모국의 경우, 국조제 자체가 존립할 수 없어 일찍 소멸하고 말았을 것이기 때문이다. 이러한 체제화된 형벌권이야말로 구니노미야쓰코의 '행정'을 가능하게 하는 전제였다.

둘째는 국조법의 주요한 내용을 이루는 징세권 문제이다. 이는 몇 가지 항목으로 나뉜다.

(ㄱ) 요역 부과권에 대하여. 여기서 문제로 삼는 것은 영제 잡요의 선구가 되는 앞서 서술한 지방적 역역이 아닌(제1절 2), 그것과 세역의 선구가 되는 중앙적 역역과의 관련이다. 앞서 서술하였듯이 개신에서 법제화된 역역은 사정에 대해서만 적용되지만, 그 점은 중앙의 정부 또는 통일체에 대한 역역이 존재하지 않았음을 의미하는 것이 아니며, 예를 들면 사원이나 궁전의 조영에 대해서는 그것이 부과되었다. 예를 들면 구다라오데라(百濟大寺) 조영을 위해 '오미와 고시의 요보로(丁, 공적 용무에 징발되는 인부-역주)'를 동원하고, 궁전 조영을 위해 '구니들에게 궁

궐 건물에 쓸 목재'를 벌채하게 하며, '동쪽은 도토미를 경계로 하고, 서쪽은 아키를 경계로 하여 궁을 짓는 요보로'를 동원한 사례가 그것이다(『일본서기』 고교쿠 천황 원년 9월조). 이는 영제 '세역'의 선구이다(영제의 세역이 실역[實役] 징수인가 또는 물납 조세인 용의 징수인가 하는 논의가 많은 문제는 여기서는 직접적으로 관계되지 않는다). 위의 경우 역정의 동원이 오미와 고시 혹은 도토미부터 아키에 이르는 구니들의 구니노미야쓰코 및 재지 수장층의 인민에 대한 인격적 지배와 요역 동원권을 전제로 하여 비로소 실현될 수 있음은 말할 것도 없다(제1절 2). 그러나 궁전 또는 사원의 조영이 아무리 임시적 성질의 것이라 해도, 그것을 구사하는 관행은 국조제 내부의 수장권에 바탕을 두는 전통적 요역 노동제를 제도화해 나가는 계기가 된 것으로 보인다. 예를 들면 이즈모 국조가 구마노 대사(熊野大社) 수조의 명을 받고 오우군의 '역정(에요보로)'을 동원하였을 때, 거기서는 역정 동원의 방식에 대하여 일정한 관행이나 제도가 국조법의 일부로 성립해 있었다고 보는 것이 자연스럽기 때문이다(『일본서기』 사이메이 천황 5년 시세조). 중앙적 역역이 재지 국조층의 요역 부과권에 의존하고 연관되었던 사실은 중앙 정부로 하여금 국조제 내부의 요역 노동제에 대한 관심을 불러일으킨 것이다. 17조 헌법이 봄·가을 농상 시기의 요역을 금지한 것이 바로 그것이다(제16조). 앞서 언급된 고교쿠조의 역정 사역을 9월부터 12월로 한정한 것이 그 결과라고 한다면, 이러한 정책은 동시에 국조령 내부의 요역 동원에 대한 규제의 첫걸음이며, 후자의 제도화에 반작용하게 되는 것이다. 개신조에 다이카 전대의 옛 제도로서 보이는 30호 단위의 사정 징발 방식[37]은 국조령 안의 일반 공호가 호로서 파악되는 것을 전제로 하며, 국조법의 역정 동원 양상을 시사하는 것이다. 이는 예전에 수장층이 갖고 있던 요역 부과가 전화된, 보다 제도화된 형태이다.

곤란한 문제는 미야케 또는 베민제가 구니노미야쓰코의 요역 부과에 대하여 어느 정도까지 불수불입(不輸不入, 조세를 내지 않고 관리가 들어오는 것을 거부할 수 있는 특권을 말함. 중세 장원영주에게 인정된 특권을 말할 때의 용어로 쓰임-역주)적 특권(물론 정확하지는 않지만 일단 이렇게 표현해 두자면)을 갖고 있었는가 하는 문제이다. 개신 때의 황태자주에 보이는 것처럼 천황·왕족 등이 소유하는 특권적인 미야케나 '봉해진 백성'이 그 계열에서 독자적으로 사정의 징발을 행하고 있었던 것으로 보이기 때문에 일단 불수불입적이었다고 가정하여도, 그것은 일반적인 반조—베민제에 편성되어 있었던 민호에 대한 구니노미야쓰코의 요역 부과권이 없었음을 의미하는 것은 아니다. 불수불입 문제는 정치적 특권의 문제이며 근본에는 역학 관계가 있으므로, 나는 독립성이 높은 미야케와 그것에 부속되는 다베 등의 베민 및 천황·왕족이나 유력한 군경·대부가 소유하는 베민 이외에는 구니노미야쓰코의 요역이 부과되었다고 생각한다. 앞서 언급된 이즈모 국조의 역정 동원은, 이즈모국의 반조—베민제가 만약 불수불입적이라고 한다면, 도저히 성립할 수 없는 것임을 생각하면 된다. 적어도 구니노미야쓰코의 요역 부과는 베민과 공호의 구별 없이 일률적으로 부과되는 방향으로 나아간 것이 다이카 전대의 특징이라고 보아도 되지 않을까? 반조—베민제를 자립적·폐쇄적인 체계라고 생각해서는 안 되는 것이다. 예를 들면 스이코조에서 야마토·야마시로·가와치 세 구니에 다수의 '연못'을 축조하고 '구니마다 미야케'를 설치한 일[38]은 구니노미야쓰코에 의한 요역 부과권의 강화·확대를 동반하지 않고서는 이루어질 수 없고, 앞서 서술한 17조 헌법의 규제도 그와 관련될 것이기 때문이다. '온 나라의 백성(民)과 180개의 가키노타미(部曲)'(180은 많은 수를 상징하는 말-역주)를 사역하고 마침내는 '가미쓰미야(上宮, 쇼토쿠 태자의 거처이자 그의 별칭-역주)의 미부(乳部, 왕자 양육의 봉사를 하는 베-역주)의 백성(民)'까지 사역하여 그 무덤을 만들게 한 사실을 『일본서기』 편찬자는 이루카의 '전횡'을 말해주는 소재로 사용하였지만(『일본서기』 고교쿠 천황 원년 시세조), 나는 이 기사 속에서 구니노미야쓰코의 요역 부과권 확대로 인한 왕족 소유의 '사민'을 포함한 베민제 전반의 위기를 읽어내는 것이며, 이 경향이 다이카 개신 직전의 왕민제 해체가 갖는 하나의 특징이었다고 생각한다.

(ㄴ) 군역에 대하여. 군역은 구니노미야쓰코가 동원하는 요역 노동의 일부였다. 6세기에 시작되어, 해외 출병군의 주요 부분을 구성한 국조군의 내부 편성이 제도화된 것은 개신 이후라고 보아야 하므로(제2장 제4절), 다이카 전대 국조군의 편성은 별개로 생각해야 한다. 그 중핵이 구니노미야쓰코와 그 통속 아래 있는 수장 일족 혹은 나중에 '구니노미야쓰코노 야카라', '국조인'이 되는 세력이었다고 볼 수 있지만, 국조군이 해외 출병도 감당할 수 있는 군대이기 위해서는 일반 민호로부터도 '군정(軍丁, 이

쿠사요보로)'을 징발해야 했음은 당연한 일일 것이다. 일반적으로 군단제 이전에는 군정=역정의 관계에 있었으므로 역정 동원에 대하여 논한 점은 군역에도 적용된다. 바꾸어 말하자면 군정은 국조령 안의 반조·베민 계열과 무관하게 동원되는 것이 기본 원칙이라고 보는 것이다. 국조군의 유제에 보이는 '상정(上丁)'=일반 병사는 예를 들면 도토미국의 경우 하세쓰카베(丈部)·이쿠타마베(生玉部)·모노노베(物部) 등으로 구성되었는데[39], 이 원칙은 다이카 전대의 국조군에서도 마찬가지였다고 보며, 그렇지 않다면 국조군은 성립할 수 없었다고 생각한다. 이러한 군정을 구성원으로 하는 국조군은 예전 수장의 군대와는 다른, 보다 제도적인 것이다. 이제 구니노미야쓰코는 국조군의 편성과 지휘의 주체로서 재지 수장층의 위에 군림하는 권력이 된 것이다. 긴메이조 이후의 해외 출병에 참가한 국조군의 사료 분포가 야마토·기비노미치노시리·이요·쓰쿠시이며, 야마토부터 북규슈에 이르는 세토내해 연안 구니들인 점은 당연한 이야기지만 주목해야 할 점이다.[40] 이는 앞서 서술한 오시아타이 국조가 성립한 구니들이다. 나는 오시아타이 국조 성립의 유력한 동인으로 국조군의 편성과 지휘 확립을 생각하고 있으며, 이 경우에도 군사를 매개로 하여 국제적 계기가 살아 있는 것이다. 이들 군역을 포함한 요역 부과의 확대로 인해 구니노미야쓰코는 그 영역을 분단하는 베민—반조적인 '종적' 계열을 깨뜨리고 영역 지배를 확립시켜 나갔다고 볼 수 있다.

(ㄷ) 조(調)에 대하여. 개신조에 보이는 세 가지 조, 즉 호조·전조·조부물 중 다이카 전대로 소급시킬 수 있는 것은 호조와 조부물이며, 후자가 더 후진적 형태임은 앞에서 논하였다(제1절 3). 여기서 문제로 삼는 것은 호조이다. 나는 국조제 세법의 일부로서 호조가 기내(개신조의 '기내'에 대응되는 기내·근국 지방)에서 이루어졌을 가능성이 있다고 보고 싶다. 다이카의 호조가 게이운 3년(706)에 경과 기내에서 시행된 '호별지조(戶別之調)'〔『속일본기』게이운 3년 2월조〕와 계보 관계에 있고, 기내·근국에서 이루어진 것으로 본다면[41], 그것을 다이카 전대로까지 소급시키는 것이 가능하다고 생각한다. 향토의 소출에 따른 '조부물'이나 '니에' 형태로 추정되는 오래된 유형의 조가 스이코조 이후의 일반적인 조의 형태라고는 생각할 수 없고, 거기에 지역차가 당연히 있었다고 보아야 한다. '조부물'이나 '니에'는 자립적 지방 수장층이 대왕에게 바

치는 공납물의 계보를 잇는 형태이므로(제1절 3), 그것을 다이카 전대의 기내 지방에 대입하는 것은 위험하다 하겠다. 6세기 이후의 큰 변화로 인해, 특히 기내 구니들의 재지 수장층의 자립성은 상실되어 '이나기'적인 체제로 전환되어 갔다고 생각하므로, 그에 따라 새로운 세법이 국조제에 파고들어 갈 조건은 충분히 있었다고 생각하기 때문이다. 호조 제도는 구니노미야쓰코에 의한 호의 지역적인 파악을 전제로 하지만, 앞서 언급된 역정의 동원과 관련짓는다면 그것은 부자연스러운 추정은 아닐 것이다. 호조는 당연히 북위 등에서 시행한 호조제의 계수이다. 17조 헌법과 북주의 육조조서와의 관계, 스이코조의 불교 통제 기관과 북조의 그것과의 관계를 염두에 두고 (제1장 제2절), 나아가 베민이 발전한 형태인 '히토'제[42] 및 출거제와 북조 제도와의 관련도 이제부터 규명되어야 한다고 본다면, 호조제의 계수도 고립된 현상은 아니었을지도 모른다. 호조제가 스이코조 이후 실시되었다고 한다면, 우선 기내를 염두에 두어야 하며, 또한 모든 수취와 마찬가지로 재지의 국조제를 매개로 해야만 실시될 수 있었음은 말할 것도 없다. 재지 수장―구니노미야쓰코―고유법이라는 정식(定式) 또는 편견은 버릴 필요가 있을 것이다. 하지만 호조가 실시되었다고 보았을 경우, 공호 이외의 구니 안 반조—베민과의 관계가 어떻게 되어 있었는지가 문제이지만, 그것을 고찰할 단서가 없다.

(ㄹ) 전조에 대하여. '100대에 3속'인 원전조가 다이카 전대로 거슬러 올라갈 것이라는 점, 전조의 기원이 수장에 대한 공동체 구성원의 하쓰호 공납이라고 추정되는 점은 앞에서 서술하였다(제1절 3). 이 전제에 입각하면 개별 수장에 대한 공동체적 공납의 일부가 어느 단계에 획일적인 원전조의 형태로 제도화되었다고 보아야 한다. 바꾸어 말하자면 원전조는 하쓰호적 공납에서 파생한 형태이며, 그 전환의 장은 국조제 이외에는 없을 것이다. 전조와 베민—반조제와의 관계도 명확하지 않지만, '나라의 오하라에'의 '호마다' 내는 삼 1조와 마찬가지로 '종적' 계통과는 관계 없이 일률적으로 구니노미야쓰코에게 납부한 것이 아닐까?

셋째로 구니노미야쓰코의 행정권으로서는 우선 '권농'을 가장 중요한 내용으로 들어야 한다. 앞서 언급된 스이코 15년 기내 세 구니에서 이루어진 다수의 연못 축조는 구니노미야쓰코의 사업으로서만 이루어질 수 있었다. 이는 아시아적 수장층의 특질인 민호의 재생산에 대한 관여·규제가 전환된, 보다 제도화된 형태에 지나지 않는다(제1절 4).

넷째로 제사권(祭祀權)이다. 앞서 서술한 덴무조에 법제화되는 '나라의 오하라에'는 구니노미야쓰코의 관행을 토대로 한 것으로 보아야 하는데(제1절 3), 이는 원시적 수장제의 관행에서 파생한 형태이자, 동시에 전자와 구별되는 제도화된 의례이다. 이 제사권은 국조법의 중요한 한 측면이었다. 기년제(祈年祭, 궁중에서 한 해의 오곡 풍작을 기원하는 제사-역주)·니나메사이 등 일반적으로 다이카 전대의 '민속(民俗)' 또는 민간 제식이라 불리는 것도 대부분은 구니노미야쓰코나 아가타누시 등의 수장제 지배와 결합하여 의례화된 것이다.

셋째도 넷째도 국조령의 민호 전반에 미친다고 보는 것이 자연스럽겠다. 국조법은 재판권과 요역 부과권을 기본으로 하는 인격적 지배에 바탕을 둠과 더불어 영역적 지배의 형태이기도 하다. 그 특징은 다음과 같은 점들에서 찾을 수 있을 것이다. (1) 국조법은 재지 수장층의 법 관행이 제도화하고 전환된 형태이다. 이는 한편으로는 내부 구조의 변화와 계급 분화에 대한 수장층의 새로운 대응 및 지배 형태로, 다른 한편으로는 국조령 내부의 반조―베민제적 질서에 대한 대항 관계로, 바꾸어 말하자면 신분적, 족성적, '종적' 질서에 대한 영역적 편성의 확립이라는 방향으로 발전하였다. (2) 국조법은 자연발생적으로 성장한 것이 아니라 중앙 권력과의 관련 속에서만 형성된 법이며, 따라서 반드시 토착적·고유법적이라고 단정할 수는 없고, 단편적으로는 대륙의 여러 제도를 수입할 수도 있다. (3) 국조법, 특히 그 징세권의 실현은 6세기 이후에 보이는 식의 어느 정도 고립적이고 폐쇄적인 옛 수장제의 해체를 전제로 하며, 그것을 대신하여 영역 안 민호의 지역적·직접적 파악을 필요로 한다. 따라서 실체는 본래 재지 수장에 지나지 않는 아가타누시나 소국조로 이루어진 대국조제의 내부에 일정 호수의 민호를 지배하는 이나기적인 제도가 '무라노오비토'를 통괄하면서, 처음에는 비베민=공호를 거점으로 하여 발생하고, 점차 베민도 포섭하는 영역적 지배를 확대해 가는 것은 필연적이다. 앞서 언급한

<pre>
대국조 ┬─ 재지 반조 ― 베민·미야케
       └─ 이나기 ― 공호 ― 고리(縣)
</pre>

의 체제는 본래는 기내에서 발생한 체제가 아니겠는가?

(4) 국조제는 완결된 체제가 아니다. 내부에 미야케나 반조—베민제 같은 독자적인 수취와 지배의 계통을 지닌 요소를 포함하기 때문이다. 그러나 특권적인 사지·사민은 논외로 한다면, 그것을 곧바로 구니노미야쓰코에게 있어 불수불입적인 것이라고 보아서는 안 되고, 재판권, 요역 및 군역 부과권 측면에서는 구니노미야쓰코의 지배권은 침투해 있었다고 볼 수 있다. (5) 국조법이라는 개념은 성문법만을 법으로 생각하는 사람에게는 기이하게 보이겠지만, 나에게는 율령격식법을 사이에 두고 마찬가지로 재지법으로서 그에 대응되는 헤이안시대의 '국아법(國衙法)'과 함께 필요한 개념인 것이다. 또한 중앙의 17조 헌법에 대응되는 국조법은 '지방관'적 성격을 갖는다고 하는 구니노미야쓰코의 행정 내용을 이해하기 위해서도, 나아가 국조령 내부가 다원적이고 '종적'인 수취=지배 계통을 지닌 반조—베민제의 발달로 인해 얼핏 분단된 것처럼 보임에도 불구하고, 왜 국조제의 지배가 존속하고 발달할 수 있었는지를 이해하기 위해서도 필요한 것이다.

3. 생산관계의 총괄로서의 국가

국조제와 국조법의 성립은 엥겔스가 지배=예속 관계 성립의 '두 가지 길'로 지적하였을 때의 바로 '첫 번째 길'이다.[43] 국조제는 수장과 그 결합체의 생산관계를 토대로 하여 발전하고 분화한 정치적 상부구조이다. 구니노미야쓰코의 '정치적 지배'의 기초에는, 다시 말해 '국가권력의 단서'로서 '절대권'을 부여받은 권력의 기초에는 '사회적인 직무 집행'이 존재한다. 분쟁의 재결(裁決), 개개인에 의한 타인의 권리에 대한 침해 저지, 수리의 관리, 종교적 기능 등, 바꾸어 말하자면 본래 수장층의 기능이었던 것이 국조제의 기능으로서 정치적으로 총괄되었음은 국조법의 내용을 이루는 앞서 언급한 재판권, 권농권, 제사권 등을 보면 명백할 것이다. 국조제라는 정치적 상부구조가 발생하게 되는 이유는 공동체적 수장이 계급적 지배로 전환되었기 때문이다. '적대적 이해관계'의 발생은 필연적으로 '기관'을 탄생시킨다. 국조제의 내부에서 발생하게 되는 대국조―이나기·소국조―무라노오비토라는 체제는 나중에 영제의 국사―군사―이장으로 교체되는 '기관'의 원시 형태를 이루며, 이는 중앙의 권력과 결합하는 과정에서 더욱 사회에 대하여 '독립적인' 기관으로 전환되어 가는 것이다. 이는 동양적 전제국가로 가는 길이다.

다이카 전대의, 예를 들면 스이코조의 국가 제도는 두 가지 질서 또는 제도에 입각하는 이원적 구조를 지니고 있었다. 하나는 미야케 및 베민제를 토대로 하는 질서인데, 전자는 예를 들면 '다쓰카이(田令)'적 관인제에 의해서, 후자는 중앙·지방의 반조제에 의해서 중앙 정부와 결부되었다. 다른 하나는 국조제를 토대로 하는 질서인데, 이를 중앙 정부에 매개하는 존재는 미코토모치(ミコト モチ)이다. 종래에는 두 번째 질서의 의의가 정당하게 평가되지 않았고, 따라서 첫 번째 질서 또는 제도 쪽이 과대평가된다고 하는 경향이 있었다고 생각한다. 이는 다이카 개신 이후의 국가가 얼마나 다이카 전대의 국가와 이질적이었는지를 설명하기 위해서는 후자의 '씨성'적·왕민제적 특징을 전면에 내세울 필요가 있었기 때문이다. 또 하나의 이유는 위의 두 가지 질서의 상호 관계 문제가 올바르게 설정되지 않았다는 사정이 있었기 때문일 것이다. 앞에서 서술하였듯이 나는 개신에서는 한 가지 중요한 선택, 즉 반조제적 원리를 부정하고 국조제적

원리를 국가 구조의 기본으로 삼는다는 선택이 이루어졌다고 생각하는 것이다(제2장 제2절·제5절). 이 선택을 개신 정부에게 강요한 것은 국제적 계기를 중요한 요소로 하는 객관적 조건들이었다. 하지만 중요한 것은 아무리 사태가 급박하고 외부로부터의 임팩트가 강해도, 또 문제 해결의 방향 또는 도달점이 수·당 국가라는 모델로 이미 지배층의 관념 속에 주어져 있더라도, 해결을 위한 내적 조건의 존재 또는 성숙이 없이는 어떠한 문제 설정도 전혀 있을 수 없다는 점이다. 이것이 '문제'라는 것이 늘 갖고 있는 기본적 성격일 것이다. 스이코가 아니라 7세기 중엽에 비로소 새로운 유형의 국가라는 과제가 설정되는 것은 그것을 위한 내적 조건이 성숙했기 때문이라고 보아야 할 것이다. 이는 소극적인 면에서는 왕민제적 질서가 그 고유의 모순으로 인해 해체 위기에 직면하고 있었다는 사정이며, 반대로 적극적인 면에서는 구니노미야쓰코, 특히 대국조제에서의 영역적 지배의 발전이라는 사정이다. 서로 떼려야 뗄 수 없는 관계에 있는 이 두 가지 조건의 성숙이야말로 개신 정부에게 새로운 유형의 국가 수립을 현실의 정치 과제로 설정하게 만든 역사적 조건을 이루는 것이다. 따라서 이는 개신 정부에게 있어 해결되어야 할 선택의 문제, 즉 정책 문제로서 제기된 것이다. 개신 정부는 동국에서 보이는 것처럼 그 주요 노력의 방향을 재지 수장층 속에서 권력의 기반을 확대하는 일, 그들을 고리노미야쓰코 등으로 조직화하는 일, '종적' 질서에 대항하여 국조제 내부에서 발전해 온 영역적 지배의 원리를 국가의 정책으로서 계통적이면서 전국적으로 시행하는 일, 요컨대 왕민제로부터 공민제에 바탕을 두는 새로운 유형의 국가를 만들어내는 일 쪽으로 돌린 것이다. 어떠한 전제적인 강권을 가지고서도 국조제에 의해 준비된 조건 없이는 새로운 국가는 만들 수 없는 것이다.

개신 정부의 과제, 현실에서는 파견된 총령이 현지에서 해결해야 하는 과제는 국조제라는 정치적 상부구조를 재편성하는 일이지, 그 토대를 이루는 재지 수장층의 생산관계 자체를 변경하는 일이 아니었다. 생산관계의 변경은 그 내부의 생산력 발전을 기초로 하는 새로운 생산관계의 성장에 의해서만 일어날 수 있는 것이며, 강권은 그것을 촉진 또는 저지하는 수준을 넘어설 수는 없기 때문이다. 그러나 국조제의 재편이라는 것도 결코 단순한 과제가 아니라는 점에 주의해야 할 것이다. 이는 두 가지 측면을 갖고 있었을 터이다. 첫째는 동국으로 보자면 히타치국에서 보이는 것 같은 소국조제를 채택한 지방의 문제이고, 둘째는 무사시국처럼 대국조제를 채택한 지방의 문제이다. 종래에 이 구별의 의의가 명확하지 않았고, 구니노미야쓰코=소국조로 파악하는 경향이 강했기 때문에, 옛 구니노미야쓰코 또는 그 일부를 '고리노미야쓰코' 또는 '고리'제로, 최종적으로는 영제의 군사로 재편성함으로써 문제가 해결된 것처럼 설명되었다. 하지만 이 재편성이 원활하게 진행될 수 있었던 것은 첫째인 히타치형이었고, 둘째인 무사시형에서는 기존의 대국조제에 바탕을 두는 지배를 부정 또는 해체하는 것이 전제가 될 수밖에 없다(제2장 제3절). 게다가 앞서 서술하였듯이 후자가 전국적으로 보아 정치적으로 가장 중요한 지역을 차지하고 있었다. 영제의 국사제는 중앙으로부터 파견된 구니의 장관 아래 사등관제로 조직된 순수한 '기관'으로서의 조직체이므로, 그것을 종래의 대국조제와 대체하는 것은 소국조를 고리노미야쓰코로 재편성하는 것과는 다른 원리적 변경을 포함하고 있었을 터이다. 이 문제야말로 율령제 국가 성립의 열쇠로서, 개신 이후의 정부에게 주어진 가장 중요한 과제이며, 최종적으로는 덴무·지토

조 또는 다이호령 시행으로 해결되는 것이지만, 그에 도달하는 과정, 즉 대국조제의 변질과 소멸 과정 및 국사제 성립의 역사에 대한 종래의 설들에는 납득이 가지 않는 점이 있다. 그러나 이 문제는 세부적인 논의를 필요로 하므로, 여기서는 생략하고 다음의 점만을 서술해 두고자 한다. 대국조제는 최종적으로는 해체되어 국사제로 대체되어야 하는 고유의 약점을 갖고 있었다는 점이다.

대국조제는 앞서 서술하였듯이 대국조 자체가 한 수장에 지나지 않고, 그 구니 안의 수장이 아가타누시 또는 소국조로서 그 안에 편성되었을 경우에도 그들의 실체는 자립적인 수장이며, 따라서 약간의 '기관'적 요소가 발생하였다고는 해도 전체로서는 조직화되지 않은 수장층의 결합체에 지나지 않았다. 게다가 중요한 것은 6세기 이후의 생산력 발전에 바탕을 둔 계급 분화의 진행은 후기 고분, 특히 군집분의 비약적인 확대, 개간의 발전, 구니노미야쓰코나 도모노미야쓰코와 구분되는 새로운 '백성' 층 등의 대두 등을 불러왔고, 명문(名門) 보제(譜第, 가문·혈통 등의 계보가 여러 대에 걸쳐 이어짐-역주)적인 대국조의 내부가 크게 변동하고 있었다는 점이다. 개신 정부의 정책이 소국조 및 '백성' 등의 수장층을 '고리'에 조직시킴으로써 이

들 수장층으로 그 권력 기반을 확대하였음은 앞서 서술
하였다. 수장층의 느슨한 결합체를 통괄하고 있었던 것
에 지나지 않는 대국조제가 이러한 정책 앞에서 해체될
운명에 놓였음은 당연한 일일 것이다. 개신으로 인해 재
지 수장층이 어떠한 '타격'을 받았는가 하는 문제에 대하
여 종래의 설명이 너무나 추상적인 것은 대국조제와 소
국조제의 구별로 표현되는 것 같은 재지 수장 지배의 내
부 구조와 모순의 구체적 분석이 결여되어 있었기 때문
이 아니겠는가? 수장층과 그 인격적 지배를 매개로 하지
않고서는 어떠한 전제적 권력도 직접적으로 호 또는 '가
부장적 가족'을 파악할 수 없는 것이다.

율령제 국가는 '두 가지 생산관계' 위에 성립한다고 한
다.[44] 나는 이 문제를 다음과 같이 이해하고 있다. 첫 번
째는 국가 대 공민의 관계, 다시 말해 '최고의 지주'인 국
가와 반전농민과의 관계, 조·용·조·잡요의 수취자인 국
가와 피수취자인 공민의 관계에서 성립하는 생산관계이
다. 두 번째는 위의 국가적 수취·지배가 실현되기 위한
조건으로서 존재하고, 요역 노동에 대하여 살펴보았듯이
(제1절 2), 그것이 없이는 어떠한 국가적 수취도 불가능한
사회의 계급적인 지배와 질서이다. 문제를 단순화해서

말하자면, 이는 재지의 수장층과 인민 사이에 존재하는 인격적인 지배=예속으로서 존재하는 생산관계이다. 앞서 서술하였듯이 율령제 국가의 인민에 대한 지배와 수취는 몇 가지 예외적인 경우를 제외하면 모두 국사—군사—이장이라는 재지의 국가 기구를 매개로 하여 실현된다. 이 중 국가, 즉 첫 번째 생산관계를 대표하는 것은 국사 또는 국아 기구이고, 두 번째 생산관계를 제도적으로 대표하는 것이 군사이다. 군사의 출자는 항상 보제인 옛 구니노미야쓰코에 국한되지는 않으며, 계층 분화에 따른 세력의 교체를 고려해야 한다.[45] 하지만 일반적으로 보자면 수장층이 계급으로서 갖는 현실의 권력이 국가 내적 권력으로 제도화되고 집중된 관직으로서 군사가 존재한다고 보아도 된다. 따라서 현실에서는 두 가지 생산관계는 국사—군사제라는 통합된 국가 기관의 권력으로서 존재하고 기능하며, 후자의 두 가지 계기 내지 측면으로서 존재하는 것이다. 반전제에 의한 국가적 토지 소유가 확립되는 기요미하라령 이후의 국가 체제 아래서는 첫 번째 생산관계가 두 번째 생산관계를 압도하고, 따라서 표면상으로는 그 관계만이 전면에 드러나고, 두 번째 생산관계는 그 배경으로 물러나는 듯한 현상을 보인다.

그러나 이때도 공민을 이에서 동원하여 요역에 종사시키고, 또 전조·조(調)·용을 군가의 정창으로 옮기게 하는 강제력과 명령권은 이장이 휘두르는 '회초리'=채찍만으로는 실현할 수 없다는 점, 이미 재지에 인격적인 지배와 복종을 특징으로 하는 생산관계가 존재하는 점, 후자에 의존해야만 이장의 채찍은 단별 2속 2파의 전조, 정정 1명당 길이 2장 6척, 폭 2척 4촌 되는 조로 납부하는 베 등등으로 전환될 수 있음을 잊어서는 안 될 것이다. 재지에서 경찰적 기능을 수행하는 기관으로서 군사·향장·보장(保長) 이외의 특별한 '강제력 장치'가 영제에서 빠져 있는 점은, 정비된 2관 8성의 체계와 비교하면, 빈약한 발판 위에 국가권력이 구축되었음을 보여주는 특징적 사실이다. 이는 국가의 가혹한 수취와 징세가 그 기관들의 배경에 존재하는 재지의 전통적, 일상적·사회적 질서에 주로 의존함을 전제로 하고 있었기 때문임이 틀림없다. 이러한 질서의 지주가 된 재지 수장층은 국가적 토지 소유에 의해 자유로운 계급 분화가 저지되는 조건 아래에서도 그 운동을 정지하지 않았고, 사출거, 동산의 축적, 산림 원야 둘러싸기 등등의 형태에 의한 수탈과 사적인 부의 축적, 즉 덴표기의 간전 전개를 위한 전제를 만들어 내고 있었다.

이러한 형태로 관련되고 통합된 '두 가지 생산관계'가 서로 어떠한 관계에 있었는가 하는 문제는 논리적이 아니라 역사적으로, 바꾸어 말하자면 그것이 성립해 가는 역사 과정에서만 해명될 수 있을 것이다. 나는 첫 번째인 국가 대 공민의 지배=수취 관계는 그것이 율령제 국가로서 압도적으로 사회를 지배한 단계에도 제2차적, 파생적 생산관계이고, 두 번째 생산관계가 제1차적, 기본적이라고 간주하며, 국가란 바로 '제2차적 생산관계'이고 그러한 존재로서 사회 속에서 '독립'해 나갔다고 하는 성질은 마지막까지 변화하지 않는다고 생각한다. 이는 6세기 이후의 역사 속에 드러나 있다고 생각한다. 다이카 전대의 천황·군경·대부층의 국가가 사회로부터 독립한 공권력으로서 군림할 수 있었던 직접적인 경제적 토대는 대략적으로는 미야케제와 반조—베민제 두 가지이다. 그중 미야케가 그 설치 및 재생산 자체가 얼마나 재지 수장층 또는 국조제의 생산관계에 의존하고 있었는가에 대해서는 이미 거듭 논하였다(제1절 1). 반조—베민제도 그 자체의 수취 계통을 가짐에도 불구하고 기본적으로는 마찬가지이다. 수장층의 지배 영역 내부에 이러한 독자적 경제 제도들이 발생하고 성장하는 것 자체가 전자의 내부에서 생산력이 발전함에 따른 새로운 잉여생산물 수취의 가능성을 조건으로 하는 것이다. 미야케제 및 반조—베민제는 수장층의 생산관계로부터 파생하고 전환된 제2차적인 생산관계이자 새로운 경제제도이며, 후자를 모체로 하여 형성되어 가는 '다쓰카이'적, '우마노쓰카사'적, 스이코조적 국가 제도는 제2차적 생산관계로서 성립해 온 것이다. 다이카 전대의 '사지·사민'이 본래 위의 체제에 의존해야만 비로소 존재할 수 있는 특수하고 정치적인 사유제임을 잊는다면, 다이카 이후 '사지·사민'이 수공되어 국가적 토지 소유로 전환될 수 있는 이유가 명확해지지 않을 것이다.

다이카 전대의 정치체제는 개신부터 다이호 율령 제정에 이르는 과정을 거침에 따라 율령제 국가라는 조직된 독립적인 권력 체계를 만들어 내고, 일찍이 자기를 탄생시킨 제1차적 생산관계를 몸 안에 조직하고 흡수하며 종속시키기에 이르렀다. 예전에 각각 지방의 자립적인 왕이었던 수장층의 후예들은 이제는 군사로서, 중앙에서 부임해 온 국사에게 '하마(下馬)'의 예를 강제당하는 천대받는 존재로 전환된 것이다. 그러나 자기 몸 안에서 생겨난 것이 독립된 힘으로 전환되어, 그것에 의해 거꾸로 지배당한다는 이러한 전환에도 불구하고, 수장층의 생산관계가 제1차적이고 국가의 생산관계가 제2차적, 파생적이라는 본래의 성질은 변화하지 않은 것이다. 왜 그런지를 고찰하는 일은 율령제 국가의 해체·소멸을 연구할 때 중요한 의미를 갖게 된다.

호적·계장에 의한 공민의 이른바 '개별 인신'적 지배와 향리제, 조·용·조제, 반전수수제 등이 어디까지 사회를 파악하였는가 하는 국가권력의 '침투도'에 대하여, 또 그와 관련하여 율령제 국가의 역사적 역할에 대하여 일찍이 평가 차이가 학자들 사이에 있었고, 그 문제가 새로운 관점에서 다시 제기되고 있다. [46] 하지만 문제는 그 '침투도'에 있는 것이 아니라 그것이 침투한 경우에도 그 국가의 제도들이 기존 사회관계의 질 자체를 변경할 수 있는지 여부에 달려 있는 것이 아닐까? 요컨대 양이나 범위의 문제가 아니라 질의 문제일 것이다. 나는 그 제도들은 (혹은 일반적으로 말해 그 체계로서의 국가는) 사회관계, 최종적으로는 생산관계의 질적 변화를 불러오지 않았고, 또한 불러올 수 있는 것이 아니었다고 생각한다. 예를 들면 이 경우 가장 중요한 반전제는 직접생산자의

'사적 토지 소유의 결여' 및 그것과 떼려야 뗄 수 없는 관계에 있는 수장층의 공동체에 대한 인격적 지배라는 옛 생산관계가 국가적 규모로 확대되고 제도화된 제도에 지나지 않는다(제1절 4·5). 양자의 중간에 개신 전후의 '계획 촌락'과 '부전제'가 존재한다고 해도 그것들을 관통하는 기본적 생산관계의 질적 변화는 없는 것이다. 변화한 것은 수취와 지배의 제도적 측면이다. 분명히 국가권력은 옛 촌락의 토지구획과 용수로까지 변경할 수 있었을 정도로 강력하였다. 또 그 수탈은 공민의 도산(逃散)과 부랑(浮浪)을 불러일으켰고, 옛 공동체에 대하여 파괴적인 작용을 하였다. 그러나 그러한 강제력의 작용은 바깥쪽으로부터의 작용 또는 계기이며, 따라서 그것이 공동체 내부의 질적 변화와 결부되지 않는 한 직접생산자의 사회적 결합 양식과 그로부터 재생산되는 지배 형태와 관념 형태를 어디까지 질적으로 변화시킬 수 있었는지는 매우 의문스러운 것이다.[47]

일본의 중세가 율령제 국가로부터 발생하게 될 때 보이는 고유법적, 일본적, 토착적 특징의 농후함은 많은 학자들로 하여금, 율령제 국가의 지배는 일본인의 역사에 있어 언제라도 벗겨질 수 있는 하나의 물 건너온 '허구'

또는 역사 속 우연적 요인들에 의한 일시적인 소산으로서, 사회를 심각하게 파악할 수 없었다고까지 판단하게 만든 근거가 된 것이다. 그러나 이러한 평가에는 율령제 국가 또는 국가 전반의 역사적 역할을 얼핏 보기에 과소평가하는 것처럼 보이면서도 실은 과대평가하는 측면이 있다. 왜냐하면 이는 국가의 제도들이 사회에 '침투'하면 사회의 질도 바꿔버릴 것이라는 전제에 입각하기 때문이다. 사회적 관계들 또는 그 기초에 있는 생산관계는 그것의 내재적인 요인들에 의해서만 스스로를 질적으로 변경시킬 수 있었고, 기본적으로는 생산력의 발전을 기초로 하는 새로운 생산관계를 그 태내(胎內)에서 창출함으로써만 다음 생산양식으로 발전할 수 있는 것이다. 따라서 동양적 전제국가인 율령제 국가의 소멸은 그 제도들의 해체에 의해서가 아니라 그 밑에서 한때 배경으로 물러났던 것처럼 보였던 제1차적 생산관계, 이 책의 입장에서 보자면 '총체적 노예제'의 봉건적 생산 양식으로의 이행에 의해서만 일어날 수 있다고 보아야 한다. 국가는 아무리 독립적·초월적 존재로 전환된다고 하더라도, 또 그로 인해 사회가 국가와 그 '권위'를 통해서만 비로소 질서가 부여되는 것처럼 보일지라도, 국가가 일정한 역사적 조건 아래 제2차적 생산관계로서 사회 속에서 만들어진 체제에 지나지 않는다는 역사의 사실을 바꿀 수는 없고, 또한 그 점은 율령제 국가의 해체와 소멸의 역사 속에서 구체적으로 드러나게 되는 것이다. 그러나 국가의 여러 제도가 갖는 이러한 성질은 하부구조에 대해서만 지적되는 것은 아니다. 예를 들면 다이호령이 대령·소령으로 3등 이상의 친족이 동시에 취임하는 일을 금하였을 때, 신군(神郡) 군사에 그 금제(禁制)를 적용하지 않고, 따라서 국가권력이 침투하지 않는 독립된 영역이 존재하였다는 사실이 중요한 것이 아니라, 군사 연임 금지라는 법령이 설령 엄격하게 시행되었을 때도 그것만으로는 재지 수장층이 맺는 사회적 관계의 특징인 동족적 결합 자체를 파괴하고 극복할 수 없다는 점, 또한 태정관이라는 비인격적인 기관의 확립 자체는 명문 보제의 각 씨족에서 한 사람을 의정관으로 보내고, 그 사람이 죽었을 때 다른 씨족에 우선하여 후계자를 의정관으로 보낸다는 관행과 모순되지 않고 병존할 수 있다는 점(제3장 제2절), 이러한 사례들에 보이는 법이나 제도에 고유한 성격과 기능이야말로 앞선 문제와 관련하여 논의되어야 할 사항일 것이다. 분명히 태정관은 제도상 '합의체'이며, 또한 그러한 '기관'으로서 기능해 왔다. 그러나 그로부터 간토 고세이바이시키모쿠(御成敗式目, 가마쿠라 막부에서 제정된 일본 최초의 본격적 무사 사회 법률-역주)의 기청문(起請文, 자신의 행위나 말에 거짓이 없음을 신이나 부처에게 맹세하고 그 뜻을 표명하는 문서-역주)에 보이는 것 같은 '합의체'로서의 명확한 규범의식이 발생하지 않았다는 사실은 제도를 통해서는 설명하기 어려운 것이다. 귀족층의 가산제적·동족적 결합과 재지 수장층의 그것은 사실로서도 국가 외적 체제로서 상호 결합되어 있는 점, 그것들은 총체로서 사회 하부구조의 사회관계에 의해 제약되는 점, 중국의 고대국가와 비교하였을 때 보이는 일본 율령제 국가의 족성적·귀족제적 특징의 역사적·사회적 근거가 거기에 있다는 점 등에 대해서는 거듭 말할 필요는 없을 것이다.

하지만 위의 사항은 율령제 국가와 그 제도들이 특수한 '계기'로서 수행한 역사적 역할을 과소평가하는 것이 되지 않으며, 되어서는 안 된다는 것도 당연하다. '막부(幕府)'라는 권력을 매개로 하여 봉건제가 확립되는 특수한 형태도 율령제 국가라는 전제 없이는 이해할 수 없고, 또한 다이카 전대 이래 토지 소유관계의 제도적 총괄로서 완성된 국가적 토지 소유라는 역사적 전제를 빼놓고서는 일본의 봉건적 토지 소유가 성립하는 과정도, 예를 들면 '직(職)'이라는 형태로 표현되는 일본적인 토지 소유권의 특수성도 이해할 수 없다. 또 앞서 서술한 것 같은 특징을 지님에도 불구하고 태정관이라는 국가 기관의 존재가 천황 대권을 축으로 하는 전제국가가 형태 변화하는 헤이안시대의 과정 속에서 관인귀족층의 성채 역할을 한 것도 부정할 수 없다(제3장 제3절). 그럼에도 불구하고 율령제가 과소평가되는 요인 중 하나는 그것이 민족의 자주적 소산이 아니라 물 건너온 제도였다는 특징에 있었을 것이다. 분명 율령제 국가가 일본 고대사회의 생산관계 총괄이었고, 그 경제적 관계의 집중적 표현이었다 해도, 그 성립 과정에서 국제적 계기가 강력한 역할을 한 것은 무시할 수 없고, 또 무시해서는 안 될 것이다. 율령제 국가의 전사를 이루는 시대가 동아시아의 전쟁과 내란의 주기라는 점은 우연한 대응이 아니며, 국제관계는 스이코조, 다이카 개신, 덴무·지토조의 역사에 대하여 서술한 것처럼 그것이 없다면 다이호 율령적 국가라는 형태로 고대국가가 완성되지 못했을지도 모르는 특수한 계기를 형성했다고까지 말해도 된다고 본다. 그러나 외국의 문명 전반이 아니라 다름아닌 중국의 법전이나 제도의 '수입'이자 '계수'이기 때문에 그것이 언제든지 벗겨질 수 있고 또 배제해야 하는 허구적, 의제적인 것이며, 그것을 제거한 다음 '일본적, 민족적'인 것을 추구하려고 하는 과거의 사고방식에는 중국문명에 대한 특정한 가치 평가가 관련되어 있으며, 이는 아마도 하나는 국학(國學)의 전통, 다른 하나는 '탈아론(脫亞論)'을 특징으로 하는 메이지(明治)의 내셔널리즘과 결부되어 있다고 보아도 될 것이다. 하지만 덴지 천황과 대비하여 국학자가 내세우는 '국수적(國粹的)'인 덴무 천황 본인의 의식 속에서마저 얼마나 국제적 계기가 살아 있었는지, 그의 사상과 시책 속에 일본뿐만 아니라 중국·조선 왕조들의 역사와 경험이 얼마나 집약되어 있었는지를 한 번 더 떠올릴 필요가 있다(제3장 제2절). 분명 국제적 교통이라는 계기는 일본열도 내부의 역사 진행 및 계급 대립의 소산인 국가 성립의 필연성에 있어서는 하나의 우연적 요소로서 존재한 것에 지나지 않는 것처럼 보인다. 그러나 역사의 필연성은 우연을 통해서밖에 실현되지 않는 점, 후자는 전자의 존재형식이라는 점을, 국가 성립사를 다루는 경우에도 잊어서는 안 될 것이다. 또 국내적 관계라는 관점으로만 보면 단순한 '우연'으로로밖에 보이지 않는 여러 사건이 국제적 관계들이라는 독자적인 장에서는 하나의 내적 필연일 수 있음에도 주의해야 한다. 문제는 다시 한번 이 책의 서두에서 논한 민족들 사이의 '교통' 문제로 연결될 수밖에 없는 것이다.

주석

제 1 장

제 1 절

01)　石母田正,「日本古代における國際意識について—古代貴族の場合」(『思想』454, 1962)〔『石母田正著作集』第4卷, 岩波書店, 1989 수록.『이시모다 쇼 저작집(石母田正著作集)』(1988-90)에 대해서는 이하 '저작집 제○권'이라고 줄여 씀〕.

02)　야마타이국의 국제적 계기에 대해서는 藤間生大,『日本民族の形成—東亞諸民族との連關において』(岩波書店, 1951); 藤間生大,『埋もれた金印—女王卑彌呼と日本の黎明』(岩波書店, 1950). 또한 고대사가(古代史家)가 쓴 논고로는 井上光貞,『日本國家の基源』(岩波書店, 1960); 上田正昭,『日本古代國家成立史の研究』(靑木書店, 1959); 直木孝次郎,「國家の成立」(岩波講座『日本歷史1 原始および古代1』, 岩波書店, 1962)〔『直木孝次郎古代を語る1 古代の日本』, 吉川弘文館, 2008〕. 아울러 鬼頭淸明,「邪馬臺國論爭の歷史と現段階」(『歷史評論』229, 1969)〔『日本古代國家の形成と東アジア』, 校倉書房, 1976〕 등을 참조.

03)　石母田正,「古代史槪說」(앞의 주 02 岩波講座『日本歷史1 原始および古代1』)〔저작집 제12권 수록〕.

04)　마르크스,『자본주의적 생산에 선행하는 제형태』(자본주의적 생산은 원래 '資本制生産'이라고 적혀 있으나 한국어 번역본의 제목에 맞추어 옮김-역주). 이하『제형태』로 약칭함.

05)　石母田正,「民會と村落共同體—ポリネシアの共同體についてのノート㈠」(『歷史學研究』325, 1967)〔저작집 제13권 수록〕.

06)　井上光貞,「古代の皇太子」(『日本古代國家の研究』, 岩波書店, 1965).

07)　마르크스,『자본론』제1권 제1편 제2장.

08)　石母田正, 앞의 주 03「古代史概說」.

09)　仲原善忠,「おもろ評釋」(沖繩文化協會 編,『沖繩文化叢論』, 法政大學出版局, 1970).

10)　마르크스,『독일 이데올로기』.

제 2 절

01)　今西龍,「百濟史講話」(『百濟史研究』, 近澤書店, 1934)〔國書刊行會, 1970〕.

02)　西嶋定生,「六―八世紀の東アジア」(岩波講座『日本歷史2 古代2』, 岩波書店, 1962)〔『中國古代國家と東アジア世界』, 東京大學出版會, 1983〕; 石母田正,「天皇と諸蕃―大寶令制定の意義に關連して」(『法學志林』60(3·4), 1963)〔저작집 제4권 수록〕.

03)　태자 섭정에 대해서는 家永三郎,「飛鳥朝に於ける攝政政治の本質」(『社會經濟史學』8(6), 1938); 井上光貞,「古代の皇太子」(『日本古代國家の研究』, 岩波書店, 1965) 등을 참조.

04)　井上秀雄,「新羅政治體制の變遷過程―門閥貴族の集團支配と專制王權」(石母田正 等 編,『古代史講座』4, 學生社, 1962)〔『新羅史基礎研究』, 東出版, 1974〕.

05)　家永三郎, 앞의 주 03「飛鳥朝に於ける攝政政治の本質」.

06)　黛弘道,「冠位十二階考」(『東京大學敎養學部人文科學科紀要』17, 歷史學研究報告7, 1959)〔『律令國家成立史の研究』, 吉川弘文館, 1982〕.

07)　西嶋定生, 앞의 주 02「六―八世紀の東アジア」.

08)　井上光貞,「冠位十二階とその史的意義」(앞의 주 03『日本古代國家の研究』).

09)　宮崎市定,「日本の官位令と唐の官品令」(『東方學』18, 1959)〔『アジア史論考』中, 朝日新聞社, 1976〕.

10)　渡邊茂,「古代君主の稱號に關する二, 三の試論」(『史流』8, 1967); 東野治之,「天皇號の成立年代について」(『續日本紀研究』144·145, 1969)〔『正倉院文書と木簡の研究』, 塙書房, 1977〕; 門脇禎二,『「大化改新」論』, 德間書店, 1969〔『「大化改新」史論』上·下, 思文閣出版, 1991〕.

11)　徐先堯,「隋倭國交の對等性について」(『文化』29(2), 1965).

12)　津田左右吉,「天皇考」(『日本上代史の研究』〔『津田左右吉全集』第3卷, 岩波書店, 1963〕).

13)　井上秀雄,「古代日本のいわゆる南朝鮮經營」(『朝鮮研究』82, 1969)〔『任那日本府と倭』, 寧樂社, 1978〕.

14)　坂本太郎,「古事記の成立」(『日本古代史の基礎的研究』上, 東京大學出版會, 1964).

15)　井上光貞,「日本における佛敎統制機關の確立過程」(앞의 주 03『日本古代國家の研究』).

16)　岡田正之,「憲法十七條に就いて」(『近江奈良朝の漢文學』, 養德社, 1946); 瀧川政次郎,「國家制法の始「上宮太子憲法十七箇條」」(『律令格式の研究』, 角川書店, 1967).

제 3 절

01)　關晃,「大化改新」(岩波講座『日本歷史2 古代2』, 1962)〔『大化改新の研究』上, 吉川弘文館, 1996〕.

02)　平野邦雄,「秦氏の研究—その文明的特徵をめぐって」(『史學雜誌』70(3·4), 1961).

03)　末松保和,『任那興亡史』, 大八洲出版, 1949, 제8장〔吉川弘文館, 1956, 增訂再版〕.

04)　關晃, 앞의 주 01「大化改新」.

05)　今西龍,「百濟史講話」(『百濟史研究』, 近澤書店, 1934).

06)　池内宏, 「百濟滅亡後の動亂及び唐・羅・日三國の關係」(『滿鮮史
研究』上世第2冊, 吉川弘文館, 1960).

07)　주 06과 같음.

08)　日本古典文學大系 第68卷『日本書紀』下, 岩波書店, 1965, 581
쪽, 보주 7.

09)　石母田正, 「堅氷をわるもの」(『歷史と民族の發見—歷史學の課
題と方法』, 東京大學出版會, 1952)〔저작집 제14권 수록〕.

제 4 절

01)　和田軍一, 「淳仁朝に於ける新羅征討計畫について」(『史學雜誌』
35(10·11), 1924); 藤間生大, 「古代權力强化の國際的契機—道
鏡卽位の意志がうまれた地盤についての一考察」(『歷史學研究』
228, 1959).

02)　橫田健一, 「天平十二年藤原廣嗣の亂の一考察」(大阪歷史學會
編, 『律令國家の基礎構造』, 吉川弘文館, 1960)〔『白鳳天平の世
界』, 創元社, 1973〕.

03)　薗田香融, 「出擧—天平から延喜まで」(앞의 주 02 『律令國家の
基礎構造』)〔『日本古代財政史の研究』, 塙書房, 1981〕.

04)　和田軍一, 앞의 주 01 「淳仁朝に於ける新羅征討計畫について」.

05)　岸俊男, 『藤原仲麻呂』, 吉川弘文館, 1969.

06)　坂本太郎, 「正倉院文書出雲國計會帳に見えた節度使と四度使」
(『日本古代史の基礎的研究』下, 東京大學出版會, 1964); 村尾次
郎, 「出雲國風土記の勘造と節度使」(『律令財政史の研究』, 吉川弘
文館, 1961); 早川庄八, 「天平六年出雲國計會帳の研究」(坂本太
郎博士還曆記念會 編, 『日本古代史論集』下, 吉川弘文館, 1962)
〔『日本古代の文書と典籍』, 吉川弘文館, 1997〕.

07)　井上辰雄, 「「民部省式」をめぐる諸問題」(『日本歷史』262,
1970).

08)　津田左右吉, 「新羅征討地理考」(『津田左右吉全集』第11卷, 岩波

書店, 1964).

09)　鈴木靖民,「天平初期の日羅關係」(『國學院雜誌』 69(6), 1968) 〔『古代對外關係史の研究』, 吉川弘文館, 1985〕.

10)　鳥山喜一,『渤海史上の諸問題』, 風間書房, 1968.

11)　竹內理三,「「參議」制の成立」(『律令制と貴族政權』第Ⅰ部, 御茶 の水書房, 1957).

12)　石母田正,「平氏政權の總官職設置」(『歷史評論』107, 1959)〔저 작집 제9권 수록〕.

13)　北山茂夫,「七四〇年の藤原廣嗣の叛亂」(『日本古代政治史の研 究』, 岩波書店, 1959).

14)　宮田俊彦,『吉備眞備』, 吉川弘文館, 1961. 훈독(訓讀)은 이 책을 따랐다.

15)　주 14와 같음.

16)　岸俊男, 앞의 주 05『藤原仲麻呂』.

17)　石母田正,「天皇と諸蕃―大寶令制定の意義に關連して」(『法學 志林』60(3·4), 1963)〔저작집 제4권 수록〕.

제2장

제 1 절

01)　津田左右吉,「大化改新の研究」(『日本上代史の研究』〔『津田左 右吉全集』第3卷, 岩波書店, 1963〕); 坂本太郎,『大化改新の研 究』, 至文堂, 1938; 井上光貞,「大化改新の詔の研究」(『日本古代 國家の研究』, 岩波書店, 1965); 岸俊男,「造籍と大化改新詔」(三 品彰英 編,『日本書紀研究』第1冊, 塙書房, 1964)〔『日本古代籍帳 の研究』, 塙書房, 1973〕; 關晃,「改新の詔の研究」(『東北大學文 學部研究年報』15·16, 1965·1966)〔『大化改新の研究』上, 吉川 弘文館, 1996〕; 關晃,「大化前代における皇室私有民」(彌永貞三 編,『日本經濟史大系』Ⅰ, 東京大學出版會, 1965)〔『大化改新の

研究』下, 吉川弘文館, 1996〕; 八木充, 「「大化改新詔」の史料的檢
討」(『律令國家成立過程の研究』, 塙書房, 1968); 原秀三郎, 「大化
改新論批判序說―律令制的人民支配の成立過程を論じていわゆ
る「大化改新」の存在を疑う」(『日本史研究』86・88, 1966・1967)
〔『日本古代國家史研究』, 東京大學出版會, 1980〕; 狩野久, 「部民
制」(歷史學研究會・日本史研究會 編, 『講座日本史』Ⅰ, 東京大學
出版會, 1970)〔『日本古代の國家と都城』, 東京大學出版會, 1990〕
등. 아울러 다이카 개신 전반에 대해서는 위의 연구들 외에 北山茂夫,
『大化の改新』, 岩波書店, 1961; 井上光貞, 『大化改新』, 要書房,
1954; 關晃, 「大化改新」(岩波講座『日本歷史2 古代2』, 1962)〔『大
化改新の研究』上, 吉川弘文館, 1996〕; 門脇禎二, 『「大化改新」
論』, 德間書店, 1969 등을 참조.

02)　彌永貞三, 「仕丁の研究」(『史學雜誌』60(4), 1951)〔『日本古代社
會經濟史研究』, 岩波書店, 1980〕.

03)　彌永貞三, 「大化以前の大土地所有」(앞의 주 01『日本經濟史大
系』Ⅰ)〔앞의 책〕.

04)　關晃, 앞의 주 01「大化前代における皇室私有民」.

05)　주 04와 같음.

06)　彌永貞三, 앞의 주 03「大化以前の大土地所有」.

07)　平野邦雄, 『大化前代社會組織の研究』, 吉川弘文館, 1969.

08)　橫田健一, 「壬申の亂前における大海人皇子の勢力について」
(北山茂夫・吉永登 編, 『日本古代の政治と文學』, 靑木書店, 1956)
〔『白鳳天平の世界』, 創元社, 1973〕.

09)　直木孝次郎, 「主稻考」(『奈良時代史の諸問題』, 塙書房, 1968);
利光三津夫, 「初期食封制の研究」(『律令及び令制の研究』, 明治書
院, 1959); 岸俊男, 「光明立后の史的意義―古代における皇后の
地位」(『日本古代政治史研究』, 塙書房, 1966).

10)　井上光貞, 「大化改新の東國」(앞의 주 01『日本古代國家の
研究』); 原島禮二, 「古代東國と大和政權」(『續日本紀研究』
7(6・7・8), 1960)〔『日本古代王權の形成』, 校倉書房, 1977〕; 關晃,

「大化の東國國司について」(『文化』26(2), 1962)〔『大化改新の研究』下, 吉川弘文館, 1996〕.

11)　竹內理三,「條里制の起源」,「條里制の起源再論」(『律令制と貴族政權』第Ⅰ部, 御茶の水書房, 1957); 落合重信,『條里制』, 吉川弘文館, 1967.

12)　岸俊男, 앞의 주 01「造籍と大化改新詔」.

13)　虎尾俊哉,『班田收授法の研究』, 吉川弘文館, 1961.

14)　엥겔스,『가족, 사유재산, 국가의 기원』제9장.

15)　井上辰雄,「大化の詔の「調」について―「田の調」「戶の調」を中心として」(『東方古代研究』10, 1960)는 전조와 호조에 대하여 새로운 해석을 제시했는데, 후자에 대해서는 제4장 제2절 2를 참조.

16)　薗田香融,「律令財政成立史序說」(石母田正 等 編,『古代史講座』5, 學生社, 1962)〔『日本古代財政史の研究』, 塙書房, 1981〕.

17)　宮本救,「里制の成立について―三十戶, 五十戶の問題を中心に」(『日本歷史』58, 1953); 八木充,「律令制村落の形成」(앞의 주 01『律令國家成立過程の研究』); 伊野部重一郎,「上代里制の成立について―播磨風土記を中心としての考察」(『日本歷史』199, 1964) 등.

제 2 절

01)　엥겔스,『가족, 사유재산, 국가의 기원』제9장. 또 마르크스,『제형태』; 모건,『고대사회』; 메인,『고대법』등을 참조.

02)　川上多助,「部の分化」(『日本古代社會史の研究』, 河出書房, 1947); 竹內理三·井上光貞·土田直鎭·靑木和夫·池田溫,「戶令·戶籍·計帳」(『日本歷史』151·152·153, 1961); 狩野久,「品部雜戶制の再檢討」(『史林』43(6), 1960)〔『日本古代の國家と都城』, 東京大學出版會, 1990〕; 新井喜久夫,「雜戶制の一考察」(『日本歷史』233·234, 1967).

03)　岸俊男,「日本における「戶」の源流」(『日本歷史』197, 1964)〔『日

本古代籍帳の研究』, 塙書房, 1973〕.

04)　石母田正, 「古代の身分秩序―日本の場合についての覺書」(石
母田正 等 編, 『古代史講座』7, 學生社, 1963)〔저작집 제4권 수록〕.
이 논문에서 의제적 '왕민공동체(王民共同體)'라는 개념을 사용하였
지만, '공동체'라는 용어는 실체화될 위험을 동반하므로 다른 표현으로
바꾸어야 하겠다.

05)　마르크스, 『제형태』.

06)　고대의 '우지(氏)'에 대해서는 平野邦雄, 『大化前代社會組織の研
究』, 吉川弘文館, 1969, 그 연구사에 대해서는 直木孝次郎, 「古代氏
族研究の動向」(『日本古代の氏族と天皇』, 塙書房, 1964). 또 가바
네에 대해서는 北村文治, 「カバネの制度に關する新研究序說」(『北
海道大學人文科學論集』3·5, 1964·1967)에 의해 통설의 기본적 재
검토가 이루어졌다.

07)　平野邦雄, 앞의 주 06 『大化前代社會組織の研究』; 石母田正, 앞
의 주 04 「古代の身分秩序」를 참조.

제 3 절

01)　井上光貞, 「部民の研究」(『日本古代史の諸問題』, 思索社, 1949).

02)　直木孝次郎, 『日本古代兵制史の研究』, 吉川弘文館, 1968.

03)　林屋辰三郎, 「繼體·欽明朝內亂の史的分析」(『古代國家の解體』,
東京大學出版會, 1955); 井上光貞, 「國造制の成立」(『史學雜誌』
60(11), 1951)〔『井上光貞著作集』第4卷, 岩波書店, 1985〕; 上田正
昭, 「新舊國造論―大化改新の史的評價をめぐって」(大阪歷史學
會 編, 『律令國家の基礎構造』, 吉川弘文館, 1960).

04)　原島禮二, 「大和政權と地方豪族―關東地方の屯倉を例として」
(『日本史研究』54, 1961).

05)　甘粕健, 「橫濱市稻荷前古墳群をめぐる諸問題」(『考古學研究』
16(2), 1969)〔『前方後圓墳の研究』, 同成社, 2004〕.

06)　佐伯有淸, 「子代·名代と屯倉」(杉原莊介·竹內理三 編, 『古代の

日本』7, 角川書店, 1970).

07) 門脇禎二, 『日本古代共同體の研究』, 東京大學出版會, 1960, 제 2장.

08) 石母田正, 「古代法の成立について」(『歷史學研究』229, 1959) 〔저작집 제8권 수록〕.

09) 井上光貞, 『日本古代國家の研究』, 岩波書店, 1965, 제2부 제2장.

10) 磯貝正義, 「律令時代の地方政治—とくに郡司の任用制度を中心として」(坂本太郎博士還曆記念會 編, 『日本古代史論集』上, 吉川弘文館, 1962)〔『郡司及び采女制度の研究』, 吉川弘文館, 1978〕.

11) 上田正昭, 「郡司の變遷」(『日本古代國家論究』, 塙書房, 1968).

12) 直木孝次郎, 「大化前代における畿內の社會構造」(『日本古代國家の構造』, 靑木書店, 1958); 平野邦雄, 『大化前代社會組織の研究』, 吉川弘文館, 1969.

13) 岸俊男, 「律令體制下の豪族と農民」(岩波講座『日本歷史3 古代 3』, 1962).

제 4 절

01) 井上光貞, 『日本古代國家の研究』, 岩波書店, 1965, 제2부 제2장.

02) 岸俊男, 「防人考—東國と西國」(『日本古代政治史研究』, 塙書房, 1966); 直木孝次郎, 『日本古代兵制史の研究』, 吉川弘文館, 1968.

03) 關晃, 「大化の郡司制について」(坂本太郎博士還曆記念會 編, 『日本古代史論叢』上, 吉川弘文館, 1962)〔『大化改新の研究』下, 吉川弘文館, 1996〕.

04) 八木充, 『律令國家成立過程の研究』, 塙書房, 1968, 제2편 제2장.

05) 濱口重國, 「府兵制度より新兵制へ」(『秦漢隋唐史の研究』上, 東京大學出版會, 1966); 石尾芳久, 「日唐軍防令の比較研究」(『日本古代法の研究』, 法律文化社, 1959); 角田文衞, 「軍團と衞府」(『律令國家の展開』, 塙書房, 1965); 笹山晴生, 「日本古代の軍事組織」(石母田正 等 編, 『古代史講座』5, 學生社, 1962); 野田嶺志, 「日本

律令軍制の特質」(『日本史研究』76, 1965)〔『日本古代軍事構造の
研究』, 塙書房, 2010〕 등.

06)　末松保和, 「梁書新羅傳考」(『新羅史の諸問題』, 東洋文庫, 1954).

07)　池內宏, 「高句麗五族及び五部」(『滿鮮史研究』上世第1冊, 吉川
弘文館, 1951).

08)　井上光貞, 앞의 주 01 『日本古代國家の研究』 제2부 제2장.

09)　山尾幸久, 「大化改新論序說」 下(『思想』 531, 1968).

10)　藤間生大, 「國造制についての一考察」(遠藤元男博士還暦記念
日本古代史論叢刊行會 編, 『日本古代史論叢』, 1970).

11)　今西龍, 「百濟五方五部考」(『百濟史研究』, 近澤書店, 1934).

12)　八木充, 앞의 주 04 『律令國家成立過程の研究』 제2편 제2장.

제 5 절

01)　대부에 대해서는 關晃, 「大化前後の大夫について」(『山梨大學學
藝學部研究報告』 10, 1959)〔『大化改新の研究』 下, 吉川弘文館,
1996〕; 原島禮二, 「大夫小論覺書—七世紀前半の大和政權中樞部
について」(『歷史評論』 113, 1960).

02)　關晃, 「大化の左大臣阿倍內麻呂について」(『歷史』 21, 1961)〔앞
의 주 01 『大化改新の研究』 下〕.

03)　坂本太郎, 『大化改新の研究』, 至文堂, 1938.

04)　岩橋小彌太, 『上代官職制度の研究』, 吉川弘文館, 1962.

05)　津田左右吉, 「大化改新の研究」(『日本上代史の研究』〔『津田左右
吉全集』 第3卷, 岩波書店, 1963〕).

06)　石井良助, 「大化改新の研究」(『大化改新と鎌倉幕府の成立』, 創
文社, 1958).

07)　石母田正, 「古代法」(岩波講座 『日本歷史4 古代4』, 1962)〔저작집
제8권 수록〕.

08)　마르크스, 『자본론』 제1권 제1편 제1장.

09)　坂本太郎, 앞의 주 03『大化改新の研究』.

10)　關晃, 「大化改新」(岩波講座『日本歷史2 古代2』, 1962)〔『大化改新の研究』上, 吉川弘文館, 1996〕.

11)　平野邦雄, 『大化前代社會組織の研究』, 吉川弘文館, 1969.

12)　井上光貞, 『大化改新』, 要書房, 1954.

13)　黛弘道, 「大和國家の財政」(彌永貞三 編, 『日本經濟史大系』Ⅰ, 東京大學出版會, 1965)〔『律令國家成立史の研究』, 吉川弘文館, 1982〕.

14)　井上光貞, 「大和國家の軍事的基礎」(『日本古代史の諸問題』, 思索社, 1949); 關晃, 앞의 주 10 「大化改新」; 藤間生大, 「國造制についての一考察」(遠藤元男博士還曆記念日本古代史論叢刊行會 編, 『日本古代史論叢』, 1970).

15)　井上光貞, 「冠位十二階とその史的意義」(『日本古代國家の研究』, 岩波書店, 1965).

제3장

제 1 절

01)　가키베·야카베에 대해서는 北村文治, 「改新後の部民對策に關する試論」(『北海道大學文學部紀要』6, 1957)〔『大化改新の基礎的研究』, 吉川弘文館, 1990〕; 關晃, 「天智朝の民部·家部について」(『山梨大學學藝學部研究報告』8, 1957)〔『大化改新の研究』下, 吉川弘文館, 1996〕; 原秀三郎, 「大化改新論批判序說―律令制的人民支配の成立過程を論じていわゆる「大化改新」の存在を疑う」(『日本史研究』86·88, 1966·1967)〔『日本古代國家史研究』, 東京大學出版會, 1980〕.

02)　坂本太郎, 『大化改新の研究』, 至文堂, 1938.

03)　井上光貞, 「太政官成立過程における唐制と固有法との交渉」(仁井田陞博士追悼論文集『前近代アジアの法と社會』, 勁草書房,

1967)〔『日本古代思想史の研究』, 岩波書店, 1982〕.

04)　주 03과 같음.

05)　內藤乾吉, 「近江令の法官・理官について」(『中國法制史考證』, 有斐閣, 1963)는 법관에 대한 백제 제도의 영향을 지적하였다.

06)　井上光貞, 앞의 주 03 「太政官成立過程における唐制と固有法との交渉」 참조. 태정관제 속 변관의 의의에 대해서는 八木充, 「太政官制の成立」(『律令國家成立過程の研究』, 塙書房, 1968).

07)　井上光貞, 앞의 주 03 「太政官成立過程における唐制と固有法との交渉」.

08)　靑木和夫, 「淨御原令と古代官僚制」(『古代學』 3(2), 1954)〔『日本律令國家論攷』, 岩波書店, 1992〕.

09)　野村忠夫, 『律令官人制の研究』, 吉川弘文館, 1967, 제1장.

10)　鬼頭淸明, 「食封制の成立」(『日本史研究』 93, 1967).

11)　靑木和夫, 앞의 주 08 「淨御原令と古代官僚制」; 靑木和夫, 「律令論」(日本歷史學會 編, 『日本史の問題點』, 吉川弘文館, 1965)〔『日本律令國家論攷』, 岩波書店, 1992〕. 또한 林陸朗, 「淨御原律令の制定」(『歷史敎育』 9(5), 1961)을 참조.

12)　石尾芳久, 「律令の編纂」(『日本古代法の研究』, 法律文化社, 1959).

13)　坂本太郎, 「天智紀の史料批判」(『日本古代史の基礎的研究』 上, 東京大學出版會, 1964).

14)　靑木和夫, 앞의 주 08 「淨御原令と古代官僚制」.

15)　坂本太郎, 「古代位階制二題」(『日本古代史の基礎的研究』 下, 東京大學出版會, 1964).

16)　石尾芳久, 앞의 주 12 「律令の編纂」.

제 2 절

---

01)　마르크스·엥겔스, 『공산당 선언』.

02)　直木孝次郎,『壬申の亂』, 塙書房, 1961; 龜田隆之,『壬申の亂』, 至文堂, 1961.

03)　井上通泰,『萬葉集追攷』, 岩波書店, 1938; 坂本太郎,『日本全史』第2卷, 東京大學出版會, 1960; 直木孝次郎,「持統天皇と呂太后」(三品彰英 編,『日本書紀研究』第1冊, 塙書房, 1964)〔『飛鳥奈良時代の研究』, 塙書房, 1975〕.

04)　井上光貞,「壬申の亂と律令體制の成立」(『日本古代國家の研究』, 岩波書店, 1965).

05)　津田左右吉,「安東都護府考」(『滿鮮歷史地理研究』〔『津田左右吉全集』第12卷, 岩波書店, 1964〕).

06)　덴표쇼호(天平勝寶) 4년(752)의 다자이후주(大宰府奏)에 따르면 신라인 700여 명이 배 7척에 나눠 타고 내조하였다고 한다(『속일본기』). 일본도 같은 수준의 조선 기술을 갖고 있었던 것으로 보인다.

07)　瀧川政次郎,「難波の主船司」(『ヒストリア』21, 1957); 利光三津夫,「攝津職の研究」(『律令及び令制の研究』, 明治書院, 1959).

08)　直木孝次郎,『日本古代兵制史の研究』, 吉川弘文館, 1968.

09)　長山泰孝,「歲役制の一考察」(『ヒストリア』27, 1960)〔『律令負擔體系の研究』, 塙書房, 1976〕.

10)　石尾芳久,「日唐軍防令の比較研究」(『日本古代法の研究』, 法律文化社, 1959).

11)　吉田孝,「律令における雜徭の規定とその解釋」(坂本太郎博士還曆記念會 編,『日本古代史論集』下, 吉川弘文館, 1962).

12)　平野邦雄,「大寶·養老兩令の歲役について」(『九州工業大學研究報告(人文·社會科學)』5, 1957).

13)　八木充,「田租制の成立」(『律令國家成立過程の研究』, 塙書房, 1968).

14)　井上光貞,「庚午年籍と對氏族策」(『日本古代史の諸問題』, 思索社, 1949).

15)　虎尾俊哉,『班田收授法の研究』, 吉川弘文館, 1961.

16)　靑木和夫,「淨御原令と古代官僚制」(『古代學』3(2), 1954)〔『日本律令國家論攷』, 岩波書店, 1992〕.

17)　井上光貞,「太政官成立過程における唐制と固有法との交渉」(仁井田陞博士追悼論文集『前近代アジアの法と社會』, 勁草書房, 1967)〔『日本古代思想史の研究』, 岩波書店, 1982〕.

18)　靑木和夫, 앞의 주 16「淨御原令と古代官僚制」; 井上光貞, 앞의 주 17「太政官成立過程における唐制と固有法との交渉」참조.

19)　竹內理三,「天武「八姓」制定の意義」(『律令制と貴族政權』第Ⅰ部, 御茶の水書房, 1957).

20)　西嶋定生,「中國古代帝國形成の一考察—漢の高祖とその功臣」(『歷史學研究』141, 1949)〔『中國古代國家と東アジア世界』, 東京大學出版會, 1983〕.

21)　築山治三郎,『唐代政治制度の研究』, 創元社, 1967.

22)　石母田正,「古代法」(岩波講座『日本歷史4 古代4』, 1962)〔저작집 제8권 수록〕.

23)　北山茂夫,「持統天皇論—藤原宮時代の政治と思想の聯關において」(『日本古代政治史の研究』, 岩波書店, 1959).

24)　竹內理三,「「知太政官事」考」(앞의 주 19『律令制と貴族政權』第Ⅰ部).

25)　直木孝次郎,「律令官制における皇親勢力の一考察」(『奈良時代史の諸問題』, 塙書房, 1968).

26)　阿部武彦,「古代族長繼承の問題について」(『北大史學』2, 1954)〔『日本古代の氏族と祭祀』, 吉川弘文館, 1984〕.

27)　野村忠夫,『律令官人制の研究』, 吉川弘文館, 1967, 제2장.

제3 절

01)　北山茂夫,『日本古代政治史の研究』, 岩波書店, 1959; 關晃,「律令支配層の成立とその構造」(井上光貞 編,『古代社會』, 朝倉書店, 1952)〔『日本古代の國家と社會』, 吉川弘文館, 1997〕; 關晃,「大化

改新と天皇權力」(『歷史學硏究』228, 1959); 關晃, 「大化前後の天皇權力について」(『歷史學硏究』233, 1959)〔둘 다 『大化改新の硏究』下, 吉川弘文館, 1996〕; 高橋富雄, 「律令天皇制の構造とその成立」(『歷史學硏究』233, 1959); 原島禮二, 「八色姓と天武政權の構造」(『史學雜誌』70(8), 1961); 田中元, 「天皇絶對制とデスポティズム―古代天皇制について」(『歷史學硏究』251, 1961) 등. 또한 早川庄八, 「律令國家」(井上光貞·永原慶二 編, 『日本史硏究入門』Ⅲ, 東京大學出版會, 1969)를 참조.

02)　中田薫, 「養老令官制の硏究」(『法制史論集』第3卷, 岩波書店, 1943).

03)　內藤乾吉, 「唐の三省」(『中國法制史考證』, 有斐閣, 1963).

04)　마르크스, 『독일 이데올로기』.

05)　마르크스, 『독일 이데올로기』와 엥겔스, 『포이어바흐론』.

06)　相田二郎, 『日本の古文書』上, 岩波書店, 1949에 절차가 요약되어 있다.

07)　石尾芳久, 「古代國家の太政官制度」(『日本古代天皇制の硏究』, 法律文化社, 1969).

08)　石母田正, 『古代末期政治史序說』, 未來社, 1964.

09)　橋本義彦, 「攝關政治論」(『日本歷史』245, 1968)〔『平安貴族社會の硏究』, 吉川弘文館, 1976〕.

10)　'자율적(autonom)'과 '타율적(heteronom)', 그리고 '자주적(autokephal)'과 '타주적(他主的, heterokephal)'이라는 개념에 대해서는 M. Weber: Wirtschaft u. Gesellschaft. Studienausgabe. I. Halbband. S. 36을 참조.

11)　井上薫, 「長屋王の變と光明立后」(『日本古代の政治と宗敎』, 吉川弘文館, 1961).

12)　米田雄介, 「勅旨省と道鏡」(『古代學』12(1), 1965).

13)　瀧川政次郎, 「紫微中臺考」(『律令諸制及び令外官の硏究』, 角川書店, 1967).

14) 竹内理三,「太政官政治」(『律令制と貴族政權』第Ⅰ部, 御茶の水書房, 1957).

15) M. Weber, 앞의 주 10 참조.

16) 笹山晴生,「中衛府の研究―その政治史的意義に關する考察」(『古代學』6(3), 1957)〔『日本古代衛府制度の研究』, 東京大學出版會, 1985〕.

17) 青木和夫,「淨御原令と古代官僚制」(『古代學』3(2), 1954)〔『日本律令國家論攷』, 岩波書店, 1992〕.

18) 利光三津夫,「裁判例による律の復元」(『律令及び令制の研究』, 明治書院, 1959).

19) 瀧川政次郎, 앞의 주 13「紫微中臺考」.

20) 山田英雄,「奈良時代における律の適用」(『山田孝雄追憶史學語學論集』, 寶文館, 1963)〔『日本古代史攷』, 岩波書店, 1987〕; 瀧川政次郎,「律の罪刑法定主義―山田英雄氏の「奈良時代における律の適用」を讀んで」(『日本歷史』185, 1963).

21) 喜田新六,「上代の關の研究」(『歷史地理』57(4), 1931). 삼관의 정치사적 분석에 대해서는 岸俊男,「元明太上天皇の崩御―八世紀における皇權の所在」(『日本古代政治史研究』, 塙書房, 1966).

22) 堀敏一,「唐末諸叛亂の性格―中國における貴族政治の沒落について」(『東洋文化』7, 1951)〔『唐末五代變革期の政治と經濟』, 汲古書院, 2002〕.

제 4 절

01) 井上光貞,『大化改新』, 要書房, 1954.

02) 直木孝次郎,「贄に關する二, 三の考察―古代稅制史の一側面」(竹內理三博士還曆記念會 編,『律令國家と貴族社會』, 吉川弘文館, 1969)〔『飛鳥奈良時代の研究』, 塙書房, 1975〕과 狩野久,「御食國と膳氏―志摩と若狹」(坪井淸足・岸俊男 編,『古代の日本』5, 角川書店, 1970)〔『日本古代の國家と都城』, 東京大學出版會,

1990)에는 헤이조궁(平城宮)·후지와라궁에서 출토된 니에 관련 목간
자료가 소개·분석되어 있다.

03)　佐伯有淸,「ヤタガラス傳說と鴨氏」(『新撰姓氏錄の硏究』硏究
編, 吉川弘文館, 1963); 井上光貞,「カモ縣主の硏究」(『日本古代
國家の硏究』, 岩波書店, 1965).

04)　율령제 국가 재정의 기본 구조에 대해서는 早川庄八,「律令財政の
構造とその變質」(彌永貞三 編, 『日本經濟史大系』Ⅰ, 東京大學出
版會, 1965)〔『日本古代の財政制度』, 名著刊行會, 2000〕을 참조.

05)　龜田隆之,「奈良時代の算師について」(『日本歷史』121, 1958)
〔『日本古代制度史論』, 吉川弘文館, 1980〕.

06)　澤田吾一,『奈良朝時代民政經濟の數的硏究』, 富山房, 1927〔柏
書房, 1972〕; 瀧川政次郎,「弘仁主稅式注解」(『律令格式の硏究』,
角川書店, 1967).

07)　オスカー·ランゲ, 竹浪祥一郎 譯,『政治經濟學』, 合同出版社,
1964, 제5장. (오스카르 랑게 지음, 문태운 옮김, 『정치경제학』, 이제
이북스, 2013-역주)

08)　澤田吾一, 앞의 주 06『奈良朝時代民政經濟の數的硏究』.

09)　時野谷滋,「食封制と公民制」(앞의 주 02『律令國家と貴族社會』).

10)　吉田孝,「律令時代の交易」(앞의 주 04『日本經濟史大系』Ⅰ)
〔『律令國家と古代の社會』, 岩波書店, 1983〕.

11)　靑木和夫,「雇役制の成立」(『史學雜誌』67(3·4), 1958)〔『日本律
令國家論攷』, 岩波書店, 1992〕.

12)　吉田孝,「墾田永世私財法の變質」(寶月圭吾先生還曆記念會 編,
『日本社會經濟史硏究』古代·中世篇, 吉川弘文館, 1967)〔『律令國
家と古代の社會』, 岩波書店, 1983〕.

제 4 장

제 1 절

01)　早川庄八,「律令財政の構造とその變質」(彌永貞三 編,『日本經濟史大系』I, 東京大學出版會, 1965)〔『日本古代の財政制度』, 名著刊行會, 2000〕.

02)　彌永貞三,「大化以前の大土地所有」(앞의 주 01『日本經濟史大系』I)〔『日本古代社會經濟史研究』, 岩波書店, 1980〕.

03)　石母田正,「天皇と諸蕃―大寶令制定の意義に關連して」(『法學志林』60(3·4), 1963)〔저작집 제4권 수록〕.

04)　北山茂夫,「大寶二年筑前國戶籍殘簡について」(『奈良朝の政治と民衆』, 高桐書院, 1948).

05)　門脇禎二,『日本古代共同體の研究』, 東京大學出版會, 1960.

06)　彌永貞三, 앞의 주 02「大化以前の大土地所有」.

07)　井上光貞,『大化改新』, 要書房, 1954.

08)　彌永貞三,『奈良時代の貴族と農民』, 至文堂, 1956.

09)　吉田孝,「律令における雜徭の規定とその解釋」(坂本太郎博士還曆記念會 編,『日本古代史論集』下, 吉川弘文館, 1962).

10)　岸俊男,「律令體制下の豪族と農民」(岩波講座『日本歷史3 古代3』, 1962).

11)　早川庄八, 앞의 주 01「律令財政の構造とその變質」.

12)　靑木和夫,「律令財政」(앞의 주 10 岩波講座『日本歷史3 古代3』)〔『日本律令國家論攷』, 岩波書店, 1992〕.

13)　長山泰孝,「雜徭制の成立」(『ヒストリア』54, 1969)〔『律令負擔體系の研究』, 塙書房, 1976〕.

14)　磯貝正義,「郡司制度の一研究―越中國礪波郡司を中心として」(『山梨大學學藝學部研究報告』9, 1959)〔『郡司及び采女制度の研究』, 吉川弘文館, 1978〕; 米澤康,「郡司存在形態の一考察―越前·越中の場合」(『日本歷史』172, 1962).

15)　彌永貞三, 앞의 주 08『奈良時代の貴族と農民』.

16)　주 15과 같음.

17)　마르크스, 『자본론』 제3권 제6편 제47장.

18)　鹽澤君夫, 『古代專制國家の構造(增補版)』, 御茶の水書房, 1962, 제5장 제3절.

19)　마르크스, 앞의 주 17 『자본론』.

20)　마르크스, 『자본론』 제3권 제6편 제37장.

21)　都出比呂志, 「農業共同體と首長權」(歷史學硏究會·日本史硏究會 編, 『講座日本史』I, 東京大學出版會, 1970).

22)　和島誠一, 「東アジア農耕社會における二つの型」(石母田正 等 編, 『古代史講座』2, 學生社, 1962).

23)　近藤義郎, 「地域集團としての月の輪地域の成立と發展」(『月の輪古墳』, 1960); 近藤義郎, 「共同體と單位集團」(『考古學硏究』21, 1959)〔둘 다 『日本考古學硏究序說』, 岩波書店, 1985〕.

24)　原島禮二, 「日本古代國家成立期の農業勞働形態」(『日本史硏究』76, 1965).

25)　直木孝次郎, 「古代國家と村落—計畫村落の視角から」(『奈良時代史の諸問題』, 塙書房, 1968).

26)　原秀三郎, 「八世紀における開發について」(『日本史硏究』61, 1962).

27)　靑木和夫, 앞의 주 12 「律令財政」.

28)　八木充, 「田租制の成立」(『律令國家成立過程の研究』, 塙書房, 1968).

29)　坂本太郎, 『大化改新の研究』, 至文堂, 1938; 田名網宏, 「田制及び租法から見た大化改新詔の信憑性について」(『東京都立大學人文學報』25, 1960).

30)　水野柳太郎, 「出擧の起源とその變遷」(『ヒストリア』24, 1959)〔『日本古代の食封と出擧』, 吉川弘文館, 2002〕; 宮原武夫, 「古代における二つの田租—大稅と郡稻」(『續日本紀研究』8(7), 1961)〔『日本古代の國家と農民』, 法政大學出版局, 1973〕.

31)　전조, 그리고 그와 관련된 출거제의 기원에 대해서는 다음 논고들을 참조. 薗田香融, 「倉下考―古代倉庫の構造と機能」(『史泉』6, 1957); 薗田香融, 「律令財政成立史序說」(石母田正 等 編, 『古代史講座』5, 學生社, 1962〔둘 다 『日本古代財政史の研究』, 塙書房, 1981〕; 八木充, 「古代地方組織發展の一考察―大和朝廷·皇室の支配を中心に」(『史林』41(5), 1958); 宮原武夫, 「出擧についての一考察―その起原と性格」(『日本歷史』162, 1961); 原島禮二, 「天津罪·國津罪とその社會的背景」(『歷史學研究』290, 1964)와 주 30 水野柳太郎·宮原武夫 논문 등.

32)　內田銀藏, 「本邦租稅の沿革」(『日本經濟史の研究』上, 同文館, 1921); 岡本明郎, 「農業生産」(近藤義郎·藤澤長治 編, 『日本の考古學』古墳時代下, 河出書房新社, 1966).

33)　酒井卯作, 「南島における初穗儀禮」(金關丈夫博士古稀記念委員會 編, 『日本民族と南方文化』, 平凡社, 1968).

34)　仲原善忠, 「おもろ評釋」(沖繩文化協會 編, 『沖繩文化叢論』, 法政大學出版局, 1970).

35)　宮崎市定, 「古代中國賦稅制度」(『アジア史研究』第1, 同朋舍, 1957).

36)　八木充, 앞의 주 28 「田租制の成立」.

37)　平中苓次, 「漢代の田租と災害による其の減免」(『中國古代の田制と稅法』, 東洋史研究會, 1967).

38)　宮原武夫, 「日本古代における二つの班田收授制」(『歷史學研究』356, 1970)〔『日本古代の國家と農民』, 法政大學出版局, 1973〕.

39)　直木孝次郎, 「贄に關する二, 三の考察―古代稅制史の一側面」(竹內理三博士還曆記念會 編, 『律令國家と貴族社會』, 吉川弘文館, 1969)〔『飛鳥奈良時代の研究』, 塙書房, 1975〕.

40)　直木孝次郎, 「新嘗と大嘗のよみと意味」(『萬葉』65, 1967)〔앞의 책〕.

41)　平中苓次, 앞의 주 37 「漢代の田租と災害による其の減免」.

42)　마르크스, 『잉여가치론』 제3권 제6장.

43)　리차드·존즈, 鈴木鴻一郎·遊部久藏 譯, 『地代論』, 日本評論社, 1942(리처드 존스, 『지대론』-역주). 덧붙이자면 존스에 대해서는 大野精三郎, 『ジョーンズの經濟學』, 岩波書店, 1953을 참조.

44)　마르크스, 『제형태』. 이하 특별히 주를 적지 않은 인용문은 『제형태』에서 인용한 것이다.

45)　마르크스, 앞의 주 17 『자본론』.

46)　薗田香融, 「伊豫國正稅帳について」(『古代文化』 5, 1957)〔『日本古代財政史の研究』, 塙書房, 1981〕; 龜田隆之, 「古代の勸農政策とその性格」(앞의 주 01 『日本經濟史大系』 Ⅰ)〔『日本古代用水史の研究』, 吉川弘文館, 1973〕.

47)　彌永貞三, 앞의 주 08 『奈良時代の貴族と農民』.

48)　水野柳太郎, 앞의 주 30 「出擧の起源とその變遷」.

49)　中田薫, 「律令時代の土地私有權」(『法制史論集』 第2卷, 岩波書店, 1938); 仁井田陞, 「中國·日本古代の土地私有制」(『中國法制史研究 土地法·取引法』, 東京大學出版會, 1960).

50)　虎尾俊哉, 「律令時代の公田について」(『法制史研究』 14, 1964)〔『日本古代土地法史論』, 吉川弘文館, 1981〕; 菊地康明, 『日本古代土地所有の研究』, 東京大學出版會, 1969.

51)　石母田正, 「王朝時代の村落の耕地」(『社會經濟史學』 11(2·3·4·5), 1941)〔저작집 제1권 수록〕.

52)　岸俊男, 「東大寺領越前庄園の復原と口分田耕營の實態」(『南都佛教』 1, 1954)〔『日本古代籍帳の研究』, 塙書房, 1973〕; 虎尾俊哉, 『班田收授法の研究』, 吉川弘文館, 1961, 제2편 제1장, 제3편 제3장; 宮本救, 「律令制下村落の耕地形態について―特に口分田形態を中心に」(『日本歷史』 86, 1955)〔『律令田制と班田圖』, 吉川弘文館, 1998〕; 彌永貞三, 앞의 주 08 『奈良時代の貴族と農民』 등.

53)　吉田晶, 『日本古代社會構成史論』, 塙書房, 1968, 제2장.

54)　內田銀藏, 「我國中古の班田收授法」(앞의 주 32 『日本經濟史の研究』 上).

55) 虎尾俊哉, 앞의 주 52『班田收授法の研究』.

56) 原秀三郎, 앞의 주 26「八世紀における開發について」.

57) 谷岡武雄,「播磨國揖保郡條坊(里)の復原と二, 三の問題」(『史學雜誌』61(11), 1952).

58) 竹內理三,「條里制の起源」(『律令制と貴族政權』第Ⅰ部, 御茶の水書房, 1957); 落合重信,『條里制』, 吉川弘文館, 1967.

59) 彌永貞三,「半折考」(寶月圭吾先生還曆記念會 編,『日本社會經濟史研究』古代・中世篇, 吉川弘文館, 1967)〔『日本古代社會經濟史研究』, 岩波書店, 1980〕.

60) 虎尾俊哉,「秋田市北郊の條里制遺構—條里制施行の北限設定の試み」(『日本上古史研究』4(3), 1960)〔『日本古代土地法史論』, 吉川弘文館, 1981〕.

61) 虎尾俊哉, 앞의 주 52『班田收授法の研究』.

62) 堀敏一,「均田制と租庸調制の展開」(岩波講座『世界歷史5 古代5』, 1970)〔『均田制の研究』, 岩波書店, 1975〕; 河地重造,「北魏王朝の成立とその性格について—徙民政策の展開から均田制へ」(『東洋史研究』12(5), 1953); 西村元佑,『中國經濟史研究 均田制度篇』, 同朋舍, 1968.

63) 松本善海,「北魏における均田・三長兩制の制定をめぐる諸問題」(『東洋文化研究所紀要』第10冊, 1956)〔『中國村落制度の史的研究』, 岩波書店, 1977〕; 堀敏一, 앞의 주 62「均田制と租庸調制の展開」.

64) 西嶋定生,「魏の屯田制—特にその廢止問題をめぐって」(『東洋文化研究所紀要』第10冊, 1956)〔『中國經濟史研究』, 東京大學出版會, 1966〕.

65) 石母田正,『古代末期政治史序說』, 未來社, 1964; 虎尾俊哉, 앞의 주 52『班田收授法の研究』.

66) 1853년 6월 6일, 엥겔스가 마르크스에게 보낸 편지.

67) 龜田隆之, 앞의 주 46「古代の勸農政策とその性格」.

68)　石母田正,「奈良時代の村落についての一資料」(『經濟史研究』 29(5), 1943)〔저작집 제2권 수록〕.

69)　彌永貞三,「律令制的土地所有」(앞의 주 10 岩波講座『日本歷史3 古代3』)〔『日本古代社會經濟史研究』, 岩波書店, 1980〕.

70)　石母田正,「古代村落の二つの問題」(『歷史學硏究』11(10·11), 1941)〔저작집 제1권 수록〕.

71)　마르크스,『베라 자술리치에게 보낸 편지』.

72)　門脇禎二, 앞의 주 05『日本古代共同體の硏究』.

73)　마르크스,『독일 이데올로기』.

74)　마르크스, 앞의 주 71『베라 자술리치에게 보낸 편지』.

75)　三浦弘萬,「古ゲルマン社會の定住と耕地形態」(『八戶工業 高等專門學校紀要』第1號, 1966); W. Abel: Geschichte der deutschen Landwirtschaft.

76)　마르크스, 앞의 주 73『독일 이데올로기』.

77)　川島武宜,『所有權法の理論』, 岩波書店, 1949.

78)　石母田正,「古代法」(岩波講座『日本歷史4 古代4』, 1962)〔저작집 제8권 수록〕.

79)　1853년 6월 2일, 마르크스가 엥겔스에게 보낸 편지.

80)　마르크스, 앞의 주 71『베라 자술리치에게 보낸 편지』.

81)　彌永貞三, 앞의 주 69「律令制的土地所有」.

82)　마르크스, 앞의 주 71『베라 자술리치에게 보낸 편지』.

83)　島田次郎 編,『日本中世村落史の硏究』, 吉川弘文館, 1966; 義江 彰夫,「初期中世村落の形成」; 小山靖憲,「初期中世村落の構造と 役割」(둘 다 歷史學硏究會·日本史硏究會 編,『講座日本史』2, 東 京大學出版會, 1970) 등을 참조.

84)　黑田俊雄,「村落共同體の中世的特質」(淸水盛光·會田雄次 編, 『封建社會と共同體』, 創文社, 1961).

85)　安良城盛昭,「律令體制の本質とその解體」(『歷史學における理

論と實證』第1部, 御茶の水書房, 1969); 鹽澤君夫, 앞의 주 18『古
代專制國家の構造(增補版)』; 吉田晶, 앞의 주 53『日本古代社會構
成史論』; 原秀三郎, 「アジア的生産樣式論批判序說―「諸形態」の
理解にもとづく基礎的諸概念の再檢討」(『歷史評論』228, 1969);
原秀三郎, 「階級社會の形成についての理論的諸問題―續・アジ
ア的生産樣式論批判序說」(『歷史評論』231, 1969) 등. 덧붙이자면
나는 「封建制成立の二, 三の問題」(『古代末期政治史序說』上, 未
來社, 1956)〔저작집 제7권 수록〕에서 '총체적 노예제'의 범주가 일본
고대사회의 이해에 필요한 이유를 서술하였다.

86)　石母田正, 「モンテスキューにおける奴隷制の理論―『法の精
神』の批判的解釋の一つの試み」(『歷史評論』8, 1947)〔저작집 제13
권 수록〕.

제 2 절

01)　岡田淸子, 「喪葬制と佛敎の影響」(近藤義郎・藤澤長治 編, 『日本
の考古學』古墳時代下, 河出書房新社, 1966); 喜谷美宣, 「後期古
墳時代研究抄史」(考古學研究會 編, 『日本考古學の諸問題』, 河出
書房新社, 1964).

02)　都出比呂志, 「農具鐵器化の二つの畫期」(『考古學研究』13(3),
1967)〔『日本農耕社會の成立過程』, 岩波書店, 1989〕.

03)　井關弘太郎, 「日本の初期農業集落の立地に關する若干の問題」
(『名古屋大學文學部研究論集』Ⅴ, 史學2, 1953); 八賀晉, 「古代に
おける水田開發―その土壤的環境」(『日本史研究』96, 1968).

04)　和島誠一 等 稿, 『橫濱市史』第1卷, 有隣堂, 1958.

05)　和島誠一・金井塚良一, 「集落と共同體」(앞의 주 01『日本の考古
學』古墳時代下).

06)　近藤義郎・岡本明郎, 「日本の手稻農耕技術」(石母田正 等 編,
『古代史講座』3, 學生社, 1962); 木下忠, 「田植と直播」(앞의 주 01
『日本考古學の諸問題』) 등은 모내기가 야요이식 시대부터 이루어진
것으로 보고 있다.

07)　和島誠一·金井塚良一, 앞의 주 05「集落と共同體」.

08)　和島誠一,「原始聚落の構成」(東京大學歷史學硏究會 編,『日本歷史學講座』, 學生書房, 1948); 鏡山猛,「奈良期の集落遺跡について」(『史淵』66, 1955).

09)　原島禮二,『日本古代社會の基礎構造』, 未來社, 1968, 제2부 제5장.

10)　喜谷美宣,「住居および建築」(앞의 주 01『日本の考古學』古墳時代下).

11)　甘粕健,「橫濱市稻荷前古墳群をめぐる諸問題」(『考古學硏究』16(2), 1969)〔『前方後圓墳の硏究』, 同成社, 2004〕.

12)　門脇禎二,『日本古代共同體の硏究』, 東京大學出版會, 1960.

13)　石母田正,「古代法」(岩波講座『日本歷史4 古代4』, 1962)〔저작집 제8권 수록〕.

14)　石母田正,「古代文學成立の一過程」(『文學』25(4·5), 1957)〔저작집 제10권 수록〕.

15)　近藤義郎,「佐良山古墳群」(『佐良山古墳群の硏究』第1冊, 津山市, 1952).

16)　西嶋定生,「古墳と大和政權」(『岡山史學』10, 1961)〔『中國古代國家と東アジア世界』, 東京大學出版會, 1983〕.

17)　直木孝次郎,「日本古代における族について―族民の硏究」(『日本古代國家の構造』, 靑木書店, 1958); 井上光貞,「「族」の性質とその起源」(『日本古代國家の硏究』, 岩波書店, 1965); 平野邦雄,『大化前代社會組織の硏究』, 吉川弘文館, 1969, 제5편 제5장; 八木充,「古代地方組織發展の一考察」(『史林』41(5), 1958) 등.

18)　水野正好,「群集墳と古墳の終焉」(坪井淸足·岸俊男 編,『古代の日本』5, 角川書店, 1970).

19)　北村文治,「カバネの制度に關する新硏究序說」(『北海道大學人文科學論集』3·5, 1964·1967).

20)　井上光貞,「國造制の成立」(『史學雜誌』60(11), 1951)〔『井上光貞著作集』第4卷, 岩波書店, 1985〕; 井上光貞,「國縣制の存否につ

いて」(앞의 주 17 『日本古代國家の研究』); 井上光貞, 『大化改新』, 要書房, 1954; 上田正昭, 「アガタ及びアガタヌシの研究」; 上田正昭, 「國縣制の實態とその本質」(이상 『日本古代國家成立史の研究』, 靑木書店, 1959); 八木充, 앞의 주 17 「古代地方組織發展の一考察」.

21)　岸俊男, 「律令體制下の豪族と農民」(岩波講座 『日本歷史3 古代 3』, 1962).

22)　이 책에서는 岸俊男, 앞의 주 21 논문에 실린 표〔이 책 권말에 부록으로 실음〕에 따르고자 한다.

23)　山尾幸久, 「大化改新論序說」上(『思想』529, 1968).

24)　阿部武彦, 「國造の姓と系譜」(『史學雜誌』59(11), 1950)〔『日本古代の氏族と祭祀』, 吉川弘文館, 1984〕; 井上光貞, 앞의 주 20 「國造制の成立」; 井上光貞, 앞의 주 20 『大化改新』.

25)　八木充, 앞의 주 17 「古代地方組織發展の一考察」.

26)　矢島榮一, 「古代史に於ける屯倉の意義」(『歷史學研究』6(12), 1936).

27)　彌永貞三, 「大化以前の大土地所有」(彌永貞三 編, 『日本經濟史大系』Ⅰ, 東京大學出版會, 1965)〔『日本古代社會經濟史研究』, 岩波書店, 1980〕.

28)　林屋辰三郎, 「繼體・欽明朝內亂の史的分析」(『古代國家の解體』, 東京大學出版會, 1955).

29)　阿部武彦, 앞의 주 24 「國造の姓と系譜」.

30)　阿部武彦, 앞의 주 24 논문; 井上光貞, 앞의 주 20 논문 참조.

31)　甘粕健, 「武藏國造の反亂」(杉原莊介・竹內理三 編, 『古代の日本』7, 角川書店, 1970)〔앞의 주 11 『前方後圓墳の研究』〕.

32)　上田正昭, 앞의 주 20 「アガタ及びアガタヌシの研究」.

33)　井上光貞, 「カモ縣主の研究」(앞의 주 17 『日本古代國家の研究』).

34)　八木充, 앞의 주 17 「古代地方組織發展の一考察」.

35)　井上光貞, 앞의 주 20 「國縣制の存否について」.

36) 石母田正, 앞의 주 13「古代法」.

37) 彌永貞三,「仕丁の研究」(『史學雜誌』60(4), 1951)〔앞의 주 27 『日本古代社會經濟史研究』〕.

38) 山尾幸久, 앞의 주 23「大化改新論序說」上.

39) 岸俊男,「防人考」(『日本古代政治史研究』, 塙書房, 1966).

40) 直木孝次郎,『日本古代兵制史の研究』, 吉川弘文館, 1968.

41) 井上辰雄,「大化の詔の「調」について―「田の調」「戶の調」を中心 として」(『東方古代研究』10, 1960).

42) 直木孝次郎,「人制の研究」(『日本古代國家の構造』, 靑木書店, 1958); 平野邦雄, 앞의 주 17『大化前代社會組織の研究』.

43) 엥겔스,『반듀링론』; 石母田正,「封建制成立の二, 三の問題」(『古 代末期政治史序說』上, 未來社, 1956)〔저작집 제7권 수록〕

44) 安良城盛昭,「律令體制の本質とその解體」(『歷史學における理 論と實證』第1部, 御茶の水書房, 1969).

45) 上田正昭,「郡司の變遷」(『日本古代國家論究』, 塙書房, 1968).

46) 石井進,『日本中世國家史の研究』, 岩波書店, 1970, 서장.

47) 별도의 논고「官僚制國家と人民」(『日本古代國家論』第1部, 岩波 書店, 1973)〔저작집 제3권 수록〕에서 이 문제에 대하여 언급하겠다.

후기

　이 책의 참고문헌에 대해서는, 일반적 저술은 각 절의 필요한 부분에 주기(注記)되어 있고, 논문집 등도 주기를 통해 저절로 알 수 있으므로, 여기서는 반복하여 적지 않기로 하겠다. 다만 주에 제시한 개별 논문이 예시에 해당한다는 점에 대하여 여기서 양해를 구해둘 필요가 있겠다. 고대사의 각 분야에서 전후 축적되어 온 개별 연구는 양과 질 모두 놀랄 만한 수준에 이르렀고, 그 다면적인 연구 업적의 세부적인 부분까지 통달한다는 것은 개인에게는 더 이상 불가능하다고 해도 될 정도이다. 게다가 국가는 그 시대의 사회적, 경제적, 관념적 관계들의 정치적 총괄이므로, 어느 분야의 연구도 어느 정도는 국가사의 문제와 깊이 연관된다는 특징을 갖고 있다. 이 책과 같은 성질을 지닌 서적은 고대사 연구자의 공동 노동이 낳은 산물이라고도 할 만한 과거의 업적이 가져온 귀중한 성과를 독자에게 올바르게 전달하는 것을 하나의 임무로 삼음에도 불구하고, 그 점에서 너무나도 불충분하다는 사실에 대해 양해를 구해야 하겠다. 대학 도서관을 사용할 수 없다는 상황 속에서 나의 조악한 노트에 의지해야 했던 부분도 많아, 주기해야 할 업적인데 빠뜨린 사례, 또는 올바르게 주기하지 않은 미흡한 점도 많이 있으리라 생각한다. 어떠한 방법으로든 보정해 나가야겠다고 생각하고 있다.

또 이 책의 제3장 「국가 기구와 고대 관료제의 성립」의 제5절에 해당하는 '고대 관료제' 부분은 분량 사정으로 이 책에서 삭제하였으므로 기회를 얻어 활자화하고자 한다. 그 내용이 없이는 논의가 완결되지 않는 부분도 있으므로 일단 제5절의 소항목만을 제시해 두자면 다음과 같다. 1 유위자집단, 2 봉록제와 가산제 조직, 3 규율과 분업, 4 승진과 관료제, 5 국가 관념과 천황제, 6 관료제와 법규, 형식주의와 문서주의, 7 관료제 국가와 인민. 또 국가 문제에서 빠질 수 없는 이데올로기적 권력으로서의 국가의 성격과 기능에 대해서도 제5장에서 다룰 예정이었지만, 같은 이유로 완수할 수 없었다. 고대국가의 기본적 속성뿐만 아니라 그것의 다면적인 여러 기능을 이러한 소책자에서 역사적으로 더듬기란 처음부터 무리한 기획이었던 셈이다(위의 내용에 관해서는 『일본 고대국가론(日本

古代國家論)』, 이와나미서점, 1973, 제1부「Ⅰ 고대 관료제」, 「Ⅱ 관료제 국가와 인민」, 「Ⅲ 국가와 교키(行基)와 인민」(셋 다 저작집 제3권 수록)과 이 책「해설」을 참조].

또한 사료상의 전거(典據)는 모두 본문에 수록하였는데, 제1장 제4절 같은 경우는 특별히 언급하지 않는 한 모두 『속일본기』에 의거하였다. 또 본문에 가타카나가 섞인 형태로 인용된 문장의 원문은 한문 또는 드물게는 선명체 조(詔)이다(가타카나가 섞인 본문은 따로 표기하지 않았고 내용은 현대 한국어 문장으로 번역하였다-역주).

고대국가 문제를 계통적으로 다루어 온 역사학연구회 및 일본사연구회의 각 고대사부회 동료들과 내 의문에 대하여 가르침을 베풀어 준 여러 벗에게 감사의 뜻을 표한다. 또 이 책의 간행과 관련하여 신세를 진 이와나미서점 편집부의 나카지마 요시카쓰(中島義勝), 마쓰시마 슈조(松島秀三), 시마무라 요하네(島村ヨハネ) 세 분과 제작·교정을 위해 특별히 수고를 끼친 스가노 미키오(菅野幹男) 님과 노가미 도미코(野上富子) 님께 감사의 뜻을 표하고 싶다.

1. 다이카 개신조 관련 사료

〈역주〉이하 사료의 번역은 연민수, 김은숙, 이근우, 정효운, 나행주, 서보경, 박재용 옮김, 『역주 일본서기』(동북아역사 자료총서)의 한국어 번역문을 참조하여, 원문에 제시된 문장에 맞게 수정한 것이다. 사료 말미의 괄호 속 출전 표기는 원문 그대로 옮겼음을 밝혀둔다.

다이카 2년 정월 초하루 개신조

첫 번째로 이르기를, 옛날 천황들이 세우신 고시로(子代)의 백성, 곳곳의 미야케(屯倉)와 따로 오미(臣)·무라지(連)·도모노미야쓰코(伴造)·구니노미야쓰코(國造)·무라노오비토(村首)가 소유한 가키(部曲)의 백성, 곳곳의 다도코로(田莊)를 폐지하라. 따라서 식봉(食封)을 대부(大夫) 이상에게 각각 차등 있게 줄 것이다. 그 아래로는 베와 비단을 관인·백성에게 차등 있게 줄 것이다. 또 이르기를, 대부는 백성을 다스리는 사람이다. 잘 다스리면 곧 백성이 의지한다. 그러므로 그 녹을 무겁게 하는 것은 백성을 위해서 하는 것이다.

두 번째로 이르기를, 처음으로 경사(京師, 왕의 궁궐이 있는 수도-역주)를 정비하고, 기내국(畿內國)의 관리, 군사(郡司), 관새(關塞), 척후, 사키모리(防人), 역마(驛馬), 전마(傳馬)를 두며, 방울과 통행증를 만들고 산과 강을 정하라. 무릇 경(京)에는 방(坊)마다 장(長) 1명을 두어라. 방 4개에 영(令) 1명을 두어라. 호구(戶口)를 조사하며 비뚤어지고 나쁜 자를 감찰하는 일을 관장하라. 방령으로는 방 안에서 청렴하고 강직하며 시무를 감당할 만한 자를 뽑아서 충당하라. 이(里)와 방의 장으로는 이·방의 백성 중 깨끗하고 올바르며 용감한 자를 뽑아서 충당하라. 만약 해당 이·방에 적당한 사람이 없으면 이웃 이·방에서 채용함을 허락한다. 무릇 기내는 동쪽으로는 나바리(名墾)의 요코카와(横河)까지, 남쪽으로는 기(紀伊)의 세노야마(兄山)까지(兄은 '세'라고 읽는다), 서쪽으로는 아카시(赤石)의 구시부치(櫛淵)까지, 북쪽으로는 오미(近江) 사사나미

(狹狹波)의 오사카산(合坂山)까지를 기내국으로 삼는다. 무릇 군(郡)은 40리(里)를 대군(大郡)으로 삼아라. 30리 이하 4리 이상을 중군(中郡)으로 삼고, 3리를 소군(小郡)으로 삼아라. 군사로는 구니노미야쓰코 중 성품이 청렴하고 시무를 감당할 만한 자를 골라 대령(大領)·소령(少領)으로 삼으며, 강하고 용감하며 총명하고 글씨 쓰기와 셈을 잘하는 자를 주정(主政)·주장(主帳)으로 삼아라. 무릇 역마·전마를 지급하는 일은 모두 방울과 전부(傳符)에 새겨진 숫자에 따르라. 무릇 여러 구니와 관(關)에는 방울과 통행증을 지급한다. 이는 모두 장관(長官)이 집행하라. 장관이 없으면 차관이 집행하라.

세 번째로 이르기를, 처음으로 호적(戶籍)·계장(計帳)·반전수수(班田收授)의 법을 만들어라. 무릇 50호(戶)를 이(里)로 삼는다. 이마다 장 1명을 둔다. 호구를 조사하고 농사일과 누에 치는 일을 권장하며, 법을 위반한 일을 금하고 감찰하며, 부역(賦役)을 재촉하는 일을 관장하라. 만약 산과 골짜기가 험하고 땅이 멀어 사람이 드문 곳이라면 상황에 따라 판단하여 두어라. 무릇 전(田)은 길이 30보(步), 넓이 12보를 단(段)으로 삼아라. 10단을 정(町)으로 삼아라. 단마다 조(租)는 벼 2속(束) 2파(把), 정마다 조는

22속으로 하라.

　네 번째로 이르기를, 예전의 부역을 폐지하고, 전(田)의 조(調)를 시행하라. 무릇 고운 비단(絹), 거친 비단(絁), 실, 면(綿)은 모두 향토에서 내는 바에 따르라. 전 1정에 고운 비단 1장(丈)이며, 4정이 필(匹)을 이룬다. 길이는 4장, 넓이는 2척 반이다. 거친 비단은 2장이며, 2정이 필을 이룬다. 길이와 넓이는 고운 비단과 같다. 베(布)는 4장이며, 길이와 넓이는 고운 비단, 거친 비단과 같다. 1정이 단(端)을 이룬다(실·면의 단위는 어디에도 보이지 않는다). 별도로 호마다 조(調)를 거두라. 1호에 사요미(貲, 가는 삼실로 짠 베-역주)〔모두[皆]의 잘못-오쓰 주〕베 1장 2척이다. 무릇 조부물(調副物)인 소금과 니에(贄) 또한 향토에서 내는 바에 따르라. 무릇 관마(官馬)는 중급 말이면 100호마다 1필을 내라. 만약 세마(細馬)라면 200호마다 1필을 내라. 말을 사는 값은 1호에 포 1장 2척이다. 무릇 병기(兵)는 사람마다 칼(刀)·갑옷(甲)·활·화살·깃발(幡)·북(鼓)을 내라. 무릇 사정(仕丁)은 예전에 30호마다 1명을 삼은 것을 고쳐(1명을 부엌[廝]에 충당한다) 50호마다 1명을(1명을 부엌에 충당한다) 여러 관청에 충당하라. 50호를 사정 1명의 식량 제공에 충당하라. 1호에 용포(庸布) 1장 2척, 용미(庸米)

5두(斗)이다. 무릇 우네메(采女)는 군(郡)의 소령 이상의 자매 및 자녀 중 용모가 단정한 자를 바치라(종정[從丁] 1명, 종녀[從女] 2명). 100호를 우네메 1명의 식량 제공에 충당하라. 용포·용미는 모두 사정에 준하라.

(이와나미문고『일본서기 (4)』256~260쪽)

(a) 다이카 원년 8월 경자(5일)
동국 국사에게 내리는 조

아마쓰카미(天神)가 분부하신 대로 이제부터 만국을 다스리고자 한다. 무릇 국가가 소유한 공민, 크고 작은 (호족에게) 맡긴 사람들을 너희들은 임지에 가서 모두 호적을 만들고 또 논밭의 면적을 조사하라. 그 동산(園)과 연못(池)에서 나는 수륙의 이익은 백성과 함께하라. 또한 국사들은 구니에서 죄를 판결해서는 안 된다. 남의 뇌물을 취하고 백성을 빈곤하게 해서는 안 된다. 서울(京)에 올라올 때는 백성을 많이 데리고 와서는 안 된다. 다만 구니노미야쓰코·고리노미야쓰코(郡領)만은 따라오게 할 수 있다. 단, 공사로 왕래할 때는 부내(部內)의 말을 탈 수 있고, 부내의 밥을 먹을 수 있다. 스케(介, 차관. 사등관 중 두 번째-역주) 이상이 법을 따르면 반드시 포상하라. 법을 어기면 마땅히 작위를 강등할 것이다. 판관(判官, 사등관 중 세 번째-역주) 이하가 남의 뇌물을 취하면 두 배로 쳐서 징수할 것이다. 마침내 죄의 경중에 따라 죄줄 것이다. 장관에게 종자는 9명, 차관에게 종자는 7명, 주전(主典, 사등관 중 네 번째-역주)에게 종자는 5명으로 한다. 만약 한도를 넘어서 거느리는 자라면 주인과 종자되는 사람 모두 마땅히 죄줄 것이다. 만약 이름(名)을 구하는 사람이 있는데 원래 구니노미야쓰코·도모노미야쓰코·고리노이나기(縣稻置)가 아닌데 함부로 거짓으로 호소하여 아뢰기를 "내 선조 때부터 이 미야케(官家)를 맡고 이 고리(郡縣)를 다스렸다"고 하는 자에 대하여 너희 국사들이 거짓을 그대로 쉽사리 조정에 보고해서는 안 된다. 상세히 실상을 살핀 다음에 아뢰어야 한다. 또한 노는 땅에 병고(兵庫)를 만들어 국군(國郡)의 칼·갑옷·활·화살을 거두어 모으고, 변국(邊國) 가까이 에미시(蝦夷)와 경계가 맞닿은 곳에는 그 병기를 모두 헤아리고 모아서 또 원래 주인에게 맡겨서 주어야 한다. 야마토국(倭國) 6개 현(縣)에 파견된 사자의 경우 호적을 만들고 아울러 논밭의 면적을 조사해야 한다.

(개간한 논의 면적과 백성 호구의 연령을 조사하는 것을 말한다) 너희 국사들은 분명히 알아듣고 물러가라.

(이와나미문고본 244~248쪽)

같은 날 종궤(鐘匱)의 제(制)

만약 소송을 하는 사람이 있을 때, 도모노미야쓰코가 있다면 그 도모노미야쓰코가 먼저 심리하고 아뢰어라. 히토고노카미(尊長)가 있다면 그 히토고노카미가 먼저 심리하고 아뢰어라. 만일 그 도모노미야쓰코·히토고노카미가 소송하는 바를 잘 살피지 않고 첩(牒)을 거두어 궤(匱)에 넣으면 그 죄를 벌하겠다. 그 첩을 거두는 자는 새벽에 첩을 들고 내리(內裏)에 와서 아뢰어라. 짐은 연월(年月)을 적고 곧 군경(群卿)에게 보일 것이다. 게을리하여 심리하지 않거나 어느 한쪽을 편들어 왜곡하거나 하는 일이 있으면 소송하려는 자는 종(鍾, 제목과 본문의 '종' 한자 표기는 원문 그대로 함-역주)을 쳐야 한다. 따라서 조정에 종을 걸고 궤를 둘 것이다. 천하의 백성은 모두 짐의 뜻을 알라. 또 남녀(男女)의 법에 대해서는 양남(良男)과 양녀(良女)가 함께 낳은 자식은 그 아버지에게 배속하라. 만약 양남

이 비(婢)에게 장가들어 낳은 자식이면 그 어머니에게 배속하라. 만약 양녀가 노(奴)에게 시집가서 낳은 자식이면 그 아버지에게 배속하라. 만약 두 집의 노와 비가 낳은 자식이면 그 어머니에게 배속하라. 만약 사가(寺家) 사정(仕丁)의 자식이라면 양인의 법대로 하라. 만약 특별히 노비로 편입한다면 노비의 법대로 하라. 이제 사람들에게 제도가 시작되었음을 잘 보이고자 한다.

(이와나미문고본 248쪽)

(b) 다이카 2년 3월 갑자(2일)

동국 국사에게 내리는 조

여기 모인 군경·대부와 오미·무라지, 구니노미야쓰코·도모노미야쓰코 그리고 여러 백성 등은 모두 들어라. 하늘과 땅 사이에 군주로서 만민을 다스리는 일은 혼자서 할 수 없다. 반드시 신하의 도움이 필요하다. 따라서 나의 역대 황조(皇祖)들이 경의 조상과 함께 다스리셨다. 짐도 신의 지켜주심에 힘입어 경들과 함께 다스리고자 생각한다. 그래서 이전에 양가(良家)의 대부에게 동방의 팔도를 다스리게 하였다. 이미 국사가 임지에 갔는데 6명은 법을 받들었지만 2명은 영을 어겼다. 칭찬과 비난의 소리가 각각 들린다. 짐은 법을 받든 것을 칭찬하고 영을 어긴 것을 미워한다. 무릇 다스리고자 하는 자는 군주도 신하도 먼저 마땅히 자신을 바르게 하고 난 뒤에 남을 바르게 해야 한다. 만약 스스로가 바르지 않다면 어찌 능히 남을 바르게 하겠는가? 따라서 스스로 바르지 않은 자는 군주와 신하를 막론하고 재앙을 받을 것이다. 어찌 삼가지 않겠는가? 너희들이 따르고 올바르게 행하면 누가 감히 올바르지 않겠는가? 이제 이전의 칙(勅)에 따라 처결하라.

(이와나미문고본 266쪽)

다이카 2년 3월 신사(19일)

동국 조집사에게 내리는 조

여기 모인 군경·대부와 구니노미야쓰코·도모노미야쓰코 그리고 여러 백성 등은 모두 들어라. 작년 8월에 짐이 직접 훈계하여 말하기를, "관의 위세에 의지하여 공사

(公私)의 물건을 취하지 마라. 부내(部內)의 음식을 먹어야 한다. 부내의 말을 타야 한다. 만약 훈계한 바를 어기면 차관 이상은 그 작위를 강등하고 주전 이하는 태(笞)·장(杖)에 처할 것이다. 자기 것으로 만든 물건을 두 배로 쳐서 거두어라"라고 하였다. 조(詔)를 내린 것이 이와 같다. 이제 조집사 및 여러 구니노미야쓰코 등에게 국사가 임지에 도달하여 훈계한 바를 따르는지 아닌지를 물었다. 이에 조집사(朝集使) 등이 상세히 그 상황을 아뢰기를, '호즈미노 오미 구이(穗積臣咋)가 저지른 잘못은 백성에게 호마다 (물건을) 요구한 것입니다. 또 후회하며 물건을 돌려주었지만 전부 주지는 않았습니다. 그 스케인 후세노 오미(富制臣)(이름이 빠졌다), 고세노 오미 시타노(巨勢臣紫檀) 두 사람의 잘못은 그 윗사람을 바로잡지 않은 것입니다, 운운(云云). 아래의 관인들 모두 잘못이 있습니다. 고세노 도코네노 오미(巨勢德禰臣)가 저지른 잘못은 백성에게 호마다 (물건을) 요구한 것입니다. 또 후회하며 물건을 돌려주었지만 전부 주지는 않았습니다. 또한 다베(田部)의 말을 빼앗았습니다. 그 스케인 에노이노 무라지(朴井連), 오시사카노 무라지(押坂連)(모두 이름이 빠졌다) 두 사람은 그 윗사람의 잘못한 바를 바로잡지 않았습니다.

도리어 함께 자기 이익을 챙겼습니다. 또 구니노미야쓰코의 말을 빼앗았습니다. 우테나노 아타이 스미(臺直須彌)는 처음에는 윗사람에게 간언하였지만, 마침내 함께 더러운 짓을 하였습니다. 아래의 관인들 모두 잘못이 있습니다. 기노 마리키타노 오미(紀麻利耆拖臣)가 저지른 잘못은 사람을 아사쿠라노 기미(朝倉君), 이노우에노 기미(井上君) 두 사람에게 보내 그들의 말을 끌고 오게 한 것입니다. 또 아사쿠라노 기미로 하여금 칼을 만들게 하였습니다. 또한 아사쿠라노 기미의 활과 베(布)를 얻었습니다. 또 구니노미야쓰코가 보낸 군사용 물품(兵代之物)을 분명히 주인에게 돌려주지 않고 함부로 구니노미야쓰코에게 전달하였습니다. 또한 임지인 구니에서 남에게 칼을 도둑맞았습니다. 또 야마토국에서 남에게 칼을 도둑맞았습니다. 이는 기노 오미, 스케인 미와노 기미 오쿠치(三輪君大口), 가와베노 오미 모모요리(河邊臣百依) 등의 잘못입니다. 그 아래 관인들인 가와베노 오미 시하쓰(河邊臣磯泊), 다지히노 후카메(丹比深目), 모즈노 나가에(百舌鳥長兄), 가즈라키노 사키쿠사(葛城福草), 나니와노 구이카메(難波癖龜)(구이카메[俱毗柯梅]), 이누카이노 이키미(犬養五十君), 이키노 후비토 마로(伊岐史麻呂), 다지히노 오메(丹比大眼), 이 여덟 명 모두 잘못이 있습니다. 아즈미노 무라지(阿曇連)(이름이 빠졌다)가 저지른 잘못은 와토코노 후비토(和德史)가 병을 앓고 있을 때 구니노미야쓰코에게 말하여 관물(官物)을 보내게 한 것입니다. 또 유베(湯部)의 말을 빼앗았습니다. 그 스케인 가시와데노 오미 모모요리(膳部臣百依)가 저지른 잘못은 말을 먹일 풀(草代之物)을 자기 집에 거두어 둔 것입니다. 또 구니노미야쓰코의 말을 빼앗아 남의 말로 바꾸어 왔습니다. 가와베노 오미 이와쓰쓰(河邊臣磐管)·유마로(湯麻呂) 형제 두 명 또한 잘못이 있습니다. 오치노 무라지(大市連)(이름이 빠졌다)가 저지른 잘못은 이전의 조를 어긴 것입니다. 이전의 조에 이르기를 "국사들은 임지에서 직접 백성들의 소송을 판결하지 마라"고 하셨습니다. 바로 이 조를 어기고, 직접 우토(菟礪)사람의 소송과 나카토미노 도코(中臣德)의 노(奴)에 관한 일을 판결하였습니다. 나카토미노 도코도 같은 죄를 저질렀습니다. 기시타노 오미(涯田臣)(이름이 빠졌다)의 잘못은 야마토국에서 관(官)의 칼을 도둑맞은 것입니다. 이는 조심하지 않아서 일어난 일입니다. 오미도리노 오미(小綠臣), 다니하노 오미(丹波臣)는 서투르지만 저지른 잘못은 없습니다. (모두 이름이 빠졌다) 인베노 고노미(忌

部木菓), 나카토미노 무라지 무쓰키(中臣連正月) 두 사람 또한 잘못이 있습니다. 하타노 오미(羽田臣), 다구치노 오미(田口臣) 두 사람 모두 잘못이 없습니다. (이름이 빠졌다) 헤구리노 오미(平群臣)(이름이 빠졌다)가 저지른 잘못은 세 구니 사람들의 소송이 있었지만 아직 듣지 않은 것입니다'라고 하였다. 이로 보아 기노 마리키타노 오미, 고세노 도코네노 오미, 호즈미노 구이노 오미 너희 세 명이 태만하고 서투른 바이다. 이 조를 어긴 것을 생각하니 어찌 마음 아파하지 않겠는가? 무릇 군신이 되어 백성을 기르는 자가 솔선하여 바르게 행동하면 누가 감히 잘못을 고치지 않겠는가? 혹시 군주나 신하가 마음을 바로잡지 않으면 마땅히 그 죄에 대한 벌을 받아야 한다. 나중에 후회한들 어찌 돌이키겠는가? 따라서 무릇 국사들은 죄의 경중에 따라 판단하여 벌하라. 또한 여러 구니노미야쓰코가 조를 어기고 재물을 자기 국사에게 보낸다. 마침내 함께 이익을 추구한다. 늘 나쁜 마음을 품고 있다. 다스리지 않으면 안 된다. 이처럼 생각하지만, 처음으로 새로운 궁에 거처하여 장차 여러 신에게 폐물을 바치고자 하는 일이 올해에 해당한다. 또 농사짓는 달에 백성을 부려서는 안 되지만 새로운 궁을 짓는 일 때문에 정말로 어쩔 수 없었다. 깊이 두 가지 일을 고려하여 천하에 대사(大赦)를 내리겠다. 이제부터 앞으로 국사와 군사(郡司)는 힘쓰도록 하라. 멋대로 굴지 말아라. 사자를 보내 여러 구니의 떠도는 이들과 옥중의 죄수를 모두 방면하라. 특히 시오야노 고노시로(鹽屋鰯魚)(鰯魚는 고노시로[擧能之慮]라고 한다), 가무코소노 사키쿠사(神社福草), 아사쿠라노 기미, 마로코노 무라지(椀子連), 미카와노 오토모노 아타이(三河大伴直), 스스키오노 아타이(蘆尾直)(네 명은 모두 이름이 빠졌다), 이렇게 여섯 명은 천황에게 순종하였다. 짐은 깊이 그 마음을 찬미한다. 관사가 가진 곳곳의 둔전(屯田)과 기비노시마 황조모(吉備島皇祖母)가 가진 곳곳의 대도(貸稻)를 폐지해야 한다. 그 둔전을 군신과 도모노미야쓰코 등에게 나누어 하사할 것이다. 또한 적(籍)에서 빠진 절에 논과 산을 주어라.

(이와나미문고본 266~274쪽)

(c) 다이카 2년 3월 갑신(22일)의 조

짐이 듣건대 서토(西土)의 군주가 그 백성에게 훈계하

여 이르기를, '옛날의 장례는 높은 언덕을 묘(墓)로 삼았다. 흙을 쌓아올리지 않고 나무를 심지 않았다. 관곽(棺槨)은 뼈를 썩히기에 충분할 정도, 옷은 살을 썩히기에 충분할 정도였다. 그래서 나는 이 언덕을 농사짓지 못하는 땅에 만들어 여러 대가 바뀐 뒤에 그 장소를 알지 못하게 하고자 한다. 금·은·동·철을 매장하지 말라. 오로지 토기만을 써서 옛날에 흙으로 수레와 사람 모양을 만들던 이치에 부합하라. 관은 이음매에 옻칠을 세 번 하라. 입에 주옥(珠玉)을 머금게 하지 말라. 구슬로 장식한 옷(珠襦), 옥으로 장식한 상자(玉柙)를 두지 말라. 모두 어리석은 속인들이 하는 짓이다'라고 하였다. 또 말하기를, '무릇 장(葬)이란 감추는 것(藏)이다. 사람이 볼 수 없기를 바란다'고 하였다. 요즘 우리 백성이 가난하고 궁핍한 것은 곧 묘를 만들기 때문이다. 이에 그 제도를 펴서 존귀함과 비천함의 구별을 짓겠다. 왕 이상의 묘는 그 안의 길이를 9척, 넓이 5척으로 한다. 그 바깥 영역은 사방 9심(尋), 높이 5심으로 한다. 부리는 사람은 1천 명으로 7일 만에 끝나게 하라. 장사지낼 때의 유장(帷帳) 등에는 백포(白布)를 사용하라. 상여 수레(轞車)를 쓰라. 상신(上臣)의 묘는 그 안의 길이, 너비와 높이는 모두 위에 준하라. 그 바깥 영역은 사방 7심, 높이 3심으로 하라. 부리는 사람은 5백 명으로 5일 만에 끝나게 하라. 장사지낼 때의 유장 등에는 백포를 사용하라. 매고 가라. (이는 어깨에 가마를 지고 장송함을 말하는 듯하다) 하신(下臣)의 묘는 그 안의 길이, 넓이와 높이는 모두 위에 준하라. 그 바깥 영역은 사방 5심, 높이 2심 반으로 하라. 부리는 사람은 250명으로 3일 만에 끝나게 하라. 장사지낼 때의 유장 등에는 백포를 사용하는 점 또한 위에 준하라. 대인(大仁)·소인(小仁)의 묘는 그 안의 길이를 9척, 높이와 넓이를 각각 4척으로 하라. 흙을 쌓지 말고 평평하게 하라. 부리는 사람은 100명으로 하루에 끝나게 하라. 대례(大禮) 이하 소지(小智) 이상의 묘는 모두 대인에 준하라. 부리는 사람은 50명으로 하루에 끝나게 하라. 무릇 왕 이하 소지 이상의 묘는 작은 돌을 사용하라. 그 유장 등에는 백포를 사용하라. 서민이 죽었을 때는 땅에 묻어라. 그 유장 등에는 거친 베(麤布)를 사용해야 한다. 하루라도 지체하지 마라. 무릇 왕부터 서민에 이르기까지 빈(殯)을 만들지 말라. 무릇 기내부터 여러 구니 등에 이르기까지 한 곳을 정하여 매장하게 하고 더럽게 곳곳에 흩어 매장해서는 안 된다. 무릇 사람이 사망하였을 때 만약 스스로 목을 매어 따라 죽거나 남을 목 졸라 따라 죽게 하거나, 억지로 죽은 사람의 말을 따라 죽게 하거나, 혹은 죽은 사람을 위해 보물을 묘에 묻거나, 아니면 죽은 사람을 위해 머리카락을 자르고 허벅지를 찌르며 조사(誄)를 바치는 것 같은 옛 풍속은 모두 금지하라. (어떤 본[本]에 이르기를, 금·은·비단[錦]·무늬비단[綾]·오채[五綵]를 부장하지 말라고 하였다. 또 이르기를 무릇 여러 신하부터 백성에 이르기까지 금·은을 사용해서는 안 된다고 하였다) 만일 조를 어기고 금지하는 바를 범하는 일이 있으면 반드시 그 일족(族)을 벌하겠다.

또 보고도 보지 않았다고 하고, 보지 않았는데 보았다고 하며, 듣고도 듣지 않았다고 하고, 듣지 않았는데 들었다고 하는 자가 있다. 전혀 올바로 말하고 바르게 본 바가 없이 교묘하게 속이는 자가 많다. 또한 노비 중에 가난하고 곤궁한 주인을 속이고 스스로 권세 있는 집에 의탁하여 살길을 찾는 자가 있다. 권세 있는 집 중에는 따라서 억지로 사서 붙들어 두고 원래 주인에게 돌려주지 않는 자가 많다. 또 처첩(妻妾)이 남편에게 버림받은 때로부터 세월이 지난 뒤에 다른 사람에게 시집가는 것은 당연한 이치다. 그런데 전 남편 중에 3, 4년 뒤에 새 남편의 재물을 탐내어 요구하고 자기 이익으로 삼는 자가 매우 많다. 또 권세에 의지하는 남자가 멋대로 남의 딸과 약혼을 하고 아직 아내로 맞이하지 않았을 때 여자가 스스로 다른 사람에게 시집가자, 그 멋대로 약혼한 자가 화를 내며 두 집의 재물을 요구하여 자기 이익으로 삼는 자가 매우 많다. 또한 남편을 잃은 부인이 있어 10년 혹은 20년을 지나 남에게 시집가서 부인이 되거나, 아직 시집가지 않은 아가씨가 처음 남에게 시집갈 때 이에 이 부부를 질투하여 불제(祓除)하게 하는 경우가 많다. 또 아내에게 미움받고 버림받은 자가 있어 유독 그 괴로움을 부끄럽게 여겨서 일부러 흠이 있는(事瑕) 비(婢)로 삼았다. (事瑕는 이를 고토사카[居騰作柯]라고 한다) 또한 자주 자기 부인을 다른 사람과 간음하였다고 의심하여 자꾸 관사로 가서 판결을 요청하는 일이 있다. 설령 명백한 세 가지 증거를 얻었다고 해도 함께 출석하여 이야기하게 한 뒤에 신청해야 한다. 어찌 함부로 소송을 일으키는가? 또 요역에 동원된 변경 지방의 한 백성이 복무가 끝나 고향으로 돌아갈 때 갑자기 병을 얻어 길에서 쓰러져 죽었다. 이에 길가의 집에서 말하기를 "어째서 사람을 우리 집앞 길에서 죽게 하는가"라 하였고 그래서 죽은 자의 동반인을 멈춰 세우고 억지로 불제하게 하였다. 이 때문에 형이 길에서 쓰러져 죽어도 거두지 않는 동생이 많다. 또 한 백성이 강에 빠져 죽었다. 이 장면을 마주친 자가 말하기를 "어째서 나에게 물에 빠진 사람을 목격하게 하였는가"라 하였고 그래서 물에 빠져 죽은 자의 동행인을 멈춰 세우고 불제하게 하였다. 이 때문에 형이 강에 빠져 죽어도 구해주지 않는 동생이 많다. 또 요역에 동원된 한 백성이 길가에서 밥을 지어 먹었다. 이에 길가의 집에서 말하기를 "어째서 멋대로 우리 집앞 길에서 밥을 지어 먹는가"라 하였고 억지로 불제하게 하였다. 또한 한 백성이 다른 사람에게 가서 시루를 빌려 밥을 해 먹었다. 그 시루가 물건에 닿아 엎어졌다. 이에 시루 주인이 곧 불제하게 하였다. 이런 식의 일들은 어리석은 풍속에 물든 바이다. 이제 모두 금지하여 다시는 행하게 하지 마라. 또 어떤 백성이 경(京)으로 가는 때를 맞아 타고 있던 말이 피로하고 수척해져 갈 수 없게 될 것을 우려해 베 2심, 삼(麻) 2속(束)을 미카와(參河)·오와리(尾張) 두 구니 사람에게 보내 고용하여 키우게 하였다. 그리고 경으로 들어갔다. 고향으로 돌아가는 날에 가래(鍬) 1개를 보냈다. 그런데 미카와 사람 등이 (말을) 키우지 못하고 오히려 말라 죽게 하였다. 만약 이것이 좋은 말이면 욕심을 내어 교묘하게 거짓말을 꾸며내 도둑맞았다고 말한다. 만약 이것이 암말이어서 자기 집에서 새끼를 배면 곧 불제하게 하여 마침내 그 말을 빼앗는다. 전해 들은 이야기가 이와 같다. 그러므로 이제 제도를 세우겠다. 무릇 길가에 있는 구니에서 말을 키우면 고용된 사람을 데리고 상세히 무라노오비토(村首)(오비토[首]는 수장이다)에게 고하고 바로 대가를 주어라. 그 고향으로 돌아가는 날에 또 보상할 필요는 없다. 만일 피로하거나 상하게 한다면 (보수) 물건을 받지 못하게 하라. 만약 이 조를 어기면 중죄로 처벌하겠다.

이치노쓰카사(市司), 요로(要路)에 있는 나루터의 뱃사공(渡子)이 거두는 조부(調賦)를 폐지하고 전지(田地)를 급여하라.

무릇 기내를 비롯하여 사방의 구니들에 이르기까지 농사짓는 달에는 속히 논일에 힘쓰라. 맛있는 것과 술을 먹게 해서는 안 된다. 청렴한 사자를 보내어 기내에 알리라. 사방의 구니들에 있는 구니노미야쓰코 등에게도 좋은 사자를 골라 조의 내용대로 권하고 힘쓰게 해야 한다.

(이와나미문고본 276~286쪽)

(d) 다이카 2년 8월 계유(14일)의 조

　근원을 살펴보면 무릇 천지음양(天地陰陽)은 사시(四時)를 어지럽히지 않는다. 생각건대 이 천지는 만물을 낳는다. 만물 중에 사람이 가장 영묘하다. 가장 영묘한 가운데 성스러운 것이 임금(人主)이다. 그래서 성스러운 군주인 천황은 하늘을 본받아 천하를 다스리고, 사람이 그 자리를 얻게 하려고 생각하는 것을 잠시도 마음에서 버리지 않았다. 그런데 군주(王)의 이름(名)들을 비롯하여 오미·무라지, 도모노미야쓰코·구니노미야쓰코는 그 시나(品)들의 도모노오(部)를 나누어 그 이름들로 구별하였다. 또 그 백성과 시나들의 도모노오를 뒤섞어서 구니(國)·고리(縣)에 살게 하였다. 마침내 아버지와 아들이 성을 바꾸고 형과 동생의 바탕이 달라지며 부부가 서로 이름을 달리하게 하였다. 한 집이 다섯으로 나뉘고 여섯으로 쪼개졌다. 이 때문에 다투고 경쟁하는 소송이 나라와 조정에 가득하였다. 끝내 다스려지지 않고 어지러워지기가 더욱 심하였다. 이에 지금 천하를 다스리는 천황을 비롯하여 오미·무라지 등에 이르기까지 소유한 시나들의 도모노오는 모두 폐지하고, 국가의 백성으로 삼아야 한다. 군주의 이름을 빌려 도모노미야쓰코로 삼고, 그 조상의 이름에 따라 오미·무라지로 삼는다. 이들은 깊이 뜻을 깨닫지 않고 갑자기 이렇게 명하는 바를 듣고서 생각하기를, '조상의 이름, 빌린 이름이 없어졌다'고 생각할 것이다. 그래서 미리 말해 두어 짐이 생각하는 바를 듣고 알게 하겠다. 임금된 자의 아이가 이어서 천하를 다스린다면 진실로 당대의 임금(帝)과 선대 천황(祖皇)의 이름은 세상에서 잊히지 않을 것임을 알 수 있다. 그런데 군주의 이름을 가볍게 강과 들에 붙여 이름을 백성에게 불리게 하는 것은 실로 황공하다. 무릇 임금된 자의 호칭은 일월에 따라 멀리 흘러가고, 자손의 이름은 천지와 더불어 길이 전해져야 한다. 이렇게 생각하기 때문에 명하는 것이다. (천황의) 자손을 비롯하여 봉사하는 경대부(卿大夫), 오미·무라지, 도모노미야쓰코, 여러 우지(氏)의 사람들(어떤 본에는 여러 나[名]의 왕민이라고 한다) 모두 잘 받들어야 한다. 이제 너희들을 신하로서 써야 할 형태는 옛 직책을 고쳐서 새로 백관(百官)을 설치하고 위계(位階)를 나타내어 관위(官位)를 매겨 내려주겠다. 이제 파견되는 국사와 그 구니노미야쓰코는 잘 받들도록 하라. 작년에 조집(朝集)에게 전달한 조치(政)는 예전 처분대로 하겠다. 거두어 헤아린 논을 균등하게 백성에게 주어라. 차등이 생기는 일이 없게 하라. 무릇 논을 지급할 때는 백성의 집이 논 가까이에 접해 있다면 반드시 가까운 곳을 우선하라. 이와 같이 명령한 것을 잘 받들라. 무릇 조부는 남신(男身)의 조(調)를 납부해야 한다. 무릇 사정(仕丁)은 50호마다 1명으로 한다. 구니들의 경계를 살피고 글로 적거나 그림으로 그려서 지참하여 제시하여라. 구니·고리의 이름은 (지참하고) 왔을 때 장차 정하겠다. 구니들의 제방을 축조할 땅과 도랑을 팔 장소, 논을 개간할 곳은 골고루 주어서 조성하게 하라. 마땅히 이 명령한 바를 잘 듣고 이해해야 한다.

(이와나미문고본 286~290쪽)

(e) 다이카 2년 3월 임오(20일)
황태자(나카노오에 황자)의 주(奏)

옛날 천황들의 치세에는 천하를 혼연일체로 다스리셨습니다. 지금에 이르러서는 나뉘고 떨어져 업을 잃었습니다. (나라의 업을 말한다) 천황이신 우리 주군(皇)은 만민을 기르실 운명을 지녀 하늘도 사람도 호응하여 그 정치가 새롭습니다(維新). 이 때문에 기뻐하고 존중하며 머리 위로 받들면서 엎드려 아룁니다. 지금 밝은 신으로서 야시마구니를 다스리시는 천황(現爲明神御八嶋國天皇)께서 신에게 물어 말씀하시기를, "여러 오미·무라지와 도모노미야쓰코·구니노미야쓰코가 소유하는, 옛 천황 때에 설치된 고시로노 이리베(子代入部), 황자 등이 사적으로 소유하는 미나노 이리베(御名入部), 황조대형(皇祖大兄)의 미나노 이리베(히코히토노오에[彦人大兄]를 말한다)와 그 미야케는 여전히 옛날처럼 둘 것인가?"라고 하셨습니다. 신은 곧 삼가 말씀하신 바를 받들어 답하여 말하기를, "하늘에 두 개의 해는 없습니다. 나라에 두 명의 왕은 없습니다. 그러므로 천하를 겸병하고 만민을 부릴 수 있는 것은 오직 천황뿐입니다. 특별히 이리베와 봉해진 백성을 사정으로 뽑아 충당하는 일은 예전 처분에 따르겠습니다. 그 밖에는 사적으로 부릴 우려가 있습니다. 따라서 이리베 524구(口), 미야케 181개소를 바치겠습니다."라고 하였다.

(이와나미문고본 274~276쪽)

	율령제 국명과 일치하는 것	율령제 군명과 일치하는 것
고 사 기	야마토(倭)·야마시로(山代)·오시코치(凡河內) 오와리(尾張)·도토미(遠江)·가이(甲斐)·사가무(相武)·무사시(无邪志) 지카쓰오미(近淡海)·미노(三野)·시나노(科野)·미치노쿠노 이와키(道奧石城)·(아즈마[東]) 고시(越) 다지마(多遲摩)·이즈모(出雲) 기비(吉備)·스오(周芳) 기(木)·이요(伊豫) 히무카(日向, 휴가) 20	나가사(長狹)[아와(安房)]·마쿠타(馬來田)[가즈사(上總)]·이지무(伊自牟)[가즈사]·가미쓰우나카미(上菟上)[가즈사]·시모쓰우나카미(下菟上)[시모사(下總)]·히타치노나카(常道仲)[히타치(常陸)]·이바라키(茨木)[히타치] 지카쓰오미노 야스(近淡海安)[오미(近江)]·미노노 모토스(三野本巢)[미노(美濃)]·미치노 시리노 키헤(道尻岐閇) 10

	야마토·가와치(河內)	가즈라키(葛城)[야마토(大和)]·쓰게(鬪鷄)[야마토]
일본서기	무사시(武藏)	이지무(伊甚)[가즈사]·이바라키(茨城)[히타치]
	미노(美濃)·시나노	
	고시	
	이즈모	
	하리마(播磨)·스오(周防)·(아나가토[穴戶])	
	기(紀)·사누키(讚岐)	
	쓰쿠시(筑紫)·히(火)·히무카	우사(菟狹)[부젠(豊前)]·히노 아시키타(火葦北)[히고(肥後)]
	14	6

기시 도시오(岸俊男), 「율령체제 하의 호족과 농민(律令體制下の豪族と農民)」(岩波講座 『日本歷史3 古代3』, 1962)에서 전재(轉載).

3. 관련 지도

〈지도 1〉 7세기의 조선반도

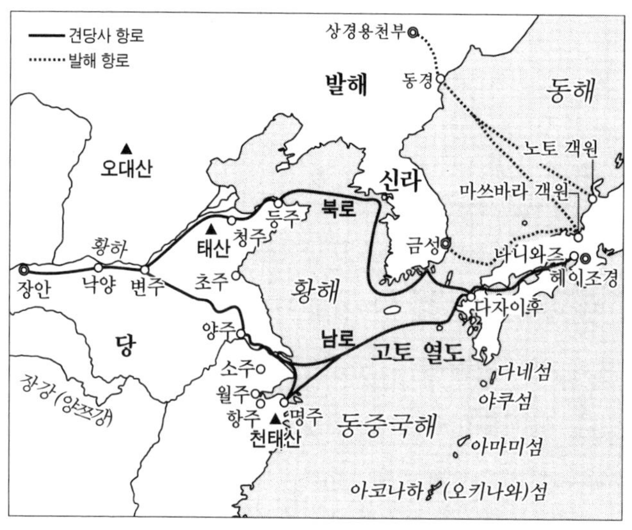

<지도 2> 8세기 동아시아와 일본-당 교통로

해설

오쓰 도루(大津透)

이시모다 쇼(1912~1986)가 쓴 『일본의 고대국가(日本の古代國家)』(日本歷史叢書, 岩波書店, 1971)는 전후 일본고대사 연구에서 가장 큰 성과이며, 발표된 지 이미 40년 이상이 지났지만 오늘날에도 여전히 일본의 고대국가를 연구하는 데 있어 피해 갈 수 없는 기초가 되는 저작이라 할 수 있다. 이번에 이와나미문고(岩波文庫)에 수록되어 널리 읽히게 된 것은 매우 기쁜 일이다.

이시모다 쇼는 1912년 홋카이도 삿포로에서 태어나 제2고등학교를 거쳐, 1931년에 도쿄제국대학 문학부 서양철학과에 입학하였다가 국사학과로 전과하여 1937년에 졸업하였다. 후잔보(冨山房, 사카모토 가지마가 1886년에 설립한 출판사-역주), 아사히신문사 등을 거쳐 1947년에 호세이대학 법학부 강사, 이듬해에 교수가 되었고, 역사학연구회 등을 이끌며 마르크스주의에 바탕을 둔 전후 역사학과 역사학운동을 지도하였다.

그러나 이 책에서는 단순히 기존의 이론을 대입하는 것이 아니라 문화인류학의 수장제 연구 성과를 배움으로써 실제 일본 역사에 적합한 새로운 고대국가론을 만들어 냈다. 그에 따라 율령국가 형성에서 다이카 개신이 갖는 의의를 선명히 하고, 율령 조세제도의 본질에 접근하는 것을 가능하게 하였다. 또한 제1장에서는 7세기 초 스이코조와 7세기 중엽 다이카 개신 당시 동아시아의 국제 상황을 날카롭게 분석하였고, 국가 성립의 과정에서 국제적 계기가 얼마나 중요한지를 밝혀내었으며, 제3장에서는 천황과 태정관의 관계나 8성의 독자성 등에 주목하여 율령국가의 특징을 그려내었다. 전후 25년 남짓한 일본고대사 연구에서 축적된 실증적 연구 성과를 훌륭하게 통합해 내면서 신선한 논점을 보여주고, 이시모다의 강인한 논리력과 독자를 끌어들이는 문체와도 맞물려서 매력 있는 고대국가상을 제시하였다. 고대사 연구의 획기적 성과라고 할 수 있지만, 아쉽게도 이시모다는 이 책이 간행된 직후인 1973년에 파킨슨병을 앓기 시작하여 이 책의 문제 제기를 더 발전시키지 못하고, 만년에는 투병 생활을 이어가다가 1986년에 세상을 떠났다.

이시모다의 전문 분야는 고대·중세사이다. 2차 대전

말기에 집필하고 패전 직후인 1946년에 간행된『중세적 세계의 형성(中世的世界の形成)』(伊藤書店)은 이가국(伊賀國) 구로다장(黑田庄)을 무대로 하는 고대에서 중세로의 전환을 그렸고, 그 영주제 이론은 전후 중세사 연구의 조류에 큰 영향을 주었다(이와나미문고에 수록됨〔이시이 스스무 해설〕)(이와나미문고판의 한국어역은 김현경 옮김,『일본 중세적 세계의 형성』, AK, 2024-역주). 1950년에는『고대 말기 정치과정 및 정치형태(古代末期の政治過程および政治形態)』상·하(日本評論社)를 출판하여(나중에『고대말기정치사서설[古代末期政治史序說]』, 未來社, 1956으로 증보 재간행) 중세사의 입장에서 영주제 이론에 입각해 10세기부터 12세기까지의 고대 말기 정치사를 본격적으로 다루었다. 나아가「가마쿠라 막부 일국지토제의 성립(鎌倉幕府一國地頭制の成立)」(石母田正·佐藤進一 編,『中世の法と國家』, 東京大學出版會, 1960) 등 가마쿠라 막부 성립사 연구와 무가법(武家法)을 중심으로 하는 중세법에 대한 뛰어난 분석(日本思想大系『中世政治社會思想』上「解說」, 岩波書店, 1972) 등 중세 국가 제도와 법을 논한 성과가 있다.

한편 고대사 분야에서는 이미 전전에 8세기의 호적·계장을 분석하여 가부장제와의 관계에서 고대 가족의 존재 방식과 촌락 형태에 대하여 논하고 있었다(吉田晶 編集·解

說,『古代國家と奴隷制』上·下, 校倉書房, 1972에 수록). 또 전후 얼마쯤 지나 헤겔의 미학을 활용해 진무 동정(神武東征)과 야마토타케루의 전설을 분석하여 영웅시대론을 제창하였고, 1950년대 후반에는 일본 신화의 분석을 더욱 심화하였다(『신화와 문학[神話と文學]』, 이와나미 현대문고〔요시무라 다케히코(吉村武彦) 해설〕, 2000 등). 모두 큰 영향을 끼친 성과들이지만, 고대국가의 성립 과정을 정면에서 전면적으로 분석한 것은 1971년에 집필된 이 책이 처음이었다.

그러면 이 책의 내용을 약간의 코멘트를 덧붙이면서 정리해 보겠다.

제1장 '국가 성립사의 국제적 계기'에서는 국제관계를 국가가 성립하기 위한 독립적인 요인으로 파악하였다. 아시아적인 수장제에서는 수장이 공동체의 공동성을 대표하고, 다른 민족과의 '교통'이 중요해지면 그 수장제=왕권은 강화된다. 스이코조, 다이카 개신, 덴표기를 사례로 들어 동아시아의 전쟁과 내란이 고대국가의 권력 집중과 떼려야 뗄 수 없음을 논하였다. 7세기 후반의 백촌강 패전에 따른 대외 위기에 대응하여 율령국가가 성립하였다는 것은 상식이지만, 그것을 제외하면 대외 교섭

사는 내정사와 분리된, 이른바 독립 분야였다. 그에 반해 6세기 말부터 7세기 초의 수나라 성립, 7세기 중엽 당 고종의 고구려 정벌에 따른 동아시아의 긴장이 갖는 의미를 언급한 점이 중요하다. 이 시기에 조선 삼국에서 권력 집중이 일어나고, 백제형, 고구려형, 신라형의 세 유형이 있다고 하며, 스이코조의 쇼토쿠 태자 '섭정'은 신라형에 가까운 새로운 권력 집중의 체제이고, 그 후에 소가노 이루카가 고구려형 전제를 지향하였다. 이를 멸망시킨 나카노오에 황자는 만기 총섭에 의한 신라형 권력 집중을 행하였다고 다이카 개신부터 사이메이조까지의 시기를 자리매김하였다. 다이카 개신은 당 고종의 심한 압력에 대응하기 위하여 '국가'라는 새로운 기구를 만드는 움직임이었고, 스이코조도 역시 동아시아 정세에 대응하는 국가 형성의 전환기였다고 보며, '천황' 칭호는 스이코조의 대수(對隋) 교섭 속에서 만들어졌다고 논하였다. 왜가 스이코조 이래로 지켜 온 신라·백제를 조공시키는 '대국' 의식이 율령에서는 공민을 지배할 뿐만 아니라 이적·제번 위에 서는 '대국'의 법으로 제도화되었음을 지적하며, 덴표 연간의 정치사 분석을 통해 고대의 '제국주의'도 언급하였다.

동아시아 안에서 일본의 고대를 생각하는 것은 오늘날에는 상식이 되어 있지만, 그 선구가 된 것이 바로 이 책이다. 종래에는 역사가 사회의 계급 분화로 시작되어 사회·경제 요인에 따라 자율적으로 발전한다고 보았으며, 그 역사상은 일국중심주의로 흘러가기 일쑤였다.

제2장 '다이카 개신의 역사적 의의'에서는 7세기 중엽에 일어난 다이카 개신의 목적을 재검토하였다. 종래에는 개신조 제1조를 신뢰하여, 개신의 목적은 미야케·다도코로의 폐지·수공, 다시 말해 사지·사민을 폐하고 공지공민제를 실현하는 것이라 여겨져 왔다. 저자는 독자적인『일본서기』사료 비판(5개의 조·주와 개신조 제4조를 제1차 사료로 봄)을 통해 개신의 첫 번째 과제는 일률적인 토지 조사(일반적 교전)를 행하는 것이라고 보았다. 이는 반전수수법으로 연결되는 것이 아니라, 개신조의 '전조(田之調)'는 민호가 아니라 구니노미야쓰코 등이 납입해야 하는 조의 총칭을 결정하는 지수라고 생각하여, 각 수장의 영역 안에 있는 전지 총면적의 조사가 세제 성립의 전제가 되었다고 보았다. 이어서 두 번째 과제는 영역 안의 민호·남정을 조사·등록하는 일(편호)이었다고 보았다. 6세기부터 7세기 초까지의 질서인 왕민제

에서는 각 '우지(氏)'와 그 베민이 가바네나를 짊어짐으로써 왕권에 봉사하는 '종적'인 체제였지만, 개신은 인민을 거주지에 따라 지역적으로 편성하는 공민제로 전환하는 것을 목표로 하며, 영역적 국가가 성립하는 전환기라고 자리매김하였다.

그 개혁을 집행한 주체에 대하여, 다이카의 동국 국사조를 가지고 분석하였다. 동국의 구니노미야쓰코는 강력하며 도모노미야쓰코·미야케를 포섭하고 있었다는 특색이 있다. 그들이 개신의 주체로 등장함에 주목하여, 그들을 고리노미야쓰코(評造)라고 부름에 따라 고리(評)가 성립하고, 영역적 국가가 성립한다고 논하였다. 구니노미야쓰코에서 '고리'제로의 전환은 구니노미야쓰코의 영역 지배가 제도화되고 순수한 행정 구획이 되었던 것과 동시에, 구니노미야쓰코의 영역 분할·통합을 시행하고 구니노미야쓰코 이외의 새로운 군소 호족도 고리노미야쓰코에 보임함에 따른 정부의 권력 기반 확대이기도 하였다. 한편으로 구니노미야쓰코의 재판권과 요역 부과권에는 개입하는 일 없이 재지에서 수장층이 가진 권력에 의존하였다. 개신 정권의 특징으로 군사적 관심이 높았던 것을 들며, 스이코조의 관사제는 자연발생적이며 복잡하고 독특한 국가 제도였다고 하면서, 개신 이후의 국가 제도와의 단절과 계승 관계에 주의하였다. 이러한 다이카 개신에 대한 분석이 이 책에서 논증의 핵심을 이루고 있다.

제3장 '국가 기구와 고대 관료제의 성립'에서는 지배 계급 공동의 '기관'인 국가 기구의 성립, 2관 8성의 성립을 언급하였다. 저자는 갑자선(甲子宣)(663)의 '가키베(民部)·야카베(家部)'와 '오미령(近江令)'에 대한 분석을 통해 덴지조에 일어난 국가 제도의 전환을 과도기적인 것으로 자리매김하였다. 이어서 덴무·지토조에서 689년 아스카기요미하라령(飛鳥淨御原令)에 의해 율령제 국가 기구가 성립되고, 반전수수제·조용조제가 전국적으로 확립되며, 기내의 무장화(武裝化)와 총령제·도제(道制)·군단제의 창립 등에 따라 무장력이 건설됨을 들었다. 병역에서 잡요(雜徭)를 분리한 것, 조(調)의 인두세화, 전조(田租)의 성립, 경인년적(690) 등 세제면에서는 국가 성립이 기요미하라령에 의해 전면적으로 완성되었다고 보았다.

율령제에서의 법 제정, 특히 태정관이 상주하여 칙을 받드는 논주식(論奏式)의 규정을 그에 대응되는 당나라의 주초식(奏抄式)과 비교함으로써 태정관·8성의 존재 양상을 구체적으로 분석하여, 태정관은 다이카 전대 기내 호족의 대표자들로 구성되는 대부층의 계보를 잇는 의정관(議政官)에 의한 기관이며, 군주권에 대하여 상대적으로 독자성이 강한 세력으로 천황 권력을 제약하고 있었다고 논하였다. 관제 대권, 관리 임명권, 군사 대권, 형벌권, 외교와 왕위 계승 등 천황의 대권 사항을 언급하며, 율령제 국가는 ‘동양적 전제국가’라고 보는 한편, 일본의 율령제가 지니는 귀족제적 요소, 전통적 족제 질서의 강고함에 주목하였다. 또 8성에 대해서는, 많은 관할 관청(직[職]·요[寮]·사[司])을 거느린 궁내성·중무성·대장성과 2개의 요밖에 없는 민부성으로 대표되는 성이 있다고 지적하였다. 전자는 오래된 유형의 성으로 반조·시나베제 등 천황과의 개별적·세습적인 예속관계가 행정조직으로 계승된 것인데, 후자는 새로운 유형의 성으로 국가 대 공민이라는 추상적인 관계를 바탕으로 하여 장부 기록과 계산과 관리, ‘국용(國用)의 지탁(支度)’(예산)을 기능으로 한다. 민부성 관인은 이제는 천황의 가산제적 신료가 아니라 지배계급 공동의 이해관계를 지키는 기구인 국가의 관료가 되었다고 논하였다. 천황과 태정관의 관계나 관사가 갖는 역사적 특질의 분석 등 신선한 논점으로 이후의 연구에 자극을 주었다.

덧붙이자면 '후기'에 적혀 있듯이 애초의 구상으로는 현재 4절로 구성되는 이 장에는 제5절 '고대관료제'가 더 들어갈 예정이었다. 그 초고인 「고대 관료제(古代官僚制)」, 「관료제 국가와 인민(官僚制國家と人民)」, 「국가와 교키와 인민(國家と行基と人民)」은 『일본 고대국가론 제1부(日本古代國家論 第1部)』(岩波書店, 1973)에서 활자화되었고, 그 부분은 160쪽 남짓 된다. 그것을 3분의 1로 압축할 예정이었다고 서술하였다.

제4장 '고대국가와 생산관계'는 이 책의 이론적 중심이 되는 '재지 수장제'에 대하여 해명하였다. 율령제 재정의 기초는 조용조와 잡요인데, 저자는 잡요의 존재 양상을 검토함으로써 수장층이 공동체를 지배하며 요역 노동을 편성하였음을 읽어냈다. 또한 다이카 이전에 이미 제사 의례와 더불어 수확의 일부를 하쓰호(初穗)·하쓰모노(初物)로 수장에게 공납하는 관행이 있었고, 그것이 천황에 대한 전조와 조의 공납으로 전환됨으로써 율령 세제가 성립되었다고 보았다. 기요미하라령에 따른 반전수수법 성립의 이전 단계에는 다이카 이후 이루어진 수공·환수(還授)를 동반하지 않는 반전인 부전제가 있으며, 또한 그

배경에는 공동체를 대표하는 수장이 신적 인격으로 대지를 소유하는 신화적 토지 소유가 있다고 논하였다. 국가의 경제적인 토대인 생산관계로 말하자면 수장제야말로 일차적, 본원적인 것이었다.

그러나 6세기 이후, 생산력이 발전하고 계급이 분화하는 가운데, 수장층은 총체적 노예제라는 생산관계를 유지하면서도 변화해 갔고, 국조제, 대국조제에 의해 오키미의 질서에 편입되어 갔다. 6세기부터 다이카 개신, 기요미하라령에 이르기까지의 시기에 '국조법' 단계를 설정하였고, 그 주된 내용인 재판 형벌권, 징세권, 권농권, 제사권을 밝혔으며, 이러한 국조에 의한 지배가 인민의 지배, 즉 예속관계가 성립하는 첫 번째 길이라고 보았다. 율령제 국가에서 지방의 수장제 지배는 국조제를 기초로 하여 군사(郡司)의 형태로 제도화되어 갔다. 재지에는 수장 대 인민의 일차적 생산관계가 있었고, 그 위에 율령제 국가(=국사) 대 공민이라는 생산관계가 이차적, 파생적으로 존재한 것이다.

이 책의 의의는 종래의 국가 이론에 따르지 않고, 문화인류학의 성과를 도입하여 새로운 국가론을 모색하고,

일본의 고대국가가 수장제 위에 성립하였다는 특질을 부각시킨 데 있으며, 이 책의 매력도 그 점에 있다. 그러나 이러한 인식에 이르기까지는 오랜 배경이 있을 것이다.

이시모다는 2차 대전 전부터 역사학연구회에서, 그리고 전후에는 민주주의과학자협회(민과)를 결성하여 전후의 역사학운동, 특히 국민적 역사학운동을 견인하였다. 『역사와 민족의 발견—역사학의 과제와 방법(歷史と民族の發見—歷史學の課題と方法)』(東京大學出版會, 1952)은 그 책에 수록된 「마을의 역사, 공장의 역사(村の歷史·工場の歷史)」 등이 국민적 역사학운동의 바이블이 되었고, 학자의 저작으로서는 이례적일 만큼 많은 독자를 끌어모아 사회에 영향을 끼쳤다(필자가 소유한 1981년판은 26쇄이다).

아미노 요시히코(網野善彦) 씨와 필자가 마지막으로 환담을 나누었을 때의 화제는 국민적 역사학운동의 일환인 산촌공작대(山村工作隊)의 추억이자 반성이었다. 아미노씨의 이야기 속에는 그 운동을 주도한 '이시모다 씨'도 등장하였다. 산촌공작대란 일본공산당이 중국공산당을 모방하여 1952년에 시작한 산촌지대에서 '유격대'를 만드는 활동으로, 아미노 씨를 비롯하여 많은 학생 당원이 산촌부로 파견되어 가미시바이(紙芝居, 여러 장의 그림으로 이

야기를 구성하여 극적으로 설명하는 예능-역주)(「기온마쓰리[祇園祭]」, 「야마시로국 잇키[山城國一揆]」 등)로 '인민해방'에 나섰지만 성과는 없었다. 결국 국민적 역사학운동은 공산당의 내부투쟁 가운데 1955년 육전협(六全協, 일본공산당 제6회 전국협의회의 약칭-역주)에서 이루어진 극좌 모험주의 부정이라는 당의 방침 전환에 따라 종언을 맞이하였고, 과거의 악몽으로 봉인되기에 이르렀다. 아미노 사학과 아미노 씨의 '일본론'에는 이 운동의 좌절과 다른 형태의 운동 계승이 바탕에 깔려 있었던 것이 아닌가 하고 일찍이 필자가 서술한 적이 있는데, 이시모다의 재지 수장제론에 대해서도 같은 이야기를 할 수 있을 듯하다(졸고, 「해설[解說]」, 아미노 요시히코, 『일본의 역사 00 '일본'이란 무엇인가[日本の歷史00「日本」とは何か]』, 講談社學術文庫, 2008)(아미노 요시히코 저서의 한국어 번역본은 박훈 옮김, 『일본이란 무엇인가』, 창작과비평사, 2003-역주).

이시모다는 1965년 4월부터 유럽에 1년 동안 유학하고, 1967년에 「국가사를 위한 전제에 대하여(國家史のための前提について)」(『歷史評論』 201. 나중에 『전후 역사학의 사상[戰後歷史學の思想]』, 法政大學出版局, 1977에 수록)를 발표하였다. 그 논문에서는 중소논쟁과 문화대혁명의 진행, 일본은 미국 제국주의의 '종속국가'인가 아닌가 등의 과제를 바탕으로, 국가 이론과 역사적 사실 간의 긴장이 부족하다는 점을 호소하였다. '애초에 "국가"란 무엇인가, 그 본질, 구조, 기능은 무엇인가, 그것은 일본에서 역사적으로 어떻게 형태가 변화하였는가에 대하여 적어도 자신의 이론을 갈고 닦지 않으면 어떠한 방향으로 문제를 제기하고 국가의 어떤 측면을 어떠한 방법으로 분석할 수 있겠는가? …… 다양한 국가 이론이 옳은지 여부를 일본의 고대 또는 중세의 국가사에 맞추어 검증할 필요가 있다'고 서술하였다. 아미노 요시히코의『일본 중세의 비농업민과 천황(日本中世の非農業民と天皇)』(岩波書店, 1984)이 서두에서 이 문장을 인용하여 서술하듯이, 여기서 이시모다는 마르크스주의에 안이하게 의존하는 것이 아니라 직접 국가론에 덤벼들겠다는 결의를 말하였고, 그 노력이 4년 후에 이 책으로 열매를 맺은 것이다. 이 책의 '머리말'에는 '이론과 개념의 "적용"이라는 안이한 길이 아니라 주어진 국가의 역사 자체로부터 우리의 고대국가론을 만들어 나갈 필요가 있다. 전후 고대사 연구자의 작업은 이러한 과제에 답하기 위해 축적되어 왔다고 해도 과언이 아니다'라고 되어 있다.

「국가사를 위한 전제에 대하여」에는 이미 이 책과 통하는 지적이 보인다. 국가 독점 자본주의 시대의 국가에 대하여, 국가를 생산관계가 아니라 상부구조로 보는 일반적 이해에는 문제가 있고, 생산관계에는 '본원적인' 것과 '이차적, 삼차적인' 것이 있으며, 국가는 후자에 속하는 '생산관계'로서의 측면을 지닌다는 지적이다. 게다가 '율령제 국가 연구의 곤란한 문제 중 하나는 사회의 하부구조=생산관계와 상부구조=국가 대 인민의 관계'를 '어떻게 통일적으로 파악할 것인가에 있다'는 부분에서는 국가 대 공민의 관계를 이차적 생산관계로 보는 구상의 단서가 보인다.

이시모다는 유럽 유학 후반에는 런던에서 문화인류학 연구에 몰두하였다. 그 성과가 「민회와 촌락공동체(民會と村落共同體)」(『歷史學研究』 325, 1967)이며, '폴리네시아의 공동체에 관한 노트 (1)(ポリネシアの共同體についてのノート(一))'라는 부제가 달렸다. 고대의 지배 형태는 공동체의 '공동성'이 수장에 의해 대표되는 형태와 구성원 상호간의 관계, 즉 민회에 의해 대표되는 형태, 이렇게 두 가지로 나뉘며, 전자는 아시아적, 전제적, 후자는 고전 고대, 게르만적이라고 여겨졌다(이러한 마르크스의 설은 이 책에서도 반복해서 서술된다). 이 '노트 (1)'에서는 사모

아의 수장과 '민회'를 대비시켜 전자에서 후자로 권력이 이행함을 지적하고, 일찍이 수장이 권력을 확립하고 있었음을 이야기하며 '수장제'에 살을 덧붙여 나갔다.

통가 사회를 분석하는 '노트 (2)'는 「동양 사회 연구의 역사적 방법에 대하여(東洋社會研究における歷史的方法について)」(『岩波講座世界歷史』 30, 1971)의 후반부인 '폴리네시아의 "부전제(賦田制)"와 공납제'로 발표되었다. 통가의 전제적인 왕권은 신적 권위와 현세적 권력이라는 이원적 지배 구조를 지니며, 왕에 대한 공납은 지대(地代)임과 동시에 풍요를 기원하여 신들에게 행하는 공물 봉헌 의식이라는 점 등 수장제의 생산관계와 공납제의 존재 양상에 대한 이미지가 제시된 이 '노트 (2)' 또한 이 책을 이해하기 위해 참조하기를 바란다. 덧붙이자면 이상 이 책의 탄생에 이르는 이시모다의 행보에 대해서는 『이시모다 쇼 저작집(石母田正著作集)』 제4권에 붙은 요시다 다카시(吉田孝)의 해설이 유익하다.

이 책에서 논하는 수장제론의 중심이 되는 것이 제4장에 나오는 다이카 전대의 국조제론이다. 각 지방을 통괄하는 국조로는 재지 수장의 지배와 영역을 그대로 구니로 편성한 소국조뿐만 아니라 지배 영역 내부에 많은 자립적 수장층을 거느린 대국조가 있다. 국조제의 전환기는 대국조제의 성립으로 보아야 하며, 야마토 국가에 의한 위로부터의 편성을 통해 성립되었다는 것이 이시모다의 설이다. 국조 영역 안에는 오키미·호족이 소유하는 베민과 그들을 통솔하는 도모노미야쓰코가 있었지만, 그들은 국조제에 포섭되었다고 보며, 다이카 개신을 반조제적 질서를 부정하고 국조제적 질서를 바탕으로 국가, 즉 영역 지배를 성립시킨 전환기로 자리매김하였다. 이러한 이시모다의 설은 이노우에 미쓰사다(井上光貞) 씨나 야기 미쓰루(八木充) 씨 등의 국조제 연구를 토대로 한 것이기는 하지만, 대국조제의 영역 지배를 강력한 것으로 생각할 것인지 아닌지, 반조제, 나시로·고시로, 미야케제와의 관계 등에 대하여 지금도 여전히 다양한 견해가 존재한다.

수장제론에 대하여 제기되는 또 하나의 이론(異論)은 수장제라는 용어의 사용에 대한 것이다. 이 용어는 고대국가의 구조를 설명하기에는 편리하지만, 국제적 계기를 중시함에 따라 사회의 내부 모순을 경시하고, 또한 요시다 다카시의 설처럼 고대사회를 '미개'하다고 봄으로써 사회의 내부 모순을 거의 무시할 우려가 있다는 지적을 받았다(요시다 아키라[吉田晶], 「이시모다 고대사학의 비판과 계승[石母田古代史學の批判と繼承]」,『歷史學研究』782, 2003, 이 책의 발간 30년 특집호). 대국조제의 영역은 율령제의 국사로 연결된다. 그 자체는 수장제의 기초가 되지 않고, 군이 된 것은 소국조제이며, 다이카 개신에서는 구니노미야쓰코 이외의 대다수 중소 호족도 고리(評)의 관인이 되었으므로, 저자도 지적하기는 하였지만 국조제가 안고 있던 내부 모순을 연구할 필요가 있다.

'머리말'에 적혀 있듯이, 이시모다는 고대국가의 성립 과정을 야마타이국부터 순서대로 단계를 추적하는 것이 아니라, 7·8세기, 스이코조부터 율령제 국가의 성립에 이르는 시기를 논의의 장으로 삼았다. 그 점에서 이 책은 율령국가론이기도 하다. 율령제 연구의 관점에서 말하자면 이 책은 수장제가 제도화된 것이 군사이고(군사는 관위상당[官位相當]의 적용 범위 밖에 있지만, 세습이 인정되었고 종신 관직인 특이한 관직이다), 국가—공민의 지배관계를 대표하는 것이 국사라는 역사적 위치 설정을 명시한 점이 주목된다. 이러한 이중 생산관계에 대한 이시모다의 논의는 율령국가가 율령제와 씨족제의 이원적 국가라는 지적(이노우에 미쓰사다, 「율령국가군의 형성[律令國家群 の形成]」, 『岩波講座世界歷史』 6, 1971)이나 미개한 고대사회(씨족제) 위에 문명인 율령제가 덧씌워져 있다는 이미지(요시다 다카시, 『율령국가와 고대의 사회[律令國家と古代の社會]』, 岩波書店, 1983)와 서로 보완하면서 율령국가에 대한 이해를 심화하였다. 수장제의 국가 구조가 이러한 율령국가의 이중 구조를 본질적으로 규정하였다고 여겨지며, 율령국가의 인민 지배는 재지 수장(군사)의 전통적 지배 없이는 성립할 수 없음을 명시한 것이다. 천황이 호적·계장에 의해 인민을 강력하게 파악하였다(개별 인신적 지배)는 예전의 단순한 논의는 더 이상 성립하지 않을 것이다.

이 책은 지방 행정 조직의 해명이 고대국가 연구의 핵심임을 확신케 하고 그로부터 다이카의 고리제(評制) 시행과 군사제를 둘러싼 연구가 진전되었다. 율령 조세제의 기초에 공납제가 있음을 보여준 것도 자극이 되었고, 조용제와 지방에 저축된 도곡 등의 재정사 연구도 심화하였다. 다른 한편으로는 전통적 수장인 군사층이 몰락해 가는 사회 변화에 대하여 국사가 어떻게 지배를 재편하는가 하는 관점으로 이어졌고, 헤이안시대 지방 행정 연구도 진전되었다.

'머리말' 서두에서 이시모다는 이 책의 과제를 국가 성립의 문제라고 분명히 말하였다. 대부분은 저자가 고대국가의 성립을 율령국가로 생각하였다고 해석한다. 하지만 정말 그럴까? 분명 이시모다는 스이코조 이후를 논의의 장으로 삼으면서도 율령국가를 고대국가의 완성 형태라고 서술하며, 중앙 관제와 세제로 보면 7세기 말 덴무·지토조를 국가 성립의 완성이라고 보았다. 하지만 국조제가 야마토 조정에 의한 영역적 지배이고, 율령국가의 기초에 있었다고 본다면, 7세기 초 스이코조를 전후한 시기의 대국조제 성립으로 고대국가의 틀은 거의 잡혔다고 할 수 있지 않을까? 제1장에서 동아시아의 긴장에 대응하는 권력 집중의 전환기로 스이코조를 든 것을 보더라도, 스이코조를 중심으로 율령제 정치와 귀족의 특색을 뽑아낸 세키 아키라(關晃) 씨의 연구가 많이 참조된 것을 보더라도, 고대국가 성립의 제1단계로서 스이코조가 갖는 중요성을 저자는 분명히 인식하고 있었다.

수장제론에서 왕권과 수장에 대한 공납제는 국가에 대한 조세·지조(地租)로 제도화하고 전환된다. 다만 그 앞뒤로 단절이 있는 것이 아니라, 오히려 공납제로서의 공통성이 유지된다고도 저자는 논하였으며, 국가의 완성·제도화에 의해서도 그 본질은 유지된다고 생각하고 있었던 것처럼 보인다. 이 책에서는 야마타이국 이래의 지배 형태가 국가 구조 속에 보존되고 지양(止揚)되었음을 일관되게 주장하며, 관료제 속 궁내성 같은 오래된 유형의 성에 대한 분석과 태정관으로 대표되는 천황도 구속하는 귀족제의 강력함 등, 율령국가 속에 오래된 전통적인 양상—그중 가장 큰 것은 천황제이다—이 남아 있음을 분명히 하였다. 율령국가에서만 국가의 성립을 찾았다고 해석하는 것은 표면적일 것이다.

천황제에 대하여 말하자면, 저자는 제3장에서 천황의 대권 사항을 분석하였다. 거기서 명례율에서 규정하는 칙단권(勅斷權)을 다루었는데, 이는 당나라 율의 규정이 그대로 옮겨 적힌 것으로, 율령이 갖는 계수법으로서의 성격을 고려하면 칙단권이 일본의 실태인지 어떤지, 천황이 당나라 황제와 같은 전제군주라고 할 수 있는지는 논의의 여지가 있다. 전제군주는 바람직한 이상이었는지도 모르지만, '국가가 천황제의 일부를 기구 안에 편성하였다'는 저자의 견해로 보자면, 천황제도 야마토 정권의 정치적 수장이라는 오래된 존재 방식을 계승하고 있는 부분이 크다고 생각한다.

마지막으로, 그다지 주목받지는 않았지만, 이 책이 다이카 개신 연구로서 갖는 의의에 대하여 언급해 두겠다. 전후 고대사 연구의 큰 테마로 다이카 개신조의 신빙성을 의심하는 이노우에 미쓰사다 씨와 『일본서기』 기록을 신뢰하는 사카모토 다로(坂本太郎) 씨 사이에 벌어진 '군평(郡評) 논쟁'이 있다. 그 후 1960년대 후반에는 나아가 조뿐만 아니라 다이카 개신 자체를 부정하는 설도 제창되기에 이르렀다. 이시모다는 그 논쟁에 전혀 참가하지 않았지만, 이 책에서는 개신조는 잠시 개신론에서 제외해 두고 다이카 원년부터 2년까지 5개 정도 되는 조와 주를 제1차 사료로 인정하여 개신 문제에 달려들었다. 당초에는 사료의 인정이 자의적이라는 등의 비판도 있었던 듯하지만, 결국 그 방법이 옳았다고 생각한다.

저자는 다이카의 동국 국사 조에 구니노미야쓰코가 개신의 주체로 나타난다는 점에서, 율령국가가 재지 수장제에 바탕을 두었음을 논증하였지만, 동국 국사의 성격이나 목적에 대해서는 깊게 들어가지 않았다. 그 후 하야카와 쇼하치(早川庄八) 씨가 동국 국사의 임무는 고리 관인에 임관할 후보자를 데리고 돌아와 중앙에서 시험을 보게 하는 것이라고 논하였고(『일본 고대 관료제 연구[日本古代

官僚制の研究]』, 岩波書店, 1986), 또 가마다 모토카즈(鎌田元一) 씨가『히타치국 풍토기(常陸國風土記)』에 대한 분석을 통해 히타치국에서 이루어진 고리 설립을 논증한 것(『율령 공민 제 연구[律令公民制の研究]』, 塙書房, 2001) 등으로 보아 전국에 고리를 설치하는 다이카 개신의 개혁이 확실히 행해졌다고 여겨지기에 이르렀다. 게다가 이시모다가 개신조 자체를 파고들어 그 존재를 부분적으로 긍정하였던 점은 주목해야 할 것이다. 예를 들면 제4조의 전조(田調)라는 세제에 대하여 '구니노미야쓰코 등의 재지수장층이 국가에 매년 납입해야 할 조의 총액을 결정하'기 위한 기준이며, '국가 대 인민'의 관계가 아니라 국가와 수장층 사이의 분배 관계를 규제한다고 설명하였다. 또 제2조에서 기내의 사방 경계를 정한 규정도 원사료에 바탕을 둔다고 평가하며, 조선반도를 모델로 하는 제도로서 군사적인 의미를 중시하였다. 오늘날의 학계에서는 개신 긍정론이 활발해져 다소 지나친 것은 아닌가 생각될 정도인데, 그러한 흐름의 큰 변화를 불러온 계기가 이 책에 있었다고 할 수 있을 것이다.

필자가 이 책을 읽은 것은 대학 1학년 때의 일이었다

고 생각하는데, 그때의 충격은 잊을 수가 없다. 사사야마 하루오(笹山晴生) 선생님의『일본서기』세미나에 참가하여 배우고 있던, 치밀하지만 눈에 띄지 않는 사료 고증의 성과가 큰 이론 아래 재구축되는 모습은 압도적이었다. 고대사 연구의 큰 스케일과 재미를 맛본 것 같은 느낌이 들었다. 그때 이후로 이 책으로부터 직간접적으로 학문적 영향을 받아 왔다. 저자는 '후기'에서 미비한 점을 보완하겠다고 약속하였지만, 병으로 인해 이루지 못하였다. 이번 문고판 간행을 맞아 조금이라도 도움이 되었다면 더없이 기쁘겠다.

저자의 연보·저작목록과 저작은『이시모다 쇼 저작집』 전 16권(岩波書店, 1988~1990)으로 정리되어 있다.

역자 후기

2024년 12월에 AK 커뮤니케이션즈를 통해 이시모다 쇼의『일본 중세적 세계의 형성』(원제『中世的世界の形成』) 번역본을 내놓았다. 출판사 측과 다음 번역서를 논의할 때, 역자는 이미 이시모다의 또 다른 저작인『일본의 고대국가(日本の古代國家)』를 염두에 두고 있었다. 사실 AK의 이동섭 대표님과 한국에서 번역되어야 할 일본고중세사 관련 서적을 논의할 당시부터 역자는『일본 중세적 세계의 형성』과 함께『일본의 고대국가』를 언급한 적이 있다. 전자가 일본 역사학의 최고 걸작이기는 하나 후자가 학계에 미친 영향 또한 지대하며, 무엇보다 한국사, 특히 한국고대사 연구자들에게는 전자보다는 후자가 더 잘 알려져 있다고 생각하여 번역서 출간 시 수요가 더 높으리라 판단하였기 때문이다.

전자는 1944년에 집필되어 1946년에 출판된 이시모다의 첫 단행본 저서다. 패전 이전 '과거의 한 시대를 나타내는 작품'[1] 임과 동시에, 패전 이후 역사학을 밝히는 봉화 역할을 하며 인간이 주체가 되는 역사의 긴장과 역동성을 보여줌으로써 당시 일본 역사학의 양상을 혁신한 책이다.[2] 다만 마르크스주의와 실증주의 역사학이 탄압받고 표현의 자유가 주어지지 않은 집필 당시 엄혹한 시대 상황의 제약을 많이 받았음은 분명하다. 그에 반해 1971년에 발표된 후자는 전에 비해 자신의 견해와 구상을 비교적 자유롭게 펼칠 수 있는 환경에서 20여 년 동안 축적한 연구 성과를 바탕으로 만들어진 것이다.

해설에서도 언급되었듯이 이시모다는 1973년에 파킨슨병을 앓기 시작하였다. 그는 이후 1986년에 작고할 때까지 『일본고대국가론(日本古代國家論)』(1973)과 『전후 역사학의 사상(戰後歷史學の思想)』(1977)이라는 두 저서를 발표하고 『국사대사전』의 「아시아적 생산양식」 항목을 집필하기도 하였다. 하지만 『일본고대국가론』에서 처음 실린 논고 세 편(제1부 Ⅰ~Ⅲ)은 원래 후자의 일부로서 수록될 예정이었고, 그 세 편을 제외하면 두 저서는 이미 70년대 초 이전에 발표된 논고들을 묶은 것이다.

---

1) 이시모다 쇼 지음, 김현경 옮김, 『일본 중세적 세계의 형성』, AK, 2024의 개간 서문.
2) 나가하라 게이지 지음, 하종문 옮김, 『20세기 일본의 역사학』, 삼천리, 2011, 161-163쪽.

따라서 후자는 이시모다가 투병 생활을 하기 전에 마지막으로 남긴 단일 저술이자 학문적 총결산이다. 이시모다 사학의 알파와 오메가가 있다면 그것은 각각 전자와 후자가 될 것이며, 전자에 이어서 후자인 이 책을 번역하여 한국에서 소개하는 일은 그래서 더욱 큰 의미를 지닌다.

이 책은 지금까지 한국어로 번역된 적은 없으나, 이미 한국의 연구자들에게 익히 알려져 있다. 이 책에서 논의되는 이시모다의 이론이 일본고대사에서 고대국가의 기본 구조를 설명하는 유력한 학설로 자리잡아 학계에 영향을 끼쳐 왔다는 점에서 한국 고대의 국가 형성사에 노예제와 수장제, 고대국가의 틀을 적용하는 데 있어 이 책은 중요한 참고 서적이다. 또한 이시모다가 설명하는 고대국가의 구조 속에서는 고구려, 백제, 신라 등이 등장하며, 그들을 포함한 국제적 계기와 '교통'이 국가 형성에 중요한 역할을 하였다고 거론되므로, 한국고대사를 논의하고 일본 연구자의 한국고대사 인식을 확인하는 데 있어 우회할 수 없는 연구 성과라 하겠다.

한편 이 책이 나온 지도 오랜 세월이 흐른 만큼 이시모다의 학설에 대해서는 비판적 검토가 지속적으로 이루어저 왔다. 일본에서는 이시모다가 몸담기도 했던 역사학 연구회가 학회지『역사학연구』782호에 '고대사 연구의 현재―이시모다 쇼『일본의 고대국가』발간 30년을 계기로 하여'라는 제목의 특집을 마련한 바 있다. 해당 호에는 이 책을 중심으로 하여 이시모다 사학을 논하는 여러 연구 논문이 수록되었다.[3] 이 책에 대한 평가와 비판은 일본뿐만 아니라 한국에서도 당연히 이루어졌는데, 여기서 일본인 연구자가 한국어로 발표한 논고, 그리고 한국의 일본사 연구자에 의한 비판을 몇 가지 소개하도록 하겠다.

이시모다는 1960년대에 일본의 군주가 신하와 인민을 왕민으로 조직하여 화외(化外)의 이적과 대립시킨다는 왕민공동체론, 그리고 대제국인 중국 왕조에 조공하는 동이이면서 제번과 이적을 지배 아래 두는 소제국으로 존재한다는 동이의 소제국론을 주장하였다. 다나카 사토시(田中聰)는 문명화된 왕민과 그로부터 배제된 미개한 이적을 상호 대응시키는 이시모다의 이적론이 일본을 둘러싼 동아시아의 국제적 상황을 투영한 것에 지나지 않는다는 이성시(李成市)의 지적을 언급하면서, 아시아 지역

---

3)『歷史學硏究』782, 2003.11.

정세의 변화에 따라 새로운 고대 동아시아상의 구축이 요구되는 오늘날에는 새로운 틀을 구상할 필요가 있다고 보았다. 나아가 다나카는 이 책을 왕민공동체론과 동이의 소제국론을 기반으로 고찰을 진전시켜 '아시아적 수장제'라는 틀을 제시한 저작이라고 평가하며, 이시모다가 국가라는 공동체 안에 이민족 등의 '타자'가 포함되는 것을 상정하지 않고 균일한 '민족공동체'를 설정하였음을 비판하였다.⁴⁾ 물론 이시모다는 이 책에서 '공동체'가 실체화될 위험을 우려하여 기존 논고에서 사용한 의제적 '왕민공동체' 개념을 고쳐 '왕민'제라고 불렀으며, '동이의 소제국'은 '동이의 대국'으로 명칭이 바뀌었다(제1장 제2절). 하지만 다나카는 이 책의 아시아적 수장제론이 국내 지배제도인 왕민공동체와 대외정책인 동이의 소제국을 결합한 이론이며, 용어만 수정되었을 뿐 내용은 바뀐 것이 없다고 보았다.⁵⁾

그렇다보니 이 책에서 '동이의 소제국'이라는 말이 직접 나오지는 않지만, 동이의 소제국론과 그에 입각한 역

---

4) 다나카 사토시 지음, 윤해동 옮김, 「'공동체론'의 차질—이시모다 쇼(石母田正)의 일본 고대사학」, 비판과 연대를 위한 동아시아 역사포럼 기획, 도면회·윤해동 엮음, 『역사학의 세기 — 20세기 한국과 일본의 역사학』, 휴머니스트, 2009, 444-457쪽.
5) 다나카 사토시, 앞의 주4 「'공동체론'의 차질」, 452쪽.

사 이해를 비판할 때 이 책이 자주 언급되었다. 김현구(金鉉球)는 백촌강 전투를 당나라 중심 대제국주의 대 일본 중심 소제국주의의 충돌, 즉 고대 제국주의 전쟁으로 보는 일본 학자들의 설을 언급하며 이 책을 인용하였다.[6] 송완범(宋浣範)은 왜왕 사이메이의 부여풍(풍장)에 대한 백제왕 임명을 '소제국주의론'에 입각하여 왜 왕권의 주체성을 중시하는 설에 대하여 역시 이 책을 참조하였다.[7] 나행주(羅幸柱)는 왜 왕권이 한반도의 여러 나라와 벌인 대외 교섭의 실태, 그리고 일본 고대국가의 특질을 이해하는 데 오늘날까지도 일본 학계에서 지대한 영향력을 발휘하는 학설 중 하나로 동이의 소제국론을 지목하고, 이를 극복하고자 그 논거가 갖는 문제점을 비판하였다. 여기서는 이시모다의 고대국가론이 이 책에서 제기된 논의로 파악되며, 그중에는 한반도 여러 나라로부터 조공을 받으며 각국의 왕을 책봉하는 '대국'의 위치를 계속 차지해야 하는 존재로 왜 왕권을 규정한다는 동이의 소제국론이 포함된다. 나행주는 이시모다가 7세기 이후의 사

---

6) 김현구, 「백촌강 싸움 전야의 동아시아 정세」, 『동아시아 세계와 백촌강 싸움』, 고려대학교출판문화원, 2016(初出 1997), 34쪽.
7) 송완범, 「동아시아에서의 율령국가 성립의 의의—「백제왕씨」를 중심 소재로 하여—」, 『동아시아세계 속의 일본율령국가 연구—百濟王氏를 중심으로—』, 경인문화사, 2020(初出 2010), 114쪽.

료에 기초하여 왜 왕권과 그 국제관계의 실태를 확대 해석하고 있으며, 그것을 기초로 한 동이의 소제국론이 5, 6세기의 역사 이해로까지 소급 적용되는 데 문제가 있다고 지적하였다. [8]

이재석(李在碩)은 일본 학계의 고대국가 성립론에서 수장제 개념을 도입한 이른 사례로 이시모다를 들면서, 이시모다의 재지 수장제론이 이 책에 잘 나타나 있다고 언급하였다. 다만 재지 수장제론은 율령국가 단계에 접어들어도 사회 기반이 수장제에 의해 규제되는 만큼 국가 성립의 주요 지표로 간주될 수는 없다고 보았다. 이재석은 또한 고대 일본의 번국관과 화이 구조, 이적관에 대해 논하면서 이시모다의 동이의 소제국론이 일본 고대국가의 화내—화외—이적 구분 논리를 명쾌하게 정리하여 제시하였다고 평하였다. 이때 역시 이 책이 이시모다의 논고 중 하나로 언급된다. 이재석의 최근 논고에서도 일본 고대의 소제국론과 관련하여 동이의 소제국론의 요체를 잘 보여주는 대표적 연구 성과로 이 책이 언급되었고 그에 관한 구체적인 논의가 서술되었다. [9]

---

8) 나행주, 「일본고대사와 동이의 소제국론」, 『일본역사연구』 45, 2017, 90-98쪽.
9) 이재석, 「고대 일본의 국가성립을 보는 시점—그 '국제적 계기'와 전제왕권의 형성」, 『일본역사연구』 40, 2014, 71-72쪽; 이재석, 「『日本書紀』와 '神夷'·華夷의 이중구조」,

　이처럼 이시모다의 고대국가론이 극히 최근까지도 한국 학계에서 언급되고 비판적으로 검토되고 있는 만큼, 더 많은 사람이 이 책을 직접 읽고 입체적인 논의를 전개할 필요도 있다고 생각한다. 한국 학계의 이시모다설 비판은 주로 동이의 소제국론에 집중되어 온 경향이 있고, 그 비판에는 타당한 측면이 있다. 다만 이 책의 내용을 전반적으로 살펴보면 이시모다가 단순히 자국 중심주의를 옹호하기 위해 동이의 소제국이라는 틀을 고안했다고 보기는 어렵다. 역자가 보기에는 이시모다는 오히려 동아시아의 다른 민족들과의 연관 속에서 한국, 중국, 일본이 각자 고대의 전제국가를 성립하고 역사적으로 발전해 나가는 과정을 포괄적으로 이해하려 했다. 그러므로 국가 성립론의 전체적인 구조에서 이시모다의 논의를 검토함이 바람직한데, 그러한 맥락에서 이 책의 한국어 번역은 나름의 의미를 지닌다. 지금까지 그래왔듯이 관련 분야의 연구자라면 일본어로 된 원서를 읽어내겠지만, 역사학의 다른 분야나 인접 학문의 연구자나 이제 연구에 뛰어드는 젊은 동료들, 그리고 일본고대사를 비롯하여

『일본역사연구』 45, 2017, 135-136쪽; 이재석, 「일본 고대사의 '小帝國'론과 번(蕃) 인식」, 『한일관계사연구』 87, 2025, 5-28쪽.

동아시아 고대국가의 성립에 관심을 가진 일반 시민들에게 원서의 장벽은 높다. 그렇다면 이시모다의 고전적 연구 저작을 한국어로 옮겨내어 한국어를 모국어로 하는 사람들에게 직관적인 독서의 기회를 제공하는 한편, 여러 분야를 넘어선 보다 넓고 다채로운 학술 논의의 장을 열어줄 수 있지 않을까?

생성형 AI의 발전이 눈부신 요즈음, 이 책을 번역하는 과정에서 더 자연스러운 한국어 표현을 찾기 위해 생성형 AI를 활용하는 등 AI 기술의 도움을 받았다. 그런데 이제는 원서를 PDF 파일로 구해 생성형 AI에게 읽히고 번역을 요청하면 완벽하지는 않더라도 대략의 내용을 알 수 있게 된 단계에 도달하면서, 과연 이 책을 번역하여 출판하는 작업이 필요한지 역자 자신에게 묻게 된다. 물론 현재 시점에서는 AI 번역이 학술서의 복잡한 논리 구조와 문맥을 파악하고 완벽한 번역 결과를 내놓기에는 한계가 명확해 보인다. 역자가 조심스레 예측하건대 앞으로 3~4년 안에는 그 한계를 단번에 넘어서기 어려워 보인다. 당분간 AI를 전적으로 신뢰하여 번역을 맡기기 곤란하다면, 일단 당장은 인간 연구자이자 번역자로서 할 수 있는 일, 그리고 해야만 하는 일을 해내야 하지 않을까 싶다. 이렇게 말하는 역자의 번역 또한 결코 완벽하지는 못하다. 잘못된 문구와 매끄럽지 않은 표현에 대한 책임은 역자에게 있음을 밝혀 둔다.

번역에 도움을 주신 분들께 대단히 감사드린다. 특히 책이 나오는 데 많이 수고해 주신 AK의 이동섭 대표님과 이민규 차장님께 감사의 말씀을 드린다. 번역 초고를 읽어준 유찬근 님께도 고마운 마음을 전한다. 집에서 컴퓨터 앞에 앉아 끙끙거리며 번역 작업을 하고 있노라면 번역 중인 책을 궁금해하시며 격려해 주시던 아버지와 어머니께 드디어 이 책을 보여드릴 수 있겠다.

2026년 3월
김현경

편집 부기

◎이 책의 저본(底本)으로는『이시모다 쇼 저작집(石母田正著作集)』제3권(岩波書店, 1989)을 사용하였고, 모던 클래식판 이시모다 쇼,『일본의 고대국가(日本の古代國家)』(岩波書店, 2001)를 참조하였다.

◎저본에 보이는 명백한 오기·오식은 바로잡았고, 표기·표현은 최소한으로 통일하였다.

◎가독성을 고려해 한문 사료에 요미가나(讀み假名)를 붙였다(본 번역서에서는 요미가나가 붙은 일본어 사료 문장을 남기지 않고 한국어로 번역함-역주). 요미가나에 대해서는『일본서기』인용은 이와나미문고『일본서기(日本書紀)』(전 5권, 사카모토 다로[坂本太郎]·이에나가 사부로[家永三郎]·이노우에 미쓰사다[井上光貞]·오노 스스무[大野晉] 교주, 岩波書店, 1994-1995)를,『속일본기』인용은 신일본고전문학대계『속일본기(續日本紀)』(전 5권, 아오키 가즈오[靑木和夫]·이나오카 고지[稻岡耕二]·사사야마 하루오[笹山晴生]·시라후지 노리유키[白藤禮幸] 교주, 岩波書店, 1989-1998)를 참조하였다.

◎인용 문헌에 출전이 기재되지 않은 경우, 적절하게 보
　충하였다.

◎주의 참고문헌은 필요한 경우에 보충하였다.

◎〔 〕안의 주기는 위의 저작집과 이 문고판에서 덧붙인
　것이다.

◎권말에 '다이카 개신조 관련 사료', '구니노미야쓰코
　표', '관련 지도'를 부록으로 실었다. '사항 색인'은 모던
　클래식판에 수록된 것을 일부 고쳐서 실었다.

◎문고판을 만들기 위한 보정 작업에서 오쓰 도루(大津透)
　씨의 가르침과 도움을 받았다.

이와나미문고 편집부

색인

용어 중 관행적인 독음을 따르지 않은 경우가 있다. 여러 읽기 방식이 있는 경우 어느 한쪽의 독음을 따랐다. 또한 관련된 항목을 필요에 따라 〔 〕를 붙여 제시하였다. 우지(氏) 다음에 〔큰 우지, 작은 우지[大氏·小氏]〕를 제시한 사례 등이 그것이다.

(한국어 번역본에서는 색인 배열을 가나다순으로 바꾸었다. 필요에 따라 원 색인에 없는 항목 또는 독음을 추가하였다-역주)

〈가〉

구다라헤(百濟部)　409
구라료(內藏寮)→내장료　409
구루마모치노 기미(車持君)
　-구루마모치베(車持部)　272
구분전(口分田)　179, 314, 434,
　435, 468, 476, 488, 489, 518, 531
구사(舊辭)　77
구와요보로(鍬丁)　446, 455
국가(國家)의 백성　274, 275
국가의지(國家意志)　369~373, 581, 617
국기(國記)　58, 77, 79, 80
국박사(國博士)　83, 261, 262, 295, 296, 319
국사(國司)　129, 451
국아(國衙)　125, 126, 186, 198,
　199, 299, 307, 419, 420, 488, 489
국아법(國衙法)　604
국조(國造)　27
　〔대국조(大國造)〕　572
　〔소국조(小國造)〕　572
　〔신국조(新國造)〕　26
국조군(國造軍)　244~247, 249, 250, 597, 598
국조법(國造法)　469, 474, 477,
　591, 593~595, 602, 603, 605
국조인(國造人)　562, 597
군가(郡家)　339, 473
군국(軍國)　40, 57, 244, 282, 511
군도(郡稻)　469, 484
군방령(軍防令)　242, 315, 339, 387, 449, 502
군사(郡司)　125, 129, 157, 434
군사 대권(軍事大權)　382, 385,
　387, 388, 390, 392, 396
군사 연임(郡司連任)　619
군사 지휘권(軍事指揮權)　57, 60,
　127, 250, 262, 397
군역(軍役)　171, 189, 246, 494, 599, 604
군정(軍丁)　597
군집분(群集墳)　233, 234, 547,
　554, 559, 562, 564
궁내관(宮內官)　317, 318, 347
궁내성(宮內省)　273, 280, 298, 317, 347, 348,
　385, 386, 406~408, 443, 478
권농(勸農)　237, 268, 487,

　492, 510, 511, 542, 601
귀화인(歸化人)　36, 68, 82, 89,
　149, 201, 314, 442
균전제(均田制)　490, 501, 506~508
근위(近衛)　384
금기(禁忌)　19, 20
금렵구(禁獵區)　413, 532
금처(禁處)　531, 532
기내 총관(畿內惣管)　129, 132, 138, 141
기년제(祈年祭)　602
기미성(君姓)　577
기비노 다자이(吉備大宰)　335
기사이베(私部)　29, 174

〈나〉

나라 끌어오기(國引き)　558
나라 만들기(國作り)　533, 557
나라의 오하라에(國之大祓)　470,
　472, 527, 601
나시로·고시로(名代·子代)　170, 173,
　174, 186, 441, 588
남신의 조(男身之調)　184, 189, 343
납언(納言)　296, 350
내기(內記)　371
내명부(內命婦)　308, 385
내선사(內膳司)　416
내소부사(內掃部司)　408, 411
내신(內臣)　55, 286, 367
내신좌평(內臣佐平)　55, 286
내염사(內染司)　409
내인(內印)　371, 401
내장료(內藏寮)　409
내정(內廷)　29, 247, 272, 347, 586
노비급전제(奴婢給田制)　490, 504
녹령(祿令)　174, 315
녹제(祿制)　162, 163
논주식(論奏式)　368, 373, 377, 379, 395, 431
농노제(農奴制)　456, 457, 515, 538
농업공동체(農業共同體)　518, 519, 521~523
능호(陵戶)　198, 200

모이토리노쓰카사(主水司)→주수사 414
목재(牧宰) 567
목제 경구류(木製耕具類) 549
무라(邑) 568, 588
무라노오비토(村首) 158, 191, 555, 562, 603, 605
문서주의(文書主義) 34, 268
문하성(門下省) 347, 354, 365~367
물의 이론 459, 512
미부베(壬生部) 173
미쓰기(ミツギ) 477
미코토모치(ミコトモチ) 606
민관(民官) 297
민요지(民要地) 536
민회(民會) 21, 520, 526, 527
밑동베기법(根刈り法) 550

〈바〉

박장령(薄葬令) 494, 560
반전수수제(班田收授制) 182, 183, 292, 305, 490, 500
반조·베민제 287, 409, 410
발일칙(發日勅) 368
방령(方領) 253, 255
방패와 창(楯矛) 568, 569, 576
방호(房戶) 552
밭농사 549, 553
100대에 3속 469, 474, 477, 481
백제 구원(百濟救援) 116, 117, 126, 293
백정(白丁) 207
백촌강(白村江) 전투 116
백팔십부(百八十部) 206, 209, 212, 271
번국(蕃國) 146, 148, 150
번국 사절 396
번례(蕃例) 150
번상공(番上工) 440
법가(法家) 327, 510
법관(法官) 297
변관국(辨官局) 299, 365, 405

병고(兵庫) 242~244, 248, 386
병기 수공(兵器收公) 243
병마 동원권 138, 248, 387, 391
병부(兵部) 298
병부성(兵部省) 249, 297, 334, 387, 388
병사역(兵士役) 352, 453
병역(兵役) 339, 341
병정관(兵政官) 297, 334
보장(保長) 613
복도제(複都制) 336
복속 의례(服屬儀禮) 478
봉건국가(封建國家) 544
봉건적 토지 소유 621
봉록(封祿) 323
봉록제(俸祿制) 305, 311
봉선(封禪) 의식 116
봉해진 백성(所封民) 166~168
부국강병(富國强兵) 510
부동곡(不動穀) 467
부동창(不動倉) 126
부뚜막 551
부수(俘囚) 222
부역령(賦役令) 149, 314, 315, 426, 448
부전제(賦田制) 500, 501, 503~506, 514, 617
불경죄(不敬罪) 395, 396
불교 통제 기관 81, 600
비상대권(非常大權) 391, 392
비상의 결단 393, 395

〈사〉

사경소(寫經所) 423
사등관제(四等官制) 318, 413, 609
사량(私粮) 449, 456
사민정책(徙民政策) 506
사봉(賜封) 305
사봉(寺封) 193, 305
사적 토지 소유의 결여 519, 617
사전(私田) 487
사전(賜田) 468

〈아〉

지성과 양심 이와나미岩波 시리즈

IWANAMI 92

일본의 고대국가

-일본 고대국가의 형성 과정과 기본 구조에 대해 이해한다-

초판 1쇄 인쇄 2026년 4월 10일
초판 1쇄 발행 2026년 4월 15일

지은이 : 이시모다 쇼
옮긴이 : 김현경

펴낸이 : 이동섭
편집 : 송정환, 이민규
디자인 : 조세연
영업·마케팅 : 조정훈
e-BOOK : 홍인표, 김은혜, 정희철, 김미연, 황진영
라이츠 : 서찬웅
관리 : 이윤미

㈜에이케이커뮤니케이션즈
등록 1996년 7월 9일(제302-1996-00026호)
주소 : 08513 서울특별시 금천구 디지털로 178, B동 1805호
TEL : 02-702-7963~5 FAX : 0303-3440-2024
http://www.amusementkorea.co.kr

ISBN 979-11-274-1619-5 04910
ISBN 979-11-7024-600-8 04080 (세트)

NIHON NO KODAI KOKKA
by Sho Ishimoda
with commentary by Toru Otsu
Copyright © 1971, 2017 by Yoko Makishi
Commentary © 2017 by Toru Otsu
Originally published in 2017 by Iwanami Shoten, Publishers, Tokyo
This Korean edition published in 2026
by AK Communications, Inc., Seoul
by arrangement with Iwanami Shoten, Publishers, Tokyo

표지 '하니와' 이미지 출처 : ColBase(https://colbase.nich.go.jp/)
「ColBase」(https://colbase.nich.go.jp/collection_items/tnm/J-36697?locale=ja)를
바탕으로 가공 제작.

*잘못된 책은 구입한 곳에서 무료로 바꿔드립니다.